ter Karl dem Großen und Ludwig dem Frommen (768–840/843)

STEFFEN PATZOLD

ICH UND KARL DER GROSSE

DAS LEBEN DES HÖFLINGS EINHARD

KLETT-COTTA

Mit fünf Abbildungen im Text,
acht Abbildungen im Tafelteil und
zwei Vorsatzkarten

Klett-Cotta
www.klett-cotta.de
© 2013 by J. G. Cotta'sche Buchhandlung
Nachfolger GmbH, gegr. 1659, Stuttgart
Alle Rechte vorbehalten
Printed in Germany
Schutzumschlag: Rothfos & Gabler, Hamburg
Unter Verwendung eines Fotos von © akg-images
»Karl der Große und Einhard«; Kupferstich
nach Johann Michael Mettenleiter (1765–1853)
Vorsatzkarte: Rudolf Hungreder, Leinfelden-Echterdingen
Gesetzt von Kösel, Krugzell
Gedruckt und gebunden von Friedrich Pustet
GmbH & Co. KG, Regensburg
ISBN 978-3-608-94764-9

Bibliografische Information der Deutschen Nationalbibliothek
Die Deutsche Nationalbibliothek verzeichnet diese Publikation in der
Deutschen Nationalbibliografie; detaillierte bibliografische
Daten sind im Internet über <http://dnb.d-nb.de> abrufbar.

Für L.S.D.

INHALT

Vorwort

Seite 9

Conventus – Das Treffen von Seligenstadt

Seite 11

Nativitas atque infantia – Vom Maingau nach Aachen

Seite 21

Negotium – Als Ratgeber bei Hof

Seite 67

Sanctorum amator – Marcellinus und Petrus

Seite 129

Otium – Die Jahre in Mulinheim

Seite 233

Super astra – Epilog

Seite 285

Anhang

Anmerkungen
Seite 307

Zu den Zitaten aus der Karlsvita
Seite 355

Zeittafel
Seite 356

Quellen- und Literaturverzeichnis
Seite 358

Abbildungsnachweise
Seite 396

Personen- und Ortsregister
Seite 397

VORWORT

Es gibt nicht viele Persönlichkeiten des 9. Jahrhunderts, mit denen ich gern einmal bei einem Becher Milchkaffee meine Zeit verplauderte. Mit Einhard aber ginge ich sofort ins Café. Er könnte mir so viel erzählen: über den großen Karl, die genaue Lage seines Grabes und seine famose Abneigung gegen die Kaiserkrone; über Karls Sohn Ludwig und dessen Abscheu gegen lautes Lachen; über das Treiben am Aachener Hof und die lateinischen Klassiker, auch über Astronomie und Arithmetik, Kunst und Architektur, die Verwaltung von Klöstern und Stiften, Reliquien, Wunder, die Mühen des Reisens im 9. Jahrhundert ...

Was Einhard, beim Milchkaffee plaudernd, über dieses Buch hier zu sagen hätte, will ich mir lieber gar nicht ausmalen. Vielleicht würde er fragen, warum ich über ihn, den Sünder, geschrieben habe – statt in Seligenstadt für seine und seiner Emma Seele zu beten? Vielleicht würde er beklagen, dass ich in der Volkssprache statt auf Latein über ihn berichte? Wahrscheinlich würde er es eine barbarische Zeitverschwendung nennen, dass ich seine Karlsbiographie in Teilen ins Deutsche übertragen habe. Und möglicherweise wäre er trotz alledem, ganz heimlich, ein wenig geschmeichelt.

Sicher bin ich nur über eines: Einhard fände manches in diesem Buch falsch datiert, vieles Wichtige ausgelassen – und hier und da auch seine Interessen und Motive gröblich missverstanden. Alle diese Fehler sind meine. Dass es nicht noch mehr sind, dafür danke ich den Tübinger Mitarbeitern: Sie alle haben geduldig (oder produktiv widersprechend) meine Einhard-Exkurse in der Mensa ertragen; Carola Föller, Annette Grabowsky, Thomas Kohl und Andreas Öffner haben überdies frühere Fassungen des Buches gelesen und verbessert. Andreas Öffner verdanke ich die Beschaffung und Herstellung der Abbildungen, Luise Nöllemeyer und Monika Wenz haben mir sehr bei der Endkorrektur und dem Apparat geholfen. Petra Lang hat meine Übersetzung der Karlsvita korrigiert. Die Register haben Luise Nöllemeyer und Andreas Öffner erstellt. Auch für all dies meinen herzlichen Dank!

Viele Ideen und etliche Deutungen im Detail verdanke ich zwei Forschungsverbünden: einerseits dem Tübinger Sonderforschungsbereich 923 »Bedrohte Ordnungen«, andererseits dem von ANR und DFG gemeinsam geförderten Projekt »Hludowicus«, das Philippe Depreux und Stefan Esders geleitet haben. Ohne die vielen Gespräche und Diskussionen, gerade auch im informellen Rahmen, die diese Verbünde ermöglicht haben, sähe das Buch sehr anders aus. Auch dafür sei allen Beteiligten gedankt!

Schließlich aber habe ich dem Verlag Klett-Cotta zu danken: Denn ohne die aufmunternd-fordernde Begleitung erst durch Theresa Löwe-Bahners, dann durch Christoph Selzer hätte ich dieses Buch nicht schreiben können.

Tübingen, den 2. Juni 2013 *Steffen Patzold*

CONVENTUS

Das Treffen von Seligenstadt

Es gab ziemlich viele merkwürdige Vorzeichen des nahenden Endes, so dass nicht bloß andere, sondern auch er selbst es drohen fühlte.

Einhard, Vita Karoli, c. 32

I.

Sélestat ist ein Städtchen im Elsass, etwa 50 Kilometer südwestlich von Straßburg. Der Ort ist alt, schon der Frankenkönig Karl, den wir »den Großen« nennen, hat hier im Jahr 775 einmal das Weihnachtsfest gefeiert[1]. Im frühen 16. Jahrhundert war die Stadt berühmt für ihre Lateinschule und ihre Humanisten. Wer heute in der Bibliothèque humaniste, gelegen im Stadtzentrum, den Codex mit der Signatur 11 zur Einsicht bestellt, dem wird ein jahrhundertealtes Buch ausgehändigt: Seine 85 Blätter entsprechen fast millimetergenau dem heutigen DIN A4-Format, aber sie sind aus Pergament; deutlich ist zu erkennen, wo einst die Haar- und wo die Fleischseite der verarbeiteten Tierhäute war[2]. Mit dunkler Tinte und roten Initialen beschrieben wurden die *folia* im 11. Jahrhundert. Doch kopierte damals ein Geistlicher nur, was er in einer weit älteren Vorlage gefunden hatte: eine Geschichte der Franken und ihrer Könige, verfasst im Laufe des 9. Jahrhunderts.

Das Buch ging seither durch viele Hände. Lange lag es im Domkapitel von Worms[3]. Seit Ende der 1460er Jahre hatte Jean Fabri, ein Priester aus Sélestat, den Codex im Besitz. Am selben Ort kam das Buch dann in die Bibliothek des Humanisten Beat Bild, der aus Rheinau stammte und sich daher lateinisch Beatus Rhenanus nannte. Er benutzte den Codex und versah die Seiten mit seinen Notizen, mit dünnerer Feder und heller Tinte. Als Beatus 1547 starb, hinterließ er seine Büchersammlung der Lateinschule in Sélestat, der er selbst einen Gutteil seiner vorzüglichen Bildung verdankte. Die Bücher der Lehranstalt, darunter der Codex, bildeten den Grundstock der heutigen Bibliothèque humaniste.

Auf der Vorderseite des 30. Blattes im Codex 11, der Haarseite des Pergaments, steht ein knapper lateinischer Bericht zum Jahr 836[4]. Er lautet verdeutscht:

836. Der Kaiser hielt die Versammlung in der Pfalz Thionville; Lothar konnte nicht dorthin kommen, weil er schwer, ja bis zur Hoffnungslosigkeit erkrankt war. Nach dem Ende der Versammlung kam der Kaiser nach Frankfurt, von dort zu den Heiligen Marcellinus und Petrus und von dort nach Ingelheim; und von dort kehrte er zur Pfalz nach Aachen zurück.

Nüchtern, ja unscheinbar kommt die Notiz daher – aber der Schein trügt! Der Kaiser, von dem hier namenlos die Rede ist, war Ludwig der Fromme, der Sohn Karls des Großen. 778 geboren[5], ging er nun bereits auf sein 60. Lebensjahr zu. Im Jahr 836, so erfahren wir aus der Notiz, lud er die Mächtigen des Reichs in die Pfalz Thionville zur Versammlung. Solche Zusammenkünfte gab es zwar nicht streng jährlich, aber in guten Zeiten doch oft und regelmäßig. Sie dienten vielerlei zugleich: Hier wurde Politik gemacht und Recht gesprochen, hier wurden Gesetze verabschiedet und Streitigkeiten ausgefochten, hier wurde getafelt und gesoffen, gescherzt, geklüngelt und Gottesdienst gefeiert[6]. Die stete Reihe der großen und kleinen Versammlungen war der politische Herzschlag des Reiches. Die Nachricht über die Versammlung von Thionville kündete von Vitalität.

Mitte der 830er Jahre war das nicht selbstverständlich. Auch das deutet die Notiz an: Lothar, der älteste Sohn des Kaisers, habe an der Versammlung nicht teilnehmen können, weil er auf den Tod erkrankt gewesen sei. Hinter den lapidaren Worten verbirgt sich ein Drama, die Tragödie der Nachfahren Karls des Großen. Drei Jahre zuvor hatten drei Söhne Ludwigs des Frommen gegen ihren Vater aufbegehrt; sie hatten ihn entmachtet und zu einer Buße in der Kirche des Klosters Saint-Médard zu Soissons gezwungen. Ihre Stiefmutter, die Kaiserin Judith, hatten sie nach Tortona in Italien verbracht, ihren Stiefbruder, den zehnjährigen Karl, von seiner Mutter getrennt und in das Kloster Prüm in der Eifel gesperrt[7].

Doch der Triumph der Söhne über den Vater, der Sieg Lothars, Pippins und Ludwigs sollte nicht von Dauer sein: Schon 834 hatten die drei sich zerstritten, dem Vater gelang die Rückkehr an die Macht, Lothar musste mitsamt seinem Anhang unter den Magnaten nach Italien ziehen[8]. Dort fielen etliche seiner Weggefährten eben jetzt, 836, einer Epidemie zum Opfer[9]. Lothar überlebte mit knapper Not. Den Weg nach Thionville aber ging er nicht[10]; eine persönliche Begegnung mit seinem Vater blieb vorerst aus. Das Herz des Reiches schlug in Thionville; aber es schlug schwächer, als es der alte Kaiser gewünscht hatte.

Nach der Versammlung, so lesen wir im Codex 11, zog Ludwig nach Frankfurt, dann zu den Heiligen Marcellinus und Petrus, schließlich über Ingelheim zurück nach Aachen. Auch dieser Satz kommt nüchtern daher: Nur die Reisestationen werden dokumentiert, nicht das, was der Kaiser in Frankfurt, bei den Heiligen, in Ingelheim tat. Und doch verweist auch diese Nachricht auf die Fülle eines Menschenlebens!

Die Überreste der römischen Märtyrer Marcellinus und Petrus lagen seit 827 nicht mehr in einer Katakombe an der Via Labicana in der Apostelstadt; sie wurden in einer Kirche in Seligenstadt verehrt, das seinen frommen Namen ihnen erst verdankt[11]. Der Ort liegt von Frankfurt aus keineswegs auf der Route nach Ingelheim. Ludwig reiste erst zu den Märtyrern nach Osten; dann musste er denselben Weg wieder zurücknehmen, um weiter nach Ingelheim im Westen zu gelangen. Der Abstecher nach Seligenstadt kostete Kraft und Zeit.

Der Grund war Einhard[12]. Ein alter Mann, klein und klug.

Einhard hatte die beiden römischen Heiligen ins heutige Seligenstadt überführen lassen; und mittlerweile wohnte auch er selbst dort. Geboren im Maingau, ausgebildet im Kloster Fulda, hatte Einhard im engsten Zirkel der Macht am Hof gelebt, seit Mitte der 790er Jahre zunächst unter Karl dem Großen, seit 814 unter dessen Sohn, Ludwig dem Frommen. Ludwig auch hatte ihm jenen Ort geschenkt, an dem Einhard später für seine römischen Märtyrer eine neue Kirche errichten ließ. 830, angesichts immer heftigerer politischer Turbulenzen, hatte er sich dann, um die 60 Jahre alt, vom Hof zurückgezogen und bei seinen Märtyrern in Seligenstadt niedergelassen. Den Aufstand der Kaisersöhne beobachtete er so aus sicherer Distanz – politisch in Maßen weiter aktiv, als Fürsprecher wirkend und fleißig Briefe schreibend. Als die Kaisersöhne ihren Vater entmachteten, brach Einhards Welt nicht zusammen, auch nicht 834/35, als der Vater mit Hilfe der jüngeren Söhne den Spieß umdrehte und Lothar nach Italien zwang.

Nein, Einhards Katastrophe folgte erst Monate später, erst jetzt, 836. Nicht die Irrungen und Wirrungen der kaiserlichen Familie brachten seine Welt zum Einsturz, sondern das Versagen seiner Heiligen und der Tod seiner Frau Emma. Die prächtige Kirche, die Einhard für die römischen Märtyrer hatte errichten lassen, stand nun endlich, fertig für die Weihe. Und doch waren gerade jetzt alle Gebete zu Marcellinus und Petrus ungehört verklungen: Emma war gestorben, Einhard blieb zurück, verzweifelt und verstört[13].

Worüber werden die beiden Alten – der trauernde Höfling[14] und sein Kaiser – gesprochen haben, in Einhards Haus, vor dem Schrein der Märtyrer, an Emmas Grab? Wir können es nicht sagen. Aber die knappe Nachricht über den Kaiserbesuch, die im Codex 11 der Humanistenbibliothek von Sélestat überliefert wird, leiht der Phantasie Flügel: der ergraute Herrscher, eigens aus Frankfurt angereist, um an der Weihe der Kirche teilzunehmen[15], eine späte Ehre für den langjährigen Gefährten, der nun maßlos trauert über den Tod der Gemahlin ...

Worüber werden die beiden gesprochen haben? Über Emma und die guten Zeiten, da Einhard und seine Frau noch in ihrem Haus in Aachen gewohnt hatten? Über die römischen Märtyrer – und warum sie ihren eifrigsten Verehrern nicht beigestanden hatten, eben jetzt, da ihre prachtvolle Kirche vollendet war? Warum sie Einhard nicht erhört, Emma nicht geheilt, die geliebte Gefährtin nicht vom Tode errettet hatten, obwohl sie bisher schon so vielen anderen Kranken in Seligenstadt wundersam hilfreich gewesen waren? Auch über ihre Sünden werden die beiden alten Männer gesprochen haben, über ihre Verantwortung vor dem Allmächtigen und die Notwendigkeit der Buße, über Gottes Willen, den zu kennen so unerlässlich und so unmöglich war. *Peccator*, »Sünder«: so pflegte sich Einhard selbst zu nennen[16].

Vier Jahre später war Einhard tot. Sein Grab fand er dort, wo Emma schon bestattet lag: bei den Heiligen in Seligenstadt. Der Kaiser überlebte den Höfling nur um Wochen.

Im Codex 11 der Bibliothèque humaniste hat der Schreiber wohl noch im 11. Jahrhundert auf der Rückseite des 30. Blatts eine Notiz angebracht, drei Wörter nur, auf dem breiten Rand mitten neben dem Bericht zu 838, dort, wo sonst die Jahreszahlen in roter Tinte stehen: *Huc usque enhardus* – »bis hierher Einhard« (Tafel 1). Der Vermerk kann nicht erst aus dem 11. Jahrhundert stammen; der Kopist hat ihn damals schon aus seiner Vorlage übernommen[17]. Doch worauf bezieht sich die Angabe? Gestorben war Einhard 838 noch nicht. Meinte der Eintrag also vielleicht, der Text – oder doch zumindest seine Vorlage – sei »bis hierher« von Einhard selbst verfasst worden? Dann ginge auch unser Bericht zum Jahr 836, vielleicht in Brechungen, letztlich auf Einhards Feder zurück![18]

Die Informationen reichen inhaltlich kaum über das hinaus, was auch bei Hof über das Geschehen notiert wurde[19]. Ein einziges Faktum nur macht den Unterschied: der kaiserliche Ausflug zu den Heiligen Marcellinus und Petrus. Sollte Einhard selbst die Information über Ludwigs Besuch in Seligenstadt festgehalten haben – die Nachricht wäre Teil des letzten, kleinen Werks, an dem der Greis noch gearbeitet hat. Aus dem Halbsatz über Ludwigs Weg zu den Märtyrern spräche der Stolz des Autors über das hohe Ansehen, das er selbst genoss; der Stolz freilich eines traurigen alten Mannes, eines Sünders, der seinen berühmten Namen verschwieg ...

Dieses Buch erzählt Einhards Leben. Es ist die Geschichte eines schmächtigen Knaben aus unbedeutender Familie, der es mit Intelligenz und Wissbegier, mit Fleiß und Geschick zu einer der großen

Persönlichkeiten bei Hof brachte und zwei Kaisern als Ratgeber diente. Zugleich ist das Buch die Biographie eines Biographen. Denn Einhard verdanken wir die »Vita Karoli magni imperatoris«, die früheste Lebensbeschreibung Karls des Großen. Mit ihr hat Einhard nicht nur das Genre der Herrscherbiographie in Lateineuropa wiederbegründet. Bis heute prägt sein Büchlein zutiefst das Bild des ersten Kaisers, den das Mittelalter im Westen Europas sah.

Ein Gemeinplatz der Mediävistik lautet, man könne über Menschen des früheren Mittelalters keine eigentliche Biographie schreiben[20]. Die dürftigen Quellen erlaubten es dem Historiker nicht, ein Menschenleben in seiner Fülle zu schildern; auch sei das Individuum damals noch nicht entdeckt gewesen. Wie in jedem Gemeinplatz, so steckt auch in diesem ein Fünkchen Wahrheit – und viel grell lodernder Eskapismus. Richtig ist: Die Quellen des 8. und 9. Jahrhunderts sprudeln nicht so reichlich, dass dem Biographen je ein lückenloses Bild vor Augen stünde. Nur gilt dies analog für jedes andere Thema der Geschichte dieser Zeit. Immer sieht sich der Frühmittelalterhistoriker darauf angewiesen, aus wenigen Splittern der Überlieferung sein historisches Werk zu bauen. Indem er selbst die Informationen nach bestem, methodengeleitetem Wissen und Gewissen zueinanderstellt, stiftet er Sinn und Kohärenz. So kreiert der Mediävist selbst Geschichte – ob er nun die Grundherrschaft, die Heeresorganisation oder das Leben eines einzelnen Mannes erforscht. Der Unterschied ist bestenfalls graduell.

Diejenigen aber, die die Entdeckung des Individuums späteren Jahrhunderten zugutehalten wollen, haben sich bis jetzt noch nicht auf einen Termin einigen können. Teils wird die Auffindung ins 11., dann auch ins 12. Jahrhundert datiert[21]; mit Jacob Burckhardt lässt manch einer das seltsame Wesen erst in der italienischen Renaissance auf die Welt kommen, und bisweilen wird es sogar der Aufklärung untergeschoben[22]. Kaum einer von denen, die darüber diskutieren, hat selbst über die Geschichte des Frühmittelalters geforscht. Der Verdacht liegt nahe: Ein jeder will die Anfänge gerade dort sehen, wo er selbst sich auskennt[23].

So kommt es auf den Versuch an. Ich erzähle über den Einhard, den ich geschaffen habe. Dieser Einhard hat über sich selbst nachgedacht, ja bisweilen mit sich geradezu gerungen. Und dieser Einhard war ein Mensch: Er lebte in einer Welt, die manchmal duftete, manchmal stank, einer Welt, in der die Sonne schien, Hagelstürme die Ernten vernichteten und Regengüsse Wege und Straßen so aufschwemmten, dass jede Reise zur Qual wurde. Mein Einhard hatte Angst und fühlte Stolz; er konnte sich freuen und ärgern, zürnen und müde sein. Mein Einhard hatte Herzklopfen – und wenn es sein musste, auch Durchfall.

NATIVITAS ATQUE INFANTIA

Vom Maingau nach Aachen

Über seine Geburt und Kindheit und auch über seine Jugendjahre zu schreiben, halte ich für unpassend; denn darüber findet sich weder irgendwo klar etwas Schriftliches dargelegt, noch ist heute jemand zu finden, der behaupten könnte, davon Kenntnis zu haben. Ich will deshalb weglassen, was unbekannt ist, und gleich übergehen zu den Taten und dem Charakter und den übrigen Eigenheiten seines Lebens, die es zu erklären und zu schildern gilt – und zwar dergestalt, dass ich zuerst von seinen Taten daheim und im Krieg, dann von seinem Charakter und seinen Neigungen, danach von seiner Regierung und seinem Ende erzähle und auf diese Weise nichts von dem übergehe, was zu wissen würdig und notwendig ist.

Sein Körper war ansehnlich und stark, seine Größe stach heraus, ohne doch das rechte Maß zu überschreiten (denn bekanntlich betrug seine Länge sieben seiner Füße). Sein Haupt oben rund, seine Augen gewaltig und lebhaft, die Nase ein bisschen über das Ebenmaß hinausgehend, sein ergrautes Haar herrlich, sein Gesicht freundlich und heiter: So verschaffte ihm seine Gestalt – ob er saß, ob er stand – viel Autorität und Würde. Sein Nacken freilich schien wulstig und ziemlich kurz und sein Bauch einigermaßen vorgewölbt, doch verdeckte die Ausgewogenheit seiner übrigen Gliedmaßen dies.

Einhard, Vita Karoli, c. 4 und 22

II.

Von Seligenstadt aus nach Süden erhebt sich der Odenwald. Etwa 30 Kilometer muss man reisen, bis die Hänge steiler werden – im 8. Jahrhundert eine Tagesdistanz, eine mühelose sogar für den, der ein Pferd besaß. Im Westen zieht sich das Mittelgebirge vom heutigen Darmstadt bis zur A6 hinab. Nach Osten hin scheidet das Tal des Mains den Odenwald vom Spessart. Um 770, da Karl noch gemeinsam mit seinem Bruder Karlmann regierte[1], erschlossen zwei junge Mönchsgemeinschaften den Raum von den Bergen des Odenwalds nördlich bis zum heutigen Seligenstadt und weiter mainaufwärts bis Hanau: das Kloster Lorsch, nur wenige Kilometer westlich des Gebirges in jener Ebene, die zum Rhein hin ausläuft; und das Kloster Fulda, ferner gelegen, aber bald reich begütert in der Region[2]. Irgendwo hier, zwischen Main und Odenwald, ist Einhard in jenen Jahren um 770 zur Welt gekommen.

Über sein Elternhaus, seine Geburt, sein Leben als Kind wissen wir wenig. Es fehlen die Zeugnisse, auf die Historiker angewiesen sind, um Geschichte zu schreiben. Was bleibt, sind einige Umwege und viele Zweifel: Auf der Basis dürrer Indizien müssen wir versuchen, uns dem kleinen Einhard anzunähern. Wer sich auf den Indizienprozess einlässt, erhält keine Sicherheit, sondern bestenfalls ein plausibles Bild.

Das Puzzle beginnt an Einhards Grab in Seligenstadt[3]. Für diesen Ort schuf der Abt von Fulda, Hrabanus Maurus, wohl bald nach Einhards Tod eine Grabinschrift, ein kurzes Epitaph in elegischen Distichen. Hraban war etwa zehn Jahre jünger als Einhard[4]. Schon als Kind dürfte er Einhard kennen gelernt haben: Seit 788[5] lebten beide gemeinsam im Kloster Fulda. Vielleicht hat Einhard, damals ein junger Mann von 18 Jahren, dem kleinen Hraban Latein beigebracht und die Anfänge seiner später so berühmten Gelehrsamkeit vermittelt. Wie dem auch sei – die Informationen, die uns das Epitaph bietet, verdienen Vertrauen.

Der kleine Text beginnt mit den Distichen:

*Du, der Du diesen Tempel betrittst, ich bitt' Dich, verschmäh' es
Nicht, zu wissen, was – wahrend – der Ort hier Dich mahnt.
Siehe, hier liegt im Grabe bestattet der edele Mann da:
Einhard. Den Namen hat ihm sein Vater verlieh'n.*[6]

Der letzte Vers lässt aufhorchen: Warum wies Hraban darauf hin, dass Einhards Vater dem Sohn den Namen gab? Wer sonst hätte den Kleinen benennen sollen? Die Mitteilung von Selbstverständlichem wäre in einer kurzen Grabinschrift keinen eigenen Vers wert. Könnte Hraban also anderes gemeint haben? Historiker nehmen das an. Wahrscheinlich wollte der gelehrte Abt sagen: Einhard sei nicht nur von, sondern auch nach seinem Vater benannt worden, habe insofern »seinen Namen vom Vater erhalten«. Der kurze Vers wäre dann zugleich ein Hinweis auf Einhards Abstammung – und eines Epitaphs würdig. Übrigens war es im 8. Jahrhundert noch unüblich, den Sohn nach dem Vater zu benennen[7]. Auch deshalb könnte Hraban dem Namen einen eigenen Vers gewidmet haben. So dürfen wir vermuten: Einhards Vater hieß Einhard.

Das zweite Indiz datiert aus derselben Zeit. Bald nach Einhards Tod hat Walahfrid, ein Mönch von der Reichenau, eine Neuausgabe der »Vita Karoli« besorgt. Er teilte den Text in 39 Kapitel, gab ihnen Überschriften und versah das Ganze mit einem Vorwort. Darin belehrte er seine Leser über den Autor, den berühmten Einhard, und über die historische Bedeutung des Werks. Walahfrid war fast zwei Generationen jünger als Einhard, aber er könnte den Höfling noch in Aachen kennen gelernt haben, kurz bevor sich Einhard zu seinen Heiligen nach Seligenstadt zurückzog[8]. Auch hatte Walahfrid eine Zeit in Fulda zugebracht und dort bei Hrabanus

Maurus gelernt[9]. Wir dürfen annehmen, dass er viel über Einhard wusste.

In seinem Vorwort zur Karlsbiographie behauptete Walahfrid, Einhard sei »in der östlichen Francia geboren«, »in dem Gau, der Maingau heißt«; und er habe im Kloster Fulda »die ersten Anfänge seiner kindlichen Ausbildung« erhalten[10]. Der Maingau erstreckte sich von der Gegend zwischen Frankfurt und Aschaffenburg bis zum nördlichen Odenwald, etwa dort, wo die Flüsschen Rodau, Gersprenz und Mümling in den Main münden. Das Kloster Fulda sammelte in der Gegend Besitz: Um 800 war es in Großostheim, Schaafheim und Radheim, in Pflaumheim und Mömlingen, aber auch noch weiter nördlich in Hegershausen und Kleinauheim begütert[11]. So ließe sich erklären, warum Vater Einhard das ferne Fulda als Schule für seinen Sohn aussuchte. Vielleicht waren die Mönche mit einer ihrer Besitzungen im Maingau sogar Einhards Nachbarn?

Dass Eltern einen sieben- oder achtjährigen Sohn einem Kloster übergaben, war an sich nicht ungewöhnlich. Die Mönche pflegten ihren Nachwuchs auf diese Weise zu rekrutieren. Die *pueri oblati*, die »geopferten Knaben«, wie man sie nannte, lernten von Kindesbeinen an Latein und die liturgischen Texte, die sie später als Mönche tagtäglich aufsagen und singen würden[12]. Aber Einhards Eltern fassten diesen üblichen Weg der Oblation für ihren Jungen gerade nicht ins Auge. Einhard sollte nicht Mönch werden. Er sollte in Fulda nur eine solide, fromme Ausbildung erhalten, als Klosterschüler, nicht als Opfer für Gott.

Wir wissen nicht sicher, warum die Familie irgendwann in der zweiten Hälfte der 770er Jahre diesen Entschluss fasste, aber erahnen können wir es doch. Einhard musste später als erwachsener Mann viel Spott erdulden wegen seiner Kleinwüchsigkeit. Die ihn schätzten, verglichen ihn mit einer Narde oder einem fleißigen Bienchen[13]. Der Gote Theodulf, ein Vertrauter Karls mit spitzer Feder und einer Neigung zu gehässigen Versen, formulierte es weniger freundlich: Dieser Einhard, so dichtete er, ließe sich gut auch als Tischbein gebrauchen![14] Der gelehrte Walahfrid (dem seine Zeitgenossen den Beinamen *Strabo*, »der Schieler«, gegeben hatten) – Walahfrid notierte für die Leser seiner Neuausgabe: Einhard sei »von seinem Wuchs her verächtlich« erschienen[15]. Und Einhard selbst sah es nicht anders; er nannte sich *homuncio*, »Männlein«[16]. Die Entscheidung, den Jungen zur Klosterschule zu schicken, hatte also wohl einen handfesten Grund: Der Knabe war allzu zart; er wird seinem Vater ungeeignet erschienen sein für das übliche Leben eines edlen Freien, geprägt von Blut, Schweiß und Schwertern, von Pferden, Jagd und Krieg[17].

Aus dem Kloster Fulda stammt das dritte Indiz, von dem sich Historiker Aufschluss über Einhards Herkunft erhoffen. Hier in Fulda nämlich schrieb Einhard an einem 6. Juni irgendwann zwischen 780 und 796 eine Urkunde. Das Stück ist nicht im Original überliefert, sondern nur in einer Abschrift aus dem Hochmittelalter. Immerhin kennen wir dadurch den vollen Wortlaut des Textes und den Inhalt desjenigen Rechtsgeschäfts, das die Urkunde dokumentierte: Ein gewisser Einhard und seine Gemahlin Engilfrit hatten dem Kloster Fulda Land geschenkt. Der Klosterschüler Einhard setzte die Urkunde darüber auf. Und wie es für Urkundenschreiber in Fulda üblich war, vermerkte er am Ende seine Mitarbeit: *Ego Einhart scripsi* – »ich, Einhard, habe das geschrieben«[18]. Die Urkunde könnte der früheste Text aus Einhards Feder sein, der sich bis heute erhalten hat.

Das Land, das Fulda geschenkt bekam, lag bei Euerdorf, in der Nähe von Hammelburg, etwa halbwegs zwischen Fulda und Würzburg. Allerdings übereigneten Einhard und Engilfrit dort nicht ihren gesamten Besitz, sondern nahmen fünf Hofstellen und einen Sklaven aus. Auch sollte Fulda die Güter erst nach dem Tod des Schenkerpaars erhalten. Wie groß die Schenkung war, lässt sich nicht sagen; Zahlen oder Grundstücksgrenzen werden, wie nur allzuoft, in der Urkunde nicht genannt. Übertragen wurden aber Güter an nur einem Ort, und hier nicht einmal alle. Andere Schenkungen an das Kloster waren großzügiger.

Über Einhards und Engilfrits Vermögen sagt das noch wenig. Wir wissen nicht, was die beiden sonst besaßen. Reichere Grundbesitzer waren im 8. Jahrhundert nicht nur an einem Ort begütert, sondern verfügten über weit gestreute Ländereien – die wahrhaft Reichen sogar über Besitz in unterschiedlichsten Regionen. Gut möglich also, dass das Schenkerpaar jenseits von Euerdorf noch andere, größere Ländereien sein eigen nannte.

Historiker haben nun das Epitaph in Seligenstadt mit dieser Fuldaer Urkunde zusammengebracht – und gefragt: Wenn Einhards Vater ebenfalls Einhard hieß und wenn der junge Einhard in Fulda eine Urkunde für ein Schenkerpaar namens Einhard und Engilfrit schrieb, könnte es sich bei diesem Paar dann nicht um Einhards Eltern handeln? Möglich wäre es[19]. Wer aber zwei Indizien kombiniert, stellt noch keine Sicherheit her. So ist Vorsicht am Platze: Tatsächlich gab es im 8. Jahrhundert viele Menschen, die den Namen Einhard trugen. Warum sollte der Fuldaer Schenker namens Einhard ausgerechnet der Vater unseres Einhard sein? Dass Einhard selbst die Fuldaer Urkunde schrieb, kann die Annahme nicht sichern: Einhard hat nicht nur dieses eine Stück für das Kloster gefertigt, sondern noch mindestens fünf weitere, und zwar für jeweils andere Schenker[20]. So bleibt es dabei: Wir dürfen vorsichtig vermuten, dass Einhard und Engilfrit die Eltern unseres Helden waren; mehr als eine Hypothese aber ist dies nicht.

Spätestens hier endet das, was über Einhards Familie und seine Herkunft mit guten Gründen zu sagen ist. Trotzdem haben Historiker im 20. Jahrhundert weiter spekuliert, haben Hypothesen auf Hypothesen getürmt – und das Bild einer weitverzweigten Verwandtschaftsgruppe entworfen. Am Ende scheint Einhard verwandt mit »einer Reihe von teilweise höchst potenten Grundherren des Saalegaus und des Grabfelds, aber auch des Mittelrheins«[21], ja vielleicht sogar noch weiter, bis nach Baiern hinein, in den Raum von Regensburg und Freising[22].

Alle diese Spekulationen beruhen im Kern auf der Analyse von

Grundbesitz und Personennamen. Das Verfahren geht von einer wichtigen Beobachtung aus: Im 8. Jahrhundert trugen die Menschen in der Regel zwar nur einen Namen, aber dieser Name wies sie nicht allein als Individuum aus, sondern auch als Mitglied einer Familie. Dass ein Sohn – wie Einhard – unmittelbar nach seinem Vater benannt wurde, war zwar selten; häufig aber erhielt ein Enkel den Namen des Großvaters, und genauso oft wurden einzelne Glieder der Namen der Eltern für die Namen der Kinder neu zusammengefügt. Ein anderer Sohn Einhards und Engilfrits hätte Engil-hard oder Hart-frit heißen können.

Solche Bezüge zwischen Namen sind jedoch bestenfalls ein Indiz. Um eine Verwandtschaft zwischen den Namensträgern zu beweisen, reichen sie nicht aus. Erst wenn weitere Informationen hinzukommen, kann Wahrscheinlichkeit wachsen. Besonders intensiv interessieren sich Historiker deshalb für den Besitz der betreffenden Personen. Denn man nimmt an: Menschen, die am selben Ort Land besaßen oder gar direkte Nachbarn waren, werden dieses Land von einem gemeinsamen Vorfahren ererbt haben[23]. So plausibel die Annahme ist – zwingend wird man auch sie nicht nennen dürfen: Schon im 8. Jahrhundert war es möglich, Grundstücke zu kaufen oder gegen andere Ländereien einzutauschen. Zwei Nachbarn mussten folglich nicht denselben Erblasser haben.

Erst dann, wenn beides zusammenkommt: Verwandtschaft in den Namen und Nachbarschaft im Besitz, erst dann können wir annehmen, dass zwei Personen einen gemeinsamen Vorfahren hatten. Für Einhard aber steht eine solch glückliche Konstellation nirgends zur Verfügung. Was immer Historiker über seine Verwandtschaft geschrieben haben, beruht daher auf Spekulation. Die Vermutungen gehen von Namen oder einzelnen Namensgliedern aus. Bestenfalls kann man belegen, dass die Namensträger in derselben Region begütert waren; bisweilen ist auch nur dunkel zu erahnen, dass sie auf andere, ferne Weise miteinander in Beziehung gestanden haben könnten. Besitznachbarschaft im strengen Sinne ist dagegen nirgends nachzuweisen. Erst sie aber wäre aussagekräftig!

So führt die verzweifelte Suche nach Einhards Familie nur in einen dichten Nebel von Vermutung, Hypothese und Potentialität. Über Einhard und sein Leben verrät uns das Stochern wenig – umso mehr aber darüber, wie Historiker sich im 20. Jahrhundert Einhards Welt wünschten. Die Familie, so meinten Mediävisten, sei gleichsam die Basis der frühmittelalterlichen Gesellschaften; erst wer das Gewebe der adligen Familien durchschaue, werde verstehen, was die hohe Politik im Innersten zusammenhielt. In der Zeit nach dem Zweiten Weltkrieg haben Historiker deshalb viel Energie darauf verwendet, Familienbande und Verwandtschaftsgruppen in den Eliten des Frankenreichs zu ermitteln[24].

Ganz falsch ist das alles nicht: Das Elternhaus, die Herkunft – das waren in Einhards Welt wichtige Faktoren für den Lebensweg eines Menschen. Doch auch im 8. Jahrhundert entschied die Abkunft nicht alles. Und Einhard war ohnehin anders. In all seinen Jahren bei Hof hat er sich nie an einen seiner Angehörigen gewandt. Nur in zwei späten Briefen wird er sich einmal für Menschen einsetzen, die er als *propinquus* bezeichnet. Die beiden – ein Fuldaer Mönch namens Werdricus und ein gewisser Agantheo – könnten mit Einhard verwandt gewesen sein; doch ist das lateinische Wort *propinquus* in seiner Bedeutung viel offener. Auch eine andere Form von »Nähe« ist denkbar[25].

Wer Einhards Lebensweg verstehen und erklären will, wird mit einer spekulativen Suche nach Verwandten nichts gewinnen. Einhard verdankte seine Karriere und seine Position bei Hof nicht seinem Vater, nicht seiner Mutter, nicht irgendeinem anderen Angehörigen. Er verdankte sie seiner Intelligenz – und der Förderung, die er im Kloster Fulda erhielt. Schon sein Zeitgenosse Walahfrid sah das so: Nicht so sehr aufgrund seiner *nobilitas*, seines »Edelseins«, das ihn besonders ausgezeichnet habe, sei Einhard als junger Mann an den Karlshof gelangt – sondern »aufgrund der Einzigartigkeit seiner Auffassungsgabe und seines Verstandes, die in ihm schon damals den großen Glanz der Weisheit verhieß, der später erstrahlte«[26].

Aber damit nicht genug! Paradoxerweise verdankte Einhard seine

Karriere wohl gerade dem Umstand, dass er nicht aus einer jener alten, mächtigen, steinreichen Familien stammte[27], die gewohnt waren, den Hof und das Reich zu dominieren. In der Konkurrenz der Magnaten im Umkreis des Herrschers wird sich der schmalbrüstige Einhard aus einer Familie von Grundbesitzern im Maingau wenig bedrohlich ausgenommen haben. Das sollte sich als Vorteil erweisen.

Die Sachsen nämlich waren wie fast alle Völker, die die Germania bewohnen, sowohl wild von Natur als auch dem Dämonenkult ergeben und unserer Religion feind; sie hielten es deshalb nicht für schändlich, göttliches und menschliches Recht zu brechen und zu verletzen. Damit verbunden waren Umstände, die alle Tage den Frieden stören konnten: Unsere und deren Grenzen lagen nämlich – außer an wenigen Stellen, an denen entweder größere Wälder oder dazwischenliegende Gebirgszüge beide Gebiete mit einer festen Grenze schieden – fast überall direkt nebeneinander in der Ebene, wo dann das Morden, Rauben und Brennen auf beiden Seiten kein Ende nahm.

Einhard, Vita Karoli, c. 7

III.

Fulda war fast so jung wie Karl. Erst im März 744 war das Kloster gegründet worden, vier Jahre nur vor der Geburt des Frankenkönigs[1]. Als Einhard dorthin kam, lebten noch Angehörige der Gründergeneration. Die ersten Mönche und ihr Abt Sturmi waren stolz darauf, in der Einöde zu weilen: Die Abtei lag inmitten eines großen, wilden Waldgebietes, der Buchonia[2]. Das Leben in der Wüstenei war ein steinaltes Ideal des Mönchtums – und ein fester Bestandteil fuldischer Identität[3].

Den Anstoß zur Gründung hatte Bonifatius gegeben. Der Angelsachse hatte seit den 720er Jahren auf dem Kontinent gewirkt, als Bischof, Missionar, Kirchenorganisator, Reformer. Nun, 743/44, stand er im Zenit seines Einflusses. So vermochte er Karlmann, den Onkel Karls des Großen, davon zu überzeugen, dass das junge Kloster eine solide Ausstattung brauchte, um leben zu können. Einige Jahre später, im Herbst 751, bat Bonifatius auch den Papst, die noch kleine Gemeinschaft zu fördern. Sein Brief an Zacharias, den Bischof von Rom, gehört zu den frühesten Nachrichten über Fulda, die erhalten sind. Nicht ohne Stolz schrieb der Angelsachse:

Im Übrigen gibt es einen waldreichen Ort in einer Einöde von größter Einsamkeit inmitten der Völker unserer Missionspredigt, an dem wir ein Kloster errichtet und Mönche angesiedelt haben, die unter der Regel des heiligen Vaters Benedikt leben – Männer, die in strengster Enthaltsamkeit ohne Fleisch und Wein und ohne berauschende Getränke und Knechte eifrig mit ihren eigenen Händen arbeiten.[4]

Den Ort, so berichtete Bonifatius, habe er von frommen und gottesfürchtigen Männern erhalten, vor allem von dem Fürsten Karlmann;

geweiht habe er ihn Christus, dem Erlöser. Er, Bonifatius, selbst gedenke, seinem alten, müden Körper dort Ruhe zu gönnen. Und dereinst wolle er sich in Fulda auch bestatten lassen.»Bekanntlich siedeln nämlich die vier Völker, denen ich durch die Gnade Gottes das Wort Christi gepredigt habe, im Umkreis dieses Ortes.«

Schon dieses frühe Zeugnis spiegelt eine unauflösliche Spannung wider: die Spannung zwischen dem monastischen Streben nach Weltflucht und den Aufgaben der Mönche in der Welt. In einer »Einöde größter Einsamkeit« lag Fulda – und doch zugleich im Zentrum jenes Raums, in dem Bonifatius das Evangelium gepredigt und den Aufbau von Kirchen vorangetrieben hatte[5]. Die Mönche sollten in Askese leben, von ihrer eigenen Hände Arbeit – und doch hatte Bonifatius dafür Sorge getragen, dass Sturmi und seine *fratres* Ländereien von Karlmann und anderen fränkischen Magnaten erhielten[6]. Ein Ort der Ruhe für Bonifatius sollte Fulda sein, auch über das irdische Leben hinaus; aber als der Missionar keine drei Jahre später in dem Kloster seine letzte Ruhe fand, löste das dort einen Bonifatius-Kult aus[7]. Pilger kamen in hoher Zahl nach Fulda, das bald zum überregionalen Wallfahrtsziel aufstieg.

Dies sollte Fuldas Geschichte prägen: die geographische Lage, der rasch wachsende Grundbesitz, der Kult um den heiligen Bonifatius, der 754 in Fulda sein Grab gefunden hatte. Als Einhards Eltern darüber nachdachten, was aus ihrem allzu kleinen Sprössling werden solle, strahlte Fuldas Glanz schon weit über die Buchonia hinaus.

Fuldas Lage war von Vorteil[8]. Eben hier verlief die *Antsanvia*, ein Fernweg, der Thüringen mit dem Rhein-Main-Gebiet verband. Auch war der Fluss, die Fulda, damals schiffbar; auf ihr ließen sich mühelos Menschen und Waren transportieren. Der Fernweg aus Thüringen kreuzte den Fluss eben an der Stelle, an der noch heute in Fulda die Langebrückenstraße über den Wasserlauf führt. Südlich des Klosters lief der Ortesweg von der Wetterau ins Grabfeld; und etwas weiter im Osten öffnete eine Fernstraße den Weg vom Mittelmaingebiet ins Leinetal. So wichtig für das Selbstverständnis der ersten Fuldaer Mönche das Leben in der Wüstenei war – ihre Einöde hatte

Anschluss an den Fernverkehr. Auf der alten Route von Süden her reiste Ende der 770er Jahre auch der kleine Einhard mit seinen Eltern zum Kloster.

Mangel litt die Fuldaer Gemeinschaft damals nicht. Schon wenige Jahre nach der Gründung hatten wohlhabende Leute begonnen, die Mönche zu unterstützen. Vom 24. Januar 751 datiert die älteste Urkunde, die eine Schenkung an das Kloster belegt. Damals übereigneten ein gewisser Adalbert und seine Gemahlin Ermensina den Fuldaern ein Grundstück, das in der Stadt Mainz lag. Ihr Motiv war dasselbe, das auch in den folgenden Schenkungsurkunden wieder und wieder genannt wird: »zugunsten unserer Seelen schenken wir – und damit wir in Zukunft ein Heilmittel zu finden verdienen«[9].

Adalbert, Ermensina, die übrigen Gönner – sie alle erhofften sich von den Gebeten der Fuldaer *fratres* Vorteile bei ihrem Streben nach Seelenheil. Wie alle Klöster der Zeit war auch Fulda auf solche Zuwendungen angewiesen. Nur mit ihrer Hilfe vermochte die Mönchsgemeinschaft zu überleben und sich dem Gebet und dem Gottesdienst hinzugeben. Und nur aufgrund der Schenkungen war die Gemeinschaft auch in der Lage, eine Schule zu unterhalten, in der Knaben wie Einhard leben und lernen konnten, Kost und Logis frei.

Ökonomisch war der Tod des Bonifatius ein Glücksfall für das junge Kloster: Die Zahl der Schenkungen stieg sprunghaft an. Denn der Angelsachse war, schon ein Greis, am 5. Juni 754 in Friesland von Heiden ermordet worden[10]. Nun galt er als Märtyrer; der Reputation der Gemeinschaft, in deren Schoß er bestattet wurde, war das förderlich. Sein Grab fand Bonifatius im Westen der kleinen Abteikirche. Hier zu beten, das verhieß fortan Heil für die Seele und Genesung von irdischen Gebrechen. So strömten Pilger in immer größerer Zahl zum Leichnam des Bonifatius.

Auch personell profitierte das Kloster vom Tod des Gründers. Weil die Fuldaer den Leib eines berühmten Heiligen besaßen und ihre Gebete das Seelenheil zu sichern versprachen, schickten nun viele Freie und Edle ihre Söhne dorthin. Die meisten Knaben kamen, um später Mönche zu werden, einige aber wohl auch nur, um Lesen und Schreiben, Latein und die Bibel zu lernen. Einer von ihnen hieß Einhard.

Als das Kind um 778 in die Abtei übersiedelte, war Fulda schon lange nicht mehr der menschenverlassene, aber gotterfüllte Ort, als der er sich anfangs Sturmi und Bonifatius empfohlen hatte. Von der Lage und einer Leiche profitierend, hatte sich das Kloster in ein überregionales Kultzentrum mit einer großen Mönchsgemeinschaft entwickelt: Rund 400 Mönche lebten hier[11], und die Abtei verfügte über reichen Grundbesitz in vielen Regionen, weit über Einhards Heimat im Maingau hinaus.

Sogar an der Missionierung der Sachsen war das Kloster nun beteiligt. Noch 779, im Jahr seines Todes, begleitete der Fuldaer Abt Sturmi König Karl deshalb auf einen Feldzug gegen die Sachsen[12]. Die Zeiten standen schlecht: Zwar war Karls Gemahlin Hildegard im Sommer des Vorjahrs in Chasseneuil mit Zwillingen niedergekommen, von denen einer, der kleine Lothar, bald sterben, der andere als Ludwig der Fromme Geschichte machen sollte[13]. Doch unterdessen beutelte eine Hungersnot das Reich[14]. Und Karl selbst musste auf der Rückkehr von einem misslungenen Feldzug gegen die Muslime in Nordspanien eine empfindliche Niederlage einstecken: Basken machten Karls Nachhut nieder[15]. An der Ostgrenze des Reiches nutzten daraufhin Sachsen die Gelegenheit, um wieder einmal aufzubegehren. Sie waren auf Rache aus für jene Beutezüge, die Karl und seine Franken seit 772 in die Region im Nordosten, zwischen Rhein und Elbe, unternommen hatten. Im Gegenzug drangen Sachsen nun weit in das Frankenreich ein, noch über Deutz bei Köln hinaus bis zur Mosel[16].

Den Fuldaer Mönchen wurde es angst und bange. Sie nahmen die Überreste des Bonifatius und flohen aus ihrem Kloster[17]. Wir können uns ausmalen, wie da auch der kleine Einhard, acht, neun Jahre alt, voll Schrecken das Kloster verließ und gemeinsam mit den Mönchen nach Süden hastete, in sicherere Breiten. Wann genau die

Brüder wieder an die Fulda zurückkehrten, wissen wir nicht. Der sächsische Angriff von 778 aber hat in dem Jungen seine Spuren hinterlassen. Noch Jahre später, als Autor der Karlsbiographie, wird er ein Schreckbild der Sachsen zeichnen: Gefährliche Gesellen seien das, wild, ungezähmt, treulos![18] Der Abt Sturmi überlebte Karls Rachezug nach Sachsen 779 nur um wenige Wochen. Unter seinem Nachfolger Baugulf öffnete sich die Gemeinschaft noch weiter ihrer Umwelt. Ende Juli oder Anfang August des Jahres 782 besuchte Karl persönlich das Kloster[19]. Der Herrscher aber kam nicht allein in die Abtei, sondern mit einem Gefolge von Magnaten und Ratgebern, von Hofgeistlichen, Bewaffneten, Dienstpersonal. Ein Aufenthalt des Königs war ein Großereignis. Den stillen monastischen Alltag brachte er auf absehbare Zeit aus dem Rhythmus. In jenem Sommer 782 könnte Einhard zum ersten Mal den hochgewachsenen Mann[20] getroffen haben, mit dem er später häufigen, bald auch vertrauten Umgang pflegen wird: Karl war damals 34 Jahre alt, Einhard zwölf.

Wir wissen nichts über diese erste Begegnung. Ein gutes Jahrhundert später, Mitte der 880er Jahre, wird in St. Gallen der Mönch Notker der Stammler in seinen »Gesta Karoli« berichten, wie der König bei anderer Gelegenheit das Latein, das Wissen und den Lerneifer von Schülern auf die Probe gestellt habe, nicht nur der hochwohlgeborenen, auch der einfachen Jungen. Als sich die Sprösslinge aus großer Familie als faul und unfähig erwiesen, habe Karl sie streng getadelt; den intelligenten Knaben von weniger nobler Geburt aber, so meinte Notker, habe der König als Lohn für ihren Fleiß Abteien und Bistümer in Aussicht gestellt[21].

Wie gern möchte man sich eine solche Szene auch für Fulda im Sommer 782 ausmalen! Vor Kurzem erst war Karl von seinem zweiten Italienzug zurückgekehrt. Unterwegs, in Parma, hatte er einen Diakon aus York kennengelernt: Der Mann hieß Alkuin und reiste gerade im Auftrag seines Erzbischofs nach Rom – eine beeindruckende Persönlichkeit, vielleicht der brillanteste Kopf seiner Zeit. Wie schon andere Gelehrte zuvor, lud Karl auch ihn ins Frankenreich, an seinen Hof; dort sollte der Angelsachse in den 780er Jahren bald zum Mittelpunkt eines gelehrten Kreises werden und auch politisch wichtige Impulse geben[22]. Man stelle sich nun Karl in Fulda vor: sensibilisiert für die Bedeutung von Wissen, Bildung, Gelehrsamkeit, in halb Europa auf der Suche nach klugen Köpfen für seinen Hof. Man stelle sich Karl vor, wie der Abt ihm einen Jungen präsentiert – kein Spross einer der alten, großen Familien, auch viel zu zart gewachsen, aber was für ein Talent! Man stelle sich vor, wie der König den Kleinen prüft, ihn lobt, ihm eine glänzende Karriere verspricht, wenn er nur weiter eifrig lerne ...

Es bleibt eine schöne Phantasie. Schon Notkers Geschichten über Karl sind nicht Geschichte. Sie verdanken sich einer Mischung aus klassischen Motiven lateinischer Schriftkultur, mündlichen Erzählungen und freier Erfindung, all das kunstvoll ineinander gewebt mit dem Willen des Klosterlehrers zur Paränese[23]. Kein Zeitgenosse hat überliefert, was in jenem Sommer 782 in Fulda im Einzelnen geschah. Vielleicht hat Einhard den König nur von ferne, vielleicht auch gar nicht gesehen.

Und der klösterliche Alltag des Kindes, jenseits des Herrscherbesuchs? Ihn können wir bestenfalls in Umrissen erkennen. Die Fuldaer Mönche legten Wert darauf, dass sie nach der Regel des heiligen Benedikt lebten – jenes Asketen und Mönchsvaters aus Italien, dessen Vita der Papst Gregor der Große das gesamte zweite Buch seiner »Dialoge« gewidmet hatte[24]. Abt Sturmi war sogar eigens nach Montecassino gereist, in das Kloster, das Benedikt im 6. Jahrhundert gegründet hatte. Dort wollte der Fuldaer die Lebensweise der ersten Benediktiner mit eigenen Augen sehen und im Miterleben verinnerlichen[25].

Schon Benedikt hatte in seiner »Regula« damit gerechnet, dass Eltern ihre Söhne dem Kloster »opferten«. Von der Übergabe von *pueri oblati* handelte er ausführlich im 59. Kapitel seiner Regel. An anderer Stelle äußerte er sich auch darüber, wie die Mönche mit den Knaben im Alltag umgehen sollten:

Nach Alter und Einsicht muss es unterschiedliche Maßstäbe geben. Daher gelte: Knaben und Jugendliche oder andere, die nicht recht einsehen können, was die Ausschließung als Strafe bedeutet, sollen für Verfehlungen mit strengem Fasten oder mit kräftigen Rutenschlägen bestraft werden. Sie sollen dadurch geheilt werden[26].

Die Vorschrift bleibt weit entfernt von heutigen Erziehungsidealen, aber sie spiegelt ein Grundprinzip der Benediktregel wider: die *discretio*, das Unterscheidungsvermögen. Der Abt sollte nicht alle Mönche gleich behandeln; er sollte auf bestimmte Gruppen, ja auf jeden individuell einzugehen wissen, so wie es jeweils angemessen war. Als eine besonders schwere Strafe für Verfehlungen im Kloster sah Benedikt vor, den Sünder eine Zeit lang aus der Gemeinschaft auszuschließen. Er durfte dann nicht mehr mit seinen Brüdern beten, essen, schlafen, er hatte segregiert zu leben[27]. Das war hart – war doch dem Betroffenen damit die Heilskraft der Gemeinschaft entzogen. Kinder aber, meinte Benedikt, könnten dies noch nicht begreifen. Sie wollte er deshalb – zeitgemäß – handfest bestraft wissen: Hunger oder Schläge sollten die Kleinen von ihren Sünden »heilen«.

Dasselbe Prinzip der *discretio* führte andernorts zu Bestimmungen, die uns auch heute noch milde erscheinen. Erwachsene Mönche, so setzte Benedikt fest, sollten zwar kein Fleisch essen, aber jenseits der Fastenzeit doch zweimal am Tag gemeinsam speisen. Jeder sollte dann zwei verschiedene gekochte Gerichte zur Wahl haben, damit in jedem Falle etwas dabei sei, was er essen könne[28]. Kindern machte Benedikt im 37. Kapitel seiner Regel sogar noch weitere Zugeständnisse:

Zwar neigt der Mensch schon von Natur aus zu barmherziger Rücksicht auf die Lage der Alten und der Kinder; doch soll auch durch die Autorität der Regel für sie gesorgt sein. Immer achte man auf ihre Schwäche. Für ihre Nahrung darf die Strenge der

Regel keinesfalls gelten. Vielmehr schenke man ihnen Güte und Verständnis; sie dürfen schon vor der festgesetzten Zeit essen.[29]

So wird der schmächtige Einhard ab und zu Prügel bezogen haben, zumal in der Schule, wo der Stock ein altbewährtes Mittel der Didaktik war. An guter Nahrung indes wird Einhard im reichen Fulda keinen Mangel gelitten haben. Vielleicht bekam er angesichts seiner Schwäche sogar ab und zu ein Stück Fleisch? Wenn er bis ins Erwachsenenalter klein blieb, so war das kaum die Folge von Mangelernährung ...

Möglicherweise genoss Einhard im klösterlichen Alltag sogar noch weitere Freizügigkeit. Denn streng genommen war er ja keiner jener *pueri oblati*, von denen in der Benediktregel die Rede war. »Äußere« Klosterschüler wie Einhard hatte sich jener Mönchsvater, der die Regel schrieb, aber wohl noch gar nicht vorstellen können: Der Regelautor war in einer Zeit aufgewachsen, als es auch für Laien noch möglich war, eine hervorragende Bildung zu erlangen. Dass Jahrhunderte später ausgerechnet Klöster die wichtigsten Zentren von Wissen und Gelehrsamkeit sein würden, hatte er nicht ahnen können.

Die Freiheiten, die Einhard als »externer« Schüler genoss, könnten dem Jugendlichen manch interessante Kenntnis eingebracht haben. Denn die Blüte Fuldas ließ die Umgebung nicht unberührt. Schon im 8. Jahrhundert entstand hier eine kleine, unbefestigte Siedlung. Wir dürfen sie im Nordwesten der Abtei vermuten, ausgehend von der Hinterburg und sich ausdehnend bis zum Rand der Fulda-Aue, einem Areal, das heute in Fulda zwischen der Langebrückenstraße und der Weimarer Straße gelegen ist. Die Topographie deutet auf einen frühen Marktplatz hin. Auch ein Kamm-Macher und weitere Handwerker begannen, hier ihre Werkstätten einzurichten[30]. Der Schüler Einhard lebte nicht in einer abgeschiedenen Einöde. Da die Strenge der Klausur für ihn nicht galt, könnte er in der Siedlung vor dem Kloster Handel und Handwerk beobachtet haben.

Und damit nicht genug: Angesichts der wachsenden Zahl von

Mönchen und Pilgern, vielleicht aber auch, um das Grab des Bonifatius in den Mittelpunkt der Kirche zu rücken, wurde wohl seit 791 die ältere Klosterkirche aus der Zeit Sturmis durch einen neuen, größeren Bau ersetzt[31]. Die Fertigstellung sollte Einhard zwar nicht mehr in Fulda miterleben; immerhin hatte er aber Gelegenheit, sich mit den Anforderungen und den Planungen eines Großbaus vertraut zu machen, wohl auch mit Baumeistern zu sprechen, Pläne zu hören, die ersten Arbeiten in ihrem täglichen Fortgang zu beobachten[32]. Das Interesse an Handwerk und Architektur wird ihn später, in seiner Zeit bei Hof, vor anderen auszeichnen.

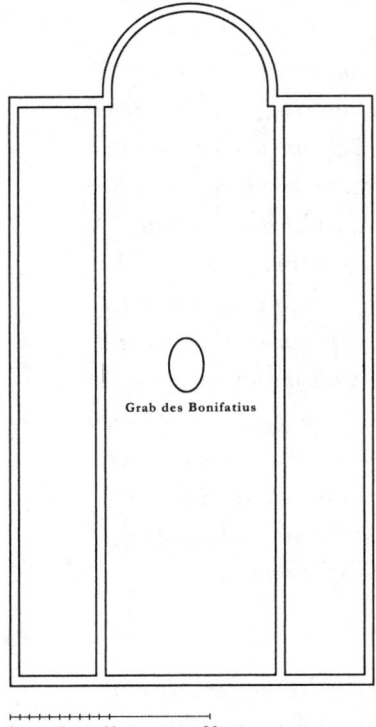

Der unter Abt Baugulf um 791 begonnene Neubau der Fuldaer Abteikirche (Grundriss).

*E*r war in seiner Eloquenz reich begabt und außerordentlich – und vermochte, was immer er wollte, ganz leicht verständlich auszudrücken. Er beschränkte sich auch nicht nur auf seine Muttersprache, sondern investierte seine Zeit, um Fremdsprachen zu lernen. Von ihnen lernte er das Lateinische so, dass er gewohnt war, es genauso zu sprechen wie seine Muttersprache; das Griechische dagegen konnte er besser verstehen als aussprechen. So redegewandt war er, dass er sogar ein wenig vorlaut witzelnd erschien. Die Freien Künste hegte und pflegte er mit großer Wissbegier; vor deren Lehrmeistern zeigte er tiefste Ehrfurcht, und er ließ ihnen große Ehren angedeihen. Um die Grammatik zu lernen, hörte er Petrus, einen alten Diakon aus Pisa; in den übrigen Disziplinen hatte er Albin mit dem Beinamen »Alkuin« als Lehrer – ebenfalls ein Diakon, ein Mann aus Britannien von sächsischem Geschlecht, ein Universalgelehrter. Bei ihm wandte er viel Zeit und Mühe auf, um Kenntnisse sowohl der Rhetorik als auch der Dialektik zu erlangen, besonders aber der Astronomie. Er lernte die Kunst des Rechnens und suchte mit scharfsichtiger Aufmerksamkeit und äußerst genau die Bahn der Sterne zu beobachten. Er probierte auch zu schreiben und pflegte dazu Tafeln und Büchlein in seinem Bett unter dem Kopfkissen bei sich zu haben, um in seiner freien Zeit seine Hand daran zu gewöhnen, Buchstaben abzumalen; aber die Unternehmung, spät und verkehrt begonnen, brachte wenig Erfolg.

Den Unterricht im Lesen und Psallieren verbesserte er mit größter Sorgfalt. Er beherrschte nämlich beides vollkommen, obgleich er selbst weder öffentlich las, noch sang (es sei denn leise und in Gemeinschaft).

Er hielt es für angeraten, dass seine Kinder folgendermaßen zu unterrichten seien: Sowohl die Söhne als auch die Töchter sollten zuerst in den Freien Künsten ausgebildet werden, mit denen er sich ja auch selbst beschäftigte. Die Söhne ließ er dann, sobald es nur ihr Alter erlaubte, nach Frankenart reiten, mit Waffen und bei Jagden üben; die Töchter aber mussten sich auf seinen Befehl hin – damit sie nicht durch Müßiggang geistig träge würden – an Wollarbeiten gewöhnen, mit Spinnrocken und Spindel beschäftigen und in allem guten Anstand ausbilden lassen.

Einhard, Vita Karoli, c. 25, 26 und 19

IV.

In Fulda wuchs Einhard in den 780er Jahren zum Mann heran. Hier, im Kloster und seiner Umgebung, muss er viel von dem gelernt haben, was ihm später, bei Hof, die Anerkennung des Königs und der Magnaten verschaffte. Es ist das große Rätsel in Einhards Werdegang: Die Mönche in Fulda erkannten das Talent und die Intelligenz des Hänflings und vermittelten dem Knaben, später dem Jugendlichen eine vorzügliche Bildung. Doch zugleich steht fest: Um Wissen und Gelehrsamkeit war es in Fulda in den 780er Jahren, als Einhard dort lernte, nicht gut bestellt[1].

Sturmi und Bonifatius hatten das Kloster 744 im Urwald gegründet, im Niemandsland. Es dauerte Jahrzehnte, bis eine Bibliothek gewachsen war, die mehr bot als eine lateinische Grammatik und die grundlegenden Texte der Liturgie und monastischen Spiritualität. Immerhin, den Grundstock dürften Bücher des Bonifatius gebildet haben, der selbst ein gelehrter Mann war[2]; und unter Baugulf, zu dessen Zeit Einhard die Schule besuchte, begann die Gelehrsamkeit sich in Fulda allmählich zu entfalten. Noch aber war die Abtei weit entfernt von jenem Rang, den sie ein, zwei Generationen später einnehmen sollte: Erst im Jahr 801 wird Hraban als junger Mann vom Hof nach Fulda zurückkehren; als Lehrer trägt er maßgeblich dazu bei, dass sich das Kloster rasch zu einem Bildungszentrum entwickelt. Schon in Karls Spätzeit ist der Ruf der Fuldaer Schule dann so glänzend, dass der Kaiser seinen Enkel Bernhard hier ausbilden lässt, von 810 bis 812[3]. Von den 820er Jahren an – Hraban ist nun Abt – gilt das Kloster als eines der großen Wissenszentren Mittel- und Westeuropas und lockt begabte Schüler aus fernen Häusern an, unter ihnen den jungen Walahfrid Strabo von der Reichenau[4]. Jetzt, im 9. Jahrhundert, ist auch die Bibliothek reich bestückt: Über mehr als 1000 Bände verfügen die Fuldaer Mönche, eine der bedeutendsten Büchersammlungen des Frankenreichs[5].

Als Einhard in Fulda Latein und beten lernte, war der Bestand dagegen bescheiden: Was man hatte, passte mühelos in eine einzige Truhe. Einen Eindruck vermittelt das älteste Bücherverzeichnis, das aus dem Kloster überliefert ist[6]. Es könnte noch unter Abt Baugulf niedergeschrieben worden sein und führte wohl diejenigen Bücher auf, welche die Mönche, wie es die Benediktregel wollte, zur Lektüre und Meditation nutzten. Die Liste, zunächst gerade 18 Zeilen lang, füllte nicht einmal eine einzige Buchseite; erst später wurde sie um einige Nachträge ergänzt. 48 Titel sind noch zu entziffern: Die ersten 13 bezeichnen Bücher des Neuen und Alten Testaments (die übrigens keineswegs lückenlos vertreten sind); hinzu kommen Homilien Gregors des Großen, seine »Dialoge« und seine »Regula pastoralis«, dann die »Sententiae« und die »Synonyma« Isidors von Sevilla, eine Schrift des Mönchsvaters Basilius, Lebens- und Leidensgeschichten diverser Märtyrer und anderer Heiliger, zwei Texte über die Keuschheit[7], dazu noch ein wenig anderes, wohl auch aus dem 5. bis 7. Jahrhundert – eine *cronih* etwa und ein *liber alexantri*, beides heute nicht mehr recht zu identifizieren[8].

Wir wissen, dass es weitere Bücher in Fulda gegeben haben muss, als Einhard dort aufwuchs – ein Exemplar der Regel des heiligen Benedikt zum Beispiel, auch eine Kopie der Grammatik, die Bonifatius verfasst hatte; ein Codex mit einem Glossar und Texten des Origenes und des Augustinus hat sich in Fragmenten bis heute erhalten[9]. Neben den Codices für die erbauliche Lektüre hatten die Fuldaer also auch schon Bücher für die Liturgie und die Schule.

All das aber blieb monastisch im engen Sinne des Wortes. In Fulda vermochte Einhard zu lernen, was ein Mönch für ein gottgefälliges Leben brauchte; zum Gelehrten von europäischem Rang, den Karl gern an seinem Hof sah, konnte Einhard dort nicht werden. Das älteste Bücherverzeichnis mit seinen ungelenken Formulierungen ist selbst ein beredtes Zeugnis Fuldaer Bildungsferne. Nur allzu sehr häufen sich schon in der kurzen Liste die Verstöße gegen Grundregeln der lateinischen Sprache: Die »Dialoge« des Papstes Gregor etwa führten die Fuldaer unter *de alligorum sancti Gregori*[10] ...

Dem Hof machten solche Fehler Angst. Karl selbst und seine gelehrte Entourage, nicht zuletzt der hochgebildete Alkuin, wollten das falsche Latein in Fulda und anderen Klöstern nicht länger hinnehmen. Die verballhornten Wörter schienen gefährlich: Latein, das war die Sprache der Bibel und der Liturgie; die Bibel war ein Buch, ein schriftlich niedergelegter Text, im Wortlaut widersprüchlich, dunkel, interpretationsbedürftig. Wie konnte man Gottes Willen erkennen, wie Gottes Gebote befolgen, wie Gott angemessen bitten und preisen, wenn man nicht einmal die Sprache beherrschte?

Wohl 787[11] erreichte ein Brief des Königs den Fuldaer Abt Baugulf. Der Text ist kurz, aber rhetorisch brillant, eine dringende Mahnung, das Wissen der Mönche zu bessern. Das Schreiben gibt einen tiefen Einblick in die Weltsicht der führenden Männer bei Hof. Alkuin selbst könnte es verfasst haben[12]. Historiker bezeichnen es mit einem lateinischen Kunsttitel als »Epistola de litteris colendis«, als »Brief über die Pflege der Wissenschaft«[13].

Baugulf solle wissen, so beginnt der Text, dass der König und seine Getreuen beschlossen hätten: Von den Klöstern, die Gott dem König zur Leitung anvertraut habe, werde fortan mehr erwartet als nur eine »Ordnung regelgebundenen Lebens«, mehr auch als »eine Lebensführung heiliger Frömmigkeit«. Nein, künftig sollten diejenigen, denen Gott die Fähigkeit zum Lernen geschenkt hatte, ihren Eifer auch aufs Lernen richten! »So wie die Norm der Regel die Ehrwürdigkeit der Sitten, so soll der beharrliche Fleiß beim Lehren und Lernen auch die Reihe der Wörter ordnen und schmücken – so dass diejenigen, die Gott dadurch zu gefallen suchen, dass sie richtig leben, nicht vernachlässigen, ihm dadurch zu gefallen, dass sie richtig sprechen«. Die Forderung wird begründet mit Autoritäten. Zunächst zitiert der Brief das Matthäusevangelium: »Aus deinen Worten wirst du gerechtfertigt werden, und aus deinen Worten wirst du verdammt werden.« (Mt. 12, 37) Danach führt das Schreiben fast wörtlich ein Zitat aus einer der Predigten des Caesarius an, der im 6. Jahrhundert als Bischof von Arles gewirkt hatte und längst schon als Heiliger verehrt wurde: »Obwohl es besser ist, gut zu handeln als zu wissen, kommt doch das Wissen vor dem Handeln.«[14]

Was Caesarius Jahrhunderte zuvor gepredigt hatte, wurde nun, in den 780er Jahren, von Karl und seinen Ratgebern zum Programm erhoben. Gute Taten allein sollten nicht mehr genügen, denn sie reichten nicht aus, um Gott zu gefallen; nein, auch die Sprache musste fortan richtig sein, korrekt, fehlerfrei. Allzu oft, so klagte Karl dem Fuldaer Abt Baugulf, erreichten Schreiben von Mönchen den Hof, deren Gedanken zwar richtig, deren Sprache aber roh sei. »Daher bekommen wir Angst, dass so, wie die Klugheit beim Schreiben sehr gering war, die Weisheit beim Verständnis der Heiligen Schriften noch viel geringer sein könnte, als sie es richtigerweise sein muss. Und wir wissen ja alle nur zu gut: Schon Fehler in Wörtern sind gefährlich, noch viel gefährlicher aber sind Fehler in den Gedanken!«[15]

Deshalb ermahnte der König den Abt und die Mönche in Fulda, das eifrige Bemühen um die *litterae* nicht zu vernachlässigen. *Litterae* – das lateinische Wort meinte vieles zugleich: die Buchstaben, die Schrift, den Text, die Bildung, die Gelehrsamkeit ... Untereinander wetteifernd sollten die Mönche lernen, »damit ihr leichter und richtiger die Geheimnisse der Göttlichen Schriften zu durchdringen vermögt«. Man werde den geistlichen Sinn der Texte rascher verstehen, je eher man voll und ganz im Lehramt ausgebildet sei: »Für diese Aufgabe aber sollen diejenigen Männer ausgewählt werden, die sowohl den Willen und die Fähigkeit zu lernen haben als auch das Verlangen, andere zu unterrichten.«[16]

Das richtige Wissen über die *litterae* wird hier in den Rang einer heilspolitischen Notwendigkeit erhoben. Erst Könnerschaft im Umgang mit Buchstaben und Texten, mit gelehrter Überlieferung und deren Sinn erlaubte es, Gottes Willen zu erkennen, demgemäß zu handeln, erfolgreich zu beten. Ohne das aber wird jede irdische Regierung scheitern: Wie sollte irdische Herrschaft ohne Gottes Willen oder gar gegen ihn Bestand haben?

So machte es den Mächtigen Angst[17], wenn Mönche mangelhaft schrieben[18]. 786 mehrten sich merkwürdige Zeichen: Kreuze erschienen plötzlich auf den Kleidern der Menschen, es regnete Blut. »Und noch viele weitere Zeichen wurden sichtbar. Daher stürzten ungeheurer Schrecken und Angst auf das Volk ein, auf heilsame Weise, so dass sich viele besserten«, notierte einer der Mitlebenden. Sechs Tage vor Weihnachten ging ein ungeheures Unwetter mit gewaltigem Donner und Blitz nieder, das Kirchen zerstörte »und fast in der ganzen Francia zu hören war«; Menschen starben in großer Zahl und sogar Vögel im Himmel wurden vom Donner getötet. In den Wolken erschien mitten in der Nacht ein Regenbogen, und wieder schieden viele Menschen dahin, unter ihnen der Erzbischof Lul, Schüler und Nachfolger des heiligen Bonifatius im Bistum Mainz[19]. Ein Annalist kommentierte die von Gott gesandten Himmelszeichen knapp, aber treffend: *terror magnus*, »gewaltiger Schrecken«![20]

Zur selben Zeit sah sich Karl auch von einem Aufstand in Thüringen bedroht. Dort erhob sich eine Gruppe um den Grafen Hadrat, angeblich mit dem Ziel, Karl zu ermorden, jedenfalls aber seine Herrschaft nicht länger zu dulden. Als Karl Bewaffnete losschickte und die Güter der Rebellen verwüsten ließ, flohen Hadrat und seine Leute in das Kloster Fulda. Baugulf soll sie getröstet haben; er sandte, um zu vermitteln, einen Boten zu Karl. Der König sicherte den Thüringern freies Geleit zu. Einigen ließ er dann die Augen ausreißen, andere schickte er ins Exil[21].

Im Jahr darauf, 787, verfinsterte sich am 16. September (einem Sonntag!) die Sonne – zum ersten Mal überhaupt, seit Karl über die Franken herrschte, ausgerechnet von der ersten bis zur dritten Stunde, in der Zeit, in der die Menschen zur Messe gingen[22]. Schon gegen Ende des Jahres dürfte dann im Reich ein Brief umgelaufen sein, von dem es hieß, er komme vom Himmel; der Erzengel Michael selbst habe ihn am Ephraim-Tor in Jerusalem übermittelt. Das Himmelsschreiben mahnte zur Umkehr und forderte die Menschen auf, künftig den Sonntag genauer zu heiligen. Wer das Gebot nicht befolge, werde noch vor dem kommenden November grausam sein Leben lassen, von Würmern zerfressen!²³

In dieser Situation wollte Karl, wollten seine Ratgeber falsches Latein bei den Mönchen, den Betern schlechthin, nicht länger dulden. Das Wissen musste besser werden. Denn nur diejenigen, die Gottes Willen im Text der Bibel und im richtigen Gebet zu erkennen vermochten, konnten gottgefällig handeln. Die Verantwortung vor dem Schöpfer trugen hierfür die Mächtigen, trug Karl höchstselbst. Deshalb zeigte er hohes Interesse an einem korrekten Bibel-Text, an dem bald Alkuin in Tours, Theodulf in Orléans und andere Gelehrte andernorts arbeiteten²⁴. Deshalb auch ließ Karl die Liturgie verändern und an jene in Rom annähern²⁵; deshalb ließ er sich eben jetzt in Montecassino von dem gelehrten Mönch Paulus Diaconus eine Sammlung von Predigten zusammenstellen, die er systematisch im Reich verbreitete²⁶. Und deshalb ließ er im März 789 ein großes Mahnschreiben aufsetzen und ebenfalls planvoll aussenden²⁷.

Die vielleicht älteste heute noch erhaltene Kopie dieses programmatischen Schreibens stammt aus Fulda (Tafel 2). Sie wurde dort noch im 8. Jahrhundert angefertigt, vielleicht als Einhard noch in dem Kloster lebte²⁸. Das Mahnschreiben bündelt und systematisiert: Es schärft zunächst noch einmal eine große Zahl an älteren Geboten des Kirchenrechts ein²⁹; aber es ergänzt die älteren Bestimmungen um Aktuelles. Wieder verlangten Karl, Alkuin, die Übrigen: Die Lebensweise der Menschen – der Geistlichen zumal – sollte besser werden! Der Weg dorthin führte über Predigt, Belehrung, Bildung. Das Wissen war zu verbessern, Schulen sollten entstehen, die Klöster und Bistümer mussten gute, richtige Bücher haben. Nicht länger sollten Kinder sie abschreiben, sondern erwachsene, erfahrene Kopisten, die sorgfältig arbeiteten – zumal wenn es galt, die Evangelien, den Psalter oder das Missale zu vervielfältigen. »Denn oft«, so klagte Karl wieder einmal, »wünschen sich die Leute zwar, Gott auf gute Weise um etwas zu bitten, aber wegen der unkorrigierten Bücher bitten sie ihn auf schlechte Weise«.³⁰

Alle Christen sollten hören, wie sie gottgefällig zu handeln hatten, allen sollte der rechte Glaube, das rechte Tun gepredigt werden, alle sollten wissen, welche grauenhaften, schreckenerregenden Folgen es haben werde, wenn Gottes Gebote missachtet würden[31]:

Und dies tragen wir deshalb sorgfältiger Eurer Liebden auf, weil wir wissen, dass am Ende der Zeiten falsche Lehrer kommen werden, wie der Herr selbst im Evangelium vorhergesagt hat und der Apostel Paulus an Timotheus bezeugt. Also wollen wir uns, Teuerste, mit ganzem Herzen vorbereiten im Wissen der Wahrheit, damit wir denen Widerstand leisten können, die der Wahrheit widersprechen, und damit dank der göttlichen Gnade das Wort Gottes gedeihe, voranschreite und sich mehre zum Nutzen der heiligen Kirche Gottes, zum Wohl unserer Seelen und zum Lob und Ruhm des Namens unseres Herrn Jesus Christus. Friede denen, die predigen, Gnade denen, die gehorchen, Ruhm unserem Herrn Jesus Christus, Amen.[32]

So endet das Schreiben, selbst fast eine Predigt! Und eine apokalyptische noch dazu: Der Jüngste Tag nahte, umso dringlicher war es, das Gute zu wissen, das Gute zu tun! In einer solchen Kultur, in der Macht und Moral, Angst, Glaube und Gelehrsamkeit ineinander geblendet waren, schlug die Stunde des Begabten. Karl und seine Umgebung bei Hof wollten – um Gottes willen – fähige Köpfe fördern. Einhard war einer, wie Karl ihn wünschte.

Kein Text überliefert, wie Baugulf und die Mönche in Fulda die beiden Mahnschreiben des Königs Ende der 780er Jahre aufnahmen. Einhard war, als der erste Brief kam, ein junger Mann, vielleicht 17 Jahre alt. Er hatte schon Verantwortung für das Kloster übernommen, der Abt ließ ihn Urkunden schreiben. Wenige Jahre danach, im Frühling 796, treffen wir Einhard am Hof in Aachen wieder, ja er ist dort nun schon etabliert. Alkuin traut ihm zu, begabte Schüler in der Dichtkunst zu unterrichten[33].

Wieder lässt die dürre Überlieferung den Historiker im Stich:

Niemand vermag zu sagen, wann genau Einhard zwischen Frühherbst 791 und Frühjahr 796 aus Fulda an den Hof übersiedelte. Es verlockt jedoch, zwischen der drängenden Epistel des Königs und Einhards Wechsel zum Hof einen Zusammenhang zu sehen: Einhard wird seinem Abt als einer jener Männer gegolten haben, »die sowohl den Willen und die Fähigkeit zu lernen haben – als auch das Verlangen, andere zu unterrichten«. Manch eine seiner Fuldaer Urkunden ließ bereits seine Begabung für die lateinische Sprache aufblitzen[34]. War Einhards Wahl also Baugulfs Antwort auf Karls Mahnung? Dann dürften wir annehmen, dass Einhard in Fulda noch einige Jahre nach Kräften gefördert wurde, aber schon bald nach September 791 an den Hof kam. Nicht mehr in Fulda, sondern hier, unter Intellektuellen aus halb Europa, erhielt sein Wissen den letzten Schliff[35].

Genuss bereiteten ihm auch die Dämpfe natürlich heißer Quellen, und er stählte seinen Körper häufig beim Schwimmen; darin war er so geschickt, dass man ihm billigerweise niemanden voranstellen konnte. Deshalb auch errichtete er in Aachen einen königlichen Bau und wohnte dort in den letzten Jahren seines Lebens ununterbrochen bis zu seinem Tod. Und nicht nur seine Söhne lud er zum Bade, sondern auch die Vornehmen und Freunde, ja bisweilen sogar die Menge der Gefolgsleute und Leibwächter, so dass nicht selten hundert und mehr Menschen auf einmal badeten.

In Speise und Trank war er enthaltsam, enthaltsamer aber im Trank, da er ja Trunkenheit nicht nur bei sich und den Seinen zutiefst verabscheute, sondern bei jedem Menschen. Beim Essen freilich vermochte er sich nicht so sehr zurückzuhalten, so dass er oft klagte, die Fastentage schadeten seinem Körper. Er gab sehr selten Gastmähler, und wenn überhaupt, nur an besonderen Festtagen, dann jedoch im großen Kreis. Bei einem Alltagsessen wurden lediglich vier Gänge aufgetragen – außer dem Braten, den die Jäger am Spieß hineinzubringen pflegten; davon nährte er sich lieber als von jeder anderen Speise. Während des Mahls lauschte er entweder einem Possenreißer oder einem Vorleser. Man las ihm Historien oder die Taten der Altvordern vor.

Einhard, Vita Karoli, c. 22 und 24

V.

Der Hof![1] Etwa 20 Jahre war Einhard alt, als er in diese neue Welt eintrat: eine Welt mächtiger Männer und brillanter Intellektueller, eine Welt mit weitem Horizont bis Bagdad und Rom, bis Córdoba und Konstantinopel[2], eine Welt von Prunk und Pracht, Verschwendung und Luxus. Aber auch eine gefährliche Welt: voller Neid, Konkurrenz und Wettbewerb. Nur allzu schnell konnte man hier steigen und stürzen. Einhard lernte bald, in dieser Welt zu reüssieren. Mehr als drei Jahrzehnte lang wird er bei Hof zuhause sein.

Der Hof: das war kein fester Ort im Raum, sondern eine instabile Gruppe von Menschen, die ein Spiel um Rang, Prestige und Macht spielten, dessen Regeln sie in einem fort neu aushandelten. Erst Mitte der 790er Jahre kehrte Karl zurück zu der Praxis der Merowinger, einen einzelnen Ort als Zentrum der Regierung zu bevorzugen. Zunächst nur die Wintermonate über, in der letzten Phase seines Lebens dann meist ganzjährig pflegte Karl in seiner Pfalz in Aachen zu weilen[3]. Mit ihm hielt sich auch Einhard, sein Höfling, die meiste Zeit dort auf.

Aachen war alt. Schon die Römer hatten die heißen Quellen, die dort hervorsprudelten, für Thermen genutzt; und noch heute trinken Aachener und ihre Gäste das warme, schwefelhaltige Wasser für ihre Gesundheit. Doch als Herrschaftssitz hatte der Ort keine Tradition: Kein Frankenkönig hatte je von ihm aus sein Reich regiert. Immerhin hatte Karls Vater Pippin hier 765/66 Weihnachten und Ostern gefeiert[4]. Und Karl selbst brachte gleich den ersten Winter seiner eigenen Regierung im Herbst 768 in Aachen zu[5]. Die *villa Aquis* (»bei den Wassern«) war damals das Verwaltungszentrum einer königlichen Domäne, bewirtschaftet teils von Sklaven, teils von Freien[6]. Die Bauten und die Versorgung mit Nahrungsmitteln müssen ausgereicht haben, um den Hof über den Winter zu bringen.

Zum politischen Zentrum des Reichs stieg Aachen erst seit Ende der 780er Jahre auf. 788 beging Karl hier das Weihnachtsfest, im Jahr darauf feierte er auch Ostern in Aachen[7]; damals sandte er von hier aus jenes große Mahnschreiben an die Bistümer und Abteien seines Reiches, das Historiker seit dem 19. Jahrhundert unter dem Kunsttitel »Admonitio generalis« zu zitieren pflegen. Danach aber wechselten Karl und seine Entourage die Winterquartiere. Wenn Einhard tatsächlich schon in den frühen 790er Jahren an den Hof kam, wird er zunächst noch in Karls Gefolge auf Reisen gewesen sein. 789 und 790 feierte Karl die Geburt des Herrn jeweils in Worms[8], war aber das Jahr über im Reich und über seine Grenzen hinaus auf Kriegszügen unterwegs; 791 und 792 verbrachte er die Weihnachtstage in Regensburg[9], 793 in Würzburg[10].

Erst dann, nach einer tiefen Krise[11], wurde Aachen zu Karls Winterpfalz – und zur Großbaustelle[12]. Noch reichlich vor der Jahrhundertwende begannen die Arbeiten an der Marienkirche. Odo, ein Meister aus Metz, wurde mit der Leitung des Bauvorhabens betraut[13]. Später sollten Karl und der Hof in diesem Gotteshaus regelmäßig die Messe hören: ein Zentralbau, der Gestalt nach San Vitale in Ravenna ähnlich, und doch weit mehr als eine bloße Kopie des italienischen Vorbilds. Mit ihrem Grundriss und der Gewölbestruktur führte Karls Kirche den Gläubigen jenes Streben nach gottgefälliger *rectitudo*, nach »Geradheit« und »Richtigkeit« vor Augen, das den Hof auch in den Mahnschreiben der endenden 780er Jahre umgetrieben hatte[14]. Spätestens im Juli 798 war das Obergeschoss der Kirche in Arbeit, wenn nicht fertiggestellt: Damals schrieb Alkuin dem König, man habe in der Aachener *cappella* Psalmen gesungen und sich über die Säulen der Kirche unterhalten[15].

Wohl zur selben Zeit ließ Karl weiter nördlich jene gewaltige Halle errichten, die heute noch den Kern des spätmittelalterlich überformten Aachener Rathauses bildet[16]. Zwei lange, überdachte Gänge in Nord-Süd-Ausrichtung verbanden den Bau mit der Kirche. Direkt an die Halle lagerte sich nach Südosten hin ein Turm an, der als Schatzkammer, vielleicht auch als eine Art Archiv gedient haben könnte[17]. Der westliche Verbindungsgang von der Halle zur Kirche mündete in einen prachtvollen Hof, der von einem Säulenumgang, unterbrochen von vier großen Konchen, gesäumt war – ein Ort, geschaffen für Versammlung und Beratung in größerem Kreis. Im Norden und Süden der Marienkirche wurden zwei weitere Bauten hochgezogen; über kurze Gänge waren sie vom Gotteshaus trockenen Fußes zu erreichen.

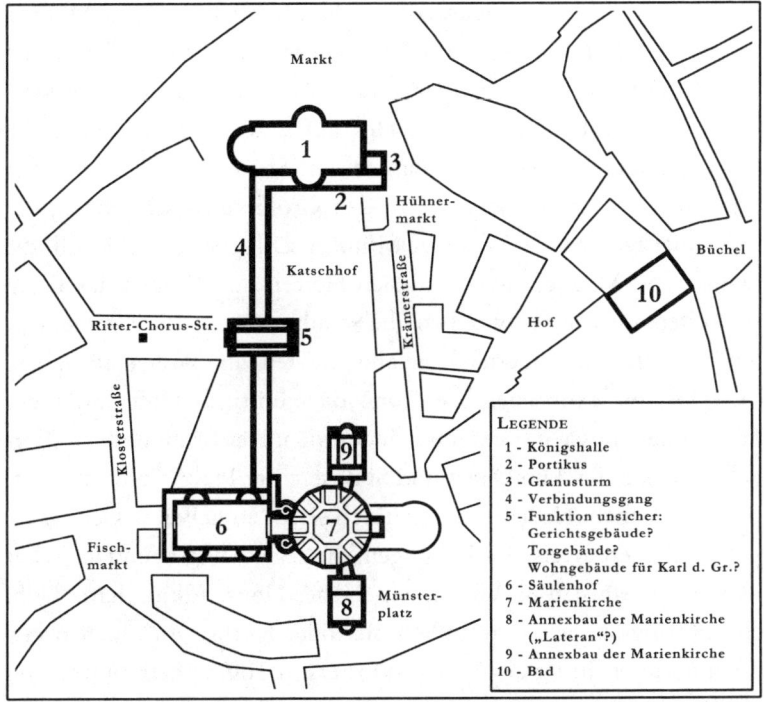

Plan der unter Karl dem Großen geschaffenen Pfalzanlage in Aachen.

Doch mit den Repräsentationsbauten des Herrscherpalastes allein war es nicht getan. Der Kaiser und seine Familie brauchten auch nachts, im Bett, ein Dach über dem Kopf[18]. Die Mächtigen, Bischöfe und Grafen, die nur jeweils eine Zeit lang bei Hof weilten, um Bericht zu erstatten oder an Versammlungen und Beratungen teilzunehmen – auch sie mussten Unterkünfte zur Verfügung gestellt bekommen; dafür war ein eigener Amtsträger, der *mansionarius*, verantwortlich[19]. Dann die Verwalter des Königs, die über die Aachener Domäne wachten[20]; die königlichen Jäger und ihre Jagdgehilfen, die Karl mit seinem geliebten Braten versorgten[21]; die Musikanten, die bei Tisch aufspielten; die Gesandten aus fremden Ländern; die Boten, die Nachrichten aus den Weiten des expandierenden Reiches an Karl und seine Ratgeber übermittelten; die Knaben und Jugendlichen aus vornehmem Hause, die am Hof lernten, mächtige Männer zu sein[22]; der Erzkaplan und seine Hofgeistlichen, die für den König die Messe lasen, außerdem Urkunden, Gesetze und Bücher schrieben[23]; die Fernhändler, die bei Hof auf gute Geschäfte mit ihren Luxusartikeln hofften[24]; die Baumeister, Steinmetze, Bronzegießer und übrigen Handwerker, die an den Großbauten schwitzten; der Münzmeister, der die Aachener Münzen schlug[25]; schließlich all die Diener und Mägde, die den noblen Herren und Damen das Essen servierten, die Kleider wuschen, die Schuhe putzten, die Zimmer fegten, die Latrinen säuberten – sie alle mussten eine Wohnstatt haben. Ja, selbst die exotischen Tiere und die künftigen Opfer höfischer Hetzjagden mussten untergebracht werden: Der Brühl und das Tiergehege lagen wohl im Osten und Südosten der Pfalz[26]. Nur die Bettler, Lustknaben, Huren[27] mussten sich selbst zu helfen wissen ...

Der kleinere Kreis von Höflingen, die regelmäßig beim Herrscher waren, leistete sich in Aachen ein eigenes Haus. Alkuin hatte wohl eines[28], obwohl er schon im Sommer oder Herbst 796 Aachen verließ und die Leitung des Martinsklosters in Tours übernahm[29]. Und bald verfügte auch Einhard über ein eigenes Heim in Aachen, im Westen der Pfalzkapelle. Es hatte mehrere Zimmer und ein kleines Oratorium, einen privaten Gebetsraum, den Einhard selbst – ganz bescheiden – als »unansehnlich« bezeichnete[30]. Wo genau das Haus stand, ist nicht überliefert. Doch hat kein Geringerer als Alkuin eine Inschrift für das Gebäude gedichtet[31].

All das wurde binnen weniger Jahre aus dem Boden gestampft, errichtet von Unfreien und zum guten Teil finanziert mit Diensten und Geldern der Kirchen. Noch Jahrzehnte später mussten die Hörigen der Abtei Saint-Remi ihren Anteil leisten am *bos Aquensis*, dem »Aachenochsen«; die Viecher dienten in der Pfalz als Zug- und Arbeitstiere[32]. Und noch 829 klagte der Bischof Frothar von Toul darüber, wie schwer seine Leute unter den Bauarbeiten in Aachen litten; bei dem Erzkaplan Hilduin, dem höchsten Geistlichen bei Hof, suchte er um Befreiung von der drückenden Last nach[33].

Im Übrigen mochte Karl sich glücklich schätzen, als ihm der Herzog Erich von Friaul im Spätherbst 795 nach erfolgreichem Feldzug die ersten Wagenladungen jenes sagenhaften Schatzes nach Aachen lieferte, den die Awaren in ihren weiten Kriegszügen seit dem 6. Jahrhundert erbeutet oder als Tribut den Kaisern Ostroms abgepresst hatten. Zwar ließ Karl seine Geistlichen in den offiziösen Hofannalen verlautbaren, er habe fromm und freigebig den größten Teil des Awaren-Goldes dem Papst Leo III. in Rom übersandt und den Rest den geistlichen und weltlichen Großen und seinen übrigen Getreuen geschenkt[34]. Doch wird manches von der reichen Beute auch dazu gedient haben, die prunkvolle Ausstattung der Marienkirche zu finanzieren – mit ihren Marmorsäulen und -platten aus Ravenna und Rom[35], den gewaltigen Bronzetüren, den Mosaiken, den kunstvoll durchbrochenen Bronzeschranken im Obergeschoss.

Über Einhards erste Jahre bei Hof wissen wir schlechterdings nichts. Er wird für uns erst wieder 796 greifbar, als Karl schon in Aachen zu überwintern pflegte. Im Frühling jenes Jahres sandte der Gote Theodulf, selbst gerade auf Reisen, ein Gedicht an Karl und den Hof in Aachen. Seine Verse sollten dort erst unter Freunden zirkulieren, dann auch bei einem Festmahl des Königs rezitiert werden[36]. Die 122 Distichen sind ein Bravourstück, gerichtet an den kleinen Kreis von Höflingen, die einander vertraut waren, ein Gedicht voller Anspielungen und Witz, aber auch durchsetzt von sarkastischen Seitenhieben, Sticheleien und bösen Ausfällen – kurzum: ein Zeugnis jener Konkurrenz, die die Männer in Karls Entourage zu Höchstleistungen trieb.

Zu Beginn pries Theodulf den Herrscher, den angemessen zu preisen so unmöglich sei wie die Flüsse Mosel, Rhein, Saône, Rhône, Tiber oder Po zu vermessen. Strahlender als dreimal geschmolzenes Gold leuchte Karls Angesicht! Seine Stirn habe auf der ganzen Welt nichts Gleiches, herausragend seien Kopf und Kinn, der hübsche Nacken, die goldenen Hände! Brust, Beine, Füße – nichts gebe es an Karl, das nicht rühmenswert sei! Größer und breiter als Nil, Donau, Euphrat und Ganges sei Karls schöpferische Klugheit!

Dann nannte Theodulf den neuesten Anlass für Lob und Preis: Karls Truppen hatten mit Gottes Beistand die Awaren geschlagen, reiche Geschenke waren dem Herrscher zugefallen – und zahllose Heiden, die er nun Gott zuführen konnte. So ziehe mit dem Frühling allerorten auch die Dankbarkeit über den Sieg herauf!

Danach ließ Theodulf den Herrscher, dessen Familie, den Hof auftreten. Nach dem Gottesdienst begibt sich die Menge zum Mahl in den Palast, allen voran der König, umgeben von seinen Söhnen und Töchtern, begleitet von seiner Schwester Gisela und von Liutgard, seiner fünften Frau[37]. Anschließend wandte sich Theodulf den einflussreichen Personen zu, erst dem Kämmerer Meginfrid, dann dem Erzbischof Hildebald von Köln, der die Hofgeistlichen anführte, dem gelehrten Alkuin, dem Erzbischof Richulf von Mainz, dem Abt Angilbert von Saint-Riquier, der gerade auf Gesandtschaftsreise nach Rom war, schließlich dem Kanzler Ercambald. Nur Richulf und Ercambald freilich nannte Theodulf bei ihren Namen, für die anderen nutzte er Pseudonyme, die in diesem elitären Zirkel üblich waren: Angilbert wurde »Homer« gerufen, Alkuin »Flaccus«, weil seine Dichtkunst vom Format eines Horaz zu sein schien. Meginfrid hieß »Thyrsis«, nach einem Schäfer in Vergils siebter Ekloge. Karl selbst führte den hohen Namen des Königs David[38].

Bei den weniger wichtigen Leuten ließ Theodulf Ironie, Sarkasmus und Invektive die Zügel schießen. Zunächst nahm er sich einen gewissen »Lentulus« vor, den wir nicht mehr identifizieren können: Seine Sinne seien flink, alles andere aber langsam, mokierte sich

Theodulf – und forderte den armen Mann zu mehr Behändigkeit in Wort und Tat auf[39].

Danach war die Reihe an Einhard. Als »Nardulus« bezeichnete der Dichter ihn, eine Anspielung auf den zweiten Teil seines Namens, zugleich aber die Verkleinerungsform des lateinischen Worts für die Narde – eine Pflanze, aus der man schon seit Jahrhunderten kostbares Öl herzustellen wusste. An Karls Hof dürfte man das Wort vor allem aus dem Johannesevangelium gekannt haben: Maria, die Schwester Marthas, hatte in Bethanien Jesu Füße mit Nardenöl gesalbt. Theodulf aber sprach hier nicht von den Füßen des Herrn, mitnichten: Wie der Fuß einer Ameise, so spottete er, eile Einhard hin und her, immer emsig, Bücher schleppend, mühsam Geschäfte erledigend. Immerhin, auch Bewunderung schwang mit: »Sein kleines Haus wird bewohnt von einem großen Gast, ein großes Vermögen wohnt in der Höhle der kleinen Brust«[40], ließ Theodulf vor dem Hofkreis deklamieren. Schon wenige Verse später aber machte er sich wieder über Einhard lustig. Wenn sich Einhard und der Kanzler Ercambald mit Oswulf – einem Schüler Alkuins – zusammentäten, dann könnten sie die drei Beine eines Tisches bilden! Zwar sei Ercambald fetter als Einhard, zwar sei der schmächtiger als der Kanzler, doch auf höherer Ebene, in der Größe, nähmen die beiden sich nichts[41].

Einhard mag die spitzen Verse in Karls Gegenwart mit widerstreitenden Gefühlen erduldet haben. Der Spott über seine Schmächtigkeit und seinen Eifer tat weh. Aber immerhin, auch an Lob hatte es nicht gefehlt. Und Einhard war besser weggekommen als sein Konkurrent, Theodulfs Erzfeind, dieser Ire Cadac! Über den hatte der Dichter nichts als Bösartigkeiten verbreitet: Als »Esel mit langen Ohren« hatte er den armen Mann bezeichnet, als »grässliches Ding, schrecklichen Feind, stumpfes Grausen, schmerzhafte Krankheit, zänkische Seuche« und so weiter und so fort, Verse über Verse! Und wie böse hatte sich Theodulf über die fremdartige Aussprache lustig gemacht! Der Ire brachte den Buchstaben »c« nicht hart heraus, sondern pflegte ihn weich zu verschleifen; so hatte der Mann sich anhören müssen, wie Theodulf ihn deshalb in eleganten Distichen vor dem gesamten Hof vom *scottus* zum *sottus* machte, vom »Iren« zum »Irren«[42].

Nein, eigentlich hatte Einhard Glück gehabt. Wichtig war ja nur dies: Theodulf hatte ihn der Erwähnung wert befunden; nicht weniger als sechs Verse hatte er seiner Person gewidmet, hatte ihn im Rang gleich hinter Ercambald und dem »Lentulus« genannt, noch vor dem Iren Cadac, auch vor den beiden Alkuin-Schülern Fridugis und Oswulf. Aufzufallen, gesehen zu werden, vor Karl Beachtung, ja Lob zu erhalten – nur das zählte! Einhard wusste, dass er in Karls Entourage noch nicht in der vordersten Reihe stand wie ein Hildebald, Alkuin, Theodulf; aber weit war der Weg dorthin nicht mehr.

Alkuin für seinen Teil wollte den Spott des eloquenten Goten nicht unbeantwortet lassen. Theodulfs Gedicht war ein Affront, ein Angriff auf Alkuins Schüler Fridugis und Oswulf, ein Angriff auf die Iren bei Hof – und nicht zuletzt ein Angriff auch auf ihn, Alkuin, selbst. Zwar waren sein Wissen und seine Dichtkunst angemessen gewürdigt worden, aber gegen Ende des Gedichts hatte Theodulf auch gegenüber Alkuin das Sticheln nicht gelassen: Ausgerechnet ihn hatte er als verfressenen Kostgänger der königlichen Tafel gezeichnet, der gern dem Alkohol zuspreche und scharf gewürztes Fleisch dem Brei vorziehe[43]...

Alkuin wusste nur zu gut, warum Theodulf ihn angegriffen hatte. Nur wenige Monate zuvor, am Weihnachtstag des Jahres 795, war in Rom Papst Hadrian I. gestorben[44]. König Karl hatte ihn geschätzt[45]; nun wollte er den Toten mit einem Epitaph ehren[46]. Er erteilte den beiden berühmtesten Meistern der Dichtkunst an seinem Hof, Alkuin und Theodulf, den Auftrag, eine würdige Inschrift zu schaffen. Als Sieger aus diesem Wettstreit[47] ging Alkuin hervor. Theodulf hatte Hadrian als einen verstorbenen Menschen beschrieben, der selbst noch der Fürsprache bedurfte, um sein Heil zu erlangen[48]. Alkuin dagegen hatte Hadrian in die Nähe der Heiligkeit gestellt und als geneigten Fürsprecher Karls bei Gott präsentiert[49].

Alkuins, nicht Theodulfs Verse überzeugten den König. Alkuins, nicht Theodulfs Verse wurden Anfang 796, sauber in schwarzen Marmor gemeißelt und golden ausgemalt, über die Alpen nach Rom getragen⁵⁰. Für diese Niederlage hatte Theodulf sich nun gerächt. Sein Spott verriet, wie gut er Alkuin kannte. Tatsächlich aß der Angelsachse gern und häufig Brei⁵¹. Als Säufer aber und als Fresser wollte er sich nicht vor dem versammelten Hof verunglimpfen lassen. Dem Spötter mussten Grenzen aufgewiesen werden, auch aus anderem Grund: Der Gote hatte zuletzt allzu großen Einfluss gewonnen auf die Entscheidungen des Königs im Krieg gegen die Sachsen⁵². Seit mehr als zwei Jahrzehnten zogen nun schon fränkische Heere in die Region zwischen Rhein und Elbe. Mitte der 780er Jahre, als sich der Sachsenführer Widukind in Attigny hatte taufen lassen, da war man zunächst der Hoffnung gewesen, der Krieg gegen die Heiden sei zu einem guten Ende gekommen⁵³. Aber 793 hatten wieder Sachsen aufbegehrt, ja manche, die schon getauft waren, hatten sich gar vom Christentum abgewandt, waren der Sünde der Apostasie verfallen⁵⁴.

Als die Sachsen sich gegen ihre neuen Herren erhoben, war Alkuin gerade in seiner Heimat, im fernen York. So konnte sein schärfster Konkurrent seine Meinung durchsetzen. Theodulf brachte König und Hof dazu, auf unbarmherzige Härte statt christliche Milde zu setzen. 795 wurde ein Erlass für Sachsen beschlossen, der aus Alkuins Sicht ganz untragbar war⁵⁵. Mit roher Gewalt sollten die Sachsen nun zum Christentum gezwungen werden! Wer in der Fastenzeit ein Stück Fleisch verzehrte, wer seinen verstorbenen Verwandten nach sächsischer Sitte mit einer Feuerbestattung beisetzte, wer an Hexen glaubte, wer etwas aus einer Kirche stahl – der musste fortan mit der Todesstrafe rechnen⁵⁶. Wie sollte man so die Sachsen für das sanfte Joch des Christentums gewinnen? Nein, Katechese konnte nur mit Predigt und Belehrung erfolgreich sein, nicht mit dem Schwert: *Ite, docete omnes gentes*, »Gehet hin und *lehret* alle Völker«, so hatte es Christus im Matthäusevangelium gepredigt!⁵⁷

Und damit nicht genug: Theodulf hatte dafür gesorgt, dass die allgemeine Zehntpflicht für alle Sachsen eingeführt wurde[58]. Jeder Einzelne sollte künftig den zehnten Teil aller seiner Erträge für die Kirchen geben. Wie aber sollten die Priester den Sachsen die Güte Gottes und das Evangelium, die gute Botschaft Christi, nahebringen, wenn ihre junge Herde damit nur eine neue, drückende Abgabe an fremde Geistliche verband? Alkuin war überzeugt: So wie Säuglinge andere, leichtere Nahrung brauchten als Erwachsene, so brauchten auch Neubekehrte andere, leichtere Pflichten als jene, für die das Christentum eine jahrhundertealte Selbstverständlichkeit war![59]

Hinter Theodulfs Spott stand also mehr als ein Sängerwettstreit schöngeistiger Höflinge. Dieselben Personen, die im Dichten konkurrierten, rangen auch um den maßgeblichen Einfluss auf die großen Entscheidungen des Königs, die bei Hof beraten wurden. Daher ließ Alkuin es nicht damit bewenden, dem König seine Auffassung über das richtige Vorgehen in Sachsen per Brief mitzuteilen. Er zahlte es überdies, da auch er jetzt fern vom Hof war, seinem Konkurrenten Theodulf mit gleicher Münze heim: Auch er dichtete, vielleicht schon im Martinskloster in Tours, dessen Leitung er auf Karls Wunsch soeben übernommen hatte. Alkuins Gedicht ist nur als Fragment erhalten, das Ende fehlt. Auch seine Verse aber richteten sich an den inneren Kreis bei Hof; und auch sie sollten in Aachen erst zirkulieren und dann vor Karl und seiner Entourage verlesen werden[60].

Hatte Theodulf lauthals seinen Spott über den Hof ausgegossen und sein Gedicht im Trubel eines feucht-fröhlichen Gastmahls enden lassen, so setzte Alkuin auf Ordnung. Alkuins Hof kannte kein Chaos, keine Konkurrenz, kein sündhaftes Gelage. Sein Hof war sauber, gegliedert in Gruppen von Lernenden, geleitet von geeigneten Lehrern[61]. Alkuin sprach von den Kaplänen und Ärzten, den Dichtern und Notaren, den Schreibern und Sängern. Der Hof ist geradezu curricular gebaut: Hier lernen Schüler von ihren Meistern die Medizin und das Dichten, das Schreiben, Lesen, Singen, Rechnen. Und selbst noch das Mahl bleibt ordentlich, von Hofämtern

Vom Maingau nach Aachen 65

kontrolliert: Nemias (der Mundschenk Eppinus/Eberhard) sorgt für die Getränke, Menalcas (der Seneschall Audulf) fürs Essen; er soll auch die Köche überwachen – auf dass sie Alkuin mit dem Auftragebrett seinen warmen Brei bringen ...
Nein, ein heiteres Gelage bei Hof wollte Alkuin nicht schildern! Theodulfs Spott beantwortete er mit einem Bild der Ordnung und Gelehrsamkeit: Alkuin machte den Karlshof zum Abbild jener *rectitudo* und *correctio*, jener Richtigkeit und Besserung, die seit Jahren nun schon die Politik des Königs geleitet hatten. Ob Alkuin sich überhaupt noch Theodulf selbst zugewandt oder ihn schlicht mit Schweigen gestraft hat, können wir nicht mehr sagen; das Gedicht bricht in der Überlieferung an dieser Stelle ab. Schon das erhaltene Fragment aber bietet eine Bemerkung, die Theodulf getroffen haben muss: Alkuin beklagte, dass der »Vater Vergil«, also die Dichtkunst, bei Hof keinen eigenen Lehrer habe, keinen *magister*, »der den Knaben herausragende Gedichte« vermittele. Der geeignete Mann für die Aufgabe wäre zweifellos Theodulf gewesen. Doch Alkuin schlug nicht seinen unterlegenen Konkurrenten als Lehrer der Dichtkunst vor, mitnichten! Statt dessen fragte er rhetorisch: Was tue denn Beseleel, der doch im Stoff des trojanischen Kriegs so bewandert sei? »Warum, so frage ich, hat nicht er den Lehrbereich unter dem Titel dieses Vaters [das heißt Vergils] inne«?[62]

Was mag Einhard gedacht haben, als er diese Verse seines Gönners hörte? Beseleel: Damit war er, Einhard, gemeint! Der Name klang schöner, klang voller als das hässlich verkleinernde »Nardulus«! Alkuin hatte ihn nicht als emsigen Ameisenfuß verspottet, hatte nicht einen dieser gewöhnlichen Scherze über den kleinen Wuchs gemacht. Im Gegenteil: Mit dem Pseudonym Beseleel hatte er Einhard in Beziehung gesetzt zum alttestamentlichen Architekten der Stiftshütte – eine Anspielung wohl auf Einhards Interesse an Architektur und Handwerk, vor allem aber auf seine von Gott herrührende künstlerische Inspiration[63]. Und mehr: Alkuin hatte Einhards Dichtkunst eines Vergil für würdig befunden und ihn dem König und dem versammelten Hof als geeigneten Lehrer empfohlen.

All das mag Einhard wohlgetan haben, es war guter Lohn für emsigen Fleiß. Vielleicht aber hat er das laute Lob auch mit einigem Unbehagen gehört? Als Spielball im Streit zwischen Theodulf und Alkuin hin- und hergetreten zu werden, das war keine gute Aussicht. Auch würde sein eloquenter Gönner nach dem Wechsel nach Tours[64] seine Hand bei Hof kaum mehr schützend über ihn halten können. Immerhin, in der sächsischen Frage sollte Alkuin den Sieg davontragen. Schon im Jahr darauf, 797, erging im Namen Karls ein neuer, ein milderer Erlass für Sachsen. Von Todesstrafen und Zehntpflicht war darin nicht mehr die Rede[65].

Einhard war jung, ein Mittzwanziger. Er stammte aus keiner der alten, großen Familien, und doch hatte er in kürzester Zeit bei Hof Karriere gemacht. Nun galt es, im komplexen Spiel der Macht zu überleben. Für Einhard war es das Spiel des Lebens. Das Land seiner Eltern im Maingau reichte nicht hin, eine Pracht zu finanzieren, wie er sie bei Hof kennengelernt hatte. Es reichte wohl nicht einmal, Einhards Interesse für alte und neue Bücher zu befriedigen: Die Codices waren teuer. Ihre Buchstaben standen handgeschrieben auf Tierhaut; ein einziger Wälzer konnte eine ganze Schafherde das Fell kosten.

Für sein Leben am Hof war Einhard auf Beihilfe angewiesen. Noch als gealterter Mann sollte er über sich sagen, er sei von Karl *nutritus*, das heißt »gesäugt«, »ernährt«, »unterhalten« worden[66]. Das teure Leben in der Pfalz wurde zu guten Teilen vom König bezahlt: Wie andere Männer seiner Entourage dürfte Karl auch den jungen Einhard immer wieder zum Mahl geladen, ihm kleinere und größere Geschenke überreicht und ihn auch sonst begünstigt haben. Was er Einhard jedoch nicht gewährte, war ein eigenes, verlässliches Einkommen: Soweit wir wissen, hat Karl dem begabten Höfling kein Land geschenkt, auch keine Funktionen übertragen, die ihn finanziell unabhängig von der königlichen Gunst hätten machen können[67]. Einhard war gezwungen, das Spiel bei Hof mitzuspielen.

NEGOTIUM

Als Ratgeber bei Hof

Mehr noch als die übrigen geheiligten und ehrwürdigen Orte verehrte er die Kirche des heiligen Apostels Petrus zu Rom. In deren Schatzkammer häufte er eine große Menge Reichtümer auf – in Gold wie auch in Silber und Edelsteinen. Viele, ja unzählige Geschenke wurden den Päpsten geschickt. Und er hielt in seiner gesamten Regierungszeit nichts für vordringlicher, als dass die Stadt Rom durch seine Mühe und Anstrengung in ihrer alten Autorität zu Ansehen gelange und die Kirche des heiligen Petrus nicht allein durch ihn sicher und geschützt, sondern auch durch seinen Reichtum vor allen Kirchen ausgeschmückt und ausgestattet sei. Obwohl er sie aber so hochschätzte, legte er in den 47 Jahren, die er regierte, die Strecke dorthin doch nur viermal zurück, um Gelübde einzulösen und zu beten. Die Gründe für seinen letzten Besuch waren nicht nur diese. Hinzu kam noch: Die Römer zwangen den Papst Leo (indem sie ihm mit vielem Unrecht zusetzen, nachdem sie ihm schon – man höre! – die Augen ausgerissen und die Zunge abgeschnitten hatten) dazu, die getreue Hilfe des Königs anzuflehen. Deshalb kam er nach Rom und brachte dort einen ganzen Winter damit zu, die Verfassung der Kirche wieder herzustellen, die allzu sehr in Unordnung geraten war. Zu jener Zeit empfing er den Titel »Kaiser und Augustus«. Den verschmähte er zuerst so heftig, dass er versicherte: Er hätte an diesem Tag – obgleich es ein besonderer Festtag war – die Kirche nicht betreten, wenn er den Entschluss des Papstes hätte vorherwissen können. Als sich die römischen Kaiser darüber entrüsteten, ertrug er mit großer Geduld den Neid auf den Titel, den er gleichwohl

angenommen hatte. Und er besiegte ihren Trotz mit jener
Großherzigkeit, durch die er ohne Zweifel weit effektiver
war als sie: indem er häufig Gesandtschaften zu ihnen
schickte und sie in seinen Briefen als »Brüder« anredete.

Einhard, Vita Karoli, c. 27–28

VI.

In den letzten Jahren Karls des Großen bleibt uns Einhard seltsam prominent verborgen. Wir wissen: Einhard war bei Hof berühmt für seine Dichtkunst. Aber kein einziges Werk der Karlszeit, das auf uns gekommen ist, dürfen wir sicher als seine Schöpfung betrachten[1]. Wir wissen: Einhard galt den Zeitgenossen als »Beseleel«, als Kenner der bildenden Künste, vielleicht auch der Architektur[2]. Aber nur ein einziges Kunstwerk können wir zweifelsfrei mit ihm in Verbindung bringen – und das entstand wahrscheinlich erst nach Karls Tod und ist heute nur noch aus Abzeichnungen des 17. Jahrhunderts näher bekannt[3]. Wir wissen: Einhard hielt sich häufig am Hof auf und war dort als Ratgeber einflussreich. Doch erst bei zwei Ereignissen aus der Spätzeit Karls können wir Einhards Anteil genauer fassen. Der junge Höfling ist uns nur in Umrissen sichtbar. Was wir sehen, lässt uns gleichwohl Einhards wachsende Bedeutung erahnen[4].

Wie 796 wird Einhard auch in späteren Gedichten aus Karls Hofzirkel erwähnt. Theodulf etwa schilderte in wenigen Versen eine Begegnung mit »Beseleel«[5]. Ein anderer, der damals in Hexametern schrieb, war Modoin: Wie Einhard um 770 geboren, firmierte er bei Hof unter dem Pseudonym »Naso«, dem Namen Ovids. Einhard erwähnte er in seinen »Eclogae«, die im ersten Jahrzehnt des 9. Jahrhunderts entstanden. Modoin gab darin – Vergil und Calpurnius (einem Poeten der Nero-Zeit) folgend – das Gespräch zweier Dichter wieder, eines jungen und eines alten. Der Alte fragt: Warum denn sein Gegenüber partout als Dichter zu reüssieren wünsche? Der Junge antwortet mit Vorbildern: Einst hätten Vergil, Lukan und Ennius von ihrer Kunst profitiert, heute stünden Homer (Angilbert), Flaccus (Alkuin) und Theodulf aufgrund ihrer Verse beim Kaiser in hoher Gunst. Seinen Altersgenossen Einhard konnte Modoin, ohne zu zögern, zu dieser illustren Gruppe zählen:

*Sieh' doch: Nardus, der es gewohnt ist, Gedichte zu schaffen –
er darf jetzt jubeln, denn reich ist und stark er im Gipfel der Ehre*[6].

Der Spitzname »Narde« hing Einhard weiter an. Doch kein Geringerer als Alkuin hatte ihn umgedeutet, sichtbar für alle Welt. In der Inschrift, die er für Einhards Haus in Aachen geschaffen hatte[7], mahnte der große Gelehrte den lesenden Gast: Er solle »Nardus« in seinem kleinen Körper nicht geringschätzen! Einmal gereift, verbreite die Narde einen betörenden Duft. Die Biene trage mit ihrem kleinen Leib schmackhaften Honig. Die Pupille, so winzig sie sei, leite die Taten des Körpers. Genauso lenke auch Nardulus, das »Nardlein«, dieses ganze Haus[8].

Spätestens Ende der 790er Jahre galt Einhard bei Hof als ein Vertrauter des Königs. Alkuin korrespondierte damals von Tours aus fleißig mit Karl. Im Frühjahr 799, gegen Ende April, sandte er dem Herrscher einen Brief, in dem er für die kritische Lektüre seiner großen Widerlegung der Häresie des Bischofs Felix von Urgel dankte – und dem König wieder einmal Einhard als Ratgeber empfahl[9].

Viel stand damals für Alkuin auf dem Spiel. Für Mitte Mai hatte Karl ihn nach Aachen geladen, damit er dort mit seinem Widersacher Felix disputiere. Schon im Jahr zuvor hatte Alkuin eine kleinere Schrift gegen den Bischof von Urgel verfasst[10]. Nun hatte er nachgelegt: In sieben Büchern suchte er die Christologie seines Kontrahenten als verdammenswerte Häresie zu erweisen[11]. Im Kern ging es um die Frage: Wie kann man die zwei Naturen Christi angemessen begreifen, der ja Mensch und Gott zugleich war? Felix von Urgel propagierte eine Lehre, die vor ihm ähnlich schon der Metropolit Elipand von Toledo vertreten hatte: Christus sei in seiner menschlichen Natur der »Adoptivsohn«, *filius adoptivus*, in seiner göttlichen aber der »eigene Sohn« Gottes, *filius proprius*. Alkuin hielt das für eine gefährliche Irrlehre, und er stand mit dieser Ansicht nicht allein. Felix schien die Dreifaltigkeit zur Vierfaltigkeit zu überdehnen. Neben Gott und den Heiligen Geist traten hier noch ein Adoptiv- und ein Eigensohn Gottes. Wer solches predigte, führte die Gläubigen in die Irre und stürzte sie in ewige Verdammnis![12] Alkuin griff zur Feder. Die Disputation in Aachen sollte den Bischof aus Spanien vor aller Welt als Häretiker entlarven. Die »Sieben Bücher gegen Felix von Urgel« waren die Grundlage hierfür, abgeschlossen Anfang 799, sofort danach an Karl nach Aachen übersandt[13]. Alkuin wollte noch vor der Disputation sicher sein, dass seine Argumente den König überzeugten. Die Zeit drängte.

Doch der König schwieg. Das Osterfest am 31. März verstrich, Alkuin fasste nach[14]. Und nun erhielt er Antwort[15] – aber eine, die ihn verstörte: Karl hatte sich den Text angehört, hatte Fehler notieren und sie Alkuin zur Kenntnis bringen lassen, auf dass der Gelehrte sie verbessere. Aber das waren Kleinigkeiten! Welche Passagen dem König unkatholisch, welche ungelehrt erschienen waren, hatte Karl nicht preisgegeben. Und doch hatte er in seiner Antwort angedeutet, er billige durchaus nicht alles, was Alkuin da geschrieben habe. Ja, Karl hatte den Angelsachsen sogar aufgefordert, ihm Leute zu schicken, die das Werk verteidigten! »Dabei könnten doch«, antwortete Alkuin erregt, »die Ausführungen meiner Wenigkeit keinen geeigneteren Verteidiger und Korrektor finden als Euch selbst. Es soll die Autorität des Auftraggebers den Fleiß des gehorsam Ausführenden verteidigen!«[16]

Peinlich auch dies: Karl hatte nachgefragt, wie es Alkuin denn mit der Disputatio zwischen Felix und dem Sarazenen halte. Dieses Werk hatte Alkuin noch nie gesehen! Und er musste dem König eingestehen, dass er es auch jetzt, nach dem Hinweis, in der Klosterbibliothek in Tours nicht fand. Bei seinen Nachforschungen hörte er immerhin das Gerücht, der Text lasse sich bei dem Erzbischof Leidrad von Lyon auftreiben. Sofort schickte er einen Eilboten dorthin, der das Werk aufstöbern und zu Karl bringen sollte ...[17]

So unzufrieden Alkuin mit der Antwort seines Königs war: Jetzt, Wochen nur vor der Disputation gegen Felix, wollte er sich Karl gewogen halten. Deshalb sandte er ihm auf einem leeren, vom König gesiegelten Pergamentblatt, das er von Karl selbst erhalten hatte, rhetorische Figuren und Aufgaben der Arithmetik zurück – »um der Erheiterung willen«[18]. Eine bemerkenswerte Passage: Sollte Karl dem Abt von Saint-Martin in Tours tatsächlich ein unbeschriebenes, aber gesiegeltes Pergamentblatt zugesandt haben? War das gar ein Blankett, ein Stück also, das Alkuin hätte nutzen können, um selbst eine Urkunde im Namen des Königs aufzusetzen? Es lässt sich nicht beweisen. Aber akzeptieren wir für den Moment die Möglichkeit: Alkuin hätte dann seinem König nur allzu deutlich gemacht, dass es ihm jetzt nicht um materielle Vorteile ging, nicht für ihn selbst, nicht für die Abtei. Die Abtswürde in Tours war ihm ohnehin nur eine Bürde: Obwohl er kaum vorankomme, so klagte er Karl, kämpfe er doch Tag für Tag weiter gegen die *Turonica rusticitas*, die »Touroner Plumpheit«[19]. Nein, nicht urkundlich verbriefte Rechte für dieses Kloster lagen Alkuin am Herzen. Er wünschte Karls Gunst, Karls Nähe, Karls Beistand im Streit gegen den Häretiker Felix.

Wen Alkuin in dieser Lage als Ratgeber bei Hof gewürdigt wissen wollte, verschwieg er dem König nicht. Karl solle sich an Beseleel wenden, schrieb Alkuin, »Euren, vielmehr auch unseren vertrauten Helfer«[20]. Wir dürfen uns ausmalen, wie Karl und Einhard sich gemeinsam über Alkuins Pergament beugten und mathematische Textaufgaben[21] lösten; und wir ahnen, dass Einhard bei solcher Gelegenheit seinem König auch zur Christologie des Felix von Urgel Rede und Antwort stand.

Sicher aber wissen wir: Die Lehre des Bischofs aus Spanien wurde in Aachen verurteilt. Im Juni erhielt Alkuins große Widerlegung die ersehnte Zustimmung des Königs.

Bis dahin trieben Karl und Alkuin, auch Einhard und den übrigen Hof schon andere, größere Sorgen um[22]. Eben in jenen Tagen Ende April 799, da Alkuin sich sanft bei Karl beklagte und Einhard als Ratgeber empfahl, geschah im fernen Rom Unerhörtes: Eine Faktion von Verwandten und Vertrauten des Papstes Hadrian begehrte gegen dessen Nachfolger Leo III. auf. Die Führer der Rebellen waren

Campulus, der als *sacellarius* die Finanzen des Papstes verwaltete, und Paschalis, der Neffe Hadrians, der als *primicerius* die päpstliche Verwaltung leitete.

Am 25. April zog der Papst wie üblich in der Bittprozession der Laetania maior von St. Laurentius nach St. Peter. Da schlugen die Täter zu: Beim Kloster St. Stephan und Silvester überfielen sie den Papst, setzten ihn gefangen und versuchten, ihm Augen und Zunge auszureißen[23]. Im Aufruhr misslang die Verstümmelung, Leo kam mit leichten Verletzungen davon, die bald wieder heilten. Die Rebellen setzten den Papst jedoch in St. Stephan und Silvester gefangen, um ihm dort in den folgenden Wochen den Prozess zu machen. Sie wollten Leo seines hohen Amtes entheben[24].

Noch war Kommunikation auf körperliche Kopräsenz angewiesen. Wer eine Nachricht übermitteln wollte, musste Menschen auf den Weg bringen, zu Fuß, zu Pferd, per Schiff. Bis Gerüchte über das Geschehen in Rom über die Alpen nach Aachen drangen, hatten Alkuin und Felix schon ausdisputiert. Erst Wochen nach dem Anschlag, frühestens Ende Mai, trafen präzisere Informationen am Hof ein. Die Lage blieb dennoch unklar: Anhänger wie Gegner Leos III. hatten gleichzeitig ihre Boten in den Norden entsandt. Die Berichte widersprachen einander. Sie erlaubten dem König und seinen Leuten keine Entscheidung, was nun zu tun sei. So schickte Karl seinerseits Gesandte in den Süden, den Abt Wirund von Stablo und den Erzbischof Arn von Salzburg. Vor Rom trafen sie den Herzog Winigis von Spoleto[25]. Gemeinsam mit ihm sondierten Karls Emissäre die Lage in der Apostelstadt.

Schon ihr Erscheinen genügte, um die Gegner des Papstes zu verunsichern. Anfang Juli verlegten die Aufrührer ihren apostolischen Gefangenen aus dem Stephanskloster, im Norden der Stadt, nach St. Erasmus auf dem Monte Celio im Südosten, weiter entfernt von den fränkischen Gesandten und dem Herzog von Spoleto. Schon begann mancher Rebell am Erfolg zu zweifeln. Einer von ihnen – ein Mann namens Maurus – soll schließlich gemeinsam mit dem Kämmerer Albin dem Papst zur Flucht verholfen haben, behauptete ein

Annalist im Frankenreich[26]. Wie dem auch sei: Leo entkam seinen Feinden und machte sich mit fränkischer Eskorte auf den Weg über die Alpen, zum König der Franken.

Karl hielt sich in Sachsen auf. Schon im Juni – der König war nur allgemein, nicht im Detail über das Geschehen in Rom unterrichtet – hatte er sich mit einem Heer auf den Weg in die rebellische Region gemacht. Nun beschloss er, den geflohenen Papst in Paderborn zu empfangen, einem fränkischen Vorposten inmitten des Landstrichs, den er und seine Krieger erst jüngst, mit vielen Mühen (und noch immer nicht restlos) dem Christentum erschlossen hatten. Was mag der Römer Leo gedacht haben, auf seinem weiten Weg ins unwirtliche Gelände? Unsere Quellen verraten es nicht. Ihm blieb aber kaum eine andere Wahl, als Karl um Rückhalt und Hilfe zu bitten. Ohne die Unterstützung des Frankenkönigs, der als *patricius*, als »Schutzherr« der Römer galt, konnte Leo in der Apostelstadt kaum überleben. Niemand dürfte das so klar gesehen haben wie Leo selbst. So nahm er die Strapazen auf sich und reiste zu Karl, ins kleine, entlegene Paderborn.

In jenen Wochen im Hochsommer 799, da der Papst von Süden kam, dürften Karl und seine Entourage in Sachsen intensiv verhandelt und beraten haben. Wie sollte man auf die Vorgänge in Rom reagieren? Karl war mit Hadrian befreundet gewesen; auch wenn er Leo III. als Nachfolger anerkannt hatte, war durchaus nicht selbstverständlich, dass er ihn jetzt gegen Hadrians Neffen unterstützen müsse. Was die Rebellen dem Papst vorwarfen, war so haarsträubend, dass Alkuin jenen Brief Arns von Salzburg, der ihm die Bezichtigungen zur Kenntnis brachte, lieber gleich nach der Lektüre verbrannte[27]. Sollte Karl den Papst fallen lassen? Sollte er ihn stützen und schützen?

Als Leo schließlich im Frühherbst 799 Paderborn erreichte, hatte Karl seine Entscheidung getroffen. Er ließ den Weitgereisten ehrenvoll empfangen. Schon das war ein Signal: Karl wollte Leo auch weiterhin als Bischof von Rom sehen. Die Gespräche zwischen Papst und König dauerten nur wenige Tage[28], und doch haben sie seit jeher

Historiker fasziniert[29]: Schon ein gutes Jahr später, am Weihnachtstag 800, wird Leo dem Frankenkönig in Rom eine Kaiserkrone aufs Haupt setzen. Haben Leo und Karl im sächsischen Paderborn über das Kaisertum verhandelt? War die Krone der Lohn für Karls Hilfe gegen Leos Feinde? War sie der Preis, den Leo zahlen musste, um Papst zu bleiben?

Einhard bleibt in alledem unseren Blicken entzogen. Zwar dürfen wir vermuten, dass auch in dieser hochpolitischen Frage das Wort des *familiaris*, des Vertrauten des Königs, Gewicht hatte. Aber mit Sicherheit können wir nicht einmal sagen, ob Einhard auch nur in Karls Gefolge nach Paderborn gezogen war.

Besser wüssten wir es, wenn wir in Einhard den Schöpfer der Verse sehen dürften, die uns mit großer Detailfülle über das Treffen an der Quelle der Pader informieren. Ein einziges Manuskript aus dem Mittelalter hat uns die Hexameter bewahrt. Es wird heute unter der Signatur C. 78 in der Zentralbibliothek in Zürich verwahrt, ein Band, der in bunter Reihe Gedichte und andere Texte überliefert[30]. Die Verse über Leo und Karl sind hier von Schülerhand geschrieben, teils mit noch ungelenken Buchstaben (Tafel 3). Mindestens drei verschiedene Schreiber arbeiteten daran, bevor ein weiterer – ihr Lehrer? – die Abschrift prüfte und korrigierte[31].

Das Ergebnis gibt bis heute Anlass zu Debatten unter Historikern und Philologen[32]. Ist der Text, so wie er überliefert wurde, vollständig? Oder schrieben die Schüler nur einen Teil ihrer Vorlage ab? Handelt es sich also um ein Fragment eines größeren Werks, eines Epos gar? Wenn ja, welche anderen Teile könnten verschollen sein? Falls nein – wie soll man den merkwürdigen Anfang und den abrupten Schluss des Textes deuten? So wichtig diese Fragen auch sind, sie werden sich nie befriedigend beantworten lassen. Fest steht nur: Der Dichter war ein belesener Mann. Er hatte Ovids »Metamorphosen« im Kopf, kannte Lukan, Statius und Grattius, nutzte Junkturen christlicher Dichter wie Juvencus, Prudentius, Venantius Fortunatus und anderer mehr. Mit Vorliebe allerdings zitierte er aus Vergils

»Aeneis«. Auch inhaltlich spielte der Dichter auf dieses Werk am häufigsten an; sein Karl wurde ihm zum *alter Aeneas*[33].

Begreift man den Text als Fragment eines Epos und fragt, wer wohl an Karls Hof ein solches Werk geschaffen haben könnte, dann bleibt nur ein kleiner Kreis von Verdächtigen. Sie alle haben im Laufe der Forschungsgeschichte ihre Befürworter und Gegner gefunden[34]. Auch Einhard ist von Kennern der Materie vorgeschlagen worden. Ein Nachweis im strengen Sinne des Wortes wird zwar kaum je gelingen; aber als eine interessante Hypothese darf der Vorschlag doch immer noch gelten. Sofern die 536 Verse tatsächlich der Rest eines Epos sind, liegt es nicht ganz fern, sie Einhard zuzusprechen: Kein zweiter galt bei Hof so sehr als Kenner Vergils, kaum einer genoss vergleichbaren Ruhm für seine Verse. Ein zeithistorisches Epos über Karl, seinen Hof, seine Taten, ein Werk, an dem Einhard vielleicht über die Jahre stetig weiterarbeitete – das könnte seine Reputation als Dichter gut erklären[35].

In besonderem Licht erschienen dann die Verse 91–136, die Karls ehrgeizige Bauprojekte in Aachen beschreiben und den Ort als zweites, kommendes Rom feiern[36]. Einhard hätte sich hier selbst ein literarisches Denkmal gesetzt – freilich ohne seinen Namen zu nennen: In nicht weniger als 45 Hexametern hätte er diejenigen Aachener Bauten gefeiert, für die er persönlich Verantwortung trug (so wenig wir auch seine konkreten Aufgaben in der Bauaufsicht zu fassen vermögen[37]). Auch diese Passage verdankt vieles dem Vorbild Vergils[38]: In dessen Gefolge behauptete der Dichter sogar, unter Karl habe man einen Hafen in Aachen ausgehoben[39]. Man hat aus dieser Bemerkung schließen wollen, dem Verseschmied sei der Ort kaum bekannt gewesen: Wie sonst könne er Aachen zur Hafenstadt machen?[40] Doch gäbe es Gründe, die Passage auch einem Einwohner Aachens wie Einhard zuzuschreiben. Als Dichter hätte er die Freiheit gehabt, nach dem Vorbild Vergils auch in Aachen poetisch einen Hafen zu postulieren – war es doch das Ziel, sogar Rom und Konstantinopel zu übertrumpfen[41].

Will man die Verse Einhard zusprechen, dann könnte man in der

Beschreibung der emsigen Bauarbeiten sogar eine Anspielung auf ein anderes Gedicht aus derselben Zeit entdecken. Denn die gesamte Schilderung mündet in einen Vergleich mit dem Fleiß der Bienen: So eifrig, wie die Bienen ihre Nahrung sammeln, werken die Franken in Aachen[42]. Fleiß und Bienen zusammenzubringen war dichterisch zwar nicht originell[43], aber kein Geringerer als Alkuin hatte gerade den kleinen Einhard mit einer Biene verglichen[44]. Den Gedanken könnte Einhard nun weitergesponnen haben: eine feine Anspielung auf seine Person, gut versteckt, aber doch sichtbar genug für die Eingeweihten im Umkreis des Königs?

Einhards Autorschaft bleibt Hypothese. Falls sie stimmt, erklärt sie Einhards Ruf als Vergil-Kenner und Dichter – und macht zugleich wahrscheinlich, dass er 799 mit Karl nach Sachsen, nach Paderborn gezogen und während des Treffens zwischen König und Papst in Karls Entourage geblieben war. Die Begegnung wird in den Versen in vielen Einzelheiten geschildert. Es ist anzunehmen: Hier hat ein Augenzeuge im Nachhinein dichtend verarbeitet, was er zuvor gesehen hatte[45]. Dem Dichter ging es dabei jedoch fast nur um Äußeres: um Kleider und Pferde, Gepränge und Pracht, um Gesten, Kniefälle, Ehren. Kein Wort verlor der Poet über das, was Karl und Leo über Rom und die künftige Rolle des Frankenkönigs dort besprochen haben mögen.

Im Jahr darauf krönte Leo III. den Frankenkönig am Weihnachtstag während der Messe in St. Peter zum Kaiser. Karls Hofannalisten vermerkten später: »Nach den Laudes wurde er vom Papst nach Sitte der alten Principes angesprochen und unter Fortlassung des *patricius*-Titels *imperator* und *augustus* genannt.«[46]

*P*ippin aber, vordem Befehlshaber über den Hof, wurde auf Geheiß des römischen Bischofs zum König erhoben; und nachdem er allein 15 Jahre (oder noch länger) über die Franken geherrscht und den Krieg in Aquitanien beendet hatte, den er gegen den Herzog Waifar von Aquitanien eröffnet und neun Jahre hindurch geführt hatte, starb Pippin bei Paris an der Wassersucht. Er hinterließ seine Söhne Karl und Karlmann, die mit Gottes Willen die Nachfolge in der Herrschaft antraten. Die Franken hielten nämlich auf feierliche Weise eine allgemeine Versammlung und erhoben die beiden zu ihren Königen – und zwar zu der Bedingung, dass sie den gesamten Körper des Reiches gerecht aufteilten und Karl denjenigen Teil zur Regierung empfing, den ihr Vater Pippin innegehabt, Karlmann aber denjenigen, dem ihr Onkel Karlmann vorgestanden hatte. Die Bedingungen wurden von beiden Seiten akzeptiert, und jeder empfing seinen Teil des Reiches, das nach dem ihnen vorgeschlagenen Modus geteilt worden war. Und diese Eintracht blieb auch bestehen, wenngleich mit größter Schwierigkeit; denn auf Seiten Karlmanns trachteten viele, das Bündnis zu brechen – bis dahin, dass manche sogar darauf sannen, die Brüder gegeneinander in den Krieg zu hetzen. Dass aber hier mehr Argwohn herrschte als tatsächliche Gefahr, erwies der Ausgang der Dinge selbst: als dann nämlich nach dem Tode Karlmanns dessen Gemahlin mit ihren Kindern, zusammen mit einigen der vornehmsten unter seinen Magnaten, nach Italien floh und sich mitsamt ihren Kindern – ganz grundlos und den Bruder ihres Gemahls verachtend – dem Schutz des Langobardenkönigs Desiderius unterstellte. (Karlmann erlag *ja, nachdem man gemeinsam zwei Jahre lang das Reich geleitet hatte, einer Krankheit; Karl aber wurde, nach dem Tod seines Bruders, mit Zustimmung aller Franken zum König erhoben.)*

Ich würde an dieser Stelle schildern, wie schwierig der Alpenübergang für denjenigen war, der nach Italien zog, und mit welcher Mühe die Franken die unwegsamen Gebirgskämme, auch die in den Himmel aufragenden Bergspitzen und die rauhen, spitzen Felsen überwanden – wenn ich mir nicht vorgenommen hätte, im vorliegenden Werk eher seine Lebensweise zu überliefern als die Begebenheiten der Kriege, die er geführt hat.

Einhard, Vita Karoli, c. 3 und c. 6

VII.

Die Kaiserwürde brachte manchen Ärger. Zumal diejenigen Kaiser der Römer, die in Byzanz residierten, mochten den neuen Nebenbuhler im Westen nicht dulden. Am Weihnachtstag des Jahres 800 herrschte am Bosporus eine Frau, die Kaiserin Irene. Sie hatte ihren eigenen Sohn Konstantin blenden lassen[1]. Um ihre Legitimation war es seither nicht gut bestellt; einen Konkurrenten im Westen, der sich selbst als »Kaiser der Römer« bezeichnete, konnte sie schlechterdings nicht dulden. 802 wurde Irene gestürzt; Nikephoros I., der Leiter der Finanzverwaltung, trat die Nachfolge an[2]. Aus neuer Familie stammend, fand freilich auch Nikephoros nicht fraglos Akzeptanz in den oströmischen Eliten. Schon im Jahr darauf sah sich der Kaiser mit einem Aufstand des Generals Bardanes Turkos und anderer Militärs konfrontiert[3]. Derart bedrängt, konnte auch dieser Kaiser den neuen Imperator im Westen nicht großmütig akzeptieren.

Im Streit mit dem kaiserlichen Kollegen vom Bosporus griff Karl nun auch expandierend nach Südosten aus. Er intervenierte in Venetien und Dalmatien[4]; und er sandte Mönche aus, die die Grabeskirche Christi in Jerusalem vermessen sollten[5] – kühne Eingriffe in die Sphäre des östlichen Kaisers. Erst nach sechs Jahren, mehreren Gesandtschaften und einem weiteren Thronwechsel im Osten fanden die beiden großen politischen Mächte zu einem neuen, einvernehmlichen Miteinander[6]. Den Titel eines »Kaisers der Römer« aber vermied Karl bis zu seinem Tod. In seinen Urkunden ließ er sich bescheidener titulieren: als »Kaiser, der das römische Reich leitet«[7].

Ärger bereitete die neue Würde auch in anderer Weise. Sie stand in Spannung zu jenem Brauch der Thronfolge, der sich bei den Franken im Laufe von Jahrhunderten etabliert hatte: Wer als Sohn eines

Königs geboren und vom Vater als legitim akzeptiert war, der hatte einen soliden Anspruch darauf, dereinst König zu werden. So hatten es die Merowinger gehalten, spätestens seit dem Tod Chlodwigs I. im Jahr 511[8]; und so hatten es auch die Karolinger praktiziert. Schon nach Karl Martells Tod im Jahr 741 – nicht König, nur Hausmeier – hatte man das Reich unter seinen Söhnen Pippin und Karlmann geteilt[9]. Und auch nach Pippins, des Dynastiegründers, Hinscheiden war das *regnum* halbiert worden: Jeder Sohn, Karl und Karlmann, hatte seinen Anteil erhalten[10].

Dass Karl ähnlich verfahren würde, war zur Jahrhundertwende längst offenkundig. Bereits 781 hatte Karl den jüngsten Sohn der Hildegard – den kleinen Ludwig – als König in Aquitanien eingesetzt und Ludwigs älteren Bruder, Pippin, als König in Italien gelassen[11]. Nur den ältesten der Hildegard-Söhne, den jungen Karl, hatte er – vorerst noch ohne Titel – bei sich behalten. Die nachgeborenen Brüder wuchsen in Italien und Aquitanien zu Männern heran; um 800 hatten sie ihre eigenen Höfe, ihre eigene Entourage, ihre eigenen Getreuen, die sich Hoffnung darauf machten, dereinst nicht nur einer Mittelgewalt, sondern einem selbständig herrschenden König zu Diensten und bedeutsam zu sein.

Die jahrzehntealten Entscheidungen ließen sich nicht mehr revidieren. Teilungen für die Herrschaftsnachfolge aber waren stets ein heikles Geschäft: Jeder Sohn sollte mit seinem Anteil zufrieden sein – und seinerseits mit den Städten, Bistümern, Abteien, Fiskalgütern, die er erhielt, auch die eigene Klientel versorgen können. Karl der Große selbst hatte wohl die spannungsreichen Jahre von 768 bis 771, in denen er neben seinem Bruder Karlmann regiert hatte[12], in unguter Erinnerung. Noch konfliktgeladener war seit jeher das Verhältnis zwischen Onkeln und Neffen: Wenn einer von mehreren Königssöhnen starb und einen legitimen Sohn hinterließ, war Streit zwischen diesem Spross und den Brüdern des Toten programmiert. Karl selbst hatte 771, beim Tod des Bruders, dessen kleinen Sohn Pippin nicht etwa gütig aufgenommen, um ihm des Vaters Reich zu bewahren. Nein, er hatte den königlichen Knaben, der mit seiner

Mutter nach Italien geflohen war, aus der Macht verdrängt – so gründlich, dass wir fortan über den kleinen Karolinger kein Wort mehr hören[13].

Im Jahr 806 ging Karl auf sein sechzigstes Lebensjahr zu. Die drei Söhne der Hildegard waren erwachsen. Karl hatte sie schon längst vor allen Leuten als legitim anerkannt. Es war hohe Zeit, das Reich zu teilen[14]. Die Eliten in Italien, Aquitanien und den übrigen Regionen wollten wissen, wie die Zukunft ihres Herrn aussehen werde; ihr eigenes Fortkommen hing daran. Eine einmütige Teilung in Frieden musste her. Eine leichte Aufgabe aber war das beileibe nicht! Und die Kaiserwürde machte nun alles noch komplizierter, gefährlicher: Wie sollte Karl bei der Regelung seiner Nachfolge mit dem neuen Titel verfahren? Die Würde auf alle drei Söhne aufzuteilen war schlechterdings undenkbar – schon angesichts des schwelenden Streits mit Byzanz. So blieb nur eines von zweien: Entweder Karl gab die Kaiserwürde einem seiner Söhne; oder er gab sie keinem.

Im März 806 hielt Karl eine Versammlung mit den führenden Männern der Franken ab »über den zu bekräftigenden und zu wahrenden Frieden zwischen seinen Söhnen und über die herbeizuführende Teilung des Reiches in drei Teile, damit jeder von ihnen wisse, welchen Teil er schützen und lenken müsse, sofern er ihn überlebe«[15]. Karl regelte, abgestimmt mit den Eliten, in schriftlicher Form Teilung und Thronfolge[16]: Ein *testamentum*, so melden es die Hofannalen, sei aufgesetzt und von allen Großen der Franken per Eid bekräftigt worden, außerdem Bestimmungen, die den Frieden hatten wahren sollen[17]. Zu diesen Regelungen gehörte auch diese: Karl hielt eigens fest, dass keiner seiner Söhne einen der Enkel töten, verstümmeln, blenden oder gegen dessen Willen zum Mönch scheren lassen sollte (zumindest nicht ohne ein gerechtes Verfahren).[18] Die Mahnung zeigt, mit welcher Gewalt zu rechnen war. Über die Kaiserwürde aber äußerte sich Karl bei alledem nicht[19]. Wer künftig Kaiser werden sollte, darüber schweigt die Nachfolgeordnung. Man kann das Dokument politisch klug finden[20]. Man kann aber auch eine Entscheidungsschwäche des alten Kaisers diagnostizieren.

In diesem brisanten Kontext des Jahres 806 begegnet uns Einhard wieder. *Partitio* und *testamentum*, Eid und Friedenskonstitutionen: Dies alles, so berichten die Hofannalen, sei erst schriftlich fixiert und dann dem Papst Leo überbracht worden, »damit er die Texte mit seiner eigenen Hand unterschreibe«. Als Karls Gesandter nach Rom fungierte Einhard[21].

Die Eliten waren damals ans Reisen gewöhnt. Regelmäßig zogen sie zu den Versammlungen, die der Kaiser einberief; noch häufiger ritten sie in den Krieg, oft in eine der weitläufigen Grenzregionen des Reiches[22]. Äbte und Bischöfe reisten zu den Provinzialsynoden ihrer Kirchenprovinzen oder noch weiter, zu größeren Kirchenversammlungen. Mancher Bischof, Graf oder Abt war im Auftrag Karls als Gesandter zu einem anderen Herrscher unterwegs: zum Kaiser der Römer nach Konstantinopel etwa – oder noch darüber hinaus[23]. Im Übrigen verfügten die hohen Herren über weit gestreute Ländereien; wollte man die Kontrolle über die entlegeneren Güter behalten, musste man sie ab und zu besuchen.

Doch nicht nur die Mächtigen reisten! Landpfarrer wanderten regelmäßig zum Sitz ihres Bischofs, um das Salböl zu holen[24] oder an der Diözesansynode teilzunehmen; für weitere Reisen hatten sie ein Erlaubnisschreiben ihres Bischofs bei sich zu führen, sogenannte »Litterae formatae«[25]. Jeder Freie, der sein Recht einklagen wollte, musste zur Gerichtsversammlung ziehen. Hörige hatten Fuhrdienste für ihre Herren zu erfüllen und transportierten auf ihren Ochsenkarren Wein oder andere Waren zum Herrenhof oder zu lokalen und regionalen Märkten. Jeder, der eine Nachricht übermitteln wollte, musste einen Boten auf den Weg bringen. Büßer und andere, die um ihr Seelenheil besorgt waren, pilgerten oft viele Wochen lang, zu den großen und kleinen Heilsstätten der Christenheit. Kranke wurden von Freunden und Verwandten meilenweit durchs Land gekarrt, um vor den Altären berühmter Heiliger Genesung zu erlangen[26]. Mancher zog, von Armut und Hunger getrieben, ziellos in die Ferne, auf

Als Ratgeber bei Hof

der Suche nach einem besseren Leben[27]. Mancher war auch nur unterwegs, um sich mit seinen Kumpanen im nächsten größeren Ort wieder einmal anständig zu betrinken[28].

Schließlich die Kaufleute: Ihre Profession war es, zu reisen. Mancher zog tausende Kilometer weit, um Luxuswaren aus Konstantinopel oder noch ferneren, exotischen Orten zu erwerben; Wochen, ja Monate später würden sich dann die Großen der Franken um die Waren reißen, um ihren Status aller Welt sichtbar zu machen. Das Risiko für Leib und Leben war hoch, der Gewinn sagenhaft. Nur allzu gut dürfte sich Einhard an den 20. Juli des Jahres 802 erinnert haben: Damals war der jüdische Händler Isaak in Aachen angekommen. Er hatte, von Bagdad aus über Nordafrika und Italien reisend, dem Kaiser einen Elefanten überbracht, ein Geschenk des Kalifen Harun ar-Rashid für den fernen Kollegen in Europa. Der Elefant hieß Abul Abaz, nach dem Begründer der Dynastie der Abbasiden, der Harun ar-Rashid entsprossen war. Das Geschenk hatte bei Hof in Aachen Eindruck gemacht. Sogar in den Hofannalen war des Elefanten Ankunft notiert worden ...[29]

Nun, im Jahr 806, zog Einhard von Aachen bis nach Rom. Wir wissen nicht, ob es seine erste Reise dorthin war; vielleicht hatte er auch schon an der Kaiserkrönung am Weihnachtstag des Jahres 800 in der Peterskirche teilgenommen? So mobil die Gesellschaft war, so langwierig, mühsam und anstrengend blieb die Bewegung im Raum. Jahre später wird Einhard in seiner Karlsbiographie den Leser an die Strapazen einer Alpenüberquerung erinnern, an die »unwegsamen Gebirgskämme, auch die in den Himmel aufragenden Bergspitzen und die rauhen, spitzen Felsen«[30]. Selbst zu Pferd konnte Einhard auf einer derart langen Strecke im Durchschnitt kaum mehr als 25 bis 30 Kilometer pro Tag zurücklegen – wo die Straßen fest und trocken waren, vielleicht etwas mehr, wo Regen die Wege aufgeweicht hatte oder Passhöhen zu bewältigen waren, ging es noch langsamer voran[31]. Auch blieben Reisen gefährlich: Räuber und Wegelagerer drohten den zu überfallen, der allein war. Einhard reiste im Jahr 806 ohne Zweifel mit einer bewaffneten Eskorte. Rund vier

Monate dürfte der kleine Höfling im Auftrag seines Kaisers unterwegs gewesen sein.

Was Einhard in Rom im Einzelnen tat, darüber schweigen die Quellen. Doch wird er, fromm und interessiert an Architektur und Handwerk, in den großen alten Kirchen gebetet haben: in St. Peter sicherlich, der Grablege des Apostels Petrus, jener Kirche, in der Karl die Krone erhalten hatte. Vielleicht sah er aber auch das Mausoleum der Kaiserin Helena an der Via Labicana? Und direkt nebenan die gewaltige Basilika der Heiligen Tiburtius, Marcellinus und Petrus? Beide Kirchen hatte der große Konstantin sehr bald nach seinem Sieg über Maxentius errichten lassen; sie waren älter noch als St. Peter[32].

Doch nicht nur die frühen Gotteshäuser Roms wird Einhard bestaunt haben. Wir dürfen uns vorstellen, wie der kleine Höfling auch die Überreste des paganen Rom bewunderte, zumal jenen Triumphbogen auf dem Forum Romanum, der den Sieg des Titus über die Juden und die Einnahme Jerusalems feierte: Hier begegneten Einhard als römische Beutestücke Abbilder jener Kultgegenstände wieder, die einst Beseleel geschaffen hatte ...[33]

Die Teilungsordnung freilich, die Einhard nach langer, anstrengender Reise dem Papst in Rom vorgelegt hatte, sie war schon Ende 811 wieder obsolet geworden – überholt vom Tod zweier Könige. Am 8. Juli 810 war Pippin gestorben[34], am 4. Dezember des folgenden Jahres der älteste Kaisersohn, der den illustren Namen seines Vaters und Urgroßvaters getragen hatte[35].

Karl selbst stand mittlerweile in seinem 64. Lebensjahr. Von jenen Söhnen, die er als legitim anerkannt hatte, lebte nur noch der jüngste, Ludwig. Pippin von Italien aber hatte einen Sohn gezeugt: Bernhard. Als der Vater 810 starb, war das Kind – auch nach den Vorstellungen der Zeit – zu jung, um selbst zu herrschen. Vorerst lernte es noch (wie Jahrzehnte zuvor ein Knabe namens Einhard) in der Klosterschule von Fulda[36]. Aber schon 812 ließ sein kaiserlicher Großvater ihn an den Hof nach Aachen kommen und sandte ihn von dort, begleitet von einem Seitenverwandten der königlichen Familie, dem Grafen Wala, weiter nach Italien. Hier sollte Bernhard die Nachfolge seines Vaters Pippin antreten[37].

Die Zukunft des Reiches, die im März 806 so differenziert geregelt worden war – sie war im Sommer 813 wieder offen. Die Situation, die nun eingetreten war, hatten Karl und seine Ratgeber nicht vorhergesehen: Ein Kaisersohn war König in Aquitanien, ein Kaiserenkel König in Italien, beide erwachsen und regierungsfähig. Welcher von ihnen sollte Karls Nachfolge antreten? Wer sollte Kaiser werden?

Dass die Entscheidung 813 zugunsten Ludwigs ausfiel, dass sie den Sohn traf, nicht den Enkel, war keineswegs selbstverständlich. Jedenfalls hören wir in unseren Quellen, Karl habe die Frage auf einer Versammlung in Aachen im Sommer 813 beraten lassen[38]. Und wieder wird zumindest von einem der Zeitgenossen der Name Einhards an prominenter Stelle erwähnt: Offenbar war es Einhard, der den für Ludwig günstigen Beschluss herbeiführte. So berichtet es der Höfling Ermoldus Nigellus in einem langen Gedicht über die Taten Ludwigs des Frommen.

Wer Ermoldus war, ist nur noch undeutlich zu erkennen. Vielleicht war er ein Geistlicher, jedenfalls aber ein Intellektueller, wie Einhard ein Bücherfreund, der sich gerüstet mit Schwert und Panzer eher lächerlich ausnahm. Ermoldus lebte mehrere Jahre am Hof Ludwigs des Frommen, bevor er nach dem Herbst 824 von dort ins Exil nach Straßburg verbannt wurde. Ursachen und Hintergründe der Verbannung bleiben im Dunkeln. In Straßburg schrieb Ermold zwischen 826 und Anfang 828 sein Lobgedicht zu Ehren Ludwigs des Frommen, nicht weniger als 2649 Verse lang. Sein Ziel lag auf der Hand: Das Werk sollte den Kaiser überzeugen, dass es sich lohne, ihn, Ermold, den gelehrten Dichter und untertänigsten Höfling, wieder aus dem Exil an den Hof zurückzurufen[39].

In solchem Kontext – und allein hier! – fand Einhards Votum für Ludwig im Sommer 813 Erwähnung; kein anderer Zeitgenosse berichtet davon. Ermold erzählt, Einhard sei »Karl in Liebe teuer« gewesen, außerdem »scharfsinnig vom Intellekt her und kraftvoll in seiner Redlichkeit«. In der Beratung habe sich Einhard vor Karls Füßen niedergeworfen, habe Karls Fußsohlen geküsst, habe, »gelehrt im Rat«, als Erster zu reden begonnen und dem Kaiser den Sohn als besten Nachfolger empfohlen. Ihn, Ludwig, erbäten nun alle, die Großen und Kleinen, die Gemeinschaft der Christen, ja Christus selbst als Thronfolger! Einhards Empfehlung sei Karl – so sagt Ermold – »frohen Mutes« gefolgt[40].

Es fällt nicht leicht, die Nachricht zu bewerten. Ob Ermold selbst bei der Versammlung in Aachen im Sommer 813 anwesend war, ist unklar. Der Dichter berichtete *ex post*, als Ludwig schon längst als Kaiser herrschte. Er schrieb seine Verse mehr als elf Jahre nach dem Ereignis; und er schrieb sie mit dem Ziel, Ludwig so überzeugend zu preisen, dass der Kaiser ihn aus dem Exil zurückrufen musste. Da mochte es förderlich sein, auch Ludwigs Ratgeber Einhard zu schmeicheln. So könnte Ermold die Geschichte von 813 zu seinen Zwecken geformt und zugerichtet haben. Andererseits: Ludwig selbst sollte die Verse lesen oder hören; und es war abzusehen, dass Ermolds Bericht auch Leuten zur Kenntnis gelangte, die 813 an der Versammlung in Aachen teilgenommen hatten. Wollte der Verbannte Ludwigs und seiner Entourage Gunst wiedererlangen, konnten allzu dreiste Lügen auch hinderlich werden. Seine Geschichte musste wenigstens jetzt, in den späteren 820er Jahren, den Hörern und Lesern plausibel erscheinen.

So wird man zwar nicht jedes Wort, das Ermold dem Ratgeber Einhard zugunsten Ludwigs in den Mund legte, für wirklich gesprochen halten dürfen. Doch bleibt anzunehmen: Im Sommer 813, als es darum ging, die Nachfolge im Kaisertum zu regeln, hat sich gerade Einhard als wichtiger Berater des gealterten Herrschers für Ludwig ausgesprochen. Der Kaiser folgte seinem Rat und rief seinen Sohn nach Aachen. Schon im September 813 wurde Ludwig dort zum Kaiser gekrönt, ohne Beteiligung des Papstes[41]. Doch blieb Ludwig vorerst noch nicht in Aachen. Karl entließ ihn wieder nach Aquitanien.

Wenige Monate später, am 28. Januar 814, segnete der alte Kaiser in Aachen das Zeitliche[42]. 46 Jahre lang hatte er regiert. Sein Tod markierte eine Zäsur im Spiel der Macht: Der neue Kaiser brachte neue Leute aus Aquitanien mit. Einhards Stellung, ja sein Leben war in Gefahr.

Bei der Ausbildung seiner Söhne und Töchter wandte er eine so große Sorgfalt auf, dass er zuhause niemals ohne sie aß, auch niemals ohne sie auf Reisen ging. Seine Söhne ritten neben ihm her, seine Töchter aber folgten weiter hinten; ihre Nachhut schützten diejenigen, die aus der Zahl der Gefolgsleute dazu abgestellt waren. Da sie bezaubernd schön waren und von ihm sehr geliebt wurden, ist es staunenswert, dass er keine von ihnen einem seiner Leute oder auch einem Fremden zur Ehe geben wollte, sondern sie alle bis zu seinem Tode mit sich in seinem Haus zurückbehielt; er pflegte zu sagen, er könne ihrer zartvertrauten Nähe nicht entbehren. Und darob – wenngleich er sonst vom Glück gesegnet war – erfuhr er die Missgunst eines widrigen Geschicks. Das jedoch ignorierte er so, als ob in Bezug auf sie nie auch nur der Verdacht der Unzucht aufgekommen oder ein solches Gerücht verbreitet worden wäre.

Er ordnete an, ein Testament aufzusetzen, in dem er seinen Töchtern und den Kindern seiner Konkubinen ein Erbteil zuweisen wollte; aber da er es zu spät begonnen hatte, konnte es nicht mehr fertiggestellt werden. Doch hatte er drei Jahre vor seinem Tod alle seine Schätze und das Geld und die Kleider und allen sonstigen beweglichen Besitz in Gegenwart seiner Freunde und Diener aufgeteilt; und er hatte sie beschworen, dass mit ihrer Unterstützung die Aufteilung, die er vorgenommen hatte, auch nach seinem Tode gültig bleiben möge.

Diese Bestimmung und Anordnung hat er vor den Bischöfen, Äbten und Grafen erlassen und festgelegt, die damals anwesend sein konnten und deren Namen hier aufgelistet sind. Bischöfe: Hildibald, Richolf, Arn, Wolfar, Bernoin, Laidrad, Iohannes, Theodulf, Iesse, Heito, Waltgaud. Äbte: Fridugis, Adalung, Engilbert, Irmino. Grafen: Walah, Meginher, Otulf, Stephan, Unruoc, Burchard, Meginhard, Hatto, Rihwin, Edo, Ercangar, Gerold, Bero, Hildigern, Hroccolf.

Sein Sohn Ludwig, der ihm auf Gottes Befehl hin nachgefolgt ist, hat nach Karls Tod dieses Verzeichnis gründlich geprüft und dann, so schnell er konnte, Sorge getragen, dies alles in höchster Gottergebenheit auszuführen.

Einhard, Vita Karoli, c. 19 und 33

VIII.

Karl lag schon bestattet in der Aachener Marienkirche, da machte sich ein Mann namens Rampo als Bote zu Ludwig nach Aquitanien auf den Weg[1]. Ludwig hatte für Anfang Februar eine Versammlung nach Doué einberufen[2]; nun sollte er erfahren, dass sein Vater gestorben war. Als Rampo nach Orléans kam, traf er dort Theodulf, der in der Stadt an der Loire schon seit 798 als Bischof amtierte und mittlerweile den Ehrentitel *archiepiscopus*, Erzbischof, führte[3]. Theodulf, so berichtete es Jahrzehnte später ein Biograph Ludwigs des Frommen, habe damals erahnt, welche Nachricht Rampo dem Kaiser nach Aquitanien zu überbringen hatte. Da habe er seinerseits einen Eilboten abgesandt, der Ludwig nur eines fragen sollte: ob er, Theodulf, ihn in Orléans zu erwarten habe oder ihm entgegenziehen solle? Ludwig aber habe den Sinn der Botschaft begriffen – und Theodulf aufgefordert, zu ihm zu eilen[4].

In Aachen muss man Ludwigs Ankunft mit Sorge und Spannung erwartet haben. Der neue Herr würde neue Leute fördern. In Aquitanien hatte er längst einen eigenen Hofkreis ausgebildet. Ihm gehörten Männer an wie Witiza und Ebo: Der gotische Abt Witiza, ein Grafensohn, war ein Zelot. Nach Jahren strengster Askese hatte er sich für den heiligen Benedikt von Nursia und dessen Mönchtum begeistert. In seiner Nachfolge nannte er sich mittlerweile als Abt des Klosters Aniane auch selbst Benedikt[5]. Ebo dagegen stammte aus niedersten Verhältnissen: Sein Vater war ein Sklave des Königs gewesen. Ebos Mutter Himiltrud hatte allerdings dem kleinen König Ludwig als Amme die Brust gegeben, die beiden Milchbrüder waren gemeinsam aufgewachsen. Noch Karl der Große hatte Ebo die Freiheit geschenkt und ihn zu seinem Sohn nach Aquitanien beordert[6].

Mit Ludwigs Einzug in Aachen würde das Spiel um die Macht neu beginnen. Neue Männer kamen. Keiner der Alten konnte seiner

Zukunft sicher sein. Mit ängstlicher Neugier schaute der Hof zumal auf jenen Mann, der zuletzt der mächtigste Laie in Karls Umkreis gewesen war – auf den Pfalzgrafen Wala, selbst ein Enkel Karl Martells, ein Vetter also des verstorbenen Kaisers[7]. Walas älterer Bruder, der Abt Adalhard von Corbie, war der erste Mann am Hof des jungen Bernhard; er dominierte den Königshof in Italien[8]. Wie würde Wala handeln, wie Adalhard? Wie sollten sie Ludwig begegnen, sie, die bei diesem Thronwechsel am meisten zu verlieren hatten?

Wala setzte auf Frieden. Er huldigte Ludwig nach Sitte der Franken[9]. Das war ein Signal: Der mächtigste Mann am Karlshof akzeptierte den Kaisersohn als Thronfolger, ohne alle Einschränkungen. Über die neue Ordnung des Hofes aber war damit noch nicht entschieden. Bevor Ludwig selbst nach Aachen kam, wollte er dort beseitigt wissen, was ihm als Unordnung, ja als eklatanter Verstoß gegen Gottes Willen erschien: Der Hof, der sich um Karl gebildet hatte, war zum Sündenpfuhl geworden! Man musste den Sumpf trockenlegen! Der kaiserliche Vater hatte die Töchter, die er mit seinen vielen Gemahlinnen und Konkubinen gezeugt hatte, nie verheiratet. Die Damen gaben sich bei Hofe Gastmählern und Hetzjagden hin, Festen und Vergnügungen aller Art. Der Tugend und Keuschheit gingen sie darüber verlustig. Alkuin warnte seinen Schüler Fridugis – mit Pseudonym »Nathanael« – voller Sorge vor diesen »gekrönten Täubchen«[10]. Nur allzu gut wusste man etwa um die außereheliche Liaison, die Karls Tochter Bertha mit dem berühmten Angilbert unterhielt, den der Herrscher zum Abt des Klosters Saint-Riquier in Nordfrankreich erhoben hatte[11]. Böse Zungen könnten sich sogar in dunklen Andeutungen ergangen haben, Karl selbst habe mit seinen Töchtern unzüchtigen Umgang gepflegt, habe die schwere Sünde des Inzests begangen[12].

Jedenfalls hatten des Kaisers Töchter bei Hof eine Schlüsselposition inne. Sie unterhielten ihre eigene Klientel – Leute, die sich ganz auf den Einfluss ihrer Herrin verlassen konnten. Sie waren durch den Schutz der Kaisertöchter so gut abgesichert, dass sogar mancher

Graf nicht wagte, gegen sie vorzugehen. Karl hatte im Jahr 808 den Missstand beseitigen wollen[13]; sein Erfolg kannte Grenzen.

Ludwig war zu keinem Kompromiss bereit. Seine Schwestern und Halbschwestern mussten weg vom Hof! Sie sollten heiraten oder in ein Kloster eintreten. Während Ludwig über Orléans und Paris anrückte, sandte er die Grafen Warnar, Lantbert und Ingobert nach Aachen voraus, dort Ordnung zu schaffen; Wala musste sie begleiten. Tief griff Ludwig in die Hierarchie des Hofes ein. Er baute das Zentrum des Machtgefüges um. Ohne Gewalt ging das nicht ab: Ein gewisser Odoin – ein Liebhaber einer Kaisertochter?[14] – wollte seine Position nicht billig aufgeben. Er tötete im Kampf den Grafen Warnar und verletzte dessen Neffen Lantbert schwer am Bein, bevor er selbst niedergemacht wurde. Auch ein anderer Höfling leistete Widerstand, ein gewisser Tullius – ein Pseudonym in Anspielung auf Cicero? Ludwig ließ den Mann blenden[15].

Die Kaisertöchter[16], deren Liebhaber und Klientel, Odoin, Tullius – sie sollten nicht die einzigen Opfer des Thronwechsels bleiben. Wala und Adalhard überlebten die Wende zwar, auch blieben sie körperlich unversehrt. Ihre Macht aber verloren sie: Adalhard wurde aus Italien abberufen und nach kurzem Prozess verbannt ins Kloster Saint-Philibert, das auf der Insel Noirmoutier in der Mündung der Loire lag[17]. Wala ging als Mönch nach Corbie[18]. Sein Bruder Bernhar, der dort schon das Mönchshabit getragen hatte, musste nach Südfrankreich übersiedeln, in das Inselkloster Lérins vor Cannes. Seine Schwester Gundrada kam als Nonne ins Heiligkreuzkloster in Poitiers[19]. Die Entmachtung war gründlich: Ludwig hatte die gesamte Nachkommenschaft des Halbbruders seines Großvaters ins Exil gezwungen.

Einhard stand, als Karl starb, in seinen frühen Vierzigern. Was mag er in jenen Wochen der Wende Anfang 814 gedacht, gefühlt, gefürchtet haben? Kein Text überliefert uns, wie er nach dem Tod des Kaisers handelte. Welche Sorgen trieben ihn um in schlaflosen Nächten? Versuchte er, selbst seines Glückes Schmied zu sein? Übte er sich in

Geduld und harrte der Dinge, die da kommen mochten? Wir wissen es nicht. Nur den Ausgang kennen wir: Am Ende war Einhard einer der wenigen Ratgeber von Rang, die unter Ludwig ihre Stellung behielten. Mehr noch: Bald schon ging es Einhard besser als je unter Karl, bald schon sah er sich materiell abgesichert, belohnt mit ehrenvollen und gewinnbringenden Würden. So deutet Einhards Weg durch die Wende von 814 auf eine Fähigkeit hin, die wir bei ihm später, um das Jahr 830, noch einmal beobachten werden – dann aber in weit größerer Schärfe. Man könnte von »politischer Flexibilität« sprechen: Im Bedarfsfall wusste Einhard seine Loyalität recht wendig je neuen Herren anzutragen[20].

Einhards Überleben Anfang 814 dürfte freilich noch durch Anderes befördert worden sein. Mittlerweile konnte er auf eine beachtliche Erfahrung im engsten Zirkel der Macht verweisen: Wohl an die 20 Jahre hatte er nun schon in Aachen zugebracht, hatte zentrale Entscheidungen miterlebt und beeinflusst. 814 muss Einhard als eine Persönlichkeit gegolten haben, die über ein reiches, nützliches Wissen verfügte, wie das Reich zu regieren war. Das empfahl ihn auch Ludwig als Ratgeber.

Weiteres kam hinzu: Während Adalhard als Berater König Bernhards von Italien fungierte, hatte Einhard (wenn wir Ermoldus Nigellus glauben dürfen) früh genug, im Sommer 813, auf den richtigen Karolinger gesetzt und sich als Meinungsmacher bedingungslos für Ludwig ausgesprochen. Der neue Herrscher mochte ihm jetzt die Fürsprache lohnen. Auch hatte Einhard keine fragwürdige Liaison mit einer der Töchter Karls unterhalten. Zwar machten ihn weit Spätere zum Schwiegersohn des großen Kaisers[21]. Wahrscheinlich war er aber bis 814 überhaupt noch keine festere Verbindung eingegangen: Klein gewachsen, aus wenig wohlhabender Familie, noch dazu ohne jedes Amt, war Einhard alles andere als eine attraktive Partie in einer Gesellschaft, in der eine Ehe eine politisch wie wirtschaftlich konditionierte Verbindung zwischen zwei Familien war. Soweit wir sehen, hat sich auch keine von Karls Töchtern näher für das emsige Männlein interessiert. Jetzt, Anfang 814, dürfte Einhard von dem Desinteresse der »Täubchen« profitiert haben.

Seine mediokre Herkunft war ihm in dieser Situation noch anders von Vorteil: Männer vom Schlage eines Wala oder Adalhard waren für Ludwig eine Bedrohung. Als Vettern Karls verfügten sie über reichen Besitz, über Ansehen, über Leute, die mit Waffen umzugehen und Menschen zu töten wussten. Eben deshalb blickte der gesamte Hof im Februar 814 zuerst auf Wala[22]. So bekannt und berühmt Einhard auch sein mochte: Im Vergleich zu jenen Magnaten nahm sich der Sohn einer Familie von Grundbesitzern aus dem Maingau für Kaiser Ludwig wenig gefährlich aus.

Kurzum: Einhard war ein Ratgeber, der hochintelligent war; er war ein Höfling, der Karls Regierung seit den 790er Jahren überblickte; er war ein flexibler Getreuer, der seine Bereitschaft bewiesen hatte, künftig Ludwig zu dienen; er war ein amtsloser Spross aus einer mediokren Familie, harmlos genug. Einhard war Ludwigs Mann.

Tatsächlich überlebte Einhard die Wende des Jahres 814 nicht nur, er profitierte sogar kräftig von ihr. Vom 11. Januar des Jahres 815 datiert eine Urkunde Ludwigs des Frommen, die Einhard im Glück zeigt. Im Original ist das Stück nicht erhalten, aber Mönche aus dem Kloster Lorsch haben den Text im Hochmittelalter in einen Codex kopiert[23], zusammen mit etlichen anderen Dokumenten. So kennen wir wenigstens den Rechtsinhalt: Der Kaiser übereignete Einhard damals Besitz an zwei Orten, im Odenwald und im Maingau. In Michelstadt im Odenwald schenkte Ludwig seinem Getreuen eine kleine, hölzerne Kirche mitsamt dem dazugehörigen Land im Umkreis von zwei Leugen[24]. Dort lebten 14 Unfreie mit ihren Familien – Sklaven, die nicht rechtsfähig waren und wohl auf einem größeren Herrenhof arbeiteten. Außerdem gehörten zu dem Güterkomplex um Michelstadt 40 weitere Männer mit ihren Frauen und Kindern; sie bewirtschafteten jeweils einen kleinen Teil des an Einhard geschenkten Landes und lebten von den Erträgen, mussten dafür aber ihrem neuen Besitzer Abgaben, vielleicht auch Dienste leisten. Hinzu kam ein zweiter Güterkomplex um Mulinheim am Main, das heutige Seligenstadt. Auch hier stand eine kleine Kirche; teilweise war sie sogar in Stein errichtet. Im Umkreis lagen 19 Höfe, die von Freien mit ihren Familien bewirtschaftet wurden. Bis zum Fall des Limes hatte an dem Ort ein römisches Kastell die Grenze des Imperium Romanum markiert, seit dem 2. Jahrhundert in Stein aufgeführt. Als Einhard im 9. Jahrhundert Mulinheim übereignet erhielt, standen noch etliche der antiken Mauern; die alten Steine sollten Einhard bald von Nutzen sein[25].

An einem kleineren Ort in der Nähe, in Nieder-Mulinheim, siedelten noch einmal vier Familien auf ihren Hofstellen; wahrscheinlich handelt es sich um das heutige Mühlheim am Main, gut 20 Kilometer entfernt[26]. Auch von diesen Leuten konnte Einhard Abgaben und Dienste einfordern: Der Kaiser übertrug ihm den Besitz an beiden Orten[27] mitsamt den Menschen, die von dem Land lebten, und allem Zubehör.

Die Schenkung war nicht gewaltig, aber doch ansehnlich – und sie ging wohl auf Einhards eigenen Wunsch zurück[28]. Zusammen mit dem väterlichen Erbe in derselben Region war sie bedeutend genug, um Einhard ein gutes Auskommen zu sichern[29]: Die kaiserliche Freigebigkeit machte ihn zum Herrn über zwei Kirchen, über mehr als 60 Hofstellen, mehr als ein Dutzend Sklaven mitsamt deren Familien. Endlich hatte Einhard eine gewisse materielle Sicherheit gewonnen – und mithin auch eine begrenzte Unabhängigkeit von Gunst und Missgunst bei Hofe.

Der bemerkenswerteste Punkt der Urkunde ist damit freilich noch gar nicht angesprochen. Einhard empfing nämlich nicht etwa nur Land und Leute; ausdrücklich wird in der Urkunde auch seine Gemahlin Emma[30] als Empfängerin genannt. Eine solche Nennung auch der Ehefrau ist zumindest ungewöhnlich. Emma wird hier zum ersten Mal überhaupt in unserer Überlieferung fassbar. Ein Zufall? Es ist gut möglich, dass Einhard zuvor materiell gar nicht in der Lage gewesen wäre, eine Ehe zu schließen, die der Hof goutiert

Als Ratgeber bei Hof

hätte. Vielleicht also war die Schenkung des Kaisers, die in so prominenter Weise Emma als Mitempfängerin nennt, mehr als nur ein Lohn für Einhards Loyalität? Vielleicht war sie Ludwigs Beitrag zu einer respektablen Ehe seines Ratgebers? Zeitpunkt und Umfang der Schenkung, auch die Würdigung Emmas deuten in diese Richtung: Erst die feste Aussicht auf Ludwigs Großzügigkeit, die wir in dem Stück vom 11. Januar 815 dokumentiert finden, könnte es Einhard erlaubt haben, Emma zu heiraten[31]. Sie wird bald einen wichtigen Platz in seinem Leben einnehmen.

Ludwig ließ es mit der Schenkung vom Januar 815 nicht bewenden. In den folgenden Jahren setzte er Einhard gleich in mehreren Klöstern als Abt ein. Für heutige Ohren mag das seltsam klingen: ein verheirateter Mann als mehrfacher Abt? Im 9. Jahrhundert aber war das nicht unüblich. Der Kaiser vergab Abbatiate an Laien, die nicht die Mönchsprofess abgelegt, kein Leben in Gehorsam, Armut und Keuschheit gelobt hatten. Von den Vorgaben der Benediktregel blieb diese Praxis zwar weit entfernt, aber für die betroffene Gemeinschaft musste ein solcher Abt außerhalb der Klostermauern nicht immer von Nachteil sein[32]. Die Leitung vor Ort blieb einem Stellvertreter überlassen, einem Angehörigen der Gemeinschaft selbst. Der Laie aber, der den Abbatiat innehatte, konnte sich derweil in der Welt intensiv für sein Kloster einsetzen und für »seine« Gemeinschaft Privilegien und Güter einwerben. Im Gegenzug profitierte er selbst von seiner Abtswürde: Sie verschaffte ihm einen hohen Rang in der Welt; und sie eröffnete ihm, ganz handfest, den Zugriff auf den Reichtum seines Klosters. Zumindest bei großen, angesehenen Gemeinschaften konnte der Besitz so bedeutend sein, dass die Einkünfte daraus mehr als ausreichten, um den Lebensunterhalt der Mönche und den Erhalt der Abtei zu finanzieren. Der Besitz dieser Klöster warf Gewinn ab. Wer dort als Abt eingesetzt war, konnte den Gewinn abschöpfen und nutzen. Die Abbatiate verhalfen Einhard zu Ansehen und einem Einkommen.

Eine Urkunde Ludwigs vom 2. Juni des Jahres 815 nennt Einhard als Abt der kleinen Gemeinschaft von St. Peter, gelegen auf einer Anhöhe im Süden von Gent[33]. Über die Lebensform der Männer in dieser Gemeinschaft wissen wir kaum etwas[34]: Die Zeitgenossen nannten sie *clerici*; noch aber waren Mönche und Kanoniker, Kloster und Stift nicht scharf voneinander geschieden.

Die Urkunde für St. Peter zeigt, welche Vorteile der neue Vorsteher den *fratres* eintrug. Für den Höfling Einhard war es ein Leichtes, den Kaiser zu veranlassen, das Privileg der Immunität zu bestätigen. Die Immunität war ein bedeutendes Recht. Es entzog die Abtei selbst, aber auch alle ihre Ländereien dem Zugriff des Grafen: Kein *comes*, auch kein anderer Funktionsträger durfte fortan die Gebäude oder die weiteren Besitzungen von St. Peter betreten, geschweige denn über die Bewohner dieser Güter Recht sprechen. Stattdessen stellte das Privileg die Gemeinschaft in unmittelbare Nähe zum Kaiser selbst. Ludwig erwartete, dass die *clerici* von St. Peter für ihn selbst beteten, auch für seine Gemahlin Irmingard, für seine Söhne und den Bestand des Reiches.

Einhard hatte schon in seiner Zeit als Schüler in Fulda einen gewissen Einblick erhalten in die Verwaltung klösterlichen Besitzes: Der Abt Baugulf hatte ihn ja Urkunden schreiben lassen, die Schenkungen an die Gemeinschaft dokumentierten. Selbst zum Abt von St. Peter aufgestiegen, trug Einhard nun dafür Sorge, dass die kleine Gemeinschaft solide wirtschaftete und die Geistlichen ihr Auskommen hatten[35]. Dafür sollten – neben der Bestätigung der Immunität, die Einhard Anfang Juni 815 einholte – drei weitere Maßnahmen förderlich sein: Erstens teilte Einhard den Besitz der Abtei in zwei Teile; den einen davon wies er eigens für den Gebrauch der Brüder aus, damit sie von den Einkünften der betreffenden Güter ihren Unterhalt bestreiten konnten, ohne Hunger und Not leiden zu müssen. In einer Urkunde, die er darüber aufsetzte, nannte er haarklein jedes Gut, das hierfür vorgesehen war. Für die Brüder wurde Besitz an insgesamt zehn verschiedenen Orten markiert: Äcker, Wiesen, ein Teil eines Weinbergs, auch ein Waldstück, in dem man etwa 50 Schweine mästen konnte[36]. Eine solche Ausweisung von Gütern für

Als Ratgeber bei Hof

den Nutzen der *fratres* war damals noch einigermaßen neu[37]. Aber sie war notwendig: Denn die Karolinger zogen die geistlichen Gemeinschaften, denen sie Schutz und Immunität gewährten, zum Dienst heran. Sie forderten nicht nur Gebete für den Kaiser und das Reich, sondern auch jährliche Abgaben; und nicht wenige Häuser mussten ihren Besitz sogar dazu verwenden, Krieger zu stellen, die für den Herrscher in den Kampf zogen[38]. Da war es hilfreich, wenn zumindest ein Teil des Guts nicht für Abgaben oder den Krieg genutzt wurde, sondern dem Unterhalt der Gemeinschaft selbst vorbehalten blieb[39].

Zweitens bemühte sich Einhard in St. Peter darum, den recht bescheidenen Besitz der Abtei genauer zu ermitteln und zu dokumentieren. Leider haben sich nur Spuren dieses Strebens nach Dokumentation erhalten: In den 940er Jahren kopierten die Mönche der Petersabtei einen Teil der Verzeichnisse, die Einhard hatte anlegen lassen, in ihren »Liber Traditionum«[40]. Nur diese Fragmente kennen wir noch. Die Abschriften waren jedoch nicht nüchtern auf historische Dokumentation angelegt, sondern sollten den Reformern der eigenen Zeit vor Augen führen, wie ein guter Abt wirtschaften konnte. So dürfte der Niedergang vor Einhards Abbatiat überspitzt dargestellt, manche Maßnahme vielleicht auch ohne guten Grund dem bekannten Mann zugeschrieben worden sein[41].

Drittens schließlich trachtete Einhard danach, den Besitz von St. Peter – und gerade auch den Anteil der Brüder – zu erweitern, indem er Schenkungen von Gläubigen einwarb. Auch hiervon zeugt heute noch der »Liber Traditionum«. Die meisten Gaben waren bescheiden: 819 etwa spendete ein gewisser Wedelrad den Mönchen ein »Wieslein«, auf dem man zwölf Schafe weiden konnte, außerdem – an anderem Ort – eine noch kleinere Wiese, auf der acht Schafe Futter fanden. Im Jahr 823 oder 824 schenkten Heribert und seine Gemahlin Berthrada den Brüdern in St. Peter ihr Eigengut in dem Ort Brakel, etwa 40 Kilometer südlich von Gent, zusammen mit ihren sechs Sklaven dort, dazu die Hälfte eines Forstes[42]. So klein diese und die übrigen Gaben auch waren – in der Summe vergrößerten sie doch über die Jahre allmählich den Besitz der Gemeinschaft und verbesserten die Versorgung der *fratres*. Nach Einhards Willen sollte der Grundbesitz ausreichen, um 24 Geistliche zu ernähren[43].

Es blieb nicht bei der einen Abtswürde. Einhard stieg auch in St. Bavo zum Abt auf, das in Gent selbst lag, unweit der Schelde, und bedeutend reicher an Land war als das kleine St. Peter[44]. 816 folgte er Trasarus als Abt in dem wichtigen Kloster Saint-Wandrille, nordwestlich von Rouen[45]. Dann erhielt er den Abbatiat in der Klerikergemeinschaft St. Servatius in Maastricht, fast vor den Toren von Aachen[46]. Und schließlich bekam er noch die Klöster Saint-Cloud bei Paris und St. Peter in Fritzlar als Benefizien[47]. Nicht in allen diesen Fällen können wir Einhard so intensiv bei der Verwaltungsarbeit beobachten wie in St. Peter in Gent. Immerhin aber wissen wir: Der Höfling sorgte auch in St. Bavo dafür, dass Ludwig der Fromme das Immunitätsprivileg erneuerte, das schon sein Vater der Gemeinschaft erteilt hatte. Als Vorlage für die Urkunde vom 13. April 819 diente Ludwigs Diplom für St. Peter von 815[48].

Wahrscheinlich wies Einhard außerdem auch in St. Bavo eine eigene *mensa* für die Gemeinschaft aus[49]. Und vielleicht ließ er sogar auch hier den Besitz des Klosters inventarisieren. Eine Handschrift, die heute in der Bayerischen Staatsbibliothek in München aufbewahrt wird, überliefert ein größeres Fragment eines Güterverzeichnisses der Genter Abtei. Der Text gelangte schon bald nach der Aufzeichnung ins Kloster Benediktbeuern; dort wurde das Pergament spätestens um die Mitte der 820er Jahre abgeschabt, damit man es als Beschreibstoff für einen anderen Text nutzen konnte. Erst im 20. Jahrhundert haben Historiker die noch lesbaren Reste des alten Verzeichnisses aus St. Bavo rekonstruiert. Es datiert einigermaßen sicher aus der Zeit nach 800. Sachlich dürfte es mit Leistungen der Abtei für den Kriegsdienst in Zusammenhang stehen; St. Bavo war auch später noch im Küstenschutz gegen Normannenüberfälle aktiv[50]. Einhards Anteil an dem Text bleibt ungewiss: Wenn überhaupt, hätte er das Verzeichnis gleich zu Beginn seines Abbatiats als eine Art Bestandsaufnahme anfertigen lassen. Genauso gut könnte der Text aber auch noch in der Spätzeit Karls, also noch vor Einhards Amtsantritt entstanden sein[51].

Doch ließ es Einhard nicht damit bewenden, seine Gemeinschaften wirtschaftlich durch Einwerben von Gaben und Privilegien und durch eine solide Verwaltung des Besitzes zu fördern. Wahrscheinlich regte er für St. Bavo die Abfassung einer Vita des Patrons an[52]. Und für St. Servatius in Maastricht erwarb er wohl in den 820er Jahren einen Splitter des Kreuzes Christi. Für dieses bedeutende Heiltum ließ er ein Kreuzreliquiar schaffen. Das Stück ist heute verloren, aber aus einer Nachzeichnung des 17. Jahrhunderts bekannt (Tafel 4): Der Fuß des Kreuzes war in Silber gearbeitet und wie ein Triumphbogen en miniature gestaltet. Eine Inschrift nannte Einhard selbst als Stifter[53].

Die Abbatiate und Benefizien besserten Einhards Lebensunterhalt und eröffneten ihm neue Möglichkeiten. Sie machten ihm aber auch Arbeit. Zeugnis geben davon seine Briefe, von denen die frühesten aus den 820er Jahren überliefert sind[54]. Wohl noch vor 830 schrieb Einhard an seinen Verwalter in St. Servatius in Maastricht: Um den 11. November herum gedenke er nach Aachen zu kommen; der *vicedominus* möge daher Männer zur Pfalz nach Aachen schicken, die Einhards Unterkunft dort putzen und herrichten sollten. Außerdem möge er – wie sonst auch – zu geeigneter Zeit alles Notwendige dort hinschaffen lassen: Mehl, Malz, Wein, Käse nannte Einhard ausdrücklich. Auch sollten Ochsen in das gut fünf Kilometer entfernte Lanaeken getrieben und dort geschlachtet werden[55].

Nach St. Bavo schrieb Einhard ein andermal, dass es ihm an Wachs mangele; denn in den vergangenen beiden Jahren sei nur allzu wenig Honig in seiner Gegend produziert worden. Wachs war unentbehrlich, vor allem für die Beleuchtung von Häusern und Kirchen. So forderte Einhard seinen Verwalter in St. Bavo auf, zu überlegen, wie er eine Ladung Wachs auftreiben könne. Er solle sie den Vasallen mitgeben, die nach der Messe des heiligen Bavo – das heißt nach dem 1. Oktober – zu ihm reisen würden[56].

Ebenfalls wohl noch vor 830 sah sich Einhard gezwungen, seinen *vicedominus* in Fritzlar harsch zu tadeln: Er habe nichts von dem Getreide nach Mulinheim geschickt, das doch dort für die Verarbeitung zu Mehl oder Malz bestimmt gewesen sei! Auch habe er sonst nichts weiter geliefert als nur drei Scheffel Hülsenfrüchte und 30 Schweine, »und keine guten, sondern mittelmäßige«! Schlimmer noch: Den ganzen Winter über habe er sich nicht bei Einhard blicken lassen – oder auch nur einen Boten gesandt, der Neuigkeiten aus der Region um Fritzlar übermittelt hätte. Einhard war aufgebracht: »Wenn wir keinen größeren Nutzen aus Fritzlar ziehen können als den, den Du uns daraus zu ziehen erlaubst, dann wissen wir nicht, warum wir jenes Benefizium überhaupt haben sollen! Wenn Dir also irgend an unserer Gnade gelegen ist, dann streng Dich bitte an, Deine Nachlässigkeit zu korrigieren – und lasse uns umgehend wissen, was wir von Dir hoffen dürfen!«[57]

Der Rang, der mit der Abtswürde verbunden war, und die Einkünfte aus dem klösterlichen Besitz waren für Einhard wichtig. Nicht minder wichtig aber war etwas anderes: Als Herr über den klösterlichen Grundbesitz konnte Einhard sich nun auch am Spiel von Gütervergabe und Klientelbildung beteiligen, das die Eliten des Reiches spielten. In Einhards Welt musste man einen Fürsprecher, Helfer, Gönner haben – je einflussreicher, desto besser[58]. Ein Mann wie Einhard, der regelmäßig den Kaiser traf und ihm als Ratgeber diente, war dafür nur allzu gut geeignet. Erst jetzt aber konnte Einhard auch über den nötigen Grundbesitz verfügen.

Am 21. Januar 830 ließ Einhard den Priester Rinhard eine Urkunde aufsetzen, die uns die Zusammenhänge exemplarisch erhellt. Einhard wandte sich an einen gewissen Nordbert, der dem Kloster St. Peter bei Gent seinen Grundbesitz übereignet hatte. Allerdings handelte es sich nicht um eine einfache Schenkung, sondern um ein etwas komplexeres, aber typisches Geschäft: Einhard lieh Nordbert nämlich das eben erst geschenkte Gut gleich wieder zum Gebrauch zurück – noch vermehrt um ein weiteres Stück Land, das zuvor eine gewisse Thiodsunda als Leihe von dem Kloster zur Nutzung innegehabt hatte. Nordbert sollte also bis zu seinem Tod seinen alten Besitz weiter bewirtschaften können und zusätzlich noch die Ländereien der Thiodsunda erhalten; doch durfte er alle diese Güter nicht an Dritte verkaufen, auch nicht eintauschen, nicht verschenken. Außerdem schuldete er dem Kloster jährlich am Martinstag, am 11. November, eine kleine symbolische Abgabe von zwei Denaren[59]. Und nach seinem Tod sollten die Güter dann den Mönchen von St. Peter zugutekommen: Sie würden ihrem Anteil des Klosterbesitzes zugeschlagen werden[60].

Geschäfte solcher Art finden wir in Einhards Welt wieder und wieder[61]. Die Zeitgenossen bezeichneten derart geliehene Güter als *beneficia* oder *precariae*. Der Austausch solcher Benefizien schuf neue Beziehungen – und stärkte alte. In unserem Falle brachte er Nordbert und Einhard zueinander: Künftig würde sich Einhard verpflichtet fühlen, für Nordbert und sein Wohlergehen einzustehen (und sei es auch nur, um jene Ländereien, die Nordbert von St. Peter hielt, nicht zu gefährden). Umgekehrt würde Nordbert dem Herrn »seiner« Güter, Abt Einhard, beistehen und hilfreich sein.

Benefizien waren nur eine Möglichkeit, derlei Beziehungen zu knüpfen und zu kräftigen. Auch andere Bindungsformen waren üblich. Manche der *homines*, der »Männer«, wie sie bezeichnend unscharf in den Dokumenten heißen, erhielten kein Land, sondern lebten unmittelbar im Haus ihres Herrn, von dem sie tagtäglich versorgt wurden. Im Grunde war fast jede Form des Austauschs von Loyalität gegen materielle Unterstützung denkbar.

Sich »Männer« zu verpflichten steigerte das Ansehen unter den Großen. Die Magnaten, die bei Hof ein- und ausgingen, verfügten deshalb über ihre je eigene Klientel. Die Bindungen, die durch den Handel von Gütern gegen Loyalität wuchsen, wirkten wie sozialer Kleister: Sie trugen kraftvoll dazu bei, dass die Gesellschaft, in der

Einhard lebte, im Inneren zusammenhielt. Erst jetzt, da Einhard über Land und Einkünfte mehrerer Abteien verfügte, konnte er eine eigene Klientel aufbauen, pflegen, erweitern.

Den hohen Rang, das Ansehen, die Würde, die Einhard als Abt in den ersten Jahren Ludwigs des Frommen genoss, dokumentiert ein kleiner, unscheinbarer Eintrag im Verbrüderungsbuch des Klosters St. Gallen. Das Buch diente den Mönchen dazu, ihre Gebete zu verwalten: Sie verzeichneten darin die Namen all jener, für die sie bei Gott Fürsprache hielten (und von denen sie auf Erden Vorteile erhofften). Auf der dritten Seite des Bandes finden sich die drei Namen *Benedictus*, *Elysigarius* und *Einhart*, eingetragen von ein und derselben Hand. Sie dürften hier noch 815 notiert worden sein, also gleich bei der Anlage des Bandes[62]. Es sind die Namen dreier Prominenter: Witiza-Benedikt war mittlerweile der wohl einflussreichste Ratgeber des neuen Kaisers in allen Fragen des Mönchtums. Seit 814 leitete er in Inden eine Art Musterkloster, in dem Mönchsein vorbildlich gelebt werden sollte[63]. Helisachar fungierte als Ludwigs Kanzler – bis 814 in Aquitanien, seither für das gesamte Reich. Ein Zeitgenosse wird Helisachar wenig später als den »ersten unter den Großen des Palastes«[64] bezeichnen. Bei Prozessionen durfte man ihn in erster Reihe, unmittelbar an der Seite des Kaisers erwarten[65]. Einhard stand Benedikt und Helisachar in den Augen der St. Galler Mönche kaum nach: Auch er gehörte zu den Ersten der Ersten im Kreis der Höflinge Ludwigs des Frommen.

Die Mönche auf der Reichenau im Bodensee sahen es einige Jahre später, wohl 823/24[66], ganz ähnlich. Auch sie trugen Einhard in ihr »Buch des Lebens« ein, auch sie wohl gleich beim Anlegen des Gedenkbuchs. Benedikt von Aniane war nun schon gestorben, Helisachar hatte 819 die Leitung der Hofkapelle an den Abt Hilduin von Saint-Denis abgetreten[67]. Unter den »Namen der lebenden Freunde« der Reichenauer Gemeinschaft findet sich derjenige Einhards in der Liste der Äbte. Hier nimmt er den zweiten Platz ein, gleich hinter Hilduin, aber noch vor Helisachar[68]. Der Eintrag zeugt von Einhards guten Beziehungen zur Reichenauer Gemeinschaft – und dokumentiert seinen hohen Rang Mitte der 820er Jahre bei Hof und im Reich.

Nachdem er den Kaisertitel angenommen hatte, bemerkte er, dass vieles in den Gesetzen seines Volkes fehle (die Franken haben nämlich zwei Gesetze, die an vielen Stellen ganz unterschiedlich sind); und so plante er, das zu ergänzen, was fehlte, und das zu vereinheitlichen, was voneinander abwich, auch das Schlechte und fehlerhaft Dargestellte zu korrigieren; aber davon hat er nichts ausgeführt, außer dass er einige wenige Kapitel (und die noch unvollständig) den Gesetzen hinzugefügt hat. Er ließ aber doch die Rechte aller Völker unter seiner Herrschaft niederschreiben und verschriften, sofern sie noch nicht schriftlich gefasst waren. Genauso zeichnete er die barbarischen und uralten Lieder auf, in denen die Taten und Kriege der alten Könige besungen wurden, und bewahrte diese Lieder so der Erinnerung. Auch nahm er eine Grammatik seiner Muttersprache in Angriff.

Sogar den Monaten gab er Bezeichnungen in seiner eigenen Sprache; sie waren zuvor nämlich bei den Franken teils mit lateinischen, teils mit barbarischen Namen bezeichnet worden. Genauso gab er den Winden zwölf eigene Benennungen, während man zuvor für nicht mehr als gerade einmal vier Winde Bezeichnungen hatte finden können.

Einhard, Vita Karoli, c. 29

IX.

In jenen Jahren nach 814, als Einhard mehrfach Abt wurde, entfalteten Ludwig und seine Entourage eine hektische Betriebsamkeit. Der neue Kaiser suchte Ordnung zu schaffen, in Aachen selbst, am Hof, aber auch im Reich: Alles sollte exakt den Platz in der Welt erhalten, der Gott gefiel – nicht zuletzt die verschiedenen Arten von Menschen. Von 816 bis 819 berief der Kaiser zu diesem Zweck Jahr für Jahr Versammlungen nach Aachen, auf denen die Eliten berieten, was zu bessern war[1]. Offen diskutiert wurde dort freilich nur selten. Die großen Versammlungen waren Spektaktel der Eintracht und Einmütigkeit: Sie vollzogen nach, was der Kaiser zuvor, meist in den Wintermonaten, im kleinen Kreis mit seinen vertrautesten Ratgebern ohnehin schon beschlossen hatte[2]. Hier hatte Einhards Stimme Gewicht.

Fast alles kam seit 816 auf die Tagesordnung: Was ist ein Mönch? Was ist ein Kanoniker? Wie sollen Mönche, wie Kanoniker, wie Kanonissen leben? Wie kann man die Seelsorge für alle Leute auf dem Lande sicherstellen? Wie lässt sich die Lebensführung aller Christen bessern? Ludwig und seine Ratgeber suchten nach Kategorien und Definitionen; und sie liebten Normen, am besten pedantisch ausbuchstabiert. Die Texte, die sie niederschreiben ließen, nennen Historiker »Kapitularien«. Es sind Überreste einer politischen Praxis, die in Versammlungen und Beratungen lebte: in Einzelpunkte gegliederte Listen aller Agenda, die erst noch näher verhandelt werden sollten oder schon zur Entscheidung gereift waren[3]. Schon Ludwigs Vater und Großvater hatten solche Kapitularien niederschreiben lassen. Karls »Admonitio generalis« von 789[4] zählte zu den am weitesten verbreiteten Texten dieser Art. Ludwig aber nutzte das Instrument in seinen ersten Jahren noch intensiver als sein Vater[5].

Wer ein Reich führen wollte – so sahen es Ludwig und seine Zeitgenossen –, musste sein eigenes Haus in gottgewollter Ordnung zu halten wissen. Ludwig befahl wöchentliche Untersuchungen in seiner Aachener Pfalz und den Flecken der Umgebung[6]: Jeder Verwalter, jeder Dienstmann hatte bei seinen eigenen Leuten zu ermitteln, ob sich dort eine unbekannte Person oder gar eine Hure verborgen hielt. Auch das Personal seiner Gemahlin Irmingard und seiner Söhne sollte sich an den Ermittlungen beteiligen. Jeder Fahndungserfolg war dem Kaiser zu melden, die entsprechende Person so lange festzusetzen. Aber damit nicht genug: Der Verwalter Ratbert sollte die Hütten aller Sklaven des Kaisers in Aachen und Umgebung durchsuchen, Petrus und Gunzo (die wir später als Vorgesetzte der Bäcker beziehungsweise der Köche bei Hof sehen[7]) sollten sich die Kammern und Unterkünfte der Verwalter vornehmen, ein gewisser Ernaldus hatte die Wohnungen der Händler zu prüfen, der christlichen wie der jüdischen. Der Mansionar trug die Verantwortung für die Herbergen der hohen Herren, der Bischöfe, Äbte, Grafen und Vasallen des Kaisers. Niemand sollte bei sich einen Dieb, Mörder, Ehebrecher oder anderen Übeltäter verbergen können, niemand einen Lustknaben oder eine Prostituierte. Verstieß ein freier Mann gegen das Gebot, dann musste er die Person, der er Unterschlupf gewährt hatte, erst auf den Schultern um Aachen herumtragen und anschließend zum Schandpfahl schleppen, wo der Übeltäter festzuketten war. Ein Sklave sollte zusätzlich auf dem Markt ausgepeitscht werden. Jeweils samstags hatten die Verwalter und Dienstleute dem Kaiser über ihre Nachforschungen Bericht zu erstatten.

Ordnung sollte auch im Großen herrschen. Von 816 bis 819 definierten Ludwig und seine Eliten emsig Mönchtum neu. Als Mönch sollte fortan überhaupt nur noch derjenige gelten, der die Regel des heiligen Benedikt befolgte. Mit einem Federstrich verwarfen Ludwigs Reformer eine jahrhundertealte Vielfalt monastischer Lebensformen. Mehr noch: Witiza-Benedikt propagierte mit Wucht und Eifer die Idee, dass gutes Mönchtum nur solches sei, das an schriftlich fixierte Normen gebunden bleibe. Alle Äbte sollten mit ihren Mönchen gemeinsam die »Regula« Benedikts von vorn bis hinten durchlesen und dabei »die einzelnen Wörter« des Textes erörtern; und alle Mönche, die dazu in der Lage waren, sollten den Wortlaut der Regel auswendig lernen[8].

Synoden in Aachen suchten in den Jahren 816 und 817 noch kleinste Details klösterlichen Lebens zu regulieren und schriftlich zu fixieren: In der Fastenzeit, außer am Karsamstag, sollten sich Mönche gar nicht rasieren, sonst alle vierzehn Tage, außerdem zur Osteroktav[9]. Wenn ein Mönch im Refektorium in nachlässiger Weise ein Geräusch machte, sollte er sofort den Prior um Verzeihung bitten[10]. Nach seiner Profess hatte der Mönch drei Tage lang sein Haupt mit der Kukulle, dem Oberkleid, bedeckt zu halten[11]. Die Kukulle sollte zwei Ellen messen[12]. Beim »Vater Unser« war das Knie zu beugen ...[13]

Wer so nicht leben wollte, wer die Benediktregel nicht als Grundnorm seines Lebens akzeptierte, der galt fortan als Kanoniker. Und auch für diese Gruppe von Geistlichen ließen Ludwig und seine Entourage nun in Aachen einen Regeltext niederschreiben[14], ebenso für den weiblichen Gegenpart, die Kanonissen[15]. Die Aachener Kanonikerregel wollte Ludwig systematisch im Reich verbreitet wissen. In Briefen an die Metropoliten teilte der Kaiser mit: Er habe am Hof Kopien des Regeltextes anfertigen und an die Metropolitansitze senden lassen, um sicherzugehen, dass der Text fehlerfrei in alle Kirchenprovinzen gelange. Dort hatten die Metropoliten dafür Sorge zu tragen, dass der Text allen ihren Suffraganen bekannt und über sie schließlich allerorten verbreitet wurde[16].

Als dritte Gruppe von Geistlichen definierte man diejenigen Priester, die künftig einen Gutteil der Seelsorge auf dem Land schultern sollten. Ludwig ließ im Jahr 818 festschreiben: Solche Priester durften nicht unfrei sein; war einer als Sklave geboren, so sollte er vor seiner Weihe freigelassen werden. Außerdem sollte jedem Priester an seiner Kirche mindestens eine Hufe Land zur Verfügung stehen, frei von allen Abgaben – genug Besitz also, um sich zu ernähren. Auch standen jedem mindestens ein Knecht und eine Magd zu[17].

In gewisser Weise war das eifrige Bemühen um Ordnung, um schärfere Kategorien, um klarere Grenzen zwischen den verschiedenen Sorten von Geistlichen eine Absage an Einhards eigenen Werdegang. Er selbst war im Kloster Fulda aufgewachsen, ohne ein *puer oblatus*, ein »geopferter Knabe« zu sein. Er selbst hatte von der klösterlichen Bildung profitiert, ohne deshalb Mönch zu werden. Eine der Synoden in Aachen bestimmte nun strikt: »Dass eine Schule im Kloster nur für diejenigen unterhalten werde, die geopferte Knaben sind«[18]. Einhards Aufstieg wäre unter diesen Bedingungen undenkbar gewesen.

Die Praxis freilich sah auch danach noch in vielen Klöstern anders aus. Und es ist bezeichnend für die weite Distanz zwischen Wille und Wirklichkeit, dass eben in jenen Jahren, als Mönchsein so kompromisslos an die Benediktregel gebunden wurde, der Laie Einhard vom Kaiser selbst als Abt über gleich mehrere Gemeinschaften berufen werden konnte. Als Abt von St. Peter bei Gent und Saint-Wandrille wird Einhard auf den Aachener Synoden 816 und 817 seine Stimme erhoben haben: Zumindest die Gemeinschaft von St. Peter hat sich damals wohl noch den neuen, schärferen Kategorisierungen entzogen[19]. Für sie waren die Aachener Entscheidungen ganz unmittelbar von Bedeutung.

Doch nicht nur um die verschiedenen Arten von Geistlichen und ihre Lebensführung zeigte sich der Hof in jenen Jahren bemüht; auch die *leges*, die Gesetze für die Laien, suchten Ludwig und seine Leute zu ergänzen und zu korrigieren. Anfang 819 wurden in zwei wichtigen Kapitularien mehrere Bestimmungen verlautbart, die Lücken in den *leges* füllten oder einzelne ältere Normen änderten. In eben diesem Zusammenhang könnte auch Einhard eine Spur hinterlassen haben[20].

Am 25. Juni 1985 hat bei Sotheby's in London ein Düsseldorfer Privatsammler ein einzelnes Pergamentblatt ersteigert. Darauf findet sich, in einer Schrift des 9. Jahrhunderts, ein Kapitular kopiert, eine recht knappe Liste von 18 Punkten. Das Blatt ist kostbar: Denn der kleine Text hat sich allein hier erhalten. Die Liste steht unter der Überschrift: »In Bezug auf diese Punkte ist zu befragen.« Die Sachverhalte, die danach aufgezählt werden, waren offenbar noch nicht befriedigend gelöst; hier bestand noch Beratungs- und Diskussionsbedarf. In vier Punkten heißt es dann auch im Text selbst ausdrücklich: *adhuc conferendum est*, »es ist noch zu beraten«[21].

Der Sache nach handelt der Text von Rechtsfragen aus dem weiten Feld der *leges*. Wie kann jemand einen anderen vor Gericht vorladen, wenn es um dessen Stand oder Erbe geht? Wie hoch soll die höchste, wie hoch die geringste Bußzahlung sein? Wie hoch ist die höchste Zahl an Eidhelfern, wie hoch die niedrigste? Soll jemand, der einen Mann getötet hat, der weder Söhne noch einen Vater hatte, dem Bruder oder dem Großvater des Getöteten die Buße für den Totschlag zahlen? Wie stand es bei der Tötung eines Ungeborenen im Mutterleib? Und wie bei einem Neugeborenen, das noch keinen Namen erhalten hatte? Welche Buße war in solchen Fällen zu zahlen? Ein Problem warfen auch Freigelassene auf, die keinen anderen Besitz hatten als Kirchengut – und ohne Testament starben: Wer sollte dann das erben, was sie selbst aus dem Kirchengut erwirtschaftet hatten? Und wie stand es mit dem Erbe von Fremden, die dahinschieden, ohne ein Testament gemacht zu haben? Wie sollte man mit jenen Freien umgehen, die bewusst auf all ihr Eigengut verzichtet hatten und lediglich noch Güter bewirtschafteten, die einer Kirche gehörten, die Immunität genoss? Im Grunde genommen hatten sich diese Leute ja selbst jeder Kontrolle und Verfolgung durch den Grafen oder den Centenar entzogen. Die Immunität schützte sie vor deren Zugriff. Sollte das möglich sein?

Dem Charakter nach fügt sich die Liste gut in jene Monate vor Januar 819, in denen sich Ludwig und seine Ratgeber bemühten, die *leges* zu ergänzen und zu korrigieren[22]. Die kleine Auflistung diente offenkundig dazu, eine Beratung über mehrere noch offene Punkte vorzustrukturieren.

Aufhorchen lässt uns dabei der 17. Punkt. Er lautet in wörtlicher Übersetzung:

> 17. *Über den langdauernden Besitz von Kirchen, der sich über die Jahre nicht verteidigen lässt, so wie das ist, was wir in Colonia haben und was dem heiligen Bavo zur Zeit des Königs Pippin übertragen worden ist.*[23]

Es ging um die *vestitura*, wörtlich die »Bekleidung« mit einem Gut, hier mit einem Stück Land. Über lange Zeiträume drohte das Besitzrecht an solchen Gütern verloren zu gehen, zumal wenn sie – wie im zitierten Fall – fern vom Kloster lagen und daher einem anderen zur Bewirtschaftung überlassen werden mussten: Der Ort *Colonia* (Cologne) lag im Gau Cambrai, mehr als 100 Kilometer südwestlich von Gent[24].

Das Beispiel, das der Text nennt, ist aufschlussreich. Hier spricht der Verfasser der kleinen Agenda[25] von sich in der ersten Person Plural: »was *wir* in Cologne haben«. Gerade in der Zeit, als die Liste mit zu beratenden Rechtsfragen entstand, hatte nun Einhard die Abtswürde in St. Bavo erhalten: Am 13. April 819 ist er dort bereits urkundlich als Abt nachgewiesen[26]. Der zitierte Punkt zeugt vom Interesse des Verfassers, den Grundbesitz der Abtei zu wahren. Solches Interesse hatte Einhard auch schon im Fall von St. Peter gezeigt – und vielleicht auch für St. Bavo selbst unter Beweis gestellt, falls das Inventar des Klosters aus dem ersten Viertel des 9. Jahrhunderts unter seiner Ägide entstand[27].

In aller Regel lässt sich bei Kapitularien nicht einmal erahnen, wer sie verfasst hat. Dieses Stück bildet eine Ausnahme: Es ist gut denkbar, wenn nicht wahrscheinlich, dass Einhard für den Text verantwortlich zeichnete[28]; das Stück dürfte seinen hohen persönlichen Anteil an den *leges*-Reformen der Jahre 818/19 belegen. Der altgediente Höfling und erfahrene Ratgeber des Kaisers war offenkundig damit beschäftigt, Fragen und Probleme zu notieren, auf die er in diesem Bereich gestoßen war – nicht zuletzt in seiner eigenen Amtsführung als Abt in St. Bavo. Die Fragen sollten dann bei Hof näher beraten werden. Nur durch einen glücklichen Zufall ist die kleine Liste auf uns gekommen. Wie viele andere Dokumente solcher Art aus Einhards Feder mögen im Laufe der Jahrhunderte verschollen sein?

*D*er Säulengang, den er zwischen Kirche und Königshalle in schwerer Mühsal errichtet hatte, fiel an Christi Himmelfahrt bei einem unerwarteten Einsturz bis auf die Fundamente zusammen. Genauso die Rheinbrücke bei Mainz: Er selbst hatte sie zehn Jahre hindurch in ungeheurer Mühe und in einem staunenswerten Bau aus Holz so errichtet, dass sie ewig halten zu können schien; sie verbrannte binnen drei Stunden bei einem zufällig ausgelösten Brand, so dass außer dem, was das Wasser bedeckte, nicht ein einziger Span übrigblieb. Als er seinen letzten Kriegszug nach Sachsen gegen den Dänenkönig Godofrid führte, sah er selbst auch eines Tages, nachdem er das Lager noch vor Sonnenaufgang verlassen und sich auf den Marsch gemacht hatte, dass eine Feuerkugel, unvermutet vom Himmel herabstürzend, mit einem ungeheuren Lichtschein von rechts nach links durch die ruhige Luft hindurchlief. Als alle sich wunderten, was dieses Zeichen bedeute, da stürzte plötzlich das Pferd, auf dem er ritt, nachdem es den Kopf niedergeworfen hatte, zu Boden – und schleuderte ihn so heftig auf die Erde, dass die Fibel seines Kriegermantels zerbrach und sein Schwertgurt zertrümmert wurde – und er entwaffnet und ohne Mantel von den herbeieilenden Untergebenen, die da waren, wieder aufgerichtet wurde. Der Wurfspieß, den er dabei zufällig in der Hand gehalten hatte, war ihm so entglitten, dass er 20 Fuß oder noch weiter entfernt lag. Dazu kamen: ein häufiges Beben der Pfalz in Aachen; und in den Häusern, in denen er sich aufhielt, ein beharrliches Knarren im Deckengebälk. Auch die Kirche, in der er später begraben wurde, ward vom Himmel berührt; und der *goldene Apfel, mit dem die Spitze des Daches geziert war, wurde durch einen Blitzschlag zertrümmert und über das Bischofshaus weggeschleudert, das neben der Kirche stand. In derselben Kirche befand sich auf dem Rand des Gesimses, das zwischen den oberen und den unteren Arkaden im Inneren des Gotteshauses umlief, ein Epigramm, geschrieben mit roter Schrift, das besagte, wer der Urheber des Kirchenbaus sei. In dessen letztem Vers las man: KAROLUS PRINCEPS. Im selben Jahr, in dem er starb, wenige Monate vor seinem Tod, beobachteten einige, dass diejenigen Buchstaben, die PRINCEPS bildeten, so sehr verblassten, dass sie überhaupt nicht mehr sichtbar waren. Aber all das ignorierte er entweder – oder er machte sich darüber lustig, als ob nichts davon in irgendeiner Weise seine Interessen berührte.*

Einhard, Vita Karoli, c. 32

X.

Anfang des Jahres 817, mitten im eifernden Ordnen um Gottes Willen, zeigten Zeichen, dass der Allmächtige zürnte. Am 5. Februar verfinsterte sich in der zweiten Stunde der Nacht der Mond, und im Sternbild des Schützen erschien ein Komet. Ludwigs Hofgeistliche registrierten das Ereignis in ihren Annalen haargenau[1]. Es verhieß nichts Gutes. Ende Februar oder Anfang März erreichte den Hof die Nachricht, der Papst Stephan sei gestorben; er war erst im Juni des Vorjahrs in sein hohes Amt gewählt worden. War dies schon die Katastrophe, die die Himmelszeichen angekündigt hatten? Die Historiographen des Kaisers suchten später, als sie ihren Bericht zu 817 verfassten, diesen Eindruck zu erwecken[2].

Andere mochten es anders sehen. Am 9. April – ausgerechnet also am Gründonnerstag – stürzte der hölzerne Säulengang, der die Marienkirche in Aachen mit der Königshalle verband, in sich zusammen und begrub den Kaiser und sein Gefolge unter sich, mehr als 20 Menschen. Ob auch Einhard unter den Opfern war, ist nicht mehr zu ermitteln. »Die meisten der mit dem Kaiser Verunglückten«, so heben die Hofannalen hervor, »trugen schwere Verletzungen davon, ihm selbst aber geschah weiter nichts, als dass er sich mit dem Griff des Schwerts, das er umgürtet hatte, die linke Seite der Brust unten quetschte, sein rechtes Ohr hinten verwundet und auch sein rechter Schenkel von einem schweren Stück Holz an den Weichen verletzt wurde«[3]. Der offiziöse Bericht ist bemüht, die Katastrophe herunterzuspielen: Die Ärzte hätten sehr rasch Ludwigs Gesundheit wieder hergestellt, heißt es hier; schon 20 Tage nach seinem Unfall sei der Kaiser nach Nimwegen gereist, um sich dort der Jagd zu widmen – einem ebenso sportlichen wie riskanten Ritual, mit dem die Karolinger alle Jahre wieder ihren Mut, ihr Waffengeschick und ihre Virilität vorzuführen pflegten[4]. Und überhaupt –

auch das betonten die Hofannalisten – sei der Säulengang nur zusammengebrochen, »weil er aus schlechtem Holz gebaut war und die bereits morsch und faul gewordenen Balken, welche das Bretter- und Tafelwerk trugen, das Gewicht nicht auszuhalten vermochten«[5].

Der Einsturz des Ganges im Zentrum der Macht, an einem hohen Feiertag – er bedeutete nichts: kein Zeichen, keine himmlische Mahnung eines zürnenden Gottes, nur eine irdische Schwäche des Baumaterials ...

Als Ludwigs Hofgeistliche im Rückblick so engagiert den Unfall des Kaisers kleinredeten, hatte das Geschehen schon längst Konsequenzen gezeitigt. Auch diese freilich suchten die Annalisten in nüchternem Latein zur Normalität zu erklären. Über den wohl folgenreichsten Akt des Sommers 817 berichteten sie nur mit einem einzigen Satz: »Nach seiner Rückkehr von da [nämlich der Jagd] hielt Ludwig wie gewöhnlich die große Versammlung zu Aachen; hier krönte er seinen erstgeborenen Sohn Lothar und teilte mit ihm den Namen und die Gewalt des Kaisers, die andern Söhne ernannte er zu Königen und setzte den einen über Aquitanien, den andern über Baiern.«[6] Der eine, unaufgeregte Satz enthält Unerhörtes: Ludwig hatte, soeben knapp dem Tode entronnen, seine Nachfolge geregelt; und er hatte dabei seinen ältesten Sohn, Lothar, zum Mitkaiser erhoben. Die beiden jüngeren dagegen waren lediglich Könige über kleine, randständige Regionen des Reiches geworden: Der 20-jährige Pippin erhielt im Kern Aquitanien; Baiern ging an Ludwig, der damals noch ein Kind von etwa elf Jahren war. Der Kaiser hatte also schon im dritten Jahr seiner Regierung jenes Problem angepackt, dem sein Vater noch 806 ausgewichen war: Wie sollte man das Kaisertum an die nächste Generation weitergeben, wenn mehrere Söhne lebten? Ludwig hatte entschieden: Nur einer seiner Söhne, der älteste, sollte die hohe Würde erhalten[7].

Wir kennen die Teilung des Reiches, die 817 in Aachen beschlossen worden war, sogar noch viel genauer. Ludwig ließ die Regelung in die Form eines Kapitulars gießen, das uns zwischen allerlei theologischen Texten und Vorlagen für Urkunden in einer Art Handbuch eines Hofgeistlichen aus der Zeit um 830 erhalten ist[8]. Aus dem Text dieser »Divisio imperii« geht hervor: Der älteste Sohn wurde über seine jüngeren Brüder gestellt, nicht nur im Rang, sondern auch in seiner Macht, zumal in Fragen der Diplomatie und des Kriegs[9]. Die Regelung von 817 brach so mit einer alten Praxis. Bis dato hatten Franken das Reich, wenn mehrere Königssöhne lebten, zumindest in der Regel einigermaßen gleich unter ihnen aufgeteilt[10].

Dass hier Neues gefunden war, trägt das Kapitular von 817 selbst offensiv vor. Es berichtet in seiner Vorrede: Als einige der in Aachen Versammelten dem Kaiser vorgeschlagen hätten, nach Art der Vorfahren über die Nachfolge zu beraten, da habe Ludwig – gemeinsam mit jenen, die besseren Rat wussten – diesen Vorschlag abgelehnt und stattdessen die Entscheidung Gott selbst anheimgestellt. Nicht in Beratung und Verhandlung, sondern in dreitägigem Beten, Fasten, Almosengeben habe Gott dann die Entscheidung aller einmütig darauf gelenkt, Lothar zum Mitkaiser zu erheben[11]. Damit war der Bruch der Tradition legitimiert: Gott wollte es.

Wir dürfen vermuten, dass Einhard in irgendeiner Form an diesen Entscheidungen beteiligt war. Er hatte 806 die Nachfolgeordnung Karls im Auftrag des Kaisers nach Rom getragen, um sie auch von Papst Leo III. unterfertigen zu lassen. Er hatte 813, bei der neuerlichen Entscheidung über die Nachfolge, zugunsten Ludwigs gesprochen. Der Kaiser schätzte ihn, und er hatte das erst kürzlich auch handfest materiell unter Beweis gestellt.

Und doch: Wir können Einhards Anteil an den spektakulären Beschlüssen der Aachener Versammlung von 817 nur erahnen, nicht beweisen oder gar exakt vermessen.

Die Entscheidung vom Sommer 817 – als Antwort auf die Himmelszeichen des 5. Februar und den Unfall vom Gründonnerstag mit so hohem Aufwand als Wille Gottes in Szene gesetzt – sollte bald schon Folgen zeitigen, die weder Ludwig noch Einhard noch sonst einer der Ratgeber vorhergesehen hatte. Ludwigs Nachfolgeordnung hatte mit keinem Wort jenen jungen Karolinger erwähnt, den noch Karl der Große zum König über Italien gemacht hatte: den Karlsenkel Bernhard. Das folgende Geschehen wird uns im Vexierspiel gegenläufiger und widersprüchlicher Berichte immer unklar bleiben, fest steht aber: Bernhard erhob sich noch im Spätjahr 817 gegen seinen kaiserlichen Onkel; sein Aufstand wurde rasch niedergeschlagen, Bernhard selbst gemeinsam mit etlichen seiner Großen gefangengesetzt und im Frühjahr 818 vor Gericht gestellt. Mehrere Rädelsführer wurden zum Tode verurteilt, einige hohe Geistliche ins Exil geschickt – darunter der nun schon hochbetagte Theodulf von Orléans, der bis zu seinem Tod 821 immer wieder vergeblich seine Unschuld beteuern wird. Das Todesurteil, das gegen Bernhard erging, soll Ludwig persönlich abgemildert haben in die Strafe der Blendung. Am 15. April vollstreckte Bertmund, der Graf von Lyon, das Urteil. Schon am dritten Tag danach, am 17. April 818, starb Bernhard, wahrscheinlich an den Folgen der Tortur[12].

Ludwig nutzte die Situation, um gleich noch andere Konkurrenten aus der eigenen Familie auszuschalten: jene Halbbrüder, die Karl der Große in seinen späten Jahren mit Konkubinen gezeugt hatte. Bis jetzt hatte Ludwig diese Kaisersöhne an seinem Hof geduldet und ausbilden lassen. Nun aber ließ er sie in verschiedene Klöster bringen und zu Mönchen scheren: Drogo und Hugo, die Söhne der Regina, ebenso wie Karls jüngsten Sohn, den elfjährigen Theoderich, der aus einer Liaison des Kaisers mit Adelinde hervorgegangen war[13].

So hatte der Eifer, alles gottgefällig zu richten, binnen kurzer Zeit zu Krieg, Exil und Tod geführt: Die Maxime, gottgewollte Ordnung zu schaffen, entfesselte eine Dynamik, deren Ludwig und seine Leute im Laufe des Jahres 818 nur mit Mühe noch einmal Herr wurden; Einhards Rechtsfragen freilich fanden in den aufgewühlten Monaten vielleicht schon keine Antworten mehr. Und noch immer hatte die Reihe von Unglücksfällen kein Ende: Zwar gelang es, die aufsässigen Bretonen zu unterwerfen; doch auf dem Rückweg, am 3. Oktober 818, musste Ludwig in Angers mit ansehen, wie seine Gemahlin Irmingard einer Krankheit erlag, an der sie schon länger litt[14]. Der

Hof war alarmiert. Einer der Biographen Ludwigs des Frommen behauptete später sogar, in den Wintermonaten 818/19 hätten viele gefürchtet, Ludwig werde die Regierung niederlegen ...[15]

Doch der Kaiser blieb. Er berief eine hochkarätig besetzte Versammlung nach Aachen. Im Januar 819 promulgierte er die Ergebnisse der vielen Beratungen und Verhandlungen seit 816 in Form mehrerer großer Kapitularien: Er ließ die Einzelpunkte, die bis dato beschlossen worden waren, systematisch zusammenstellen, schriftlich fixieren und in dieser Form in seinem Hofarchiv hinterlegen[16]. Außerdem erläuterte er – in einer Art Vorrede – das Ziel des ganzen Unternehmens. Der Text erlaubt einen tiefen Einblick in die Überzeugungen, die das Handeln des Kaisers und der Eliten bei Hof antrieben: Er ist eine Perle politischer Theorie aus dieser Zeit, überliefert unter anderem im selben Handbuch wie die Nachfolgeordnung von 817[17].

Der Kaiser und sein Kreis propagierten eine Theorie der Verantwortlichkeit[18]. Ludwig bekannte sich dazu, ein Mensch zu sein, den anderen Sterblichen gleich. Nur durch die Würde seiner Regierung rage er über die Übrigen hinaus; umso mehr aber müsse er sich beim Jüngsten Gericht vor Gott verantworten und Rechenschaft darüber ablegen, ob er all den Menschen, denen Gott ihn vorangestellt habe, von Nutzen gewesen sei. Und nicht nur die Taten werde der Allmächtige beurteilen, sondern auch die Worte und Gedanken! Deshalb müsse man sich mit Gottes Hilfe so sehr bessern, dass Ludwig nicht allein durch Gottes Gnade regiere, sondern aufgrund der Milde des Allmächtigen auch *glücklich* zu regieren vermöge. So erklärte der Kaiser Regieren zu einem immerwährenden Kampf gegen die Sünde – und nicht nur gegen die eigenen, auch gegen jene all der Christen, für die Ludwig als Herrscher Verantwortung trug vor Gott. Diesen Kampf freilich konnte kein Mensch aus eigener Kraft führen, geschweige denn gewinnen. Gott gab in seiner Gnade die Stärke dafür.

Die Beschlüsse der Jahre seit 816, die Ludwig nun schriftlich zusammenstellen und im Reich verbreiten ließ, waren eine Etappe dieses großen Kampfes gegen die Sünde. Bislang hatten allerlei irdische Wirren und Widerstände das hohe Vorhaben behindert; nun endlich aber, so ließ Ludwig verlautbaren, habe er mit einigen Bischöfen, Äbten, Kanonikern, mit Mönchen und getreuen Großen genau ermitteln und erforschen können, was für jeden *ordo* angemessen war – für Kanoniker, Mönche, Laien. Zwar habe man in den letzten Jahren viel beraten; doch habe der Teufel in seinem Neid die Umsetzung durch »tyrannische Schlechtigkeit« verhindert. Erst jetzt habe Gott es gewährt, über die Widrigkeiten zu triumphieren, erst jetzt habe er allerorten Frieden geschenkt. So gehöre es sich, nun endlich das Begonnene zu Ende zu bringen, das Falsche zu korrigieren, das Fehlende zu ergänzen.

Ludwig und seine Ratgeber suchten im Winter 818/19 ihren Erfolg im Kampf um Gottes Gnade zu behaupten. Der Teufel, neidisch auf das gottgefällige Streben des Kaisers, hatte den Tyrannen Bernhard aufgewiegelt[19]. Die vielen Beschlüsse, die dem Kaiser persönlich Gottes Gnade, dem Reich eine glückliche Regierung eintragen sollten, konnten daher nicht geordnet und auf den Weg gebracht werden. Die Himmelserscheinungen, der Unfall in Aachen, der Aufstand Bernhards, der Tod Irmingards – all das war jetzt aber überstanden. Der Kaiser hatte mit Gottes Hilfe über alle Widrigkeiten triumphiert; ja, er hatte auch schon nach biblischem Vorbild für Februar 819 eine Brautschau angeordnet, in der er dann die junge, schöne Judith erwählen würde[20]. Jetzt endlich führte er sein großes Werk der Besserung und Ergänzung zu seinem gottgewollten Ende. In seinem Archiv am Hof sollten Kopien der vielen *capitula* aufbewahrt werden, so verkündete Ludwig stolz: »damit unsere Nachfolger, sofern Gott es so anordnet, unsere frommen Taten bewahren und dadurch selbst um nichts weniger gründlich lehren, dass ihre guten Taten durch ihre Nachfolger zu bewahren sind«[21]. Nach düsteren Monaten präsentierte der Kaiser sich als zähen, vor Gott verantwortlichen Streiter für das Heil der Christen wie seiner selbst, als gottbegnadeten Ordnungsstifter und Korrektor aller Übel und Missstände im Reich, ja als Sieger über den Teufel selbst, der Zukunft gewiss.

Im Januar 819, nachdem Ludwig einen schweren Unfall überlebt, den Aufstand seines Neffen niedergeschlagen, eine zweite Ehe vorbereitet hatte – da war das eine Theorie der Stärke. Doch was würde geschehen, wenn die Erfolge ausblieben? Was, wenn Missernten, Epidemien, Unwetter, Niederlagen sich häuften? Wenn der Himmel wieder und wieder schreckliche Zeichen zeigte? Seit 820 musste Ludwig eine unselige Kette solcher Wechselfälle erleben. Spätestens 829 wird sich die Theorie der Stärke in ihr Gegenteil verkehren – und den Kaiser in kurzer Folge gleich zweimal, 830 und 833, zu Fall bringen.

Einhard aber wird in dieser Phase bedrohlicher Turbulenzen von seiner Sprachgewalt, den sich aufhellenden Erinnerungen an Kaiser Karl und zwei gestohlenen Heiligen profitieren.

SANCTORUM AMATOR

Marcellinus und Petrus

Obgleich er sich so sehr hervortat, indem er das Reich erweiterte und so viele fremde Völker unterwarf, und obwohl er in solcher Geschäftigkeit in einem fort rührig blieb, begann er doch an verschiedenen Orten zahlreiche Werke, die dem Reich zur Zierde und zum Vorteil gereichten; und einige vollendete er sogar. Unter ihnen darf man mit vollem Recht als besonders hervorragend ansehen: die Kirche der heiligen Mutter Gottes, die in Aachen in staunenswerter Kunst errichtet wurde; und die Rheinbrücke bei Mainz von 500 Schritt Länge (denn so breit ist dort der Fluss). Sie brannte jedoch im letzten Jahr vor seinem Tod in einer Feuersbrunst ganz und gar nieder und konnte wegen seines baldigen Todes auch nicht wieder aufgebaut werden – obwohl er noch geplant hatte, sie nicht in Holz, sondern in Stein wiederzuerrichten.

Einhard, Vita Karoli, c. 17

XI.

Nachdem der Kaiser um seines Seelenheils willen im Januar 819 die große Sammlung von *capitula* promulgiert und im Februar mit Judith eine neue Gemahlin erkoren hatte, widmete sich Einhard gemeinsam mit Emma den letzten Dingen. Er stand nun etwa in seinem 50. Lebensjahr. Es war Zeit, ans Ende zu denken. Noch im September des Jahres schenkten die Eheleute dem heiligen Nazarius, dem Patron des Klosters Lorsch, für den Fall ihres Todes ihren Besitz in Michelstadt – jene Güter also, die ihnen Ludwig der Fromme erst gut vier Jahre zuvor übereignet hatte[1]. Als Ziel nannte die Schenkungsurkunde das Heil der Seelen; Emma und Einhard wollten ihre »Sünden tilgen«, wollten den Lohn des ewigen Lebens verdienen. Zu diesem Zweck machten sie am 12. September 819 in Lorsch ein *testamentum*[2]. Aufgesetzt hat den Text ein Fachmann ersten Ranges: der kaiserliche Notar Hirminmar[3]. Er war zwischen 816 und 839 auch für viele Urkunden Ludwigs des Frommen verantwortlich[4].

Die Lorscher Mönche sollten alles Land und alles Zubehör erhalten, über das Einhard und Emma in Michelstadt verfügten, einschließlich der 100 Sklaven jeden Alters und Geschlechts dort. Das Kloster würde jedoch erst nach dem Tode beider Schenker die Güter bekommen – und auch dann nur, sofern Einhard und Emma bis dahin keine Nachkommen hätten. Andernfalls sollte einer ihrer Söhne den Besitz auf Lebenszeit als Prekarie innehaben, mithin das Gut als Leihe nutzen dürfen[5].

Die Lorscher Mönche ließen sich bei dem Geschäft am 12. September 819 gleich noch zwei weitere Dokumente von Einhard aushändigen: eine Kopie der Schenkungsurkunde des Kaisers aus dem Jahr 815 und eine exakte Beschreibung der Mark Michelstadt. Die Beschreibung hatte Einhard zuvor selbst anfertigen lassen. Er wollte sichergehen, dass das Land auch vollständig an Lorsch fiel: Wie leicht hätte sonst jemand im Laufe der Jahre einen Teil entfremden können! Gemeinsam mit ortskundigen Männern der Gegend ritt Einhard das Gelände ab, ermittelte den Umfang seiner Güter und ließ seinen Notar Luther aufzeichnen, wo die Grenzen verliefen. Die Beschreibung vollzieht den Weg nach, den Einhard, Luther und die kleine Untersuchungskommission 819 gemeinsam gegangen waren, angefangen und endend im Bergwald bei Momart nahe Erbach. Nicht alle Orte und Gewässer, deren Namen Luther niederschrieb, sind heute noch in der Landschaft wiederzufinden: Wo etwa floss der *lapideus rivulus*, das »steinige Bächlein«? Wo lag der Ort *Rumpheshausen*, wo verlief der Fluß *Bramaha*, wo stand der *Phaphenstein Einhardi*, »Einhards Pfaffenstein«?[6] Den Zeitgenossen aber muss der Text unmissverständlich, ja fast auf den Fuß genau, Lage und Umfang des Besitzes verdeutlicht haben[7]. Soweit es sich heute noch rekonstruieren lässt, umfasste die Mark Michelstadt eine Fläche von rund 160 Quadratkilometern.

Viele Generationen später dann, im 12. Jahrhundert, kopierten Lorscher Mönche alle drei Dokumente – die Urkunde Ludwigs des Frommen, Einhards und Emmas *testamentum* und die Grenzbeschreibung – in ihr großes Schenkungsbuch. Nur dort haben sie bis heute überdauert. Doch gedachten die Lorscher der großzügigen Gabe auch in ihrem Totenbuch: Sie trugen unter Einhards Sterbedatum nicht nur seinen Namen ein, um ihren Gönner jährlich am Todestag in ihre Fürbitten einzuschließen. Sie vermerkten außerdem: »Dieser gab dem heiligen Nazarius die *cella* Michelstadt mit 100 Unfreien und in ganzer Fülle.«[8]

Die Gabe von 819 sicherte Einhard auf Jahrhunderte hinaus die Gebete der Lorscher Mönche. Ihre immerwährende Fürsprache für den »Sünder und Schenker«, wie sich Einhard in seiner Urkunde für Lorsch hatte nennen lassen, mochte bei Gott hilfreich sein.

Einhards Urkunde führte als Zubehör des Landes in Michelstadt auch *basilicae* auf, Kirchen. Schon 815, als Einhard das Gut dort erhalten hatte, stand in Michelstadt ein Gotteshaus, doch war es klein und nur in Holz aufgeführt⁹. Einhard und Emma ließen nun stattdessen eine imposante Basilika in Stein errichten. Die Bauarbeiten könnten bald nach 819 begonnen haben¹⁰. Spätestens Anfang 827 war das Gebäude fertig. Es steht zu guten Teilen noch heute (Tafel 5).

Die Kirche zeugt von Einhards und Emmas Anspruch. Die Architektur war auf der Höhe der Zeit; in Witiza-Benedikts Musterkloster in Inden stand ein ähnliches Gotteshaus. Die Apsis des Hauptchors hatte Einhard prachtvoll ausmalen lassen. Zugleich aber war die Bauform zweckgemäß: eine dreischiffige Basilika, teils aus Sandstein, teils aus langen Ziegeln errichtet, im Osten durch drei Apsiden geschlossen, ausgestattet mit einer Gangkrypta unter Tonnengewölbe, die Raum ließ für Heiligenreliquien im Zentrum, unter dem Chor, und unter den beiden Apsiden der Nebenräume; dazu zwei Grabstätten unterhalb der Mitte des Langhauses – die eine für Emma, die andere für Einhard¹¹.

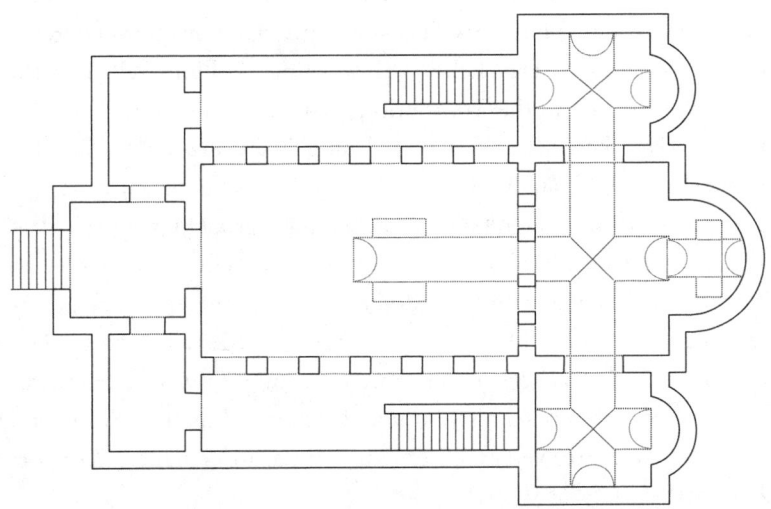

Grundriss der Basilika, die Einhard bis 827 in Michelstadt errichten ließ.

In dieser Kirche, die dann den Mönchen von Lorsch gehören würde, wollten die Eheleute dereinst in ihrem toten Fleisch die Wiederkehr Christi, die Auferstehung und das Jüngste Gericht erwarten. Noch aber war das Gotteshaus nicht funktionstüchtig, nicht geweiht: Es fehlte ein Patron, es fehlten die sterblichen Überreste eines Heiligen, die für die Weihe des Altars notwendig waren. Noch stand in Michelstadt nur ein großes, teures Steingebäude. Um es zur Kirche zu machen, brauchte Einhard Knochen, Haare, Zähne, Fingernägel eines Toten.

Als Einhard nun Anfang 827 darüber nachsann, welchem Heiligen er seine Kirche weihen lassen wolle, hielt sich am Hof Ludwigs des Frommen in Aachen ein Diakon aus Rom mit Namen Deusdona auf[12]. Im März oder April des Jahres, als sich der Mann bereits anschickte, wieder nach Rom zurückzukehren, lud Einhard den Fremden einmal in sein Haus zum Essen ein – »um der Menschlichkeit willen«, wie er später behaupten wird[13]. Sie plauderten beim Mahl, und das Gespräch kam bald auch auf eine spektakuläre Translation des Vorjahres: Damals hatte Hilduin, der Erzkaplan des Kaisers, den Körper des Märtyrers Sebastian aus Rom ins Frankenreich überführen lassen. Das Echo war gewaltig. Hilduin selbst, nicht unbescheiden, hatte die Translation in den offiziösen Annalen des Hofes vermerken lassen[14]. Einhard und Deusdona waren sich bei Rinderbraten[15] einig: In Rom ruhte noch eine ungeheure Menge anderer Märtyrer, deren Gräber nachgerade vernachlässigt seien![16]

Von hier lenkte Einhard das Gespräch auf seine neue Kirche in Michelstadt[17]. Er machte Deusdona deutlich, wie gern er Heiligenreliquien aus Rom für sein Gotteshaus im Odenwald hätte. Der römische Diakon zögerte und meinte vorsichtig: Er wisse auch nicht, wie man so etwas beschaffen könne. Erst als er Einhards Sorge und Neugier bemerkte, versprach er, am Tag darauf genauere Antwort zu geben.

Einhard lud Deusdona also noch einmal zum Essen. Jetzt brachte der Römer ein kleines Heft mit. Er reichte es seinem Gastgeber und bat ihn, den Libell zunächst allein durchzublättern. Anschließend möge er mitteilen, was ihm von dem, was darin notiert sei, zusage. Einhard tat, wie ihm geheißen: Er nahm das Heftlein und studierte es heimlich. Der römische Diakon hatte geschrieben: Er habe daheim, in Rom, gleich mehrere Heiligenreliquien – und er wolle sie Einhard geben, sofern der ihm nur helfe, nach Hause zurückzukehren. Deusdona forderte ein Maultier und einen Mann, der ihn bis Rom begleiten und die Reliquien für Einhard in Empfang nehmen solle.

Einhard ging auf das Geschäft ein. Römische Heilige gegen ein Maultier: das war beileibe kein schlechtes Angebot! Der Höfling gab also das Reittier, ja er gab sogar noch etwas Geld für die Reise dazu; und er stellte seinen Notar Ratleik ab, mit Deusdona nach Rom zu wandern. Der junge Geistliche – so behauptete Einhard später – wollte ohnehin gerade in die Apostelstadt pilgern. Von Aachen aus machten sich die beiden auf den Weg. Mit von der Partie war Ratleiks Knecht, ein Mann namens Reginbald, außerdem wohl einige Bewaffnete. Einhard blieb in Aachen zurück, in der vagen Hoffnung auf ein paar Partikel römischer Heiliger für seine neue Kirche ...

Wie muss Einhard gestaunt haben, als einige Monate später ein Knecht seines Verwalters Ascolf bei ihm in St. Bavo eintraf! Der Bote überbrachte einen Brief, den Ratleik – schon auf der Rückreise aus Rom – in Pavia aufgesetzt hatte[18]. Darin informierte der Notar seinen Herrn darüber, dass er die Leiber zweier hochprominenter Märtyrer im Gepäck habe: die Reliquien des Marcellinus und des Petrus, zweier Heiliger, die sogar im römischen Messkanon aufgerufen wurden. Ratleik teilte außerdem mit, dass er sich nun auf den Weg nach Saint-Maurice machen wolle, um von dort mit den beiden Märtyrern in offener Prozession über Solothurn und Straßburg den Rhein hinauf und weiter bis Michelstadt zu ziehen. Einhard handelte sofort: Er sandte einen Boten nach St. Servatius in Maastricht, dessen Abt er ja war. Von dort sollten Priester dem Notar Ratleik und den Reliquien bis Solothurn entgegenziehen und sie feierlich nach

Michelstadt geleiten[19]. Dann machte Einhard sich auch selbst auf die Reise in den Odenwald.

Was Ratleik wenige Wochen später dort, in Michelstadt, seinem Herrn über Rom und die Reliquien erzählte, war abenteuerlich genug. Deusdona, Ratleik und Reginbald waren von Aachen aus nicht etwa geradewegs nach Süden, Richtung Italien gezogen; sie hatten sich erst einmal auf den Weg nach Westen gemacht, nach Soissons. In dem dortigen Kloster Saint-Médard fungierte der Erzkaplan Hilduin als Abt; und Deusdona hatte nicht nur mit Einhard über Reliquien verhandelt, sondern auch mit Hilduin ein Geschäft abgeschlossen. Ihm hatte er vollmundig versprochen, den Leib des Märtyrers Tiburtius zu besorgen[20]. Ein verlockendes Angebot: Tiburtius passte nur zu gut zum heiligen Sebastian, den Hilduin ja eben erst nach Saint-Médard hatte überführen lassen. Tiburtius, ein Sohn des Stadtpräfekten Chromatius, war ja von Sebastian bekehrt worden; der Heilige war sogar sein Taufpate gewesen. Und wie Sebastian war auch Tiburtius Anfang des 4. Jahrhunderts unter Diokletian für seinen Glauben gestorben[21]. So ließ sich Hilduin von Deusdonas Verheißungen einwickeln: Der Erzkaplan gesellte der Reisegruppe in Soissons einen Priester namens Hunus bei, der ihm die Überreste des Tiburtius nach Saint-Médard bringen sollte.

Weiter erzählte Ratleik seinem Herrn[22]: Auf dem Weg nach Rom, in Italien, sei sein Knecht Reginbald schwer an Fieber erkrankt. Drei Tagesreisen vor Rom, während eines Fieberanfalls, erblickt der Kranke plötzlich einen Mann im Gewand eines Diakons. Der fragt ihn: Warum sein Herr denn nach Rom eile? Reginbald berichtet ihm alles; der Diakon aber prophezeit: »So wird es nicht sein!« Das Ziel ihrer Reise würden sie ganz anders erreichen; denn der Mann, mit dem sie nach Rom gekommen seien, vermöge wenig oder gar nichts von dem, was er versprochen. Der Diakon weist dem Fiebernden stattdessen ein Bild Roms, zeigt ihm eine einzelne Kirche dort und heißt ihn, Ratleik zu sagen, hier werde er finden, was er seinem Herrn zu bringen habe. Doch Reginbald zweifelt: Wer wird ihm, dem fiebernden Knecht, schon glauben? Der Diakon weiß abermals

Rat: Als Zeichen der Wahrhaftigkeit solle Reginbald prophezeien, dass er von Stund' an von seinem Fieber geheilt sein werde. Und tatsächlich: Der Kranke genest! Ratleik ahnt, Deusdona wird keine Hilfe sein ...

In Rom angekommen, begeben sich die Reisenden dennoch zunächst zum Haus des Diakons, bei der Kirche San Pietro in Vincoli am Esquilin, unweit des Kolosseum. Ein paar Tage hält Deusdona seine Gäste mit immer neuen Ausreden hin: morgen, morgen! Endlich stellt Ratleik ihn entnervt zur Rede. Der Diakon merkt, dass ihm keine vage Ausflucht mehr bleibt. So behauptet er keck: Er habe vor seiner Reise allen seinen Hausrat, auch die Reliquien, seinem Bruder Luniso anvertraut; der aber sei nun auf Geschäftsreise nach Benevent. Er wisse daher selbst nicht, wo seine Heiligen seien. Ratleik ist wütend, der Ton wird lauter, der Streit ist heftig; man verlässt im Unfrieden das Haus. Der windige Römer aber will es dabei nicht belassen. Er macht seinen Geschäftspartnern einen Vorschlag: Man könne doch gemeinsam zu den Grabstätten der Heiligen ziehen! Ihm scheine, dass man dort schon etwas Passendes finden werde ... Ratleik und Hunus akzeptieren das Angebot, nur wollen sie gleich los, wollen jetzt ohne Verzug zu den Gräbern der Heiligen gehen und Knochen suchen. Doch Deusdona vertröstet sie wieder nur auf den folgenden Tag.

Schon denkt man trübselig an die Heimreise, da kommt Ratleik in den Sinn, was sein Knecht Reginbald drei Tage vor Rom im Fieberwahn geschaut hat. Ratleik und Hunus erörtern den Fall. Sie kommen überein: Sie wollen sich allein, ohne Deusdona, auf den Weg zu den Katakomben machen. Ein ortskundiger Führer ist bald gefunden, und man zieht los. An der Via Labicana, der heutigen Via Casilina, gut 3000 Schritte vor der Stadt, befinden sich bei dem Coemeterium *ad duas lauros* (»bei den zwei Lorbeerbäumen«) die Katakomben des Tiburtius; an sie grenzt unmittelbar die Grabstätte der Märtyrer Marcellinus und Petrus. Das Gelände hat einst zu einer kaiserlichen Villa gehört[23]. Helena, die Mutter Konstantins des Großen, hat das Land im 4. Jahrhundert der römischen Kirche geschenkt. Konstantin selbst hat eben hier ein Mausoleum errichten lassen, zunächst für ihn selbst gedacht, ist es dann als Grablege für seine Mutter genutzt worden; direkt daneben erhebt sich eine gewaltige Basilika über den Gräbern der Heiligen Tiburtius, Marcellinus und Petrus (Tafel 8). Im Laufe der Zeit ist das Gebäude sanierungsbedürftig geworden; aber Papst Hadrian hat im 8. Jahrhundert das Dach der Kirche und die Treppen, die zu den Heiligengräbern hinabführen, erneuern lassen[24]. Die fränkische Reisegruppe steht an jenem Ort, den Reginbald zuvor im Fiebertraum gesehen.

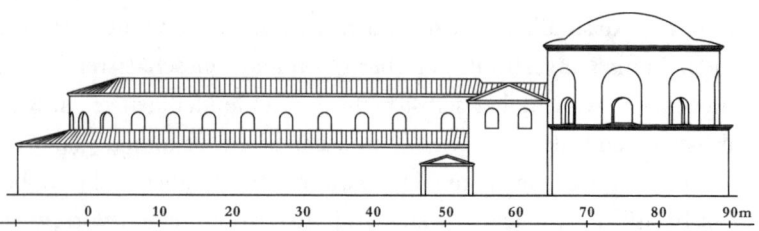

Rekonstruktion des Helenamausoleums (rechts) mit angelagerter Basilika bei den Katakomben des Tiburtius sowie des Marcellinus und des Petrus.

Das Ziel scheint nahe, doch will das Gelände erst noch untersucht sein[25]. Ratleik und Hunus beäugen das Grab des heiligen Tiburtius und prüfen, ob sich der Sarkophag auch öffnen lasse, ohne dass andere Leute es hören. Anschließend führt sie ihr Weg in die benachbarten Katakomben des Marcellinus und Petrus. Und auch hier wird die Beschaffenheit des Sarkophags, in dem die beiden Heiligen gemeinsam ruhen, gründlich in Augenschein genommen.

Doch wenn Ratleik und Hunus gedacht haben, hinter dem Rücken ihres Gastgebers Reliquien zu gewinnen, so haben sie dessen Beziehungen unterschätzt. Auf welchem Wege auch immer – Deusdona hat bald von ihrem Ausflug und ihrem Plan erfahren. Er will nun dabei sein, will sie unterstützen! Man bereitet sich gründlich vor: Drei Tage lang wird gefastet, Gott soll dem frommen Werk seine Gnade schenken. Dann, in der Nacht darauf, machen sich die

Franken erneut auf den Weg in die Via Labicana, zu den Katakomben des Tiburtius, Marcellinus und Petrus, nun in Begleitung des Deusdona.

Hunus macht sich am Sarkophag des Tiburtius zu schaffen. Vergeblich: Mit bloßen Händen lässt sich der schwere Marmordeckel nicht öffnen. Derweil sind Ratleik und seine Leute erfolgreicher. Sie brechen den Sarkophag des Marcellinus und Petrus auf und nehmen, was sie vom Leichnam des Marcellinus dort finden: Sein Leib liegt obenauf, eine Inschrift weist ihn eindeutig aus. Dann kehren die Franken, unbemerkt im Dunkel der Nacht, mit ihrer Beute zum Haus des Deusdona zurück. Der vertraut die kostbaren Leichenreste zur Aufbewahrung seinem Bruder Luniso an, der mittlerweile von seiner Geschäftsreise zurückgekehrt ist.

Der Diakon wähnt seine Gäste befriedigt und wünscht, sie mögen mitsamt ihrem Märtyrer möglichst rasch aus seinem Haus und aus Rom verschwinden. Doch Ratleik zögert: Sind Marcellinus und Petrus nicht schon in ihrem Tod – als Zeugen für ihren Glauben – in den Verfolgungen des Diokletian vereint gewesen? Haben sie nicht danach jahrhundertelang in ein und demselben Grab gelegen? Darf er, Ratleik, die beiden so lang und innig vereinten Heiligen nun trennen? Ratleik zweifelt. Er sucht Rat bei dem griechischen Mönch Basilios, der sich unlängst mit vier seiner Schüler auf dem Palatin niedergelassen hat. Auch Basilios meint: Die Märtyrer gehören zusammen! Petrus müsse her, müsse wiedervereint werden mit seinem Gefährten. Ratleik spricht mit Hunus. Der ist bereit, ohne Wissen Deusdonas ein drittes Mal in die Via Labicana zu ziehen. Er hat sich schließlich noch immer nicht des Tiburtius bemächtigen können. So macht man sich wieder auf den Weg.

Ratleik, Hunus und ihre Männer durchwachen eine weitere Nacht in heimlicher Arbeit an den Särgen der Heiligen. Wieder scheitert der Versuch, den Sarkophag des Tiburtius zu öffnen. In der Katakombe des Marcellinus und Petrus aber ist man erneut erfolgreich: Auch Petri Leib wird geborgen. Und damit nicht genug: In einer Aushöhlung im Innern des Steinsargs findet Ratleik Staub. Er rätselt: Könnte das Pulver nicht das sein, was von dem heiligen Tiburtius übriggeblieben ist? Könnte man die Überreste nicht bewusst eben hier, zwischen Marcellinus und Petrus, versteckt haben? Hunus ist nur allzu gern bereit, die Vermutungen für sicher zu halten – und sammelt sorgfältig den Staub. Dann geht es, so schnell wie möglich, wieder zurück ins Haus des Deusdona am Esquilin.

Jetzt hält es die Franken nicht länger in Rom, und sie besprechen mit Deusdona, wie der Heimweg am besten zu organisieren sei. Deusdona ist sofort willens, seine Gäste wieder auf den Weg nach Norden zu geleiten. Ja, er überrascht Ratleik sogar mit einem Geschenk: Er überreicht ihm eine Sammlung von Reliquien für Einhard. Deren Namen wolle er bei seinem nächsten Besuch in Aachen nachliefern, bedeutend aber seien sie allemal! Den Rückweg, so beschließt man einvernehmlich, will man zunächst unauffällig getrennt antreten: Luniso, der Bruder des Deusdona, soll mit Hunus bis Pavia vorausreiten – und dabei den Leib des Marcellinus, gut versteckt und getarnt, aus Rom fortschaffen. Ratleik dagegen wartet gemeinsam mit Deusdona noch eine Woche in Rom. Er hört sich um, ob jemand bemerkt hat, dass die Überreste der drei Heiligen Marcellinus, Petrus und Tiburtius verschwunden sind? Doch die Tat bleibt unentdeckt.

Da machen sich endlich auch Ratleik und Deusdona auf, nach Norden, Petrus und die übrigen Heiligen im Gepäck. Bald erreichen sie Pavia; dort treffen sie in der Kirche Johannes des Täufers auch ihre Gefährten wieder. Der Ort ist sicher: Die Kirche gehört Einhard; er hat sie als Benefizium von Ludwig und Lothar erhalten[26]. Die Pferde brauchen, erschöpft vom strammen Ritt, eine Pause. So rasten alle ein paar Tage dort, bevor sie sich auf den Weg über die Alpen machen.

In Pavia aber läuft die Nachricht um, dass bald eine Gesandtschaft des Papstes an Kaiser Ludwig eintreffen werde. In Rom ist Papst Valentinus nach nur gut einem Monat im Amt verstorben; zum Nachfolger hat man Gregor IV. gewählt, der nun bei Ludwig die Zustimmung zu seiner Wahl einholt[27]. Die Gruppe freilich kennt diese Hintergründe nicht. Sie ist verunsichert[28]: Was weiß man in Rom? Würden sie ihren Weg fortsetzen können? Würde die Gesandtschaft ihnen Schwierigkeiten bereiten? Eine überstürzte Flucht aller kommt kaum in Frage, aber nach einiger Diskussion reisen Deusdona und Hunus auf schnellstem Weg nach Soissons voraus, während Ratleik in Pavia die Gesandtschaft abwartet und vorbeiziehen lässt. Danach bringt er einen Eilboten, den Knecht des Verwalters Ascolf, an Einhard auf den Weg.

Erst dann reitet er selbst los, freilich auf anderem Weg als Hunus. Ratleik misstraut dem Mann, den er in den letzten Monaten genauer kennen gelernt hat. Er fürchtet, der Intrigant könnte ihn verraten, ihm auf seiner Weiterreise hässliche Probleme hinterlassen haben. So wendet sich Ratleik nicht nach Nordosten, um weiter über den Brenner oder die übrigen beliebten Pässe in der Region zu gehen[29], sondern nach Westen, Richtung Saint-Maurice. Der Alpenübergang ist hier steil und voller Mühe, und doch scheint er Einhards Notar in diesem Falle sicherer. In ruhiger Eile legt er die Strecke zurück. Binnen sechs Tagen hat er rund 240 Kilometer hinter sich gebracht und erreicht das ehrwürdige Kloster des heiligen Mauritius. Von hier an weiß er sich und die Reliquien sicher. Nun kann er die Märtyrer in gebührender Form überführen: öffentlich zur Schau gestellt, in großer Prozession, mit einer stetig wachsenden Menge von Gläubigen um sich, die sich von der Nähe der Heiligen irdische Heilung und ewiges Heil erhoffen ...

Mit wachsendem Staunen und innerlich erregt muss Einhard dem Bericht seines Notars gelauscht haben. Das war spektakulär! Der Priester Marcellinus und der Exorzist Petrus waren alte Heilige, sie waren in den Verfolgungen des Diokletian um die Wende zum 4. Jahrhundert für ihren Glauben gestorben[30]. In der lateinischen Christenheit waren sie weitbekannt. Jeder, der die Messe nach dem Canon Romanus zelebrierte, rief ihre Namen. Mehr noch: Marcellinus und Petrus waren gewissermaßen imperiale Heilige; Konstantin, der erste christliche Kaiser, hatte bei ihrer Katakombe eine Coemeterialbasilika errichten lassen, die dem Kaiserkult dienen sollte[31]. So hatte Einhard, ganz unerwartet, für die Investition zweier Geschäftsessen und eines Maultiers zwei berühmte Heilige ergattert. Und wohlgemerkt: Ratleik hatte nicht nur Haare oder Fingernägel gebracht, sondern ganze Körper!

War das alles mit rechten Dingen zugegangen? Hatte Ratleik gottgefällig gehandelt?[32] Der Bischof von Rom, der Papst – er war ja nicht einmal informiert über die Entnahme der Reliquien, geschweige denn, dass er zugestimmt hätte! War das nicht schnöder Diebstahl? Allerdings war eben in jenen Wochen, da Ratleik in Rom weilte, der Papst kaum handlungsfähig: Eugen II. war am 27. August gestorben. Sein Nachfolger, Valentinus, hatte nur gut einen Monat amtiert, bevor auch er aus dem Leben geschieden war[33]. Wer hätte da Verantwortung übernehmen sollen für den Export von Heiligen? Außerdem hatte Reginbald ja schon auf der Reise fiebernd einen Diakon[34] gesehen, der auch sonst Wahrhaftiges prophezeit hatte: die Heilung vom Fieber, die Unzuverlässigkeit des Deusdona. Und man hatte das Werk doch aus frommem Wunsch unternommen, hatte es Gottes Willen gemäß vorbereitet und ausgeführt: Ratleik hatte gefastet und gebetet, bevor er die Heiligen entnommen hatte; auch der griechische Mönch Basilios hatte die Tat gutgeheißen. Vor allem aber: Hatten die Heiligen denn nicht selbst zugelassen, dass Ratleik sie ins Frankenreich, zu Einhard nach Michelstadt überführte? Wäre es ihnen nicht ein Leichtes gewesen, bei Gott zu erreichen, dass ihr Sarkophag verschlossen blieb – wie jener des Tiburtius für Hunus? Auch wusste man doch: Heilige konnten ihren Leib so schwer werden lassen, dass kein Sterblicher sie gegen ihren Willen fortzuschleppen vermochte[35]. Nein, die rasche, willige, unentdeckte Mitreise der Heiligen bewies es unzweideutig: Ratleik hatte ein frommes, ein gottgefälliges Werk getan! Er hatte die beiden Märtyrer, deren Grabstätten in Rom ohnehin vernachlässigt waren[36], auf deren eigenen Wunsch hin zu ihm, Einhard, gebracht. Und bei Gott: Er würde Marcellinus und Petrus alle Verehrung zollen, die sie verdienten!

Marcellinus und Petrus waren für Einhard eine heilige Überraschung. Die Märtyrer waren weit mehr, als der Höfling für seine Kirche in Michelstadt geplant hatte. Nun konnte, nun musste er neu disponieren[37]. Die beiden römischen Heiligen eröffneten eine weite Perspektive. Seinen Besitz in Michelstadt, auch die Kirche dort, hatte Einhard 819 dem Kloster Lorsch geschenkt. Damals mochte das als eine kluge Entscheidung durchgehen: Das Kloster war nicht alt, aber doch groß und attraktiv, königsnah und erfolgreich. Einhard und Emma hatten sich einen starken, heilsgewissen und zukunftssicheren Partner ausgesucht. Lorscher Mönche würden die Schenkung in Michelstadt mitsamt ihrer Kirche auf Jahrhunderte hinaus bei ihren Gebeten für Einhard und Emma berücksichtigen.

Aber jetzt, ganz unerwartet, verfügte Einhard selbst über zwei Heilige, die den Vergleich mit dem Lorscher Patron Nazarius nicht zu scheuen brauchten! Warum also sollte er mit seiner Michelstädter Kirche auch die beiden Patrone den Lorschern übereignen? Warum sollte er nicht mit Hilfe des Marcellinus und des Petrus selbst eine geistliche Gemeinschaft gründen, und sei es in Konkurrenz zu Lorsch? Das Potential hierfür hatten die römischen Märtyrer allemal. Eine eigene geistliche Institution, gegründet von ihm, Einhard, geweiht den Heiligen Marcellinus und Petrus, in Blüte aufgrund der Heilskraft und des Kults der beiden Märtyrer, und – vermittelt über Einhard – in engem Kontakt zum Kaiser: War das nicht besser für das Heil eines sündhaften Menschen? Würde eine solche Gemeinschaft nicht viel intensiver ihres Gründers und Gönners gedenken als die Mönche in Lorsch?

Einhard disponierte um: Die Heiligen sollten eine andere Kirche, Einhard und Emma eine neue Grabstelle erhalten. Als Ort dafür blieb derjenige Teil des Besitzes, den die Eheleute 819 nicht an Lorsch gegeben hatten. Sie hatten ja noch Mulinheim!

Die Sache war heikel. Allzu laut durfte Einhard nicht sagen, was er dachte: Hätte er einfach die bedeutenden Reliquien von Michelstadt nach Mulinheim verlegt und dort eine weitere Kirche für sie errichtet – die Lorscher Mönche wären offen brüskiert gewesen.

Zum Feind aber durfte sich Einhard das mächtige Kloster und dessen einflussreichen Abt Adalung[38] nicht machen. Nein, er musste einen eleganteren Weg finden. Besser, die Entscheidung ging gar nicht von Einhard aus, sondern von einer höheren, einer unanfechtbaren Instanz ...

Schon wenige Tage nach seiner Ankunft in Michelstadt hatte der intelligente kleine Höfling entschieden, wie er die Verlagerung der Reliquien legitimieren werde. Und mehr noch: Dieser Weg sollte ihm gleich noch bei einem anderen Problem helfen. Ratleik hatte die Reliquien letztlich ja doch auf dubiose Weise erworben. Das mochte Kritik und Skepsis wecken. Angesichts dessen brauchte Einhard ein unbezweifelbares Signal. Er brauchte ein Zeichen, dass die Märtyrer selbst ihre Translation aus Rom gewünscht hatten; ein Zeichen, dass Ratleik nur ihr heiliges Instrument gewesen war.

Was aber konnte Einhards Probleme besser lösen, als wenn die Märtyrer selbst kundtäten, wo sie künftig verehrt zu werden wünschten? Bald häuften sich in Michelstadt die passenden Zeichen[39]. Schon am dritten Tag nach Einhards Ankunft hörte ein Diener Ratleiks im Traum eine Stimme: Er solle seinem Herrn auftragen, er möge Einhard mitteilen, dass die Märtyrer nicht in Michelstadt bleiben wollten, sondern einen anderen Platz erwählt hatten! Dann schwitzten die Reliquien sieben Tage lang eine blutfarbene, salzige Flüssigkeit aus. Erst ein dreitägiges Fasten vermochte den wundersamen Blutfluss zu stillen. In derselben Nacht aber sah Roland, ein Diener Einhards, im Traum zwei junge Männer, die ihn anwiesen, seinem Herrn mitzuteilen: Die beiden Heiligen wünschten den Ort zu wechseln! Diesmal ließen die Märtyrer auch wissen, wohin sie wollten – ja sogar, in welcher Weise der Transfer vonstatten gehen solle. Noch immer aber reagierte Einhard nicht. Erst als in allen folgenden zwölf Nächten ein, zwei, ja drei seiner Gefährten, darunter der Priester Hiltfrid, träumten, dass die Heiligen überführt zu werden wünschten – erst da gab Einhard nach. Jetzt setzte er die Translation so schnell wie möglich ins Werk.

Einzig Einhard hat uns von dem Blutschweiß der Reliquien und den vielen Träumen berichtet; wir kennen nur die Version des Geschehens, die er selbst verbreitet wissen wollte. Wie viel heimliche Manipulation, wie viel Inszenierung dahinterstand, wie viel die Autosuggestion der Träumenden bewirkte, wie viel Eigendynamik die Gespräche des kleinen, erregten Kreises in Michelstadt im Winter 827 erzeugten – wir können es nicht sagen. Am Ende jedenfalls stand eine klare Überzeugung: Die Gebeine seien aus Michelstadt fortzubringen. Am Ende stand eine Translation, die durch die Heiligen selbst legitimiert war.

Einhard ließ Mitte Januar 828 die Knochen an den gewünschten Ort, nach Mulinheim, überführen; still, ohne Ankündigung, ja fast heimlich brach man auf[40]. Die Wunder, die sich auf dem Weg ereigneten, bezeugten dann klar, dass endlich ein dringlicher Wunsch der Märtyrer in Erfüllung gegangen war. An sich hatte es in der Nacht vor dem 16. Januar wie aus Kübeln geschüttet, die Wege nach Mulinheim hätten zu Schlamm werden müssen, ganz und gar unbegehbar. Doch nichts dergleichen! Trotz des Regens blieben die Wege trocken und fest[41]. Die Heiligen wollten fort aus Michelstadt!

Nicht an dem ungeliebten Ort, erst auf dem Weg nach Mulinheim[42] und am Ziel selbst begannen die Heiligen, ihre Kraft als Vermittler bei Gott zum Segen der Menschen einzusetzen. Als erste profitierte die gelähmte Nonne Ruodlang aus Mosbach davon: Ihre Freunde hatten sie auf einem Karren eine Meile weit nach Großostheim gezogen, wo Einhard die Reliquien über Nacht in der Martinskirche aufbahren ließ. Am nächsten Morgen war Ruodlang geheilt und konnte auf eigenen Beinen nach Mosbach zurücklaufen[43].

In Mulinheim ließ Einhard die Reliquien in jenes Kirchlein bringen, das er selbst dort in Stein hatte aufführen lassen – nicht weit im Osten jener alten Kirche, die schon gestanden hatte, als Einhard den Ort im Jahr 815 vom Kaiser übertragen bekam. Es handelte sich um den ältesten Bau jenes Gotteshauses, das in Seligenstadt noch jahrhundertelang den Friedhof nördlich der Aschaffenburger Straße beherrschte, bis es 1817 abgebrochen wurde: ein recht imposanter Saalbau von immerhin 24 Metern Länge und 10 Metern Breite, die

Außenmauern gut einen Meter stark. Im Osten hatte Einhard einen Rechteckchor errichten lassen, durch Schranken vom Schiff getrennt. Das Dach zierte ein kleiner Glockenturm, zum Haupteingang führte der Weg durch eine Vorhalle, über der ein eigenes, bescheidendes Oratorium mit einem Altar lag. Hier würde Einhard selbst nun bald häufiger beten[44].

Als erster durfte in diesem Bau ein Junge namens Daniel die Kraft der Märtyrer erfahren. Der 15-Jährige war gemeinsam mit anderen dorthin gekommen, um den Menschenauflauf für die Bettelei zu nutzen. Der Arme war so gekrümmt, »dass er den Himmel nur sehen konnte, wenn er sich auf den Rücken legte«, erzählte Einhard später[45]. Am 17. Januar 828 aber, an jenem Tag, an dem die Reliquien in Mulinheim ankamen, stürzte Daniel vor den heiligen Gebeinen nieder und blieb dort lange wie schlafend liegen. Dann erhob er sich plötzlich vor aller Augen und stand gesund und munter da!

Fast im gleichen Augenblick begann draußen, vor der Kirche, eine gelähmte Frau zu würgen; sie spuckte Schleim und Gallensaft, trank ein wenig kaltes Wasser und bat darum, dass man sie von dem Platz, an dem sie lag, forttrage. Gestützt auf ihren Stab kam sie in die Kirche. Nach einem Gebet zu den Märtyrern vermochte sie wieder zu gehen. Sie kehrte auf eigenen Füßen heim[46].

An diesem Wintertag schien die Sonne in Mulinheim so heiter und warm, dass schon der Frühling gekommen schien. In bester Laune brach Einhard tags darauf, am 18. Januar, zur Pfalz nach Aachen auf. Unterwegs erreichte ihn ein Schreiben Ludwigs: Der Kaiser lud ihn zu einer kleinen, elitären Winterversammlung[47]. Große, hässliche Entscheidungen standen an.

Während er allerdings beharrlich und in einem fast ununterbrochen geführten Krieg gegen die Sachsen kämpfte, griff er – nachdem er an geeignete Orte der Grenzlinien Besatzungen gelegt hatte – mit der gewaltigsten Kriegsrüstung, die ihm möglich war, Spanien an. Und als er den Höhenkamm der Pyrenäen überwunden hatte, nahm er von allen Städten und Kastellen, zu denen er kam, die Kapitulation entgegen und kehrte mit wohlbewahrtem und unversehrtem Heer wieder heim – außer dass es geschah, dass er auf dem Rückmarsch auf einem Gebirgskamm der Pyrenäen kurzzeitig die waskonische Treulosigkeit zu spüren bekam. Sein Heer marschierte nämlich in langgestrecktem Zug in gerader Linie, wie es die Lage des Ortes und der Enge eben erlaubte, da legten ihm die Waskonen auf dem höchsten Punkt des Passes einen Hinterhalt (tatsächlich ist der Ort wegen der undurchdringlichen Wälder, von denen es dort die größte Menge gibt, geeignet, um Hinterhalte zu legen): Von oben herabstürmend, stürzten die Waskonen also den letzten Teil des Trosses in das darunterliegende Tal, und auch zugleich diejenigen, die – voranziehend – die Marschierenden dieser hintersten Truppe mit ihrem Schutz deckten; und nach Eröffnung der Schlacht töteten sie alle bis auf einen einzigen, raubten die Bagage und zerstreuten sich im Schutz der Nacht, die sich schon herabsenkte, mit größter Behendigkeit in alle Richtungen. Es half den Waskonen bei diesem Handstreich sowohl die Leichtigkeit ihrer Waffen als auch die Lage des Ortes, an dem man die Sache ausführte; dagegen ließen das hohe Gewicht der Waffen und die Unebenheit des Geländes die Franken den Waskonen in *jeder Hinsicht unterlegen sein. In dieser Schlacht fielen Eggihard, der Truchsess des Königs, und Anshelm, der Pfalzgraf, und Hruodland, der Vorsteher der Bretonischen Mark zusammen mit vielen anderen mehr. Auch konnte die Tat nicht sofort gerächt werden, weil sich der Feind nach Ausführung des Unternehmens so zerstreut hatte, dass nicht einmal ein Gerücht blieb, wo man denn nach den Barbaren hätte suchen können.*

Einhard, Vita Karoli, c. 9

XII.

Die 820er Jahre hatten hundsmiserabel begonnen. Schon zum Jahr 820[1] hatten die Kapläne des Kaisers in ihren Annalen, die sie zur Verbreitung im Reich schrieben, von Kalamitäten und Katastrophen berichten müssen: Es hatte ohne Unterlass geregnet, ob der Feuchtigkeit wüteten fast überall Seuchen unter Menschen und Vieh. Auch die Ernte fiel dem Regen zum Opfer. Vielerorts konnte sie gar nicht eingebracht werden; wo doch, da verfaulte das Getreide in den Scheuern. Der Wein gedieh kaum. Die wenigen Trauben, die wuchsen, wurden in der Kälte herb, ja sauer. Auf den durchweichten und überschwemmten Feldern aber war in vielen Regionen auch im Herbst nicht an die neue Aussaat zu denken. Vor dem nächsten Frühjahr kam dort kein Korn in den Boden. Die Mondfinsternis, die man am 28. November beobachtete, verhieß nichts Gutes: keine Aussaat, keine Ernte, kein Essen[2].

Im Jahr darauf wurde es nicht besser. Wieder notierten die Annalisten Schlimmes: Starke Regenfälle verhinderten die Aussaat im Herbst. Und der Winter wurde hart![3] Strenger Frost ließ Rhein und Donau, Elbe und Seine so fest zufrieren, dass man sie während 30 Tagen mit Frachtwagen befahren konnte[4]. Mancherorts lag von Ende September bis in den April hinein Schnee[5]. Und nicht nur das Wetter war wundersam: In Thüringen fand man ein Stück Rasen von 50 Fuß Länge, 14 Fuß Breite und einundhalb Fuß Höhe auf unerklärliche Weise aus dem Boden herausgeschnitten und in 25 Fuß Entfernung liegend; in Ostsachsen schwoll in nur einer Nacht ohne menschliches Zutun das Erdreich auf einer Meile Länge zu einer Art Wall an[6].

Der Optimismus, der Ludwigs Proklamation im Januar 819 durchzogen hatte, er war verflogen. Wie viel leises Murren und verstohlene Kritik, wie viele heimliche Vorwürfe oder offene Verwerfungen Einhards Lebenswelt in Aachen nun markierten, können wir heute kaum mehr erahnen. Allzu selten gewähren uns die überlieferten Dokumente Einblick in diese Sphäre. Doch Symptome sind sichtbar: Im Jahr 822 söhnte sich Ludwig mit seinen Halbbrüdern aus, die er nach dem Aufstand Bernhards 818 vom Hof verwiesen und zu Geistlichen hatte scheren lassen[7]. Und im August des Jahres vollzog er einen unerhörten Akt: Der Kaiser selbst tat Buße, »in Gegenwart seines gesamten Volkes«, auf einer großen Versammlung in der Pfalz in Attigny. Ludwig beichtete und büßte vor aller Augen für das, was sein Neffe Bernhard und seine Vettern Adalhard und Wala hatten erdulden müssen[8].

Ein aufsehenerregendes Ereignis! Ludwigs Vater, Großvater, Urgroßvater, auch die Merowinger: So weit man zurückdenken konnte, hatte kein fränkischer Herrscher je einen solchen Bußakt vollzogen. Ludwig aber setzte mit seiner Buße in Attigny im Grunde nur konsequent um, was er im Januar 819 programmatisch hatte verkünden lassen: Er war Mensch; aber als Kaiser trug er vor Gott die gewaltige Last der Verantwortung für alle anderen Menschen in der *ecclesia*, der Gemeinschaft der Christen. Als Kaiser hatte er vor Gott Rechenschaft abzulegen für das Heil der Gläubigen, die der Allmächtige ihm anvertraut hatte. Deshalb stritt Ludwig tagtäglich wider die Sünde, wider den Teufel. Jetzt schlugen Missernten, Seuchen und Hunger die Menschen, der Herr züchtigte in seiner Liebe die Seinen: Umkehr und Besserung taten not. In Attigny führte Ludwig als Mensch und Herrscher, in höchsteigener Person, aller Welt vor Augen, wie jeder einzelne Christ die Sünde zu bekämpfen, wie jeder für sich den Allmächtigen zu besänftigen vermochte: durch *confessio* und *paenitentia*, durch Beichte und Buße.

Und gerade weil eine derart demonstrative Buße für einen Frankenkönig unerhört war, wird Ludwig Eindruck gemacht haben auf Einhard, Hilduin und ihresgleichen. Die Buße in Attigny war kein Augenblick der Schwäche[9]. Sie war ein politischer Kraftakt im Angesicht von Hunger und Elend: ein Moment der Stärke und Vorbildlichkeit des Kaisers, eine riskante Tat der Hoffnung auf Besserung und Gottes Gnade.

Allein, der Erfolg blieb aus. Es wurde nicht besser[10]. Der Hunger, die Seuche, das Sterben, sie verschlimmerten sich; die mahnenden Zeichen folgten nur noch eindrucksvoller aufeinander. Zum Jahr 823 mussten Ludwigs Kapläne berichten, dass ein Erdstoß die Pfalz des Kaisers zu Aachen erschüttert hatte; das Zentrum der Macht selbst hatte gebebt. In Sachsen, notierten die Hofgeistlichen, seien in einem einzigen Gau nicht weniger als 23 Siedlungen vom Blitz getroffen worden und allesamt niedergebrannt. Vielerorts vernichteten Hagelschauer die Frucht auf den Feldern. Wieder wüteten in der gesamten Francia Seuchen und rafften unzählige Menschen und Tiere dahin[11]. Ungewöhnlich viele Häuser, Menschen, Tiere, so lief das Gerücht, würden von Blitzen erschlagen[12]. Auch der Winter zum Jahr 824 wurde streng; Vieh und Mensch starben vor Kälte. Am 5. März sahen die Hofgeistlichen die nächste Mondfinsternis[13].

Die Wetternachrichten, die die offiziösen Berichte melden, bedeuteten für die Menschen zwischen Pyrenäen und Elbe Elend und Tod. Wo die Ernte vom Hagel zerschlagen lag, wo das Getreide Jahr um Jahr im Regen verfaulte, wo die Aussaat im Schlamm zerquoll, da mussten Menschen hungern. Die unterernährten, ausgemergelten Körper fielen Krankheiten zum Opfer, bald schon grassierten Seuchen. Die Erscheinungen am Himmel und anderen Prodigia kündeten den Menschen vom Zorn des Herrn. Auf der Reichenau wurde der Klosterlehrer Wetti – seit Samstag, dem 30. Oktober 824, auf den Tod erkrankt – in der Nacht des 3. November ins Jenseits entrückt; hier sah er, von einem Engel geleitet, die grausamen Strafen, die all die Sünder durchlitten. Wetti fragte den Engel, warum so viele Menschen der Seuche zum Opfer fielen? Das sei die Strafe für die Verbrechen der sündhaften Welt, antwortete der Engel; der Herr habe »ein Zeichen verkündet, das in seiner Vorhersagung zeigt, dass das Ende der Welt nun bald kommen wird«[14]. Wetti starb in der Dämmerung des folgenden Abends[15]. Die Zeiten waren schlecht.

Schon Anfang des Jahres war auch Papst Paschalis I. gestorben[16]; zum Nachfolger wurde – in einer strittigen Wahl – Eugen II. erkoren, der Archipresbyter von Santa Sabina[17]. Ludwig sandte seinen ältesten Sohn Lothar deshalb nach Italien[18]. Bis dahin war Einhard bei Hof damit betraut, den jungen Kaiser zu beraten und zu bilden[19].

Ludwig selbst hatte einen Feldzug in die Bretagne geplant, um den aufsässigen Wiomarc'h zu unterwerfen. Der Bretonenführer machte schon seit 822 die Grenzgebiete im Nordwesten unsicher. Doch der Kaiser sah sich gezwungen, den Angriff zu verschieben: Allzu wütend ging der Hunger durchs Land. Erst im Herbst, Monate später als gewünscht, vermochte Ludwig in die Bretagne einzufallen und mit seinem Heer den Landstrich zu verwüsten[20]. Der Erfolg war bescheiden: Wiomarc'h erschien zwar mit den Seinen im Frühjahr 825 vor Ludwig in Aachen, unterwarf sich – und ließ sich vom Kaiser reich beschenken (was die Zeitgenossen immerhin als Zeichen für das Ranggefälle von Ludwig hinab zu dem Bretonen verstanden). Doch kaum zu Hause, so berichten die Hofannalen, brach Wiomarc'h schnöde die geschworene Treue – »und ließ nicht ab, seine Nachbarn, so sehr er konnte, mit Rauben und Brennen heimzusuchen«. Der Kaiser hatte das Problem im Nordwesten nicht gelöst. Erst Lantbert, der als Graf in Angers und Nantes amtierte, sollte es aus der Welt schaffen: Er ermordete Wiomarc'h in dessen Haus[21].

Der innere Zirkel der Macht, in dem sich Einhard Anfang der 820er Jahre bewegte, wurde spätestens mit der Buße und Versöhnung von Attigny kraftvoll umgeordnet. Witiza-Benedikt von Aniane, vielleicht der wichtigste Mann in Ludwigs Entourage, war schon im Jahr zuvor, am 11. Februar 821, aus dem Leben geschieden[22]. In Attigny nun kehrten Adalhard und Wala auf die politische Bühne zurück und spielten dort wieder Hauptrollen[23]. Im Juni 823 ließ Ludwig seinen Halbbruder Drogo zum Bischof von Metz weihen – an jenem Ort im Herzen alten karolingischen Besitzes, an dem im 7. Jahrhundert schon ihrer beider Vorfahr, der heilige Arnulf, als

Bischof amtiert hatte. Drogo wird bald zu den engen Vertrauten des Kaisers gehören[24].

Auch Ludwigs Ehe mit Judith blieb nicht ohne Folgen für den Hofkreis. Am 13. Juni 823 gebar die Kaiserin einen Sohn[25]. Noch lag der Kleine in den Windeln, aber es war absehbar, dass er im Spiel um die Macht mitspielen würde. Judith war Jahrzehnte jünger als ihr Mann[26]. Sie war auf einen starken Sohn angewiesen: Erst wenn ihr Sprössling als legitimer Erbe anerkannt war, erst dann würde auch ihre Stellung als Kaiserin über jeden Zweifel erhaben sein. Die Taufe des Kleinen war eine wichtige Etappe. Der Säugling erhielt den klangvollen Namen seines Großvaters: Karl. Der Kaiser hatte ihn damit im Grunde schon als rechtmäßigen Sohn akzeptiert. Nur hatte Ludwig 817 sein Erbe vollständig unter seinen Söhnen aus erster Ehe verteilt. Wo und wie sollte Karl künftig herrschen?

Mit Judith gewannen ihre Verwandten an Einfluss. Ludwig vermählte im Jahr 827 ihre jüngere Schwester Hemma mit seinem jüngsten Sohn aus erster Ehe[27] (der so zum Schwager seiner Stiefmutter wurde). Judiths und Hemmas Bruder Konrad heiratete wohl ebenfalls noch in den 820er Jahren eine Dame namens Adelheid[28]. Sie war die Tochter des mächtigen, im Elsass begüterten Grafen Hugo von Tours, eines weitgereisten, erfahrenen Mannes: Karl der Große hatte ihn 811 als Gesandten nach Konstantinopel geschickt, damit er dort über den Kaisertitel verhandele[29]. Und im Oktober 821 dann war Hugo zum Schwiegervater des jungen Kaisers aufgestiegen. Ludwig der Fromme hatte Lothar in der Pfalz in Thionville mit Hugos Tochter Irmingard vermählt[30].

Weitere Verschiebungen kamen hinzu: Von jenen Männern, die schon seit langem zu Ludwigs Entourage gehörten, drangen jetzt manche in den innersten Kreis der Macht vor. Da war Hugos Nachbar, der Graf Matfrid von Orléans. Er hatte mittlerweile bei Hof so viel Einfluss gewonnen, dass er fast nach Belieben anderen Leuten den Zugang zum Kaiser zu öffnen, aber auch zu verbauen vermochte[31]. Eines seiner Opfer war wohl der Erzbischof Agobard von Lyon; er klagte darüber in einem Schreiben an Matfrid selbst[32].

Dann Ebo, Ludwigs Milchbruder und Bibliothekar: Seit 816 leitete er als Metropolit die große und wichtige Kirchenprovinz von Reims[33]. 823 kehrte Ebo von einer Missionsreise nach Skandinavien zurück[34]; seine Erfolge dort beförderten das Ansehen des freigelassenen Sklaven bei Hof noch weiter.

Schließlich der Bischof Jonas von Orléans, ein alter Vertrauter Ludwigs schon in dessen Zeit als König in Aquitanien: Im Jahr 818 hatte der Kaiser ihn zum Nachfolger des gestürzten Theodulf auf die *sedes* von Orléans berufen. Jonas war ein hochgebildeter Aquitanier, ein belesener und schreibwütiger Moralist, der es sich angelegen sein ließ, auch mächtigen Laien wie Matfrid umständlich zu vermitteln, wie Gott sich die alltägliche Lebensführung wünsche. Seinem Kaiser diente Jonas gleich mehrfach als *missus*, auch beriet er ihn in den diffizilen theologischen Fragen des rechten Umgangs mit Bildern im Kult. In den stürmischen Tagen, die Ludwig bevorstanden, sollte Jonas ihm stets die Treue halten[35].

Mächtige starben, neue Herren rückten auf – Einhard aber blieb. Spätestens nach dem Tod Adalhards Anfang 826[36] muss er sich bei Hof bisweilen wie ein Relikt aus anderer Zeit gefühlt haben. Er gehörte nun zu den Alten; von denen, die selbst noch die Entscheidungen am Hof Karls des Großen mitgestaltet hatten, war sonst nur Wala übrig. Alkuin war schon längst, schon 804, gestorben; Theodulf hatte 821 das Zeitliche gesegnet[37]. Von den Erzbischöfen und Bischöfen, die 811 das Testament Karls des Großen unterfertigt hatten[38], lebten nur noch Bernoin von Besançon, Jesse von Amiens und Waltgaud von Lüttich, außerdem Heito von Basel, der aber 823 sein Amt niedergelegt hatte und seitdem als Mönch im Inselkloster Reichenau betete[39]. An Ludwigs Hof hatte in den 820er Jahren keiner von ihnen mehr maßgeblichen Einfluss.

Neue Männer kamen, die Probleme blieben. Immerhin, in den Jahren 825/26 ergriff Ludwig die Initiative. Im August 825 ließ er auf einer großen Versammlung in Aachen einen programmatischen Text beschließen[40]. Darin richtete er sich an die Bischöfe und Grafen, die

Äbte und Vasallen, die Laien und Geistlichen, ja an alle Menschen in seinem Reich. Gleich eingangs verkündete er, was nun vor allem notwendig sei: Der Kirche Gottes und ihren Knechten sollten Schutz und Ehre zukommen; und es sollten im ganzen Volk Frieden und Gerechtigkeit herrschen. Im Übrigen aber bauten Ludwig und seine Ratgeber auch diesmal wieder die Theorie der Verantwortlichkeit aus: Gott hatte Ludwig in sein *ministerium*, seinen »Dienst« berufen; Gott hatte ihn dazu eingesetzt, dass er »die Sorge für seine heilige Kirche und dieses Reich innehabe«. Doch obgleich der Gipfel dieses Dienstes bei ihm, dem Kaiser, lag, hatte zugleich jeder einzelne Würdenträger im Reich auch einen Anteil daran. Der Kaiser hatte deshalb alle Menschen zu ermahnen; sie aber mussten seine *adiutores* sein, seine »Helfer«[41].

Es blieb eine Theorie der Verantwortlichkeit; ihre Reichweite aber hatte sich dramatisch ausgedehnt: Ludwig hatte nun ausdrücklich alle Christen in seinem Reich mit in die Verantwortung genommen. Bischöfe, Grafen, Äbte, Vasallen, Geistliche wie Laien – sie alle mussten dem Kaiser in seinem Dienst für Gott mithelfen, jeder an seiner Stelle, jeder seiner Rolle gemäß. Sie alle wurden verpflichtet, miteinander Eintracht, Frieden, Gerechtigkeit und Liebe zu schaffen. So schickte sich der Kaiser an, jeden Einzelnen der Reihe nach zu mahnen: Jeder, jeder sollte wissen, welche Aufgaben er zu erfüllen hatte aufgrund seines persönlichen Anteils am Dienst des Kaisers für Gott.

Die Vergesellschaftung der Verantwortung im Dienst für Gott hatte Folgen. In einer solchen Ordnung war jeder Einzelne mit all seinem Denken und Handeln nicht mehr nur für sein eigenes Heil verantwortlich; jeder Einzelne trug auch Verantwortung für den »allgemeinen Nutzen« *(communis utilitas)*[42], Verantwortung dafür, dass Gott in der Gemeinschaft der Christen seine Gnade walten ließ. Deshalb wollte Ludwig nun haargenau wissen, wie sehr sich jeder Einzelne im gemeinsamen Kampf wider die Sünde und den Teufel anstrengte. Der Kaiser wollte sich nicht mehr darauf verlassen, dass Opfer bei ihm Klage führten; nein, Sondergesandte sollten systematisch Informationen erheben. Und mehr noch: Die Menschen sollten sich gegenseitig überwachen, die Bischöfe die Grafen, die Grafen die Bischöfe, jeder Christ seine Nachbarn. Jedes Vergehen, jede Nachlässigkeit war zu melden!

Noch vor November 825 brachte der Kaiser eine großflächige Untersuchung auf den Weg. Sie sollte die Kirchenprovinzen von Besançon, Mainz, Trier, Köln, Reims, Sens, Rouen, Tours, Lyon, Tarentaise und Vienne erfassen. Hochrangige Sondergesandte, in der Regel ein Bischof und ein Graf, sollten in dem Bezirk, den Ludwig ihnen zuwies, jeweils zwei, drei große Versammlungen abhalten. Dort waren die Amtsführung der Magnaten zu prüfen und Missstände zu korrigieren. Außerdem sollten die Gesandten Ludwigs Theorie der vergesellschafteten Verantwortlichkeit und alle seine Anordnungen den Versammelten bekannt machen[43].

Doch die *missi* führten den Auftrag nicht so aus, wie Ludwig es gewünscht hatte. Anfang 826 berief der Kaiser seine Sondergesandten ein weiteres Mal zu sich, kritisierte die erste Inquisition und erteilte noch einmal präzisere Aufträge. Jeder Einzelne, der im Reich anderen Leuten vorstand, sollte in seiner Lebensführung überprüft werden. Im Mai sollten die *missi* zu diesem Zweck eine weitere Legation unternehmen. Und Ludwig betonte: Auf den zwei, drei oder mehr Versammlungen, die jeder *missus* in seinem Bezirk einzuberufen hatte, sollten alle erscheinen, alle bis auf den letzten Mann: alle Bischöfe, alle Äbte, alle Grafen, alle Königsvasallen, auch die Vögte und die Stellvertreter der Äbtissinnen und die Vertreter von den Leuten, die unvermeidlich nicht selbst erscheinen konnten. Jeder Graf sollte zudem seine Stellvertreter und Centenare bei sich haben, dazu drei oder vier seiner wichtigsten Schöffen. Dann, so wünschte es der Kaiser, sollte jeweils die gesamte Versammlung zu jedem einzelnen Anwesenden befragt werden: Wie der Mann – nach Gottes und des Kaisers Willen – sein Amt ausführe? Ob er auch Eintracht und Einmütigkeit mit den anderen halte? Ob er den anderen helfe, ihr *ministerium*, ihren Dienst, zu erfüllen? Sorgfältig und fleißig sollten die Gesandten nachforschen: Ludwig wollte »die ganze Wahrheit der Sache« erfahren[44].

Wer aber hätte bei einer solchen Veranstaltung ohne Tadel bleiben sollen? Wer wäre niemals nachlässig gewesen? Von wem hätte noch nie ein anderer mehr oder bessere Hilfe erhofft? So wurden im Auftrag des Kaisers im Frühjahr 826 allerorten christliche Feste der Kritik und Schuldzuweisung gefeiert. In den kleinteiligen Berichten seiner Gesandten muss Ludwig es wieder und wieder gehört haben: Die Menschen waren schlecht, nachlässig, sündhaft ...

Immerhin gelang noch im selben Jahr ein Achtungserfolg bei der Ausbreitung des Christentums. Im Juni 826 ließ sich der Däne Harald in St. Alban in Mainz taufen; Ludwig selbst fungierte als Pate[45]. Das mochte – für den Moment – die Hoffnung nähren, die Grenze im Norden sei sicherer geworden. Vielleicht würden ja auch andere Nordleute künftig von Raubzügen abstehen und fromme Christen werden? Doch sollte die leise Hoffnung, die Haralds Taufe geweckt hatte, nur allzu bald wieder schwinden – überrollt von neuen Kriegszügen und Plünderungen im Norden des Reiches.

Im Herbst des Jahres dann erreichte den Kaiser bei einem Aufenthalt in seiner Pfalz in Salz eine Hiobsbotschaft aus dem Südwesten. Der Gote Aizo hatte in der Spanischen Mark einen Aufstand angezettelt. Sein Ziel schien es, die ganze Region der fränkischen Kontrolle zu entziehen; die Stadt Vich hatte Aizo bereits eingenommen, auch manche andere Befestigung war gefallen[46]. Nicht wenige Große der Region standen dem Rebellen bei, sogar Muslime stützten ihn. Nun sandte Aizo seinen Bruder zu Abd ar-Rahman II., dem Emir von Córdoba. Der schickte prompt die erhoffte Hilfe: 827 rückte ein muslimisches Heer aus, um für Aizo zu kämpfen. Dessen eigene Truppen hatten bis dahin schon Teile Kataloniens geplündert und verwüstet, namentlich die Cerdaña am Segre und die Gegend östlich des Llobregat[47].

Für Ludwig ging es um viel. Anders als sein Vater stand er nicht im Glanz vieler Siege. Die Einnahme Barcelonas im Jahr 801 aber, sie war Ludwigs große Stunde gewesen: Der spanische Kriegszug seines Vaters 778, eben im Jahr von Ludwigs Geburt, war ein Debakel[48]; erst im Spätherbst 801 hatte unter Ludwigs Kommando ein Heer glücklich die Kapitulation Barcelonas erzwungen[49]. Wie sehr damals tatsächlich Ludwigs Kriegskunst den Ausschlag gegeben hatte, muss dahingestellt bleiben. Entscheidend ist: Die Eroberung Barcelonas, dann auch die Sicherung der Spanischen Mark in den folgenden Jahren – das war die eine bedeutende Kriegstat, die Ludwig für sich reklamieren konnte. Sie war wichtig für sein Prestige als Herrscher[50]. Aizos Aufstand hatte Ludwig persönlich getroffen. Der Kaiser musste durchgreifen.

Ludwig entsandte zunächst kein Heer in die Region, sondern drei *missi*: seinen alten Vertrauten und früheren Kanzler Helisachar und die Grafen Hildebrand und Donat. Gemeinsam mit dem Grafen Bernhard von Barcelona sollten die drei Gesandten den Aufruhr einhegen und gegen den Rebellen Aizo vorgehen. Die Mission war nicht ohne Erfolg; doch spätestens mit der Ankunft der Truppen des Emirs von Córdoba gewann Aizo wieder die Oberhand[51]. Der Aufstand im Südwesten wurde zum Problem.

Der Kaiser reagierte im Sommer 827: Er schickte seinen Sohn Pippin, der über Aquitanien herrschte, gegen Aizo ins Feld. Die Grafen Matfrid von Orléans und Hugo von Tours sollten dem Kaisersohn ein starkes Kontingent zuführen. Pippin erreichte das Kampfgebiet rasch; noch im September vermochte er die Stadt Vich zurückzuerobern. Den marodierenden muslimischen Truppen aber hatte er nichts entgegenzusetzen[52]. Erst die Krieger Matfrids und Hugos hätten Abhilfe schaffen können. Doch die Grafen ließen sich Zeit, viel Zeit: Die Armee des Emirs war bereits beutebeladen wieder in den Süden zurückgekehrt, als die Grafen endlich über die Pyrenäen kamen[53]. So war aus dem lokalen Aufstand des Goten Aizo in Vich eine militärische Niederlage gegen Muslime geworden – ausgerechnet in der Region, die der Kaiser persönlich in jungen Jahren durch seine Kriegskunst den Franken gesichert zu haben behauptete.

Matfrid und Hugo, die säumigen Feldherrn, sollten den Zorn des Kaisers zu spüren bekommen. Ludwig wollte die beiden hohen Herren ihrer Ämter entheben. Genau das sollte die kleine, feine Versammlung leisten, zu der Ludwig Anfang 828 auch Einhard nach Aachen einberufen hatte. Es war ein riskantes Unterfangen. Ludwig dürfte seine Entscheidung noch manches Mal bereut haben.

Nachts schlief er dergestalt, dass er die Nachtruhe vier- oder fünfmal unterbrach, indem er nicht nur aufwachte, sondern auch austrat. Während man ihm die Schuhe anzog und ihn ankleidete, ließ er nicht nur Freunde vor; wenn der Pfalzgraf mitteilte, dass ein Streitfall ohne seinen Befehl nicht beschieden werden könne, ordnete er vielmehr an, sofort die Streitparteien hereinzuführen, und sprach (sobald er sich ein Bild von dem Fall gemacht hatte) das Urteil, als ob er zu Gericht säße; und nicht nur das erledigte er zu dieser Stunde, sondern auch alles andere, das an diesem Tag an Amtsgeschäften anstand oder einem der Untergebenen aufzutragen war.

Einhard, Vita Karoli, c. 24

XIII.

Ende Januar 828 kam Einhard in seinem Haus in Aachen an[1]. Ein paar Tage später – die exklusive Versammlung war noch nicht zusammengetreten – stand Einhard früh auf, wie es bei Höflingen Sitte war, und machte sich auf den Weg zur Pfalz[2]. Er gehörte zu den Auserwählten, die unmittelbar Zugang zum Kaiser hatten. So konnte er sich ohne Weiteres in den Raum vor Ludwigs Schlafzimmer begeben. Dort traf er auf den ersten Mann bei Hof – den Erzkaplan Hilduin, der schon vor Ludwigs Schlafzimmertür wartete. Man grüßte einander, und Einhard bat Hilduin, sich doch zu ihm ans Fenster zu gesellen, von wo aus man die tiefer gelegenen Teile der Pfalz überblickte[3].

Hier, ans Fenster gelehnt, begannen die beiden Herren zu plaudern. Das Thema war Einhard lieb: Es ging um seine Märtyrer, die er nach Mulinheim hatte transferieren lassen. Einhard berichtete von dem Blutschweiß der Reliquien. Von hier kam das Gespräch bald wie von selbst auf die kostbaren Gewänder der Heiligen. Einhard erzählte eben, das Kleid des Marcellinus sei von bemerkenswerter Feinheit – da passierte es: Hilduin sagte etwas, das den kleinen Höfling zutiefst verstörte. Der Erzkaplan bestätigte ihn nämlich in seinem Urteil über die Qualität des Stoffes – aber nicht etwa neugierig fragend oder aus allgemeinem Wissen folgernd, sondern gerade so, als ob er den Stoff mit eigenen Augen gesehen hätte. Das war doch unmöglich!

Einhard fasste nach: Woher denn Hilduin den Stoff kenne? Der Erzkaplan schwieg eine Weile, dann setzte er zu einem Bekenntnis an – allerdings nicht ohne vorher Einhard zu bitten, ihm auch weiterhin gewogen zu bleiben. Einhard versprach's. Hilduin fuhr fort. Was er erzählte, brachte Einhards Blut in Wallung.

Laut Hilduin hatte Hunus, sein Priester, die Rückreise genutzt, um in Pavia, noch bevor Ratleik dort eintraf, einen Teil der Reliquien an sich zu nehmen. In der Kirche in Pavia, in der die Reliquien für einige Tage aufgestellt waren, seien eines Nachts alle Geistlichen, die über die Gebeine wachen sollten, eingeschlafen – nur Hunus nicht. Das habe der Priester für ein Zeichen Gottes gehalten: Hunus greift zu einer Kerze und schmort jene Seile an den Reliquienbehältern durch, die die Siegel halten – behutsam, ohne die Siegel zu beschädigen. Dann nimmt er einen (wie ihm scheint) bescheidenen Teil der Reliquien an sich und befestigt schließlich die Siegel wieder an den durchgebrannten Seilenden. Keiner der Schlafenden hat etwas bemerkt. In Saint-Médard angekommen, gibt Hunus die Knochen zunächst als die sterblichen Überreste des Tiburtius aus; bald aber gesteht er Hilduin seine Tat und den wahren Sachverhalt. Nun also, so schloss Hilduin sein Geständnis, würden die Knochen in Saint-Médard ehrenvoll aufbewahrt und verehrt. Doch sei es an Einhard zu entscheiden, ob sie dort auch bleiben sollten.

Einhard war aufgewühlt: Was für eine schnöde Tat! Manches, das ihm vorher Kopfzerbrechen bereitet hatte, erklärte sich jetzt wie von selbst. Noch in Michelstadt hatte er ehrfurchtsvoll und detailgenau die Reliquien seiner beiden Heiligen untersucht – und festgestellt: Marcellinus hatte offensichtlich weniger Knochen. Damals freilich hatte Einhard noch vermutet, der Heilige sei eben kleiner gewesen als sein Gefährte Petrus.

Und erst jetzt verstand Einhard auch jene seltsame Bemerkung, die nur wenige Tage zuvor, auf der Reise nach Aachen, einer seiner Gastgeber hatte fallen lassen: Da seien Leute vom heiligen Sebastian, also aus Saint-Médard, gekommen und hätten gemeint, Einhards Männer hätten auf der Rückreise aus Rom erst gezecht und dann ihren Rausch ausgeschlafen; und bei dieser Gelegenheit habe Hunus die Reliquien der beiden Märtyrer aus deren Behältern genommen und sie zu Hilduin nach Saint-Médard gebracht. In Einhards eigenen Behältnissen, die ihm Ratleik überbracht habe, sei nur ein Häuflein heiliger Staub geblieben.

Eine Katastrophe! Wenn nun der Teufel dieses Gerücht weiter verbreitete? Wenn nun alle Welt glaubte, nicht Einhard, sondern Hilduin verfüge über die Reliquien der Märtyrer Marcellinus und Petrus?[4] Und dann auch noch aus derart peinlichem Grund: weil Einhards Leute gezecht hatten! Wie sollte Einhard jetzt noch eine geistliche Gemeinschaft in Mulinheim gründen? Wie konnte er Pilger dorthin locken, wenn die Gläubigen überzeugt waren, die Heiligen ruhten in Saint-Médard? Einhards Grablege, Einhards Heil, das Heil seiner geliebten Emma – alles stand auf dem Spiel.

Einhard zögerte nicht lange. Er erteilte dem Erzkaplan gleich vor Ort, noch vor dem Schlafzimmer des Kaisers, eine Absage: Er wollte seine Reliquien wiederhaben, so schnell wie irgend möglich. Es bedurfte einiger Beharrlichkeit; Hilduin sträubte sich und suchte zu behalten, was ohnehin schon in seinem Besitz war. Dann endlich, widerwillig genug, lenkte er ein.

Am Ende erhielt Einhard die Reliquien zurück. Aber Hilduin gestaltete die Rückgabe so demütigend für Einhard, wie er nur konnte[5]. Zunächst sandte Einhard zwei Geistliche seines Hauses, den Priester Hiltfrid und den Subdiakon Filimar, nach Saint-Médard. Gegen eine »Gabe« von 100 Goldstücken – eine gewaltige Summe! – sollten sie dort die Reliquien des Marcellinus zurückerhalten und nach Aachen bringen. Hilduin aber ließ die Überreste des Heiligen nicht einfach Einhards Geistlichen aushändigen. Er gab ihnen stattdessen zwei Mönche seines Klosters Saint-Médard als Begleitung mit auf den Weg; und auch nachdem diese Vierergruppe zur Aachener Pfalz zurückgekehrt war, ließ Hilduin die Reliquien noch nicht seinem Konkurrenten übergeben. Nein, er transferierte die Knochen erst einmal in das Oratorium seines eigenen Hauses in Aachen. Dort blieben sie länger als acht Tage liegen – lange, quälende Tage für Einhard.

Das Osterfest kam. Danach verließ der Kaiser die Pfalz, um auf die Jagd zu gehen. Ihm folgte der größere Teil der Hofgesellschaft. Erst jetzt – als in Aachen das höfische Publikum fehlte – war Hilduin bereit, Einhard die Reliquien des Marcellinus zu überreichen. Auch jetzt aber diktierte Hilduin noch Ort und Ablauf des Geschehens. Er begab sich nicht etwa selbst zu Einhard; nein, er ließ seinen Konkurrenten in dem Gebäude antreten, über das er selbst die Verfügungsgewalt hatte: in der Marienkirche der Pfalz. Hier konnte Hilduin als Erzkaplan die Übergabe nach seinem Belieben inszenieren. Dann endlich, nach Wochen des Wartens, durfte Einhard die Reliquien entgegennehmen und in das Oratorium seines eigenen Aachener Hauses überführen.

Immerhin, auf dem Weg von der Marienkirche dorthin wurden die Menschen, die in Aachen im Westen der Pfalz wohnten, auf die Translation des Heiligenleibes aufmerksam. Die Reliquien, so wird es Einhard später selbst behaupten, hätten nämlich jetzt einen überaus süßen Duft verströmt, hätten damit die Leute angelockt und schließlich in Einhards Bethaus etliche Heilungswunder gewirkt. In Hilduins Oratorium dagegen hatte der heilige Marcellinus all dies noch nicht leisten wollen!

Die Mirakel konnte bald auch Hilduin nicht mehr vertuschen. Selbst der Kaiser erfuhr während der Jagd von der Wundertätigkeit des neuen Heiligen in Aachen. Ludwig, so behauptete Einhard im Nachhinein, habe daraufhin »beschlossen, dass er nach seiner Rückkehr nach Aachen unser Oratorium, in dem dies geschah, besuchen wolle, um den Märtyrer zu verehren«[6]. Doch wieder machte Hilduin seinen Einfluss geltend: Er hinderte Ludwig an dem geplanten, ehrenvollen Besuch bei Einhard; und er ließ die Marcellinus-Reliquien stattdessen abermals an jenen Ort transferieren, über den er selbst gebot. Nicht bei Einhard, sondern in der Marienkirche erwiesen Kaiser und Kaiserin dem römischen Märtyrer die schuldige Verehrung; immerhin, der Kaiser schenkte Marcellinus und Petrus nun 15 Hofstellen und einige Weingärten in einem Ort namens *Hludolvesthorp* an der Ahr; die Kaiserin gab obendrein ihren schweren, goldenen Gürtel. Danach wurden die Reliquien wieder in Einhards Oratorium zurückgetragen. Von dort gelangten sie schließlich in einer sechstägigen Prozession – und nicht ohne weitere Wunder – nach Mulinheim.

Hilduin hatte seine Niederlage in einen Sieg verwandelt. Er hatte eindrucksvoll demonstriert, wie fraglos Einhard im Rang unter ihm, dem Erzkaplan, stand. Dem entsprach nur zu gut das, was Hilduin die Kapläne, die seiner Aufsicht unterstanden, eben in jenen Wochen in den Annalen des Hofes über die spektakuläre Translation notieren ließ: »Die Körper der heiligen Märtyrer Marcellinus und Petrus«, so heißt es dort nüchtern, »wurden aus Rom weggeführt und im Oktober in die Francia gebracht, wo sie durch viele Zeichen und Wunderkräfte berühmt wurden.«[7] Kein Wort über Einhard, kein Wort über Einhards Kirche in Mulinheim, wo die Heiligen nun zu verehren waren. Es ging auch anders: Über seinen eigenen Erwerb des heiligen Sebastian und über dessen Translation nach Saint-Médard hatte Hilduin in demselben offiziösen Text in aller Breite berichten lassen[8].

Der elitäre Zirkel, der im Februar und März bei Hof in Aachen tagte, muss für Einhard eine quälende Nebensächlichkeit von existentieller Bedeutung gewesen sein. Was gingen ihn eigentlich Matfrid und Hugo an, was dieser Aizo in der fernen Spanischen Mark? Gleich nach seinem Gespräch mit Hilduin sandte Einhard zu Ratleik und Luniso, beorderte sie nach Aachen und ließ sich den Hergang aus ihrer Sicht schildern. Beide bezichtigten Hunus der Lüge: Nachdem sie Rom verlassen hätten, habe der Priester nie und nimmer Gelegenheit gehabt, die Reliquien zu stehlen. Den Raub habe er schon in Rom begangen – in jener kurzen Zeit, als der Leib des Marcellinus vorübergehend im Haus des Deusdona untergebracht war. Luniso selbst gestand Einhard nun auf Knien und unter Tränen: Er habe Hunus noch in Rom die kostbaren Reliquien um vier Gold- und drei Silberstücke verscherbelt[9].

Während Einhard Tag für Tag auf seine Reliquien wartete, traf er Hilduin und die übrigen Mächtigen regelmäßig bei den Beratungen am Hof – den Kanzler Fridugis, den Grafen Gerold von der Ostmark, etliche Bischöfe, auch die Kaisersöhne Pippin und Ludwig[10]. Am Ende fällte der kleine Zirkel genau die Entscheidung, die der Kaiser gewünscht hatte: Hugo und Matfrid verloren ihre Ämter[11].

Zu Matfrids Nachfolger in Orléans berief Ludwig einen Mann namens Odo. Er war der Vetter des Grafen Bernhard von Barcelona[12].

Aber mehr noch wurde entschieden. Man kam überein, allen Gläubigen ein dreitägiges Fasten anzubefehlen. Die fromme Askese sollte endlich Gott den Franken wieder gnädig stimmen. Außerdem plante man für den Sommer eine große, allgemeine Versammlung, um dort weitere Maßnahmen auf den Weg zu bringen[13]. Doch die Initiative geriet gleich wieder ins Stocken: Das katastrophale Wetter, die Missernten, der Hunger – sie blieben. Am 1. Juli beobachteten Ludwigs Hofgeistliche wieder einmal eine Mondfinsternis. Im Südwesten, in der Gegend von Agen, regnet es Getreide vom Himmel, ähnlich wie Weizen, aber mit etwas kürzeren und runderen Körnern[14]. Im Spätjahr 828 führte der Bischof Frothar von Toul erschüttert Klage: »Der Hunger der vergangenen Jahre«, schrieb er in einem Brief an den Erzkaplan Hilduin, habe die Menschen, die das Land seiner Kirche bestellten, »in das Elend so großer Armut getrieben«, dass sie kaum noch ihr Leben fristen könnten[15]. Wenige Wochen später sollte auch der Kaiser offen über den »fortwährenden Hunger« und die »Unfruchtbarkeit fast allen Getreides« sprechen[16].

Die für 828 geplante große Versammlung konnte wegen der Angriffe an den Grenzen nicht stattfinden: Ludwig entsandte Lothar und Pippin in die Spanische Mark, wo ein neuer Vorstoß des Emirs von Córdoba drohte. Einen militärischen Sieg im Südwesten aber, der doch gerade jetzt so wichtig gewesen wäre, erfochten Ludwigs Söhne nicht. Als sie in Lyon erfuhren, dass das muslimische Heer den Angriff eingestellt habe, zogen sie unverrichteter Dinge heim[17]. Im Südosten wiederum sollte Ludwig, der jüngste Sohn des Kaisers aus erster Ehe, die aufsässigen Bulgaren bekämpfen[18]. An geistlicher Stärkung mangelte es ihm nicht: Die Mönche in Fulda sangen für Ludwig und seine Mannen in der Fastenzeit tausend Messen und tausend Psalter[19]. Ein durchschlagender Erfolg blieb dennoch aus. Schon im Jahr darauf fielen wieder bulgarische Truppen ins Reich ein[20].

Im Norden machte derweil ausgerechnet jener Däne Harald, der 826 in St. Alban in Mainz die Taufe empfangen hatte, durch einen voreiligen Angriff auf einige dänische Dörfer die Friedensverhandlungen zunichte, die man eben erst mit guter Aussicht auf Erfolg eröffnet hatte. Nun drangen Dänen ihrerseits über die Eider, vertrieben die sächsischen Grafen und ihre Leute von dort und plünderten straflos die Gegend[21] ...

Nein, Gott hatte noch immer kein Erbarmen mit Ludwig. Noch immer ließ der Allmächtige seine Gnade nicht walten. Am Martinstag 828, dem 11. November, kehrte der Kaiser nach Aachen zurück, um dort zu überwintern. Ludwig versuchte zäh, das Steuer wieder in die Hand zu bekommen. »Die gesamte Winterzeit«, heißt es in den Annalen des Hofes, »brachte er in verschiedenen Zusammenkünften zu, die wegen der notwendigen Angelegenheiten des Reiches anberaumt worden waren.«[22]

Auch Einhard gehörte zum Kreis derer, die den Kaiser bei seiner letzten großen Initiative beraten sollten[23]. Das Frühjahr und den Sommer des Jahres 828 hatte Einhard erst in Aachen, dann bei seinen Heiligen in Mulinheim verbracht[24], hatte hier wie dort allerlei Wunder beobachtet und eifrig notiert. Da war zum Beispiel dieser Bettler, den Einhard schon seit langem regelmäßig vor seinem Haus in Aachen traf: ein Blinder, der zusammen mit anderen Armen und Kranken sein Leben fristete, von Tür zu Tür ziehend und um Almosen bittend. Eines Nachts im Frühjahr 828 aber, als der Blinde in seiner Hütte schlief, erblickte er einen Mann an seiner Seite. Der sagt ihm: Wenn er seine Sehkraft wiedererlangen wolle, dann müsse er zu Einhards Kapelle gehen. Der Bettler lehnt das Angebot ab: »Was soll ich denn mit meinem Augenlicht jetzt anfangen, nachdem ich doch so lange ohne es gelebt habe? Es ist besser für mich, es nicht zu haben, als es zu haben. Jeder hört ja einem blinden Bettler zu, und man gibt ihm, was er braucht; aber für einen, der sehen kann, gehört es sich nicht, zu betteln. Und weil ich alt bin und schwach, kann ich ja nicht arbeiten!« Doch alle Ausflüchte halfen nicht: Dreimal kam der Bettler zu Einhards Kapelle und betete dort. Dann konnte er wieder sehen[25].

Einhard schrieb nicht nur nieder, was er mit eigenen Augen gesehen hatte. Er war auch sonst bemüht, den Kult seiner Märtyrer zu fördern. Er wusste: Das beste Mittel war es, Teile der Reliquien an andere Orte zu senden und die Wunder, die sie dort wirkten, sorgsam aufzeichnen zu lassen und weithin bekanntzumachen. Der Erste, der von Einhard noch in Aachen Reliquien erhielt, war Georg. Der griechische Priester war 826 aus Venedig ins Frankenreich gekommen. Er war ein begabter Handwerker: Am Hof des Kaisers in Aachen war er erschienen, um dort eine Wasserorgel zu bauen – ein wahres Wunderwerk der Technik. Ludwig belohnte ihn reich mit dem Abbatiat des Klosters Saint-Sauve in Valenciennes[26]. Einhard sandte nun auf Bitten des Griechen hin einige Überreste seiner Märtyrer nach Valenciennes. Georg zeichnete im Gegenzug sorgfältig auf, welche Wunder die Heiligen seit ihrer Translation dorthin, zwischen dem 19. Juni 828 und Ende Juli desselben Jahres, gewirkt hatten[27].

Mit demselben Ziel übermittelte Einhard im Frühjahr und Sommer Reliquien nach St. Bavo in Gent und ins Servatius-Stift nach Maastricht. Auch die Kleriker dieser Häuser ließ er jeweils tagebuchartig aufzählen, welche Wunder Marcellinus und Petrus getan hatten. Die Hefte, die er von den beiden Gemeinschaften erhielt, verzeichneten Mirakel zu Dutzenden: für St. Servatius in der Zeit vom 4. bis zum 23. Juni, für St. Bavo vom 5. Juli bis Ende September 828[28].

Bald darauf aber musste Einhard zurück zum Hof. Als ihn die Heiligen selbst dazu ermahnten, legte er zunächst noch die heimgeholten Teile des Marcellinus zu dessen übrigen Gebeinen. Dann machte er sich auf die Reise nach Aachen[29].

Das Geschlecht der Merowinger, aus dem sich die Franken die Könige zu erheben pflegten, reichte – so meint man gemeinhin – bis zum König Childerich, der auf Befehl des römischen Bischofs abgesetzt, geschoren und ins Kloster eingewiesen wurde. Auch wenn es aber erst mit Childerich erloschen scheinen könnte, hatte es doch schon lange keine Tatkraft und nichts Herausragendes mehr an sich als einen hohlen Königstitel. Sowohl das Heer wie auch die Macht über das Reich hatten nämlich die Vorsteher des Hofes inne, die »Hausmeier« hießen und denen die ganze Fülle der Befehlsgewalt eignete. Dem König ließ man nichts anderes übrig als dies: Allein mit dem königlichen Titel sich begnügend, mit langem Haar und ungestutztem Barte, saß er auf dem Thron und spiegelte die äußere Erscheinung eines Herrschers vor, hörte Legaten von allerorten an und erteilte ihnen, bevor sie aufbrachen, diejenigen Antworten, die man ihm angelernt oder gar anbefohlen hatte, als ob er aus eigener Machtvollkommenheit spräche. Denn außer dem unnützen Titel eines Königs und dem Gnadenbrot, das ihm der Vorsteher des Hofes nach Gutdünken gewährte, besaß er nichts zu Eigen als einen einzigen Güterkomplex (und zwar einen mit sehr dürftigen Einkünften). Dort hatte er ein Haus und eine kleine Schar von Dienern, die ihm das Notwendige darbrachten und Gehorsam erwiesen. Wohin auch immer er reisen musste – er legte den Weg auf einem Karren zurück, der von zusammengespannten Ochsen gezogen wurde, nach Bauernart fortbewegt von einem Ochsentreiber. So pflegte er zum Palast zu fahren, so auch zur öffentlichen Zusammenkunft seines Volkes, die man Jahr für Jahr zum Nutzen des

Reiches mit reger Teilnahme abhielt; und so pflegte er dann auch wieder nach Hause zurückzukehren. Die Führung des Reiches aber und alles, was im Inneren und nach außen hin zu steuern und zu ordnen war, besorgte der Vorsteher des Hofes.

Einhard, Vita Karoli, c. 1

XIV.

In seinem Streit mit Hilduin im Frühjahr hatte Einhard erahnen können, wie es später einmal wäre – dann, wenn auch er, wie so viele vor ihm, seinen Einfluss auf den Kaiser ganz verloren hätte. In den letzten Monaten hatte sich die Lage unerfreulich zugespitzt: die Kriege im Südwesten, Südosten, Norden, die neuen Missernten, der Hunger ... Auch hatten sich Matfrid und Hugo nach dem Verlust ihrer Grafschaften keineswegs in ein frommes Leben auf ihren Eigengütern zurückgezogen. Die beiden Herren waren eifrig dabei, Freunde und Verwandte für ihre Sache zu gewinnen und Allianzen zu schmieden. Sogar mit Kaiser Lothar, Hugos Schwiegersohn, so munkelte man, hatten sie schon Kontakt aufgenommen. Es drohte eine Rebellion, wie sie die Franken schon lange nicht mehr gesehen hatten. Ludwig brauchte Erfolge, dringend.

Was mag Einhard auf seiner Reise nach Aachen gedacht und gefühlt haben? Gerade jetzt, nach dem glücklichen Erwerb seiner Heiligen, gerade jetzt drohte er in einen Strudel hineingerissen zu werden, in dem er, das alte Männlein, nur allzu rasch ertrinken konnte. Einhard folgte im Herbst 828 dem Ruf seines Kaisers nach Aachen. Aber er kam mit Widerwillen[1].

Auf der Reise von Mulinheim zur Kaiserpfalz, noch gut 100 Kilometer vom Ziel entfernt, aber schon jenseits des Rheins, machte Einhard Station auf dem Gut des Kaisers in Sinzig. Nach einem ausgedehnten Abendessen dort zog er sich mit seinen Bediensteten in sein Schlafgemach zurück. Da kam der Diener, der ihm die Getränke zu bringen pflegte; er schien seinem Herrn etwas sagen zu wollen. Einhard forderte ihn auf zu sprechen – und hörte nun aus dem Mund des Dieners zwei Wunder, die sich eben erst ereignet hatten: Im Keller unter dem Speiseraum, in dem Einhard zu Abend gegessen hatte, haben die Bediensteten Bier ausgeschenkt bekommen. Ein Junge tritt heran, um für einen anderen einen Becher zu füllen, und bittet auch selbst um ein wenig Bier. Man gibt ihm einen Becher, der auf einem der Fässer steht, und schenkt ihm ein. Da ruft der Junge: Das sei kein Bier! Es schmecke wie Wein! Andere kosten, und in der Tat: In dem Becher ist Wein. Im selben Moment aber, alle stehen noch staunend, fällt die Kerze von der Wand und erlischt. Einer der Diener hebt die Kerze auf und rennt zur Tür; doch weil er Angst im Dunkeln hat, ruft er: »Mögen uns die heiligen Märtyrer Marcellinus und Petrus helfen!« Da entzündet sich die Kerze wie von selbst wieder!

Einhard wird den Bericht des Dieners mit innerer Befriedigung und intellektueller Neugier gehört haben. In seinem Bette liegend, dachte er darüber nach, was der Wandel von Bier zu Wein, von einem »geringeren« zu einem »höheren« Getränk, wohl zu bedeuten habe. Und warum hatte sich ein solches Wunder gerade hier ereignet, in einem Hofgut des Königs, nicht in Mulinheim, bei den Märtyrern selbst? Einhard hatte den höheren Sinn all dessen noch nicht ergründet, als der Schlaf ihn übermannte. Und doch schien ihm eines gewiss: Gott, der das Wunder gewirkt hatte – er hatte es nicht ohne Grund und Sinn getan[2].

So wie sich an diesem Abend im November des Jahres 828 im Keller in Sinzig das Bier mit Gottes Willen in ein edleres Getränk verwandelte, so würde auch Einhard sich in den folgenden Wochen und Monaten wandeln. Aus dem Höfling in Aachen, geschäftig inmitten der Welt, sollte der Hüter der Märtyrer in der Muße von Mulinheim werden.

In Aachen musste Einhard im Winter 828/29 an einer langen Reihe immer neuer Zusammenkünfte und Beratungen teilnehmen. Der Kaiser und die ersten Männer des Reiches wollten nun endlich die eine große Anstrengung unternehmen, die allen Kalamitäten ein Ende setzen würde. Die Initiative von 825/26 hatte nicht gereicht, um Gott zu besänftigen, das Kriegsglück zu wenden, das Wetter zu bessern, den Hunger zu stillen. So wollte der Kaiser mehr: mehr

Untersuchungen seiner *missi*, mehr Informationen über all die Sünden der Menschen, mehr gegenseitige Überwachung und Kontrolle, mehr Besserung, mehr Korrektur. In Aachen besprachen Ludwig und sein Zirkel in den Wintermonaten die Pläne für Frühjahr und Sommer 829[3].

Schon bald stand fest: Wie 813, in der letzten Reforminitiative Karls des Großen, sollten auch im Jahr 829 mehrere Synoden gleichzeitig an unterschiedlichen Orten tagen und über Fragen beraten, die der Hof vorgab. Aber das reichte nicht aus! Der Kaiser verlangte bessere, genauere Informationen über die Missstände im Reich, Informationen auch über die Schuld, die jeder Einzelne auf sich geladen hatte, der vom Kaiser dazu berufen worden war, andere Menschen zu führen. So wurde – wie schon 825 und 826 – eine allgemeine *inquisitio* angesetzt, eine flächendeckende Untersuchung durch Sondergesandte des Kaisers. Selbstverständlich sollten die Gesandten auch diesmal, wo es ihnen möglich war, die Missstände am Ort gleich selbst korrigieren; nur sollte die Untersuchung diesmal noch umfassender, noch gründlicher sein.

Noch vor dem Weihnachtstag des Jahres 828 ließ Ludwig ein Schreiben in seinem und seines Sohnes Namen aufsetzen[4]. Darin informierten die beiden Kaiser ihre Getreuen knapp über die aktuellen Beratungen bei Hof und über den Beschluss, Synoden einzuberufen – vorerst noch ohne ein Datum oder auch nur die Versammlungsorte zu nennen. Außerdem berichteten die Kaiser in dem Brief von der Entscheidung, ihre Sondergesandten durch das gesamte Reich zu schicken. Wie schon im Jahr zuvor ordneten die Kaiser wieder ein allgemeines Fasten an; vom 24. bis zum 26. Mai sollten sich alle Christen im Reich in dieser Enthaltsamkeit üben. Und schließlich befahlen Ludwig und Lothar: Alle Männer, die zum Kriegsdienst verpflichtet waren, hatten sich für einen sofortigen Aufbruch bereitzuhalten. Eben in die Anfänge der konkreten Maßnahmen platzte das nächste bedrohliche Himmelszeichen: Ausgerechnet am Weihnachtstag selbst, gegen Mitternacht, verfinsterte sich wieder der Mond![5]

Das Schreiben der Kaiser, dazu wohl auch mündliche Instruktionen, bildeten die Basis für die Legation der Sondergesandten Anfang 829. Die ersten Berichte erreichten den Hof Ende Januar oder Anfang Februar. Parallel dazu wurden in Aachen die Eckpunkte des Unternehmens ausgearbeitet und festgezurrt. Die Synoden, so beschloss man, sollten in Mainz, Paris, Lyon und Toulouse tagen. Als Arbeitsauftrag ließ Ludwig Grundsatzfragen notieren: »Auf diesen Versammlungen sollen sie – im Hinblick auf Fragen der christlichen Lebensführung und des Glaubens und die ihnen zukommende Sorgsamkeit – erörtern, überdenken und mit Gottes Beistand Folgendes ermitteln: Was wird von den Fürsten und dem übrigen Volk so gehalten, wie es Gottes Wille lehrt? Was wird anders gehandhabt? Was davon ist zum Teil oder vollständig unüblich geworden, so dass es nicht mehr eingehalten wird? Was können sie – die ja als Hirten über das Volk eingesetzt sind – in Hinblick auf ihre eigenen Sitten, ihre eigene Lebensführung und ihre eigenen Handlungen finden, das nicht der göttlichen Regel und Autorität entspricht? Weiterhin sollen sie ermitteln: Was hat bei jedem der beiden Stände dazu geführt, dass sie vom rechten Pfad abgewichen sind?«[6]

Die Ergebnisse jeder Synode sollte ein Notar getreulich protokollieren, vorerst aber noch geheim halten. Denn die Beschlüsse aller vier Synoden sollten erst zusammengeführt und dann aus ihnen allgemeine Bestimmungen für eine große Versammlung im Sommer in Worms abgeleitet werden. Ludwig und seinen Ratgebern lagen mittlerweile schon die Berichte der Königsboten Otgar und Alberich vor; so konnten sie bereits erste Verhandlungspunkte für die Synoden notieren – vorerst noch eine kurze, karge Themenliste[7]. Das Datum für die Synoden aber hatte Ludwig immer noch nicht festgelegt[8].

Im Laufe des Februar, wohl auch noch im März kehrten nach und nach die *missi* von ihren Legationsreisen nach Aachen zurück und erstatteten Bericht. Doch je mehr Gesandte bei Hof eintrafen, desto ungehaltener wurde der Kaiser: Wie schon 825 fand Ludwig auch diesmal, dass die Legation nicht präzise und eindringlich genug durchgeführt worden sei. Ludwig mahnte an, was er den Menschen mitgeteilt wissen wollte: »Es ist ihnen zu sagen, dass es notwendig ist, dass wir alle gemeinsam verstehen, welche Gefahr uns droht, vor allem dadurch, dass <wir> in unserer Nachlässigkeit so große und solche Dinge <getan haben>, durch die Gott beleidigt werden und die Ehre und Ehrwürdigkeit der Herrschaft schwinden konnte!«[9] Die Gesandten, solcherart gerügt, sahen den Misserfolg ihrer Reise selbst nur zu gut. Doch gaben sie die Schuld daran den Kaisern: Ludwig und Lothar hätten ihnen ja doch für die Legation keine *plena iussio* erteilt, keinen »umfassenden Befehl«, wie es notwendig gewesen wäre![10]

Die Anspannung bei Hof wuchs, als ausgerechnet jetzt, in einer Nacht kurz vor Ostern, wenige Tage also vor dem 28. März 829, ein Erdbeben die Pfalz in Aachen erschütterte. Gleichzeitig fegte ein Sturm über die Stadt, deckte viele kleinere Häuser ab, riss sogar einen Gutteil der Bleischindeln vom Dach der Pfalzkapelle herunter[11]. Ob auch Einhards Haus beschädigt wurde? Das Zeichen war unzweideutig: Gott zürnte noch immer!

Ludwig und Lothar reagierten prompt. Jetzt erteilten sie jenen umfassenden Befehl, den die Sondergesandten bei ihrer ersten Legation vermisst hatten. Das Material, das sie den *missi* mit auf den Weg geben ließen, war so präzise wie nie zuvor. In allen Details wurden die Gesandten instruiert: Wie hatte ihre *inquisitio* abzulaufen? Welche Personen waren einzubeziehen? Wer genau war auf welche Weise in seiner Amtsführung zu überprüfen?[12]

Und mehr! Die *missi* bekamen drei lange Listen in die Hand. Sie enthielten alle Punkte, die es zu untersuchen galt. Einige davon gingen wohl schon auf Erkenntnisse der ersten, fehlgeschlagenen Legation zurück; andere wurden nun eigens bei Hof neu formuliert. In allen Listen aber ließ der Kaiser zugleich festhalten, welche Missstände die *missi* selbst vor Ort korrigieren sollten – und welche Personen, die sich etwas zuschulden hatten kommen lassen, unter Gestellung von Bürgen an den Hof zu bringen waren, damit die Kaiser persönlich über sie urteilten[13].

Kein Detail blieb unbeachtet. Man regelte sogar, welche Versorgung den *missi* auf ihrer Legation zustehen sollte: Jeder von ihnen konnte, wann immer er fern seiner eigenen Güter Station machte, für sich und seine Leute 40 Brote einfordern, außerdem zwei Ferkel, ein Milchschwein oder ein Lamm, vier Hühner, 20 Eier, acht Schoppen Wein, zwei Maß Bier, zwei Scheffel Getreide[14].

Die verschiedenen Instruktionen, die drei Kapitellisten, die Regelung der Lebensmittelversorgung: Dieses ganze Material wurde Ende März in hektischer Betriebsamkeit bei Hof zusammengestellt. Nach der verpatzten ersten Legation lief nun die Zeit davon. Die Gesandten sollten sich schon zur Osteroktav, am 4. April also, auf den Weg machen. Die Synoden waren dann bereits für die Pfingstoktav geplant, mithin genau in den Tagen Ende Mai, für die im Dezember des Vorjahres ein allgemeines Fasten angeordnet worden war[15]. Es würde aber ja auch noch Zeit kosten, die Ergebnisse der Synoden zu kollationieren und daraus einen Entwurf für den großen, umfassenden Normtext zu erarbeiten, der dann im Hochsommer des Jahres auf der allgemeinen Versammlung in gebührender Form beschlossen und verkündet werden sollte.

Und immer noch waren Fragen offen, viele Fragen, allzu viele. Auch sie sollten auf der großen Versammlung beraten werden: Wie sollte man damit umgehen, dass manche Laien Priester fesselten und auspeitschten?[16] Wie viel Reiseversorgung sollten Grafen bei ihren kleinen, wie viel bei ihren großen Legationen für sich beanspruchen dürfen?[17] Und wichtiger: Wie konnte man gegen die Entfremdung von Kirchengut vorgehen, das jemand 30 Jahre ohne Widerspruch besessen hatte?[18] Mit welchem Verfahren konnte man künftig genauer ermitteln, wie viele Freie angesichts der nun schon seit Jahren grassierenden Hungersnöte überhaupt in der Lage waren, in den Krieg zu ziehen?[19] Auf welche Güter im Einzelnen erstreckte sich das Privileg der Immunität, das Ludwig mittlerweile allen Bistümern und etlichen Klöstern zu verleihen pflegte?[20] Was sollte mit den Gütern geschehen, die Matfrid von verschiedenen Leuten in unterschiedlichen Regionen mehr oder minder redlich erworben hatte?[21] Und prinzipiell: In welchem Verhältnis sollten Laien und Geistliche zueinander stehen? Welchen Ort hatte die Kirche Gottes in der Welt? Kein Geringerer als Wala stieß eine Grundsatzdebatte an[22].

Einhard durchlebte Wochen und Monate eifernder Betriebsamkeit bei Hof. Immer neue Versammlungen und Beratungen folgten einander. Es ging um große Fragen und richtungsweisende Entscheidungen, um die gottgewollte Ordnung der Welt; und es ging um haarkleine Details des Alltags. Jede Zusammenkunft, jede Diskussion bot von neuem Zunder für Streit, Hader und Hass zwischen den tonangebenden Männern des Reiches. Die Mächtigen, die hier berieten, mussten zugleich immer auch auf ihren Rang, ihr Verhältnis zueinander, ihre Ehre bedacht sein[23]. Einhard, fern von seinen Märtyrern, durchlitt »einen wenig angenehmen Aufenthalt bei Hof«[24].

Dass er bei den Zusammenkünften mit seiner Meinung, seinen Ratschlägen, seinen Wortbeiträgen immer seltener Gehör fand, besserte die Laune des alten Höflings nicht. Noch im Dezember sandte er einen seiner Leute, einen gewissen Elleanhard, nach Mulinheim[25]: Er sollte sich erkundigen, was es dort Neues gebe – und dann so rasch wie möglich nach Aachen zurückkehren. Was Einhard gut zwei Wochen später von Elleanhard hörte, dürfte seine Stimmung immerhin aufgehellt haben: Der Bote wusste über ein weiteres Heilungswunder zu berichten, das die Märtyrer in Mulinheim gewirkt hatten, gerade eben erst, in seiner Gegenwart! Ein gewisser Gisalbert, der einen Buckel hatte und ganz verkrümmt ging, war in Einhards Kirche geheilt worden – und zwar vor jenen Reliquien, die Ratleik kurz vor der Abreise aus Rom von Deusdona geschenkt erhalten hatte. Marcellinus und Petrus aber hatten dieses Wunder vorher angekündigt: Nur deshalb war Elleanhard – schon im Begriff, wieder abzureisen – doch noch einen Tag länger in Mulinheim geblieben. So hatte er alles mit eigenen Augen bestaunen können.

Die Märtyrer hatten ihre Ankündigung allerdings nicht an Elleanhard selbst gerichtet. Sie hatten den Bettler Alberich informiert, der nun schon seit längerer Zeit beim Grab der Märtyrer lebte[26]. Der Mann stammte aus Aquitanien; nach Mulinheim hatten ihn einige

Händler aus Mainz mitgenommen, die Getreide in Oberdeutschland aufzukaufen pflegten, um es dann über den Rhein in ihre Stadt zu verschiffen und dort teurer an den Mann zu bringen. Alberich war blind, ihm fehlten seit Geburt die Augen. Außerdem zitterten seine Glieder so heftig, dass er nicht in der Lage war, ohne Hilfe anderer auch nur Nahrung in seinen Mund zu befördern. Die Heiligen in Mulinheim schenkten Alberich zwar nicht die Sehkraft; doch sie kurierten sein Schütteln und Zittern. Seit der Heilung erschienen sie Alberich nächtens in seinen Träumen. So auch jetzt: Alberich konnte Elleanhard mitteilen, dass die Märtyrer ihm ein Wunder an Gisalbert prophezeit hatten.

Elleanhards Bericht war für Einhard ein Lichtblick in trüber Zeit. Er wird bei Hof nur zu gern von dem neuen Wunder erzählt haben – wie auch von all den anderen Mirakeln, die seine Heiligen in Mulinheim nun schon gewirkt hatten. Gleich im Februar 828, im Zwiegespräch mit Hilduin, hatte er ja über Marcellinus und Petrus geredet. Ähnlich wird er auch jetzt jede Gelegenheit genutzt haben, um vor den Höflingen und den hochrangigen Gästen in Aachen die wunderbare Heilkraft seiner Märtyrer herauszustreichen. Klatsch und Tratsch, Gerüchte streuen, Informationen tauschen – auch das war ein wichtiger Teil des höfischen Alltags. Kein Ort wäre für Einhard besser geeignet gewesen, den Kult seiner Heiligen in den Eliten zu propagieren. Und je mehr Leute von den Wundern und der Kraft der Heiligen erfuhren, desto besser für Einhard. Mit der Reputation der römischen Gebeine wuchs auch das Ansehen ihres Besitzers.

Als Einhard in den immer neuen Beratungen bei Hof immer seltener für seine Vorschläge Gehör fand, muss es für ihn nahegelegen haben, sein neues, heiliges Kapital auch hierfür zu investieren[27]. Noch im Winter 828/29 überreichte er Ludwig dem Frommen eine Liste von *capitula*, denen er einen geradezu himmlischen Ursprung zuschrieb. Der Erzengel Gabriel selbst, so ließ Einhard seinen Kaiser wissen, habe diese Kapitelliste dem blinden Alberich am Grab der Heiligen Marcellinus und Petrus in Mulinheim offenbart. Es seien dringliche Handlungsanweisungen für Ludwig selbst, vorgelegt auf

Befehl des Erzengels. Die Authentizität der himmlischen *capitula* aber sei durch ein Wunder zweifelsfrei erwiesen. Zwei Kerzen nämlich, die Alberich in seinen Händen gehalten habe, hätten sich – wie zuvor vom Erzengel angekündigt – ohne jedes menschliche Zutun entzündet. Alberich habe diejenigen Punkte, die der Erzengel ihm genannt hatte, sogleich dem Notar Ratleik übermittelt. Der habe sie dann in einem Heft aufgeschrieben und umgehend in eigener Person zu ihm, Einhard, nach Aachen getragen. Er selbst, so berichtete Einhard dem Kaiser, habe dann nur noch hier und da das Latein in den Mahnungen des Erzengels korrigiert und den verbesserten Libell sofort dem Kaiser überbracht.

Ludwig las, wie es Einhards Erzengel gewünscht hatte, die Liste der *capitula* durch. Zum Erfolg wurde Einhards Manöver dennoch nicht: »Er nahm es an sich und las es ganz durch«, erinnerte sich der Höfling im Jahr darauf. »Doch ließ er von dem, was er in dem Büchlein zu tun angewiesen oder ermahnt worden war, nur verschwindend wenig umsetzen.«[28] Der Kaiser hörte auf Einhard nicht einmal dann, wenn in dessen Vorschlägen der Erzengel Gabriel persönlich sprach. Die Demütigung wird der alte Höfling tief empfunden haben.

Noch aber gab Einhard nicht auf. Kaum hatte Ratleik Aachen wieder verlassen, da hielt Einhard auch schon einen weiteren Bericht über ein so wundersames wie bedeutungsvolles Ereignis in Händen[29]. Ein Mädchen aus Höchst im Niedgau – ein Ort in Lorscher Besitz – war von seinen Eltern zu Marcellinus und Petrus gebracht worden. Die 16-Jährige, so kolportierte es Einhard, sei von einem Dämon besessen gewesen. Als nun der Priester in Mulinheim den Exorzismus über die Jugendliche gesprochen habe, habe sie vor etlichen Zeugen wundersamerweise auf Latein geantwortet – in einer Sprache also, die sie gar nicht beherrschte. Der Priester fragt nach und muss hören: Es ist ein Dämon namens Wiggo, der aus dem Mädchen spricht. Wiggo bekennt frei: Er sei ein Diener und Helfer Satans; und er habe gemeinsam mit elf Kumpanen in den letzten Jahren die Ernten vernichtet und Krankheit und Tod in das Reich der Franken getragen. Der Priester will wissen, woher der Dämon seine Kraft beziehe. Und Wiggo behauptet: Die Lasterhaftigkeit der Menschen und die verschiedenen Sünden derer, die das Volk leiteten, hätten ihm solche Macht gegeben!

Dann ließ Einhard in seinem Bericht über den Exorzismus eine regelrechte Predigt des Dämons folgen. Haarklein führte Wiggo all die Fehler, Nachlässigkeiten, Sünden der Franken und ihrer Herren an: Sie lieben Geschenke, nicht Gerechtigkeit. Sie fürchten andere Menschen mehr als Gott. Sie unterdrücken die Armen, hören nicht auf die Klagen der Witwen und Waisen, sie gewähren Gerechtigkeit nur denen, die dafür zahlen können. Jeden Tag begehen die kleinen Leute und jene, die sie führen, eine schier endlose Zahl an Sünden: Meineid, Trunkenheit, Ehebruch, Mord, Diebstahl, Raub. Niemand verbietet diese Taten, niemand bestraft sie. Die Mächtigen sind Sklaven ihrer Gier und ihres Geizes, sie missbrauchen ihre hohe Würde aus Stolz und Eitelkeit. Hass und Misstrauen herrschen selbst zwischen Freunden und Brüdern, Väter lieben ihre Söhne nicht mehr. Kaum jemand zahlt noch den Zehnten, noch weniger geben Almosen. Falsche Gewichte und Maße sind im Umlauf, Betrügerei allerorten. Der Sonntag wird nicht geheiligt. Für all dies und noch vieles mehr aber haben Wiggo und seine Kumpane die störrischen, ungehorsamen Menschen in den letzten Jahren mit Hunger, Krankheit und Tod bestraft!

Einhards Märtyrer freilich sind mächtiger als der predigende Dämon. Als der Priester ihn auffordert, aus dem Leib des Mädchens auszufahren, gehorcht Wiggo. Doch legt er Wert darauf, zuvor noch festzustellen: Nicht die Macht des Priesters zwinge ihn, den Leib zu verlassen, sondern allein die Kraft der Märtyrer. Deutlicher konnte es Einhard kaum formulieren: Alle Katastrophen der Gegenwart waren eine Folge der vielen gewaltigen Sünden der Menschen. Ein Dämon (der auffällig denselben Spitznamen wie der Kaiser trug) hatte gemeinsam mit seinen Spießgesellen all dieses Unheil heraufbeschworen. Nicht ein Geistlicher, wohl aber Einhards Märtyrer waren stärker und hatten den Dämon in die Flucht gezwungen.

Geradeso wie Marcellinus und Petrus das Mädchen aus Höchst im Niedgau vom Dämon befreit hatten, so konnten sie auch das Reich von Hunger, Krankheit und Tod erretten. Der Kaiser musste nur endlich einmal seinem Einhard, bei dem doch die Märtyrer weilten, Gehör schenken!

Der Kaiser aber hörte nicht. Statt Einhard und dessen Heilige zu fördern, schrieb er an alle seine Getreuen und mahnte sie eindringlich zur Umkehr: Hunger und Seuchen seien Geißeln Gottes; der Allmächtige strafe die Menschen für ihr sündhaftes Treiben, ihre Nachlässigkeiten, ihre Fehler. Beichte und Buße, eine allgemeine Besserung waren notwendig. Am Ende des Briefes kündete Ludwig die Abhaltung der vier Synoden an. Er hielt an genau jenen Maßnahmen fest, die schon seit Mitte Dezember geplant waren[30]. In der großen Besserungs- und Korrekturoffensive von 829 sollten Einhards Märtyrer keine Sonderrolle spielen. Wieder war Einhard gescheitert. Auch die Heiligen hatten ihm nicht geholfen, als Ratgeber bedeutend zu sein.

Und dann wurde Einhard krank. Wir wissen nicht genau, was den fast 60-Jährigen aufs Krankenbett warf. Doch noch Monate später, im Frühjahr 830, wird er über Spätfolgen klagen: eine andauernde Taubheit im rechten Oberschenkel und fast unerträgliche Schmerzen in der Milz[31]. Dem Tode nahe, bat Einhard den Kaiser, er möge etwas von seinen Benefizien jenen Geistlichen zukommen lassen, die bald am Grabe der Heiligen Marcellinus und Petrus Gott dienen würden. In seiner tiefen Not wollte Einhard – so gut er noch konnte und so schnell wie möglich – jene Gemeinschaft in Mulinheim einrichten und ausstatten, die für seine Seele beten würde. Ludwig versprach dem Todkranken Unterstützung[32].

Die Hoffnung half, Einhard genas. Er erhielt vom Kaiser die Erlaubnis, den Hof zu verlassen und sich vorerst zu seinen Märtyrern nach Mulinheim zurückzuziehen. Der Pfalzgraf Geboin hatte Einhards Wunsch beim Kaiser unterstützt; schon von Mulinheim aus schrieb Einhard ihm, dankte ihm für seine Hilfe – und gab seiner

Erwartung Ausdruck, Geboin werde in guter Gewohnheit auch künftig für ihn bei Ludwig, beim jungen Kaiser Lothar, bei dessen Brüdern eintreten. Die Gelegenheit nutzend, bat Einhard seinen Adressaten gleich noch um Hilfe für einen Maler, der um sein Benefizium fürchtete. Auch in dessen Sache, so hoffte Einhard, würde Geboin bei Ludwig seinen Einfluss geltend machen[33].

Spätestens am 2. Juni 829, zum Fest der Heiligen Marcellinus und Petrus, war Einhard in Mulinheim[34]; wahrscheinlich aber war er schon einige Wochen früher aus Aachen angereist. Seit seiner Krankheit dürfte der altgediente Höfling intensiv über sich, seine Position und seine Zukunft nachgedacht haben. Aus dieser Zeit wohl datiert ein Brief, den Einhard an einen Freund am Hof sandte. Der Name des Adressaten ist gekürzt – wie bei den meisten Briefen Einhards, die ja fast alle nur in einem einzigen Codex überliefert sind[35]; nur der Anfangsbuchstabe »F.« ist bekannt, ihn sicher aufzulösen bleibt unmöglich.

Von den höfischen Angelegenheiten, so schrieb Einhard an jenen »F.«, wolle er lieber gar nichts hören, »weil nichts von dem, was da betrieben wird, zu hören Freude macht«. Doch sehr gern wolle er etwas erfahren über seinen Adressaten und über seine übrigen Freunde (so denn noch einer übrig sei): Wo seien sie? Was täten sie? »F.« solle ihm mitteilen, wie es ihm gehe, was ihm widerfahre – und wann er sich einmal mit Einhard treffen könne: »Schon oft nämlich habe ich gewünscht, Dich zu sehen und mit Dir zu sprechen, aber niemals dringlicher als jetzt, weil es für mich niemals notwendiger war, mich mit einem Freund zu unterhalten und zu beraten über das Leben, das ich nun führen soll. Mit niemandem mache ich das lieber als mit Dir, weil ich in niemanden größeres Vertrauen habe!«[36]

Noch hatte Einhards Name Glanz. Eben erst hatten ihn die Geistlichen der Kirche von Sens um seine Fürsprache beim Kaiser gebeten: Einer der *missi*, die im Auftrag des Kaisers im April durchs Reich zogen, hatte Zweifel geäußert, ob der Wunschkandidat der Geistlichen für die Nachfolge im Amt des Metropoliten überhaupt geeignet sei. Neben der Kaiserin Judith und dem Erzkaplan Hilduin schien ihnen Einhard einflussreich genug, um ihren Kandidaten beim Herrscher durchzusetzen[37]. Auch der junge Walahfrid, dieser begabte und gebildete Mönch von der Reichenau, der gerade erst an den Hof gekommen war, schaute noch zu ihm auf[38].

Aber in den Beratungen bei Hof seit Dezember des Vorjahres war Einhard mehr als einmal gedemütigt worden. Der Kaiser hatte seinen Rat nicht hören wollen. Ja, nicht einmal seinen Mahnungen des Erzengels Gabriel und dem Bericht des Dämons Wiggo hatte Ludwig Achtung gezollt! Andere, Jüngere gaben dort, im innersten Zirkel, mittlerweile den Ton an. Einhard wollte nicht enden wie einst die letzten Merowinger: als Relikt einer anderen Zeit, mächtig nur noch dem Scheine nach!

Auch hatte die Krankheit ihm gezeigt: Der Tod konnte ihn jederzeit ereilen. Einhard wollte vorbereitet sein. Musste er sich nun also nicht dringlich um seine Märtyrer kümmern? Musste er nicht endlich ihre Gemeinschaft in Mulinheim gründen, ihnen eine angemessene Kirche errichten?

Des Kaisers große Initiative, mit so viel Aufwand im Winter begonnen, drohte ohnehin zu scheitern. Die Zusammenkunft der Synoden hatte bereits um zwei Wochen verschoben werden müssen[39] – die zweite Untersuchungsreise der Sondergesandten hatte den ehrgeizigen Zeitplan vom Dezember Makulatur werden lassen. Und nun, Ende Juni, lief das Gerücht um, die Nordleute seien wieder einmal über die Grenze nach Sachsen gekommen. Der Kaiser hatte einen Heereszug anbefohlen – und angekündigt, Mitte Juli bei Neuss selbst den Rhein zu überqueren[40]. Die große, allgemeine Versammlung, die der Kaiser schon im Vorjahr hatte zusammentreten lassen wollen, musste wieder einmal verschoben werden.

Währenddessen wuchsen Tag für Tag die Spannungen zwischen den großen Männern bei Hof, zwischen den Kaisern selbst, aber auch zwischen den Magnaten im Reich. Matfrid und Hugo agitierten eifrig. Es war gar nicht abzusehen, wie sich die Situation in Aachen weiterentwickeln würde. Gerüchte machten die Runde:

Ludwig gedenke, seinen ältesten Sohn, Kaiser Lothar, wieder nach Italien zu schicken. Der Gedanke lag nahe: Die Barriere der Alpen mochte vorerst die bedrohlichen Kontakte zwischen Lothar und seinem Schwiegervater Hugo unterbinden[41]. Fern vom Hof, in Mulinheim, spürte Einhard, wie sehr es ihm an verlässlichen Informationen mangelte. Er schwankte zwischen Desinteresse und Neugier. Was ging ihn das alles noch an? Und doch, ganz ohne Neuigkeiten vom Hof mochte er auch nicht bleiben. Er griff zu Pergament und Feder und schrieb an einen gewissen »E.«. Zweierlei müsse er vor allem wissen: Wo und wann werde die allgemeine Versammlung zusammenkommen? Und müsse Lothar nach Italien zurückkehren oder bei seinem Vater bleiben? Von diesen Informationen hänge ab, schrieb Einhard, »was ich selbst tun muss – sofern mir die göttliche Milde gewährt, mich so zu begünstigen, dass ich überhaupt etwas Nützliches zu tun vermag«[42].

Noch war Einhard zu einflussreich, um unbehelligt in Mulinheim, fern von Kaiser und Hof, seine Heiligen verehren zu können. Aber er war zu alt und zu erfahren, um nicht zu sehen, dass sich seine Position als Ratgeber bei Hof rapide wandelte – in einer Zeit, in der die Spannungen zwischen den Kaisern und unter den Magnaten zu einem tödlichen Streit zu eskalieren drohten. In jenen Wochen im Frühjahr und Sommer 829 dachte Einhard darüber nach, wie er künftig sein Leben zu führen habe.

Er fand eine Lösung: eine neue Rolle für sich selbst. Das Unterfangen war nicht gefahrlos, aber gerade jetzt unvermeidlich. So wie ihm mehr als drei Jahrzehnte zuvor Wissen, Intelligenz und eine Begabung für das Lateinische den Weg an den Hof geebnet hatten, so sollten sie Einhard nun helfen, von dort wieder fortzukommen – und jenseits der Pfalz neue Würde und neues Ansehen zu finden. Einhard beschloss, dem Kaiser seine Fähigkeiten ins Gedächtnis zu rufen. Es sollte sein Meisterstück werden.

Nachdem ich mir in den Kopf gesetzt hatte, das Leben und den Umgang und zu einem sehr großen Teil die Taten meines Herrn und Gönners Karl, des hervorragendsten und mit Fug und Recht berühmtesten Königs zu beschreiben, habe ich mich, so sehr ich nur konnte, der Kürze befleißigt und mein Bestreben darauf gerichtet, nichts auszulassen von den Dingen, die zu meiner Kenntnis gelangen konnten, aber auch nicht durch ausuferndes Erzählen die Gemüter derjenigen zu beleidigen, die einen Widerwillen gegen alles Neue empfinden (wenn man denn überhaupt vermeiden kann, diejenigen durch eine neue Schrift zu beleidigen, die sogar gegen alte und von den gelehrtesten und beredtesten Männern geschaffene Denkmäler Widerwillen empfinden). Ich bezweifele nicht, dass es viele gibt, die – der Muße und der Gelehrsamkeit hingegeben – den Zustand des gegenwärtigen Zeitalters nicht für derart vernachlässigenswert halten, dass alles, was nun geschieht, ganz und gar der Stille und dem Vergessen anheimgegeben werden solle, als ob es keiner Erinnerung würdig wäre; und die eher, verführt von der Liebe zur Dauerhaftigkeit, die hochberühmten Taten anderer in irgendwelche Schriften gießen wollen, als der Erinnerung der Nachwelt den Ruhm ihres eigenen Namens dadurch vorzuenthalten, dass sie nichts schreiben. Und doch habe ich gemeint, mich selbst von solcherart Schrift nicht zurückhalten zu sollen, als ich mir bewusst geworden war, dass niemand wahrhaftiger als ich diese Dinge schreiben könne, bei denen ich selbst dabei war; Dinge, die ich – als Augenzeuge, wie man sagt, anwesend – erfahren habe, und von denen ich nicht sicher habe wissen können, ob sie von einem anderen *beschrieben werden oder nicht. Und ich habe es für besser gehalten, diese Dinge gemeinsam mit anderen – gleichsam als Gemeinschaftswerk – schriftlich zu fassen und auf diese Weise der Erinnerung der Nachlebenden zu überliefern, als zu erdulden, dass das berühmteste Leben des herausragendsten und zu seiner Zeit größten aller Könige und seine hervorragenden und von Menschen der modernen Zeit kaum nachzuahmenden Taten ausgelöscht werden in den Schatten des Vergessens. Damit verbunden war noch ein anderer – wie ich meine: nicht unvernünftiger – Grund, der auch allein schon hätte genügen können, um mich zu zwingen, dies hier zu schreiben: die Förderung freilich, die mir zuteil geworden ist, und die ewige Freundschaft mit ihm und seinen Kindern, nachdem ich begonnen hatte, mich an seinem Hof aufzuhalten; dadurch hat er mich ihm derart ergeben gemacht und zu einem Schuldner für den Lebenden wie den Toten, dass ich mit Fug und Recht undankbar erscheinen und verurteilt werden könnte, wenn ich – uneingedenk so vieler mir zuteil gewordener Wohltaten – die berühmtesten und hervorstechendsten Taten dieses aufs Beste um mich verdienten Menschen mit Schweigen überginge und zuließe, dass sein Leben, so als ob er niemals gelebt hätte, ohne Schrift und ohne das schuldige Lob bliebe; um dies zu schreiben und darzulegen, war es allerdings angemessen, dass nicht meine eigene geringe Begabung (die klein und winzig, ja fast inexistent ist) sich daran abarbeitete, sondern die Redegewandtheit des Tullius.*

Einhard, Widmungsschreiben zur Vita Karoli

XV.

Im Frühjahr und Sommer 829 schrieb Einhard jenen Text, der ihm bis heute einen Platz in der Literaturgeschichte sichert: seine Biographie Karls des Großen[1]. Der Text ist kurz genug. Die kritische Edition umfasst, trotz ihrer beiden Apparate, nicht mehr als 39 Seiten im Oktavformat; dabei werden vier dieser Druckseiten allein von dem Testament Karls des Großen gefüllt, das Einhard im vollen Wortlaut in seinen Text einfügte[2]. Doch so schnell die Biographie ausgelesen ist, so berühmt sollte sie bald sein: Bereits in den 840er Jahren wird Walahfrid Strabo sie den Lesern als vertrauenswürdige Geschichte des größten aller Frankenkönige empfehlen[3]. Mehr als 120 Kopien aus dem Mittelalter haben sich bis heute erhalten[4]. Nach den Maßstäben der Zeit war Einhards »Vita Karoli« ein Bestseller. Noch heute, im 21. Jahrhundert, pflegen Historiker aus der Biographie zu zitieren, wenn sie etwas über Karls Persönlichkeit sagen wollen[5].

Der Erfolg des Textes beruht auf einem glücklichen Missverständnis[6]. Einhard schrieb im Frühjahr 829 ein Büchlein über Karl, das ihm eine neue Position im Gefüge der Mächtigen verschaffen sollte, eine eigene Würde jenseits des Hofes. Gerade die zeitgebundenen Anforderungen aber, die damit einhergingen, sollten die »Vita Karoli« zu einer zeitlosen Herrscherbiographie werden lassen.

Einhard plante ein intelligentes, ein gewitztes Werk: Es sollte seine Qualitäten angemessen präsentieren, ohne deshalb aber ein einziges Wort über ihn, den Verfasser, zu verlieren. Es sollte den Lesern Einhards Meisterschaft im Umgang mit der lateinischen Sprache vor Augen führen. Jede Zeile musste seine Belesenheit, Bildung, Intelligenz durchschimmern lassen. Zugleich sollte die Karlsvita alle Welt daran erinnern, über welche Erfahrung, welche Reife Einhard verfügte: Er hatte noch unter dem großen Karl am Hof gewirkt, damals, als das Frankenreich kräftig und stark war! Vor allem aber musste das Werk Kaiser Ludwig überzeugen, dass Einhard ein Leben jenseits des Hofes führen dürfe. Die Karlsvita sollte Ludwig zeigen: Einhard konnte ihm und dem »allgemeinen Nutzen«[7] jetzt am besten fern von Aachen dienen, in »Muße«, bei seinen Märtyrern in Mulinheim. Das Werk, so hatte es Einhard geplant, sollte ein unaufdringlich überwältigendes Empfehlungsschreiben für eine neue Stellung sein.

Die Zutaten, die Einhard dafür brauchte, waren Feder und Pergament, ein gehöriger Schuss Sueton[8], viel Cicero[9], etwas Sulpicius Severus[10], vielleicht ein Hauch Tacitus[11], eine Prise Augustin. In Einhards Bibliothek in Mulinheim standen die alten Kaiserbiographien Suetons[12]. Was der römische Historiograph im 2. Jahrhundert über die *principes*, über Augustus, Tiberius, Nero geschrieben hatte, das mochte als Material auch für ein Karlsleben nützlich sein. Die Bauanleitung für sein Werk aber wollte sich Einhard von Cicero liefern lassen: Nicht umsonst galt dieser Mann als »König der Beredsamkeit«![13] Cicero war der größte Meister der Rhetorik; gleich mehrere Werke hatte er über diese Kunst geschrieben. Einhard hatte sie alle studiert. Er besaß »De inventione«, »De oratore«, auch die »Tusculanae disputationes«[14].

Und war da nicht auch ein gerüttelt Maß an Parallelen, Ähnlichkeiten, Analogien zwischen diesem alten Meister der Rhetorik und ihm, Einhard, selbst? Als Cicero an den »Tusculanen« schrieb, war er Anfang 60 – in einem Alter, das nun auch Einhard erreicht hatte. Wie Einhard war auch Cicero ein Aufsteiger: Beide stammten aus guter Familie, doch nicht aus jener höchsten Elite, die politisch den Ton anzugeben pflegte. Beide hatten aufgrund ihrer Bildung den Weg ins Zentrum der Macht gefunden.

Entstanden waren die »Gespräche in Tusculum« jedoch erst in der zweiten Hälfte des Jahres 45 vor Christi Geburt. Damals hatte Cicero seinen politischen Einfluss gerade wieder verloren. Caesar hatte ihn ins Exil geschickt; dessen Herrschaft sah Cicero als Tyrannis. Er litt unter dem Machtverlust, aber auch unter dem frühen Tod seiner Tochter Tullia. Seine Tusculanen hatten deshalb auch eine ganz persönliche Dimension. Sie behandeln große Fragen: Ist der Tod das schlimmste Übel? Ist es der Schmerz? Wie kann der Weise mit Krankheit, wie mit anderen Anfechtungen des Geistes umgehen? Genügt Tugend allein für ein glückliches Leben?[15]

Dass Cicero, als er die Tusculanen schrieb, nicht mehr in politischen Ämtern tätig war, dass er litt, konnte Einhard mühelos dem Text selbst entnehmen. Gleich im ersten Satz seiner Vorrede hatte Cicero darauf verwiesen: Er sei nun frei von seinen Mühen als Verteidiger bei Gericht und von seinen Aufgaben als Senator; deshalb habe er sich jetzt wieder dem Studium der Philosophie zugewandt[16]. Wenig später formulierte Cicero: Indem er die Philosophie in lateinischer Sprache befördere, wolle er den Bürgern, denen er in seinen Staatsämtern doch nützlich gewesen sei, nun auch in seiner Muße von Nutzen sein[17]. Cicero selbst bezeichnete die »Disputationes« als sein Alterswerk, als seine *senilis declamatio*. Und er ließ den Text enden mit dem Satz: »Wie weit wir damit anderen von Nutzen sein werden, das kann ich nicht leicht sagen; aber für unsere eigenen, so überaus bitteren Schmerzen und für die verschiedenen und überall uns umringenden Beschwernisse konnte keine andere Erleichterung gefunden werden«[18]. Befreit von den Aufgaben des Senators, der Muße und den Studien hingegeben, hatte Cicero im Alter, indem er Redekunst *(facundia)* und Weisheit *(sapientia)* in lateinischer Sprache zusammenführte, anderen nützen und seinen eigenen Schmerz lindern wollen. Galt all das nicht auch für ihn, Einhard selbst? Konnte nicht auch er, in Muße in Mulinheim, mit seiner Redegabe und seiner Weisheit den Menschen von Nutzen sein?

So – oder so ähnlich – reifte in Einhards Kopf der Plan für seine »Vita Karoli«. Er wollte einen Text schreiben, der ihm die Bewunderung seiner Zeitgenossen eintrug. All diese Leute bei Hof, ja der Kaiser selbst, sie sollten staunen über den rhetorischen Glanz, über die Kunstfertigkeit im Umgang mit der lateinischen Sprache: Unser Einhard, ein neuer Cicero! Zugleich aber wollte Einhard den Kaiser überzeugen, dass er – genauso wie der gealterte Cicero – fern des Hofes, in Muße von Nutzen sein werde.

Eine Biographie Karls war für diese Ziele das rechte Mittel. War denn Karl nicht der größte aller Könige[19] gewesen? Bedurfte es nicht einer Eloquenz von ciceronischem Maß, um diese königliche Größe angemessen zu schildern? Und war das Thema nicht wie gemacht dafür, ganz nebenbei auch Einhards Nähe zu Karl ins Gedächtnis zu rufen, seine jahrzehntelange Erfahrung in den Geschäften des Hofes?

Nur eines musste Einhard bei der Abfassung vermeiden: Die Schrift durfte nicht wie ein verkapptes Argument in jenen Debatten daherkommen, die eben jetzt bei Hof so hitzig ausgetragen wurden. Den Grundbesitz von Kirchen, die Heeresorganisation, die Immunität, das Verhältnis von Laien und Klerus, die Ordnung der Christenheit – all das musste Einhard tunlichst übergehen. Er musste seinen Karl herausheben aus all den Sorgen der Gegenwart. Sonst würde man die Vita allzuleicht missverstehen können; sonst würde sich wiederholen, was Einhard mit den *capitula* des Erzengels Gabriel und den Mahnungen des Dämons Wiggo hatte erleben müssen: freundliche Nichtbeachtung! Nein, nicht die Themen, nicht der Inhalt der Schrift mussten Kaiser und Hof in Staunen versetzen, sondern ihr sprachliches Gewand, das rhetorische Können ihres Autors. Es ging ja nicht um Karl, nicht um die Katastrophen der Gegenwart. Es ging um ihn: Einhard.

So konzipierte der Höfling seine Biographie genauer. Karls Kriegszüge waren ein geeignetes Thema. Sie waren ungefährlich: Jeder kannte, jeder rühmte sie; in den Annalen, die bei Hof geführt wurden, waren alle Unternehmen penibel vermerkt, die halbwegs erfolgreich verlaufen waren. Von ihnen musste Einhard in der Biographie erzählen[20]; und Ludwig würde ohnehin niemals darauf verfallen, sich gerade auf diesem Felde mit seinem Vater zu messen. Was aber sonst? Einhard beschloss, den Menschen Karl in seiner Größe zu schildern. Auf diese Weise konnte er seine Darstellung weit über jeden Streit der Gegenwart erheben – und doch unter der Hand nur umso besser vorführen, wie nahe er, Einhard, diesem berühmten Herrscher einst gestanden hatte. Er, Karls Vertrauter, wusste, was der Kaiser gern gegessen hatte, wie oft er bei Tisch zum Becher gegriffen hatte, wie oft er nachts ausgetreten war, wie er sich beim Baden amüsiert hatte[21]. Er, Einhard, wusste, welche Kleider Karl getragen, wie sehr er seine Töchter geliebt, wie er seine Söhne erzogen hatte[22]. Er, Einhard, wusste, wie fromm Karl gewesen war, wie gut er Latein gesprochen, wie leise er gesungen hatte, wusste, wie Karls Haar, sein Nacken, sein übriger Körper beschaffen gewesen waren[23]. So konzipierte Einhard seine Biographie als einen großen Lobpreis: Karl war der größte aller Könige; und er, Einhard, hatte diesem Giganten einst nahegestanden. Sollte man einen derart erfahrenen, alten Mann jetzt nicht den Lebensabend in Muße verbringen lassen – und ihn doch in den großen Fragen um seinen Rat bitten?

Wie aber konnte er den Kaiser in all seiner Größe angemessen schildern? Mit welchem Verfahren sollte er das schier Unbeschreibliche abbilden? Einhard besann sich auf das, was Cicero in seiner Vorrede zum zweiten Buch seiner Schrift »De inventione« erzählt: auf die Geschichte des Malers Zeuxis aus Heraklea. Ihn hatten einst die Bewohner Krotons engagiert, um von ihm den Tempel der Juno mit Gemälden ausschmücken zu lassen. Für diesen Auftrag wollte Zeuxis auch ein Bild der Helena malen. Als Modelle hierfür erbat er sich die schönsten Jungfrauen Krotons. Von jenen, die ihm vorgeführt wurden, wählte der Maler nicht weniger als fünf aus: »Er glaubte nämlich nicht«, so berichtete Cicero, »alles, was er an Liebreiz suche, an einem einzigen Körper finden zu können, und zwar deswegen, weil die Natur nicht etwas in allen Teilen Vollkommenes an einer einzelnen Person ausgebildet hat«[24]. So aber wie Zeuxis, um sein Bild der Helena zu schaffen, von fünf Vorbildern die jeweils besten Teile übernommen und neu zueinandergefügt hatte, so hatte auch Cicero aus der gesamten Tradition der Rhetorik das Beste ausgewählt und neu zusammengefügt. Dadurch, so behauptete er stolz, habe er jede einzelne seiner Vorlagen zu übertreffen vermocht[25].

Stand Einhard nicht vor einer ähnlichen Herausforderung wie einst Zeuxis und Cicero? Er wollte den größten König der Franken schildern, wollte ein unübertroffenes Werk schaffen. Was konnte dafür besser geeignet sein als eben jenes Verfahren, das erst Zeuxis, dann Cicero angewendet hatte? Einhards Jungfrauen von Kroton, seine Modelle, das waren die Kaisergestalten Suetons. Ein hervorragender, aber seltener Text, elitär geradezu: Nur wenige hochgebildete Leute würden die Vorlage erkennen[26] – und ihre stolze Freude daran haben, dass sie das exquisite literarische Vorbild identifiziert hatten. So tat Einhard es Zeuxis und Cicero nach: Um sein Bild Karls literarisch zu formen, wählte auch er nicht nur ein einzelnes, großes Vorbild aus; auch er nahm gleich ein halbes Dutzend! Von jedem einzelnen aber nutzte er jeweils nur jene Teile[27], die ihm passend erschienen, um ein wahrhaftiges Bild des »allerruhmvollsten und größten Mannes«[28] zu kreieren: Wie Suetons Augustus die Tempel, so ließ Einhards Karl verfallene Kirchen im Reich wiedererrichten, wie Suetons Augustus hielt Einhards Karl seine Töchter zu Wollarbeiten an, bewahrte Freundschaften beharrlich, speiste nicht allein, aber auch nicht in allzu großer Runde[29]. Wie Suetons Claudius erfreute sich Einhards Karl einer robusten Gesundheit[30]; wie Suetons Tiberius hegte Einhards Karl Interesse an den Freien Künsten[31]. Und manchen anderen Zug seines Helden entlehnte Einhard auch Suetons Nero und Vespasian[32].

Allerdings musste Einhard das Verfahren des Zeuxis, das Cicero gepriesen hatte, für seine eigenen Zwecke weiterentwickeln. Cicero hatte seine Methode (und jene des Malers Zeuxis) damit begründet, dass die Natur nun einmal nichts Vollkommenes hervorbringe. Einhard wollte zwar eine einzigartige Größe schildern – aber doch eine Größe, die nicht er selbst, sondern die Natur erschaffen hatte. So nutzte er das von Cicero beschriebene Verfahren: Auch er komponierte das Bild seines Helden aus Versatzstücken anderer. Doch zugleich nahm er in sein Karlsbild auch Elemente auf, die nicht ideal waren. Denn die Natur hatte sogar noch beim größten aller Männer ihre kleinen Unvollkommenheiten: Einhard setzte seinem Karl eine

Nase ins Gesicht, die »das Mittelmaß ein wenig überschritt«; er stattete seinen Karl mit einem feisten Nacken aus und schenkte ihm einen vollschlanken Bauch (den Karl noch zudem mit dem Tyrannen Nero teilte!)[33]. Auch scheute sich Einhard nicht, weitere Schwächen des großen Mannes zu erwähnen: Karls späte und wenig erfolgreiche Bemühungen, schreiben zu lernen, zum Beispiel[34]; oder auch die allzu zaghaften Versuche, die Gesetze zu vervollständigen und zu vereinheitlichen[35]. Einhards Karl sollte keine literarische Kunstfigur sein, keine Helena. Dieser Karl war ein Mensch, wahrhaftig nach der Natur geschildert.

So schrieb Einhard seine berühmte Biographie (Tafel 9). Sorgsam zählte er alle Kriege auf, die Karl in Italien, Sachsen, Spanien, gegen die Awaren, Bretonen, Normannen geführt hatte. Und ausführlich plauderte er über Karls Körper, über seine Taten, Eigenheiten, Vorlieben, seine wenigen kleinen Schwächen und vielen großen Stärken.

Einhards Leser erfahren, wie gern Karl schwimmen ging[36]. Sie erfahren, mit welchen Frauen Karl welche Kinder gezeugt hatte[37] und wie er seine vielen Söhne und Töchter erziehen ließ. Sie erfahren, wie regelmäßig Karl zur Jagd ausritt[38] und dass der Kaiser gegen den Rat seiner Ärzte gebratenes Fleisch dem gesottenen vorzog[39]. Sie erfahren, wie oft Karl in der Nacht aufwachte und wie er angezogen wurde, welche Bauwerke er förderte, dass er fließend Latein sprach, nicht gewillt war, allerlei Vorzeichen vor seinem Tod ernst zu nehmen[40] – und dass er sich bei Tisch gern vorlesen ließ, besonders aus dem Buch »Über den Gottesstaat« des Kirchenvaters Augustinus[41].

In detailverliebter Präzision berichtete Einhard darüber, welche Kleider Karl anzuziehen pflegte: »Er trug die Kleidung seiner Väter, das heißt die fränkische. Auf dem Körper trug er ein Leinenhemd und leinene Unterhosen, darüber eine Tunika, die von einem Seidengürtel gerafft war, und Strümpfe; dann umschnürte er seine Beine mit Binden und die Füße mit Schuhen. Die Schultern und die Brust bedeckte er mit einem aus Fischotter- und Zobelfell gefertigten

Wams, bekleidet war er mit einem bläulichen Mantel, außerdem stets gegürtet mit dem Schwert, dessen Griff und Gehenk entweder aus Gold oder aus Silber waren. Bisweilen führte er auch ein mit Edelsteinen besetztes Schwert, das aber nur an besonderen Festtagen, oder wenn einmal Gesandte fremder Völker gekommen waren ...«[42] Ja, so kurz die Biographie auch war – Einhard stand nicht an, in umständlicher Präzision alle neuen, volkssprachigen Namen der zwölf Monate und zwölf Winde herunterzubeten, die Karl gefunden habe: »Und er nannte ja bei den Monaten den Januar ›Wintarmanoth‹, den Februar ›Hornung‹, den März ›Lentzinmanoth‹, den April ›Ostarmanoth‹, den Mai ›Winnemanoth‹, den Juni ›Brachmanoth‹, den Juli ›Heuuimanoth‹, den August ›Aranmanoth‹, den September ›Witumanoth‹, den Oktober ›Windumemanoth‹, den November ›Herbistmanoth‹, den Dezember ›Heilagmanoth‹. Den Winden aber gab er in der Weise Namen, dass ...«[43]

So bezog die Karlsvita ihre Inhalte aus dem, was Einhard über Karl sagen konnte, ohne den Anschein zu erwecken, er wolle Stellung nehmen zu den gegenwärtigen Beratungen bei Hof. Über die Vorteile heißer Bäder, die rechte Erziehung der Kaiserkinder, die Sprachkenntnisse des Herrschers, seine Qualitäten als Sänger, die diätetischen Vorzüge gekochten Fleisches, über herrscherliche Unterhosen oder die Namen von Monaten und Winden diskutierte in Aachen Anfang 829 schlechterdings niemand. Staunenswert aber muss für die Zeitgenossen das Latein gewesen sein, die Sprachbeherrschung, die Kenntnis alter Texte, die aus der Vita aufscheinen. Intellektuellen Genuss bot Einhards Spiel mit Vorlagen und literarischen Verfahren, boten die Anspielungen auf Sueton und Cicero, die Einhard seinen hochgebildeten Lesern bei Hofe vorsetzte[44].

Doch wollte sich Einhard nicht allein auf den Witz seiner Zeitgenossen verlassen. Er wollte dafür sorgen, dass seine Adressaten – Ludwig und seine Entourage – den tieferen Sinn des Textes erkannten. Dazu legte er noch deutlichere Spuren aus. So kurz Einhard sich auch fasste – er begann seine Darstellung dennoch nicht unmittelbar bei Karl selbst. Stattdessen setzte er früher an, bei Karl Martell und dem Ende der Merowinger[45]. Einhard erzählte umständlich, wie Childerich III. als letzter aus dem Geschlecht der Merowinger abgesetzt, geschoren und in ein Kloster verstoßen worden sei – und das, nachdem er schon lange keine Macht mehr besessen habe, obgleich er doch noch stets bei Hof und auf den Versammlungen präsent gewesen sei. Stattdessen habe die Macht bei Karl Martell, dann bei dessen Söhnen Pippin und Karlmann gelegen[46]. Karlmann wiederum wurde von Einhard als das positive Gegenbild präsentiert: Karlmann wird nicht gezwungen, ins Kloster zu gehen; er begibt sich »aus Liebe zu einem kontemplativen Lebenswandel« nach Rom, um dort in »Muße« *(otium)* zu leben. Dann wird er Mönch auf dem Monte Soratte; doch weil zu viele Landsleute aus der Francia dort seine »Ruhe« *(quies)* und »Muße« *(otium)* stören, zieht er endlich nach Montecassino und beschließt dort sein Leben in frommer Weise[47].

Und weiter erzählte Einhard: Nach Pippins Aufstieg zum Königtum sei schließlich in der nächsten Generation das Reich wiederum geteilt worden, diesmal unter Karl dem Großen und dessen Bruder Karlmann. Jetzt aber greift der Weg in ein kontemplatives Leben als Lösung nicht: Es kommt beinahe zum Krieg zwischen den Brüdern, die Eintracht kann mit knapper Not aufrechterhalten werden. Da stirbt Karlmann vorzeitig, seine Gemahlin und ihre Kinder fliehen zum Langobardenkönig Desiderius. Allein der Tod des Bruders verhindert die Eskalation[48].

So erzählte Einhard gleich eingangs seiner Biographie den Aufstieg der Karolinger zum Königtum, indem er drei Modelle des Umgangs mit Macht, Muße und (monastischer) Weltflucht hintereinanderstellte. Da war Childerich III., der längst die Macht verloren hatte und dennoch in lächerlicher Weise am äußeren Schein bei Hof und auf Versammlungen so lange festhielt, bis er abgesetzt und ins Kloster verstoßen wurde. Da war der Hausmeier Karlmann, der tatsächlich die Macht besaß, aber aus Liebe zu einem religiösen Leben in Muße darauf verzichtete und sich aus der Welt zurückzog, ohne deshalb die Wertschätzung seiner Landsleute zu verlieren. Und da war der König Karlmann, der seiner Macht verlustig ging, als er nach nur zwei Jahren im Amt starb, so dass seine Familie alles verlor und nach Italien fliehen musste.

Einhard spiegelte in seiner Geschichte vom Aufstieg der Familie seines Kaisers eben das, was ihn persönlich gerade umtrieb. Der Weg, den der Hausmeier Karlmann gewählt hatte, erscheint hier allemal attraktiver als jener Childerichs III. oder des Königs Karlmann. Es war der Weg, den Einhard für sich selbst erkoren hatte: Er wollte nicht den lächerlichen Schein von Macht bei Hof und auf den Versammlungen aufrechterhalten, wollte auch nicht machtvoll Zwietracht säen, erkranken und sterben. Einhard wollte sich zurückziehen und sich der Ruhe und Muße, der *conversatio contemplativa*[49] hingeben – ohne deshalb aber von seinen Landsleuten vergessen zu werden.

Um ganz sicherzugehen, dass der Kaiser und seine Entourage seine Botschaft verstanden, gab Einhard seinem Text noch eine Art Interpretationsanleitung hinzu. Außerdem sorgte er dafür, dass der Kaiser die Vita im rechten Moment, mit der richtigen Erklärung von einem geeigneten Mann überreicht bekam. Dafür wählte Einhard seinen Vertrauten Gerward: Er war Ludwigs Bibliothekar, so einflussreich wie gebildet[50]. Er würde Sueton und Cicero in der Karlsvita erkennen und Einhards literarisches Spiel durchschauen.

In jenem Schreiben an Gerward, das Einhard der Karlsvita beigab, machte er auf den Sinn des ganzen Unternehmens aufmerksam[51]. Es ist ein kurzer, aber kunstvoller Brief, gleichsam der Schlüssel, der die »Vita Karoli« erschließt. In einem Gutteil der Überlieferung der Karlsvita wird der Brief tatsächlich bald als Vorrede zum Text erscheinen.

Als sein Ziel nannte Einhard gleich im ersten, dichten Satz: Er wolle Leben *(vita)*, Lebenswandel *(conversatio)* und Taten *(res gestae)* Karls – seines »Ernährers« *(nutritor)*, des »herausragendsten und zu recht berühmtesten Königs« – schildern, obgleich er mit Kritik an seinem Werk rechne. Damit sprach Einhard eben jene drei

Themen an, die dem Brief insgesamt Struktur geben: Es ging um Einhards persönliche Nähe zu Karl, um die einzigartige Größe dieses Herrschers, um die mögliche Kritik an Einhards Werk. Im weiteren Schreiben legte Einhard Wert darauf, dass er wahrhaftiger als alle anderen Menschen das Leben und die Taten Karls beschreiben könne; denn er allein sei als Augenzeuge bei allem dabeigewesen. Er legte Wert darauf zu betonen, dass er sich auf diese Weise für die Unterstützung *(nutrimentum)* revanchiere, die er von Karl erfahren habe, aber auch für die Freundschaft, die ihn mit Karl selbst und dessen Kindern verbunden habe, und für die vielen Wohltaten, die er von Karl erhalten hatte, der sich aufs Beste um Einhard verdient gemacht habe. Wer die Vorrede las, wusste nur zu genau: Einhard und Karl hatten auf vertrautem Fuße gestanden.

Den König selbst bedachte Einhard dabei durchweg mit Superlativen: Er ist der *excellentissimus et merito famosissimus rex,* der *excellentissimus et omnium sua aetate maximus rex,* dessen *clarissima vita et egregii atque moderni temporis hominibus vix imitabiles actus,* dessen *clarissima et inlustrissima gesta* es zu schildern gelte. Die ewige Wiederholung von Superlativen ist eintönig genug. Umso eindrucksvoller aber führt sie dem Leser die Herausforderung vor Augen, vor der Einhard stand: Um solche Größe angemessen zu loben, bedurfte es einer Redegabe von ciceronischem Maß. Einhard bestritt in dem Brief an Gerward selbstverständlich bescheiden, dass er über eine solche »ciceronische Eloquenz« verfüge; gleich darauf aber zitierte er Ciceros »Tusculanen« und stellte schon damit seine exzellenten Kenntnisse der Rhetorik unter Beweis.

Dann ließ Einhard das Schreiben in das dritte, das wichtigste Thema einmünden: die mögliche Kritik an dem Werk selbst. Gleich am Anfang seines Briefes hatte Einhard betont, es lasse sich ohnehin kaum vermeiden, dass manche Leute an einem solchen Werk Kritik übten: Wie sollte ein neues Opus nicht von denen verschmäht werden, die sogar Altes und von den gelehrtesten Männern Verfasstes zurückwiesen? Er, Einhard, wisse sehr wohl, dass es noch mehr Männer gebe, die »der Muße und der Bildung hingegeben« seien, die Gegenwart durchaus der Erinnerung für wert hielten und lieber *amore diuturnitatis inlecti* die hochberühmten Taten anderer Leute schriftlich festhalten wollten, als der Nachwelt den Ruhm ihres eigenen Namens dadurch vorzuenthalten, dass sie gar nichts schrieben. Doch obgleich es mehrere Leute dieser Art gebe, so lautete Einhards Argument, habe er doch eingesehen, dass er selbst besser als alle anderen dazu geeignet sei, die Taten Karls zu beschreiben: Denn er habe dem Kaiser näher gestanden, er habe alles als Augenzeuge miterlebt, er könne besonders wahrheitsgemäß darüber berichten. Ein bemerkenswertes Argument! Im Kern handelt es von Einhard selbst: Er weiß zwar um mögliche Kritik, aber er will doch lieber die Großtaten eines anderen schriftlich festhalten, als die Fama seines eigenen Namens der Nachwelt dadurch vorzuenthalten, dass er erst gar nicht zu schreiben wagt.

Am Ende des Briefes an Gerward nun kam Einhard auf diesen Gedanken zurück: Ciceros Kritik an den rhetorisch ungebildeten Autoren seiner eigenen Zeit hätte ihn ja ganz vom Schreiben abhalten können, behauptete Einhard – »hätte ich mich nicht schon zuvor im Geiste darauf gefasst gemacht, eher das Urteil der Menschen zu ertragen und eine Gefahr für meine geringe Begabung heraufzubeschwören (indem ich dies hier schreibe), als die Erinnerung an einen so großen Mann hintanzusetzen (indem ich mich selbst schone).« So ließ Einhard alle drei Themen, die er angesprochen hatte, gleichsam in seiner eigenen Person zusammenfallen: Die »Vita Karoli« forderte das Urteil der Menschen heraus, sie war eine Gefahr für Einhards Können, seine Reputation stand auf dem Spiel. Einhards Ruhm würde davon abhängen, ob es ihm gelang, die einzigartige Größe seines Wohltäters und Freundes angemessen zu loben.

Im Brief an Gerward bezog Einhard die Karlsbiographie auf sich selbst: Um seine Nähe zu Karl ging es, um seine Freundschaft mit dem größten aller Könige, seine Fähigkeit, diese Größe angemessen zu loben – und damit um seinen Ruhm, seinen guten Ruf. Gerward sollte, so vorbereitet, die Anspielungen auf Cicero erkennen und die

Absicht Einhards begreifen: Einhard hatte ihm ein Werk übersandt, das seinen Ruf auf die Probe stellte, weil es in seiner Darstellung die Größe des Dargestellten angemessen zu spiegeln hatte – eine Aufgabe, für die es der Eloquenz eines Cicero bedurfte.

Der christlichen Religion, von der er von Kindertagen an erfüllt war, erwies er höchst gottgefällig und in tiefster Frömmigkeit seine Verehrung; und deswegen errichtete er in Aachen eine Kirche von erlesener Schönheit und schmückte sie mit Gold und Silber und Leuchtern und Schranken und Toren, die ganz und gar aus Bronze sind. Weil er Säulen und Marmor für diesen Bau von andernorts nicht haben konnte, sorgte er dafür, dass man sie aus Rom und Ravenna herschaffte. Er suchte die Kirche morgens und abends, auch in den Nachtstunden und zur Zeit des Messopfers häufig und eifrig auf, solange es ihm seine Gesundheit erlaubte; und er trug mit großer Mühe dafür Sorge, dass alles, was dort verrichtet wurde, mit der größtmöglichen Ehrenhaftigkeit geschah. Die Hüter der Kirche ermahnte er deshalb sehr häufig, dass sie ja nichts Hässliches oder Schmutziges hineinzubringen oder in ihr zu lassen erlaubten. Und er stellte für diese Kirche eine so große Menge an liturgischem Gerät aus Gold und Silber und an Priestergewändern zur Verfügung, dass bei der Messfeier nicht einmal die Türhüter, die doch den niedrigsten Weihegrad haben, Gott in ihren privaten Gewändern dienen mussten.

Einhard, Vita Karoli, c. 26

XVI.

Während Einhard seine Karlsbiographie verfasste, zogen Ludwigs Sondergesandte durch das Reich, um jede Sünde zu eruieren, jeden Fehler zu korrigieren. Dann, im Juni, tagten die Synoden in Toulouse, Lyon, Mainz und Paris[1]. Besonders in Saint-Étienne in Paris diskutierten die Versammelten über die gottgewollte Ordnung der Welt: Hier waren am 6. Juni nicht weniger als 25 Bischöfe der Kirchenprovinzen von Rouen und Tours, Sens und Reims zusammengekommen. Anwesend war auch der Abt von Saint-Denis, der Erzkaplan Hilduin. Wir dürfen annehmen, dass noch andere Äbte an der Synode teilnahmen[2].

Gemeinsam entwickelten die Geistlichen jene Theorie der Verantwortlichkeit und jenes Modell des kollektiven Dienstes für Gott weiter, die der Kaiser 819 und 825 hatte propagieren lassen. Dazu griffen sie jetzt einen jahrhundertealten Text auf: einen Brief, den der Papst Gelasius I. im Jahr 496 an den Kaiser Anastasius geschrieben hatte. Gelasius hatte darin das Verhältnis von weltlicher und geistlicher Gewalt näher bestimmt[3]; so schien der Text den Versammelten geeignet, endlich auch in ihrer Gegenwart wieder jene Ordnung zu etablieren, die Gottes Gnade finden und der tiefen Not ein Ende setzen würde. Zum Notar bestellte die Synode einen Vertrauten des Kaisers: den Bischof Jonas von Orléans[4].

Schon in der Vorrede der ausufernden Akten, die Jonas wortgewaltig formulierte, ging es um das große Ganze: Gerade so, wie der Mensch im Glück nicht überheblich werden darf, schrieb Jonas im Auftrag der Synode, gerade so darf der Mensch auch in der Not nicht verzweifeln. Denn Gott hilft und verzeiht Sündern in ihrer Not, sofern sie nur Reue zeigen. Die Widrigkeiten der Gegenwart sind kein Grund für Gemurre und Verzweiflung! Nein, sie sind anzunehmen als eine göttliche Strafe, als eine Mahnung, den Allmächtigen um Hilfe anzuflehen. Eine »angemessene und würdige Umkehr«[5] ist notwendig! Sitten und Taten sind zu bessern, Buße muss geleistet werden für die so zahlreichen Verbrechen! Denn nur so, nur durch Umkehr, Beichte, Buße, kann Gott in seinem Zorn über die Sünden der Menschen wieder mit seinem Volk ausgesöhnt werden.

Angesichts dessen formulierten die Bischöfe in Paris ihre eigenen, hohen Ansprüche. Lothar und Ludwig hätten richtig erkannt: Eine Beratung über die »Gesamtheit der ihnen anvertrauten Gemeinschaft der Christen« sei nicht ihres kaiserlichen Amtes. Sie hätten daher auf Rat ihrer geistlichen wie weltlichen Großen hin beschlossen, mit dieser Aufgabe diejenigen zu betrauen, die die Gewalt hätten, Bußen aufzuerlegen, Sünder zu binden und zu lösen, Gott zu versöhnen – die Stellvertreter der Apostel, die »Lichter der Welt«, die Gott zur Barmherzigkeit besänftigen könnten: die Bischöfe[6].

Nach Auffassung der Bischöfe, die sich in Paris versammelt hatten, waren sie selbst für die Rettung des Volks verantwortlich. Sie, nur sie hatten die Binde- und Lösegewalt; sie waren berufen, zwischen Gott und den Menschen zu vermitteln. Denn allein die Bischöfe kannten das wahre Gesetz, das Gesetz des Herrn, allein sie wussten es auszulegen – so formulierte es Jonas. Deshalb hätten Ludwig und Lothar ihren Rat einholen wollen »in Bezug auf ihre eigenen Fehler und diejenigen der ihnen unterworfenen Völker«[7]. Mit Bedacht griff Jonas schon hier zwei Zentralbegriffe jenes Modells auf, das Ludwig 825 hatte propagieren lassen: die kaiserliche »Mahnung« *(admonitio)* und die Aufgabe der Besserung, die aus dem »Dienst« *(ministerium)* für Gott hervorging.

Und programmatisch ging es weiter. In den ersten drei Canones der Pariser Synodalakten entfalteten die Bischöfe die Grundlagen der christlichen Ordnung. Zunächst behandelte die Synode – auftragsgemäß[8] – die *religio Christiana*: Der christliche Glaube sei nur dann fruchtbar, wenn ihm die Werke entsprächen, wenn die Gebote des Herrn geachtet würden. Der Täufling werde in der Taufe von seinen Sünden reingewaschen; die Gläubigen in der Kirche Christi aber könnten durch den »priesterlichen Dienst und durch die Buße«

eiusdē loci comitem · & henningum halbdani
filium cum aliis multis · xv · kł iulii occiderunt
& dorestatii uastauerunt ; Acceptoq; afrisionib;
tributo reuersi sunt ; Impr omisso itinere italico
aquisgrani hiemauit

dcccxxxviiii· Xv kł feb uespere terrę motus
apud sēm nazarium · & in uuormacense · & in
spirense · & lobadanense factus ē ; Naues contra
nordmannos ędificantur ; Optima pars regni
francorū Karolo iuueni data ē ; Hlotharius &
Huc usq; enhardus hludouuicus in ualle tredentina colloquium
habuerunt ante mediam quadragesimam ;
Impr uero mēse iunio nouiomagi conuentu gene
rali habito consiliis quorundā ex primoribus
francorum adquiescens pacti conscriptione
hludouuico filio suo regnū orientaliū franco<am>
quod prius cum fauore eius tenuit interdixit ;
Ille autē intellegens ex inuidia consiliantium
talem prodisse sententiam · edicto post habito
· iii · kł decemb · ad francofurt cum suis uenit ;
Contra quē impr quasi sibi aduersantē cum

Tafel 1): Sélestat, Bibliothèque humaniste, Cod. 11, fol. 30v
(mit Randglosse: *Huc usque enhardus*); vgl. S. 17.

peristepe & diuina do nante 3 patia uer būdi
opercat & cuppat & mutaplicet̄ur in perfectū
rce dī ecclesiae & palutem animarū nr̄a rum
& laudem & gloriam nominis dn̄i nr̄i ih̄u xp̄i
Pax predicantibus 3 patia oboedientibus
gloria dn̄o dō nr̄o ih̄u xp̄o amēn.

Anno dominicæ incarnationis dcc lxxuiiii
indictione xii anno xi regni nr̄i actum est
huius legationis edictū in aquis palatio publico.
Data est haec capita die decimas kl aprilis.

Spero uos fr̄s r̄emi ut uobis ne repantabus
exportatione symboli ad tr̄ctatur audiatur q̄
doctrina symboli ui pateat sacramenta
in luminatio animæ plenitudo credendi in eo rogat
docetur ac dicatur & unitas est & trinitas &
trinitas distincta prioris & opulentia creatoris
& redemptio passionis hoc nexus infidelitatis
absoluitur hoc uitae ianua panditur hoc gloria
confessionis ostenditur symbolū dn̄i breue +

Explanatio Symboli
Apostolici

Tafel 2): Wolfenbüttel, Herzog August Bibliothek, Cod. Guelf. 496a Helmst., fol. 15r: Die älteste erhaltene Kopie der »Admonitio generalis« wurde Ende des 8. Jahrhunderts in Fulda angefertigt; vgl. S. 50.

Vincit · & eloquii magnū dulcedine marcū
Atque suis dictis. facundus cedit homerus
Et priscos superat dialectica in arte magistros
Quattuor ast alias artesque iure secuntur
Discernit simili rerum ratione magistra
Doctus in his etiaque modo rex floret eodē
Solus iter meruit doctrine adipisci & omne
Occultas penetrare vias misteria cuncta
Nosse dō seriem reuelante ab origine rerū
Omnē quippe uiam doctrine inuenit & omnem
A ros opacum aditum secre&aque clancula verbis
Omnia solus enim meruit pius ille talenta
Suscipere & cunctis prefertur in arte magistris
Sali&& imperii ut quantū rex culmine reges
Excellit tantū cunctis pponitur arte
Quis poterit tanta peonia promere regis
Quis ve putat sermone rudi esse principis actu
Posse referre senes cū vincant oīa vates
Exsup atq; meū ingeniū iustissimus actus
Rex karolus caput orbis amor populiq; decusq;
Europę uenerandus apex pater optimus heros
Augustus sed & urbe potens ubi roma secunda
Floret nouo ingenti magna consurgit ad alta
Mol& holis muro pręcelsis sidera tangens
Stat pius arce peul karolus loca singula signans

Tafel 3): Zürich, Zentralbibliothek, C. 78, fol. 105v:
Der überlieferte Teil des sogenannten »Karlsepos« wurde
von wenig geübten Schreibern kopiert; vgl. S. 77.

Tafel 4): Der sogenannte »Einhardsbogen«, der für St. Servatius in Maastricht angefertigt wurde, ist nur aus dieser Abbildung in dem Codex Paris, Bibliothèque nationale de France, ms. fr. 10440, fol. 45r, in seinem Bildprogramm näher bekannt; vgl. S. 105.

Tafel 5): Die Einhardsbasilika in Michelstadt; vgl. S. 133.

Tafel 6): Die Einhardsbasilika in Seligenstadt; vgl. S. 213.

Was sieht er da, vor Schreck erstarrt?
Die Emma trägt den Eginhard.

Tafel 7): Emma trägt Eginhard: Zeichnung von Wilhelm Busch, »Eginhard und Emma«, zuerst erschienen in: Fliegende Blätter 40, Hft. 970, S. 48; vgl. S. 304.

Tafel 8): Fresko mit Bildern der heiligen Marcellinus und Petrus (unten Mitte) in deren Katakombe in Rom; vgl. S. 138.

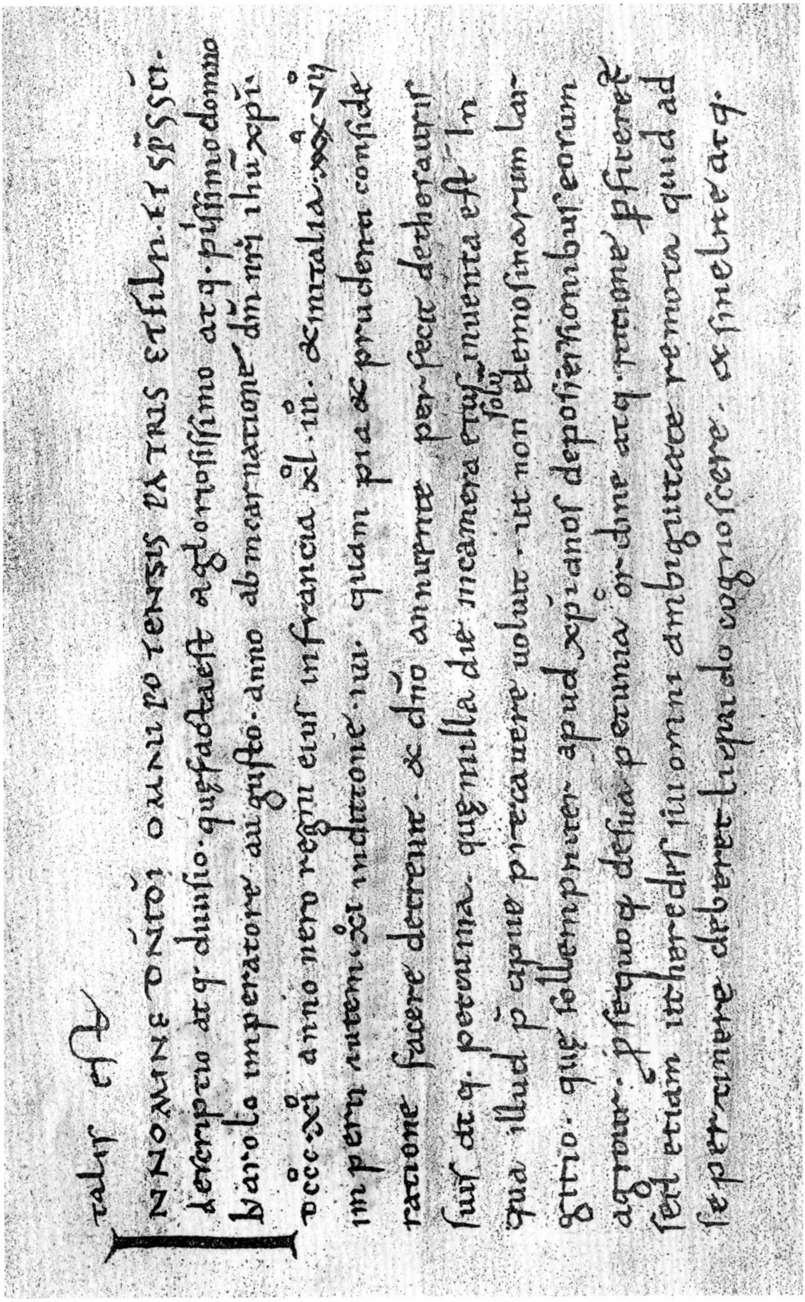

Tafel 9): Testament Karls des Großen in Einhards »Vita Karoli« in einer Kopie aus dem 9. Jahrhundert (heute: Wien, Österreichische Nationalbibliothek, Cod. 529).

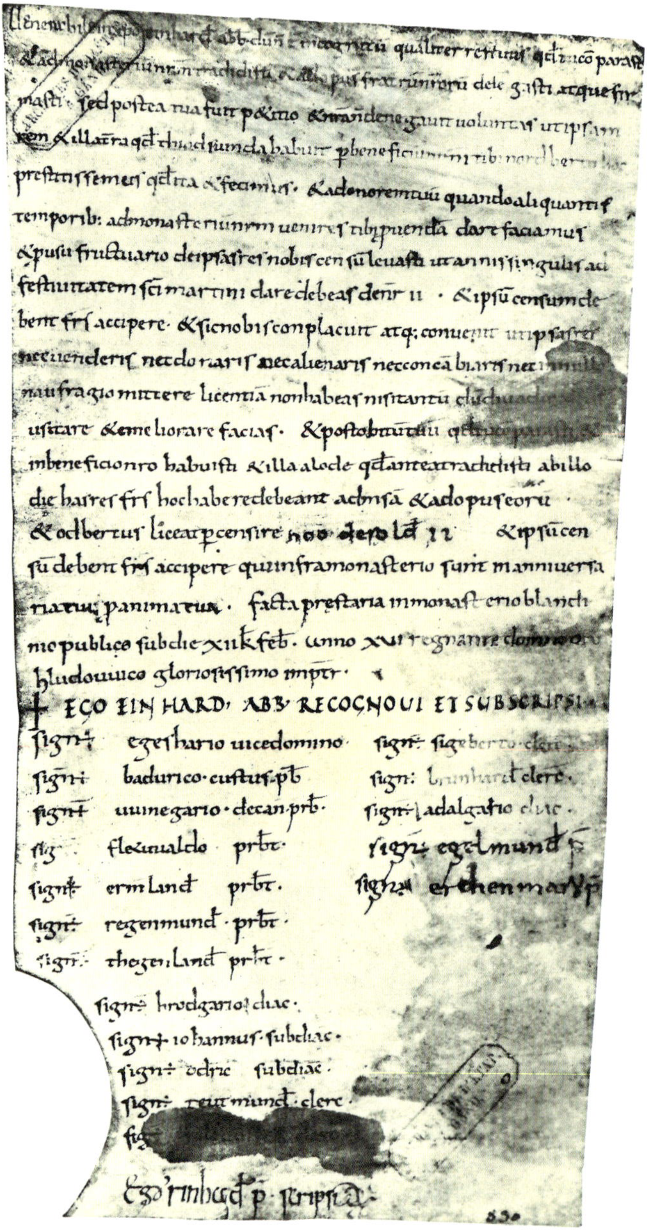

Tafel 10): Original einer Urkunde Einhards von 839 für St. Peter in Gent (Gent, Rijksarchief, fonds Sint-Pietersabdij, charters, n° 10); vgl. S. 288.

Sündenerlass verdienen. Als Hauptsünden notierte Jonas: Hochmut und Neid, Hass und Zwietracht. Gefährlich aber seien sie deshalb, weil Sünder sie gering achteten. Daher komme, wer diese Sünden begehe, nicht zur Beichte und erlange folglich auch keine Besserung. Der Glaube allein genügte jedoch nicht, den Menschen vor Gott zu rechtfertigen. Es war mehr vonnöten: Es ging darum, wie jeder einzelne Mensch handelte und seine Mitmenschen behandelte. Die Bischöfe, die Hüter des Glaubens, hatten deshalb überall und immerfort über das Handeln aller Menschen zu wachen[9].

Der zweite Canon definierte die Kirche paulinisch als »Leib Christi«, dessen Haupt wiederum Christus selbst sei[10]. Wer der Kirche nicht angehörte, war ein »Glied des Teufels«. Wollte er wieder dem Leib Christi verbunden werden, so blieb ihm nur ein Weg: die Buße[11].

Im dritten Canon dann formulierte Jonas Grundlegendes über die innere Gliederung des Herrenleibs. Der Leib des Herrn, der Leib der Kirche bestand aus zwei »Rollen« *(personae)*, der bischöflichen und der königlichen. Hier nun zitierte Jonas fast wörtlich jenen alten Brief des Papstes Gelasius I.[12] an Anastasius: Die Welt werde geleitet von der »geheiligten Autorität der Bischöfe« und der »königlichen Gewalt«. Das größere Gewicht aber falle den Bischöfen zu; denn sie seien vor Gott auch für die Könige verantwortlich[13].

Es war das erste Mal seit Menschengedenken, dass diese Lehre des Gelasius im Frankenreich zitiert wurde[14]. Die Pariser Konzilsväter passten die alten Sätze allerdings ihren aktuellen Bedürfnissen an: Was Gelasius I. noch kurz als »Welt« *(mundus)* bezeichnet hatte, das nannte die Synode nun »den Leib der gesamten Kirche Gottes«. Und während Gelasius für die beiden Gewalten keinen eigenen Oberbegriff verwendet hatte, sprach Jonas nun von »Rollen« *(personae)*. Die Unterschiede, sprachlich fein, stifteten neuen Sinn: Die kleinen Eingriffe stellten auch den König *in* die *ecclesia*, die »Gemeinschaft der Christen«; und sie stellten die bischöfliche und die königliche »Rolle« einander gegenüber. Auch verzahnte Jonas das Gelasius-Zitat gleich mit einer Aussage, die der gelehrte Fulgentius von

Ruspe einst in seiner Schrift über Prädestination und Gnade formuliert hatte[15]: In der *ecclesia* sei niemand mächtiger als der Bischof, in der Welt dagegen niemand erhabener als der Kaiser[16].

Für den Aufbau der Pariser Konzilsakten gab das Nebeneinander der »Rollen« *(personae)* das Grundmuster vor. Im ersten Buch behandelte Jonas die »priesterliche Rolle«, im zweiten die »königliche Rolle«[17]. Es wurde ein langer, ein grundlegender Text: der Entwurf einer gottgefälligen Ordnung der Christenheit.

Während Einhard in Mulinheim über seine Zukunft sinnierte und das Leben des großen Karl zu Pergament brachte, hatten die Pariser Synode und ihr Notar Jonas Spektakuläres geleistet. Auch hinter diesem Ordnungsentwurf stand zwar noch die Theorie der Verantwortlichkeit und des kollektiven Dienstes für Gott. Doch sollte jetzt nicht mehr der Kaiser allein den »Gipfel« des *ministerium Dei* innehaben. Nein, Ludwig sollte sich die Leitung der Christenheit mit den Bischöfen teilen! Die Verantwortung vor Gott lastete auf den Schultern der Bischöfe und des Königs gemeinsam. Und die Bischöfe hatten sogar die größere Last zu tragen: Denn sie mussten vor Gott auch für das Handeln des Königs Rechenschaft ablegen.

Es war wohl geplant, den großen Wurf der Synode auf der allgemeinen Versammlung im Sommer 829 zu beraten und die Konsequenzen, die sich daraus ergaben, in ein umfassendes Kapitular zu gießen. Jonas schuf in atemloser Hast eine Zusammenfassung der Pariser Ergebnisse, weniger weitschweifig und klarer strukturiert. Auch bezog er manche Beschlüsse der drei anderen Synoden ein; die Texte waren ihm in aller Eile übermittelt worden[18]. Doch dann ging das Gerücht, die Nordleute seien in Sachsen eingefallen. Die Mobilmachung des Heeres, der Plan des Kaisers, schon Mitte Juli höchstselbst seine Truppen über den Rhein nach Norden zu führen[19] – sie verhinderten alle weiteren Vorbereitungen.

Das Gerücht sollte sich bald als falsch erweisen. Der Kaiser berief hastig für Mitte August doch noch die allgemeine Versammlung ein, nach Worms[20]. Schon zweimal hatte man sie verschoben, nun sollte es endlich sein. Jetzt aber war man kaum präpariert. Es fehlte eine solide Verhandlungsgrundlage, es fehlte der Entwurf eines großen Kapitulars, den man hätte beraten und beschließen können[21]: Der Kaiser und seine Ratgeber, beschäftigt mit Rüstungen zum Krieg, hatten keine Beschlussvorlagen ausgehandelt. Der Mangel ließ sich nicht mehr beseitigen: Nun, auf der allgemeinen Versammlung, konnte man schlechterdings nicht inhaltlich über Details diskutieren; es hätte nur in Zorn, Streit, Gewalt geendet, zumal jetzt, da Matfrid, Hugo und deren Vertraute und Freunde gegen den Kaiser Stimmung machten. Man munkelte, sogar der junge Kaiser Lothar selbst neige schon ihrer Seite zu[22].

So wurde auch Worms nicht zur Wende. Die vielen Beratungen im Winter in Aachen, die beiden Inquisitionen der *missi*, die Ergebnisse der vier Synoden, die fleißige Redaktionsarbeit des Jonas von Orléans: All das verpuffte im August 829 ins politische Nichts[23]. Was blieb, war wenig genug. Der Kaiser ließ jene Kapitellisten, die für die zweite große Untersuchung seiner Sondergesandten im Frühjahr ausgearbeitet worden waren, noch einmal hervornehmen und von der Versammlung bestätigen. Ergänzt wurden nur zwei Punkte: Güter von Kirchen sollten mit Blick auf den Zeugenbeweis künftig genauso behandelt werden wie Fiskalgut, auch bei ihnen also sollte das Inquisitionsverfahren greifen[24]; und man legte fest, auf welche Weise die *missi* ermitteln sollten, wie viele Männer Heeresdienst leisteten[25].

Die hochfliegenden Ideen, die Jonas und seine Amtsbrüder in Paris zusammengetragen, aus der Überlieferung der Väter begründet und umständlich-wortreich dargelegt hatten – sie gerannen in Worms nicht zu einem großen, grundlegenden Kapitular des Kaisers. Stattdessen mühte sich Ludwig, die Spannungen im Gefüge seiner Magnaten zu lösen. Er setzte Zeichen: Seinem jüngsten Spross, dem Sohn der Kaiserin Judith, wies Ludwig ein eigenes kleines Herrschaftsgebiet zu. Karl sollte künftig im Elsass, in Alemannien und Churrätien herrschen. Die Gebiete waren aus jenem Teil herausgetrennt, den 817 Lothar erhalten hatte[26].

Schon das war ein Signal gegen den ältesten Sohn – und wohl auch gegen dessen Schwiegervater, Hugo von Tours, mitsamt seiner Faktion. Aber Ludwig ging weiter: Er beorderte Lothar wieder nach Italien. Ludwig wollte zeigen, dass er noch Herr der Lage war. Lothar mochte Kaiser sein; aber er hatte doch zu tun, was der Vater ihm befahl. Im Übrigen konnte die Distanz auch ganz pragmatisch die unseligen Kontakte zwischen Lothar und Hugo erschweren. Seit September 829 verzichtete Ludwig darauf, Lothar in seinen Urkunden als Kaiser zu nennen[27]. Aufmerksame Beobachter wie der Erzbischof Agobard von Lyon registrierten die Neuerung sofort[28].

Wohl noch in Worms holte Ludwig außerdem einen neuen starken Mann an den Hof. Es sollte jemand sein, der die Lücke zu füllen vermochte, die seit der Absetzung Hugos und Matfrids dort klaffte – jemand, der so viel militärisches Potential und Können mitbrachte, dass er auch einen größeren Aufstand niederzuschlagen im Stande war. Der Kaiser wählte den Grafen Bernhard, der schon 827/28 so tatkräftig gegen den Rebellen Aizo und die Muslime im Südwesten vorgegangen war und dessen Vetter bereits die Nachfolge Matfrids in Orléans angetreten hatte[29].

Bernhard stammte aus illuster Familie. Er war ein Enkel Theuderichs, *propinquus regis*, eines Verwandten der Karolinger also. Bernhards Vater war der Graf Wilhelm von Toulouse, ein bedeutender Herr in Aquitanien schon zur Zeit Karls, berühmt für seine Kriegstaten gegen Basken und Muslime. Ludwig, damals noch König von Aquitanien, hatte Wilhelm als einen treuen, kraftvollen Mann schätzen gelernt. Dann hatte sich Wilhelm aus der Welt zurückgezogen und war Mönch geworden im Kloster Gellone, das er 804 gegründet hatte. Bald wurde der Asket als Heiliger verehrt. Den Sohn, Bernhard, hatte Ludwig selbst aus der Taufe gehoben. Später hatte er ihn zum Grafen von Barcelona gemacht und ihm die Leitung über die Grenzregion nach Spanien hin anvertraut[30]. Jetzt ernannte Ludwig ihn zu seinem Kämmerer, mit Aufsicht über die Finanzen des Hofes. Vor allem aber ehrte er Bernhard bald wie den zweiten Mann des

Reiches[31]. Matfrid und Hugo würden es nicht wagen, gegen einen solchen Kriegsherrn aus mächtiger Familie anzutreten![32]

Die Hofannalen verkündeten bald nach Weihnachten 829 Normalität. In ihrem Jahresrückblick vermerkten Ludwigs Kapläne kurz das Aachener Erdbeben, dann das Gerücht des Normanneneinfalls und des Kaisers zupackende Rüstungen, schließlich die Wormser Versammlung: Ludwig habe feierlich die Jahresgaben entgegengenommen, Gesandte aus Rom, Benevent und anderen Ländern empfangen und entlassen. Er habe seinen Sohn nach Italien geschickt, den Grafen Bernhard zum Kämmerer erhoben. Und nachdem dies und anderes »in angemessener Weise geregelt worden war«, habe sich Ludwig nach Frankfurt zur Herbstjagd begeben[33]. Die große Initiative von Winter und Frühjahr, die vier Synoden, das kümmerliche Ergebnis, die Machenschaften Matfrids und Hugos, die Zuteilung eines Herrschaftsgebiets an den jüngsten Kaisersohn: All das verschwiegen die Hofgeistlichen im offiziösen Jahresbericht geflissentlich. Es sollte vorerst der letzte Eintrag sein. Erst Jahre später würden die Annalen eine Fortsetzung finden ...

Einhard hatte an der Versammlung in Worms nicht teilgenommen, sondern sich um den Bau des Klosters und der Kirche für seine Märtyrer in Mulinheim gekümmert[34]. Noch war es nicht so weit, dass er mit dem Dach hätte beginnen können, und doch schrieb er schon jetzt an den Abt Folco, den er aus Aachen kannte, und erinnerte ihn an ein Gespräch, das sie dort geführt hatten: Folco hatte versprochen, Blei für das Kirchendach zu besorgen. Einhard lag daran, dass die Zusage nicht in Vergessenheit geriet[35].

Der Bau, den Einhard in Mulinheim in Angriff genommen hatte, war größer und prachtvoller noch als seine Kirche in Michelstadt (Tafel 6). Das Langhaus erstreckte sich über 33, das Querhaus über fast 30 Meter. Die Baukörper trafen sich – wie es damals üblich war – nicht in einer ausgeschiedenen Vierung; das Querhaus blieb als eigener Raum gut erkennbar. Die Krypta konzipierte Einhard nun anders als in Michelstadt. Statt dreier Räume mit je einem Altar für Reliquien ließ er für seine römischen Märtyrer jetzt eine Struktur bauen, wie er sie wohl mit eigenen Augen in Rom, zum Beispiel in St. Peter, gesehen hatte: Treppen an beiden Seiten des Altars sollten hinabführen zu einer Ringkrypta; sie würde es auch größeren Pilgergruppen leicht ermöglichen, zum Schrein der Heiligen zu kommen, dort im Gebet zu verharren und dann wieder die Treppen hinauf in die Kirche zurückzukehren. In der Krypta selbst öffnete eine *fenestella* den Blick auf den Schrein in der Memoria[36].

Zur Linken und Rechten der Heiligen aber, in nächster Nähe zu ihnen, plante Einhard zwei Grablegen, eine für Emma, eine für ihn selbst. Dort wollten die Eheleute dereinst vor Gott von der *virtus*, der Kraft der beiden Heiligen, profitieren – wie auch von den Gebeten jener Gemeinschaft von Klerikern, die ihr liturgisches Zentrum direkt darüber, im Sanctuarium der Kirche haben sollte.

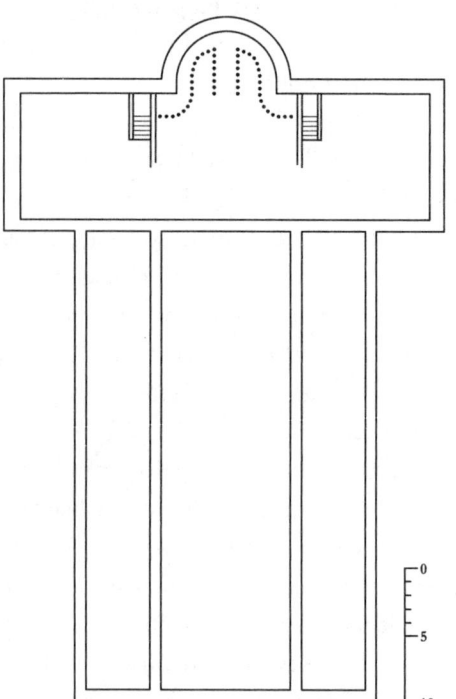

Grundriss der Einhardsbasilika in Seligenstadt.

Trotz der Aufsicht und Organisation der Bauten in Mulinheim dürfen wir annehmen: Einhard blieb durch Briefe hinreichend genau auch über das Geschehen in Aachen und die Maßnahmen des Kaisers dort informiert. Das Gleichgewicht der Mächtigen in Ludwigs Entourage geriet ins Wanken. Hilduin und Wala, auch andere mehr fühlten sich hinter den neuen starken Mann aus dem Südwesten, hinter den Kämmerer Bernhard, zurückgesetzt. Sie fürchteten um ihren Einfluss.

Es dauerte nur Wochen, bis hässliche Gerüchte umliefen: Bernhard habe seine Ehe mit Dhuoda gebrochen – und die des Kaisers gleich mit! Bernhard treibe es mit der schönen, jungen Kaiserin Judith![37] Der Hof? »Ein Bordell, in dem eine Hure herrscht und ein Ehebrecher regiert!«[38] Bernhard habe mit Zauberei den Kaiser behext und lenke nun den Willenlosen! Er plane, Ludwig und alle seine Söhne zu ermorden![39] Sexuelle Ausschweifungen und heimtückische Grausamkeit: Diese Mischung charakterisierte schon seit Jahrhunderten den Tyrannen[40]. Bald fanden allzu viele unter den Magnaten: Den Machenschaften dieses Mannes müsse ein Ende gesetzt werden, die Unordnung im »heiligen Palast« *(sacrum palatium)*, das Durcheinander im Haus des Königs, der Umsturz der gottgewollten Ordnung, all das müsse wieder gerichtet werden[41]. Und man müsse Ludwig vor Bernhard schützen, müsse für den Kaiser gegen den Kaiser aufbegehren ...[42]

Einhard hatte fortan noch einen Grund mehr, für sich selbst eine neue Rolle zu finden. Die Initiative von 829, die Wormser Versammlung, die jüngsten Personalentscheidungen des Kaisers hatten keinen Umschwung zum Besseren gebracht. Im Gegenteil: Unruhe gärte unter den Mächtigen, der Missmut wuchs nur noch mehr, die Stimmung war gereizt. Einhard hoffte, der Kaiser werde seine Karlsbiographie, über Gerward vermittelt, verstehen und dem Abschied vom Hof stattgeben. Der Zeitpunkt war richtig: Gerade jetzt war es sicherer, sich in wohlinformierter Distanz zum Hof zu halten und in Mulinheim die Kirche der Heiligen Marcellinus und Petrus zu bauen.

So schrieb Einhard einen Brief an den Kaiser selbst. Das Schreiben wollte wohldurchdacht sein. Zumal der Anfang musste gelingen! Einhard erinnerte den Herrscher gleich eingangs daran, dass Petrus und Marcellinus mit Gottes Willen in die Francia gekommen waren – und zwar »für die Erhöhung und den Schutz Eurer Herrschaft«. Es sei daher eine »große Notwendigkeit« für ihn, Einhard, den Kaiser häufig in Bezug auf das zu ermahnen, was zur Ehre dieser Heiligen gehöre. Andernfalls nämlich – wenn er sich hier als zu nachlässig erweise – riskiere er, Einhard, Gefahr und Schaden für seine Seele. So geschickt griff Einhard des Kaisers Theorie der kollektiven Verantwortlichkeit vor Gott auf: Er tat doch nur, was die *necessitas*, die »Notwendigkeit«, im Ringen um Gottes Gnade forderte![43]

Um also vor Christus nicht nachlässig zu erscheinen in der Ehrung seiner Märtyrer, erinnerte Einhard den Kaiser sodann an die Unterstützung, die Ludwig ihm schon gewährt hatte: In einem Tauschgeschäft mit dem Erzbischof Otgar von Mainz hatte Ludwig dafür gesorgt, dass die Märtyrer jenen weiteren Grundbesitz in Mulinheim erhalten hatten, der für ihre Kirche notwendig war. Auch hatte der Kaiser, als Einhard todkrank war, den Märtyrern noch einmal zusätzliche *beneficia* versprochen. Wenn Ludwig jetzt dieses Versprechen auch einlöse, so verhieß ihm Einhard, dann werde er Gott und die Märtyrer zufriedenstellen. Und Ludwig möge doch nur bedenken, welcher Lohn bei Gott und welcher Lobpreis in dieser Welt ihm erwachsen würden, wenn dann der Ort, an dem die beiden Märtyrer ruhten, durch ihn mit Gebäuden und anderem Notwendigen ausgestattet und geziert werde! Die Errichtung der Abtei werde man ihm zuschreiben: Alle Völker würden immerfort die Erinnerung an ihn und die Märtyrer feiern.

Erst dann, am Ende des Schreibens, bat Einhard den Kaiser um das, was ihm gerade jetzt am wichtigsten war: »dass Ihr auf mich Armen und Sünder, der ich schon alt und schwer krank bin, barmherzig und milde schauen möget – und mich loslöst von den weltlichen Sorgen, mich frei werden lasst und mir erlaubt, in Frieden und

Ruhe bei den Gräbern der seligen Märtyrer Christi, Eurer Schutzherren!, zu bleiben, unter Eurem Schutz und im Gehorsam gegenüber diesen Heiligen und im Dienst für Gott und unseren Herrn Jesus Christus, damit jener unvermeidliche und letzte Tag – der in dem Alter, in dem ich nun bin, einzutreten pflegt – mich nicht mit vergänglichen und überflüssigen Sorgen beschäftigt findet, sondern vielmehr frei für das Gebet und die Lesung, meine Gedanken in der Meditation über das göttliche Gesetz übend.«[44] Der Brief sprach offen aus, was die Karlsbiographie dem Kaiser hatte insinuieren sollen: Einhard wollte die Erlaubnis, sich vom Hof zurückzuziehen. Dann würde er dem Kaiser in Mulinheim von Nutzen sein – indem er dort den Kult der Märtyrer pflegte und vor Gott und den Menschen den Ruhm Ludwigs mehrte, seines (und seiner Heiligen) Gönners.

Das Gemurre bei Hof, die Spannungen zwischen Ludwig und Lothar, die Gifterei unter den Magnaten des Reiches machten Einhards Hoffnung vorerst zunichte. Ludwig brauchte Einhard, gerade jetzt, da die Gerüchte über Judith und den neuen Kämmerer durchs Reich liefen, jetzt, da Hilduin, Wala und andere Mächtige mit dem neuen Einfluss des Grafen Bernhard haderten, da Matfrid und Hugo erfolgreich agitierten, da Lothar über die Ausstattung des kleinen Karl und die Abschiebung nach Italien zürnte: Gerade jetzt, im Spätjahr 829, kam es Ludwig auf jeden Einzelnen an. So verlangte der Kaiser von seinem alten Höfling ein klares Bekenntnis: War Einhard ihm treu? Dann gehörte er jetzt nicht nach Mulinheim, sondern in seine Nähe, an den Hof. Im November, nach der Herbstjagd, kehrte Ludwig nach Aachen zurück. Er ließ Einhard dorthin beordern[45].

So schnell aber mochte sich der alte Mann dem Willen des Kaisers nicht beugen. Wieder einmal machte er Petrus und Marcellinus zum Argument. Einhard schrieb an Gerward, er könne ohne Gefahr seine Märtyrer nicht länger als sieben Tage verlassen. Denn ihm sei eine qualvolle Zukunft prophezeit worden, sofern er es wage, länger als diese Frist fern von ihnen zu weilen. Gerwards Antwort freilich fiel anders aus, als Einhard es erhofft haben mochte: Der Bibliothekar mahnte und riet Einhard dringend, seine Märtyrer allein zu lassen und endlich bei Hof zu erscheinen[46]. Auch jetzt noch zögerte Einhard: »Ich bin unsicher«, schrieb er Gerward zurück, »wie ich über Dich denken soll: Entweder hast Du meinen Brief nicht verstanden oder Dich kümmert meine Gefahr nicht.«[47] Doch wolle er einmal annehmen, Gerward habe, ob seiner vielen Aufgaben, Einhards erstes Schreiben nicht aufmerksam genug gelesen! Noch einmal verwies Einhard auf die Gefahr, die ihm bei einer längeren Abwesenheit aus Mulinheim drohe. Und er rechnete Gerward vor: In der kurzen Frist von sieben Tagen könne er schlicht nicht zum Hof reisen – einerseits, weil es dort ohnehin eines längeren Aufenthalts bedürfe, andererseits aber auch, weil er ob der Schwäche seines Körpers selten schneller als binnen sieben Tagen von Aachen zu seinen Märtyrern habe gelangen können. Einhard bat Gerward deshalb, seinen früheren Brief noch einmal sorgfältiger zu lesen. Dann möge er ihm mitteilen, wie er über die Prophezeiung denke, die Einhard zuteil geworden war. Bonottus, der Verwalter von St. Servatius in Maastricht, könne Gerwards Brief nach Mulinheim überbringen[48].

Es half alles nichts. Anfang Dezember 829 sah sich Einhard doch auf den Weg zur Pfalz nach Aachen gezwungen[49]. Der Hof war ein bedrohlicher Ort geworden. Einhard musste befürchten, im Spiel der Macht, dem Spiel seines Lebens, zu scheitern.

Er hatte einen Sohn namens Pippin, der von einer Konkubine geboren war; seiner neben den anderen zu erwähnen, habe ich bis hierher aufgeschoben. Er war zwar schön von Angesicht, aber wegen eines Buckels unförmig. Als sein Vater nach Eröffnung des Kriegs gegen die Hunnen den Winter über in Baiern blieb, täuschte dieser Pippin eine Krankheit vor und verschwor sich mit einigen Vornehmen der Franken, die ihn dazu mit dem eitlen Versprechen der Macht verlockt hatten, gegen den Vater. Nachdem die Intrige aufgedeckt und die Verschwörer verurteilt waren, erlaubte Karl dem Sohn, der das auch schon selbst wollte, geschoren zu werden und im Kloster Prüm Muße zu erhalten für ein religiöses Leben.

Als er dann seinen Sohn nach Aquitanien entlassen hatte, brach er selbst in gewohnter Weise, wenn auch schon geschwächt durch sein hohes Alter, zur Jagd unweit der Aachener Königshalle auf; und nachdem er mit dieser Beschäftigung das zugebracht hatte, was vom Herbst übrig war, kehrte er um die Kalenden des November nach Aachen zurück. Als er dort überwinterte, wurde er im Monat Januar von einem heftigen Fieber befallen und ward bettlägerig. Sofort legte er sich, wie er das bei Fieber zu tun pflegte, Enthaltsamkeit beim Essen auf, weil er meinte, durch solche Mäßigung könne die Krankheit besiegt, oder doch zumindest gelindert werden. Aber als zu dem Fieber auch noch ein Schmerz in der Brust kam, den die Griechen »pleuresis« nennen, und als er sein Fasten immer noch hielt und seinen Körper nicht mehr anders stärkte als durch sehr seltenes

Trinken, da verschied er am siebenten Tage, nachdem er bettlägerig geworden war, nach Empfang der heiligen Kommunion im 72. Jahr seines Lebens und im 47. Jahr nach seinem Regierungsantritt, an den 5. Kalenden des Februar, zur dritten Stunde des Tages.

Einhard, Vita Karoli, c. 20 und 30

XVII.

Kaum in Aachen angekommen, musste Einhard im Dienste des Kaisers das tun, was er am besten konnte: schreiben. Ein knappes Mandat erging an einen Grafen »G.«, dessen voller Name sich aus der Überlieferung nicht mehr eruieren lässt: Er solle sich sofort nach Erhalt des Schreibens auf den Weg machen, so dass er noch am 18. Dezember in Heilbronn den kaiserlichen *missus* »H.« treffen könne; und er solle dann ausführen, was Ludwigs Gesandter ihm dort auftrage[1].

Dann, Anfang 830, musste Einhard im Auftrag des Kaisers einen Brief an die Einwohner der Stadt Mérida in Spanien formulieren. Auch diese Aufgabe war leicht: Das Schreiben in Ludwigs Namen sollte die Christen dort im Kampf gegen Abd ar-Rahman II., den Emir von Córdoba, stärken und Hilfe versprechen. Einhard erledigte den Auftrag prompt[2].

Danach aber verlangte Ludwig von seinem alten Höfling einen dritten Brief, einen, über dem nicht des Kaisers, sondern Einhards Name stehen sollte: ein Mahnschreiben an Kaiser Lothar. Einhard dürfte sich gewunden haben; aber er tat schließlich doch, wie ihm geheißen. In dem Brief erinnerte Einhard den Kaisersohn daran, dass er ihn und seinen Vater immer gleichermaßen geliebt habe und beide wohlbehalten wünsche; und er erinnerte ihn daran, dass Ludwig nach 817 gerade Einhard damit beauftragt hatte, als eine Art engster Ratgeber für Lothar zu fungieren. Daher könne er nun, so formulierte es Einhard, nicht schweigen, sondern sehe sich gezwungen, Lothar zu mahnen: Er wolle ihm kurz deutlich machen, welche Gefahr er zu vermeiden habe. Ihm sei zu Ohren gekommen, so Einhard, dass gewisse Leute, die eher an ihr eigenes Wohl als dasjenige Lothars dächten, ihn zu überreden suchten, dass er gegen den Wunsch und gegen den schuldigen Gehorsam den Ort, den ihm sein Vater zugewiesen, verlassen solle – um gegen Ludwigs Willen und Befehl zu dem Vater zu ziehen und dort auch zu bleiben.

Einhard nannte diesen Ratschlag verkehrt, falsch, übel. Er verstoße gegen das Gebot Gottes, der doch wolle, dass man den Vater ehre! Ob Lothar denn das lange Leben, das Gott für die Ehrung des Vaters verheiße, für nichts halte? Sein Ungehorsam zeuge von Stolz! Er führe zu Streit und Hass, die niemals zwischen Vater und Sohn herrschen dürften! Er, Einhard, sei überzeugt, dass Lothar genau wisse, wie sehr Gott einen aufsässigen und den Eltern ungehorsamen Sohn verabscheue. Im Deuteronomium könne Lothar doch lesen, was Gott durch Moses befohlen habe: Ein solcher Sohn sollte vom ganzen Volk gesteinigt werden! So habe er, Einhard, beschlossen, Lothar zu ermahnen, dass er mit seiner von Gott verliehenen Klugheit sich hüte vor dieser Gefahr, die ihm drohe: »Ich liebe Euch, Gott weiß es, und deshalb mahne ich Euch mit solcher Zuversicht; beachtet nicht die Niedrigkeit der Person des Mahnenden, sondern die Heilsamkeit des Ratschlags!«[3]

Der Brief war höflich im Tonfall, in der Sache aber mehr als deutlich: Lothar hatte einen schändlichen Tod verdient, wenn er es wagen sollte, gegen den Befehl seines Vaters über die Alpen nach Norden zu kommen. Ludwig hatte Einhard nicht nur veranlasst, bei ihm in Aachen zu erscheinen; er hatte ihn auch gezwungen, persönlich im aufflammenden Streit Position zu beziehen. Wir wissen nicht genau, wie Ludwig seinen Höfling dazu brachte, diesen riskanten Brief[4] zu formulieren. Er machte Einhard zum Teil des Spiels um die Macht, das der kleine, kranke, alte Mann aus sicherer Distanz in Mulinheim hatte mitverfolgen wollen.

Im Februar des Jahres hielt Ludwig der Fromme mit anderen Magnaten eine Versammlung in Aachen ab; auch Einhard wird dabei gewesen sein. Der Kämmerer Bernhard drängte, einen Feldzug in die Bretagne zu unternehmen, um einige Aufständische dort niederzuwerfen. Ludwig selbst sollte den Heereszug führen. Ein militärischer Erfolg hätte Ludwigs Prestige gefestigt. Für die Mobilmachung aber setzte man ausgerechnet die Fastenzeit an: Schon am

14. April, dem Gründonnerstag, sollte sich das Heer in Rennes versammeln[5].

Wieder musste Einhard für den Kaiser Briefe formulieren: An seinen Getreuen »H.« ließ Ludwig schreiben, er solle demjenigen seiner Söhne, den er hierfür geeignet finde, befehlen, sich bereitzuhalten, als Bote für den Grafen »R.« und den *missus* »H.« zu fungieren, falls diese ihm, Ludwig, etwas mitzuteilen wünschten. Der Bote würde ihn selbst oder die Kaiserin dann in Tours antreffen – so Gott denn wolle. Derselbe Auftrag ging auch, von Einhard nüchtern formuliert, an Ludwigs Getreuen »T.«: Auch er sollte sich auf einen Botengang nach Tours vorbereiten[6]. Die alte Bischofsstadt lag östlich der Bretagne, Ludwig plante schon die Rückreise. Ein Aufenthalt an dem Ort, in dem einst Hugo sein Machtzentrum gehabt hatte, mag dem Kaiser und seinem Kämmerer wichtig erscheinen sein.

Es sollte anders kommen. Der Kaiser selbst brach trotz eines Gichtanfalls wie geplant zu Beginn der Fastenzeit, am 2. März 830, auf. Er zog an der Küste des Ärmelkanals entlang. Am 3. April machte er im Kloster Saint-Omer Station. Hier erreichte ihn die Nachricht, die Rebellion sei losgebrochen[7].

Matfrid und Hugo, Hilduin und Wala, Helisachar und der Bischof Jesse von Amiens, die Grafen Lantbert von Nantes und Warin von Mâcon und etliche mehr hatten aufbegehrt[8]. Die Rebellen einte kein gemeinsames Programm; was sie kooperieren ließ, war kaum mehr als Unzufriedenheit, Ärger, Neid auf andere. Matfrid und Hugo wollten zurück an die Macht, aus der Ludwig sie verdrängt hatte; Hilduin und Wala wollten den Grafen Bernhard vom Hof verwiesen wissen; der Erzbischof Agobard von Lyon machte sich Gedanken über den Umgang mit den – doch von Gott so deutlich gewollten – Beschlüssen von 817[9]; andere Rebellen hatten wieder andere Ziele, Motive, Wünsche.

Das Heer des Kaisers war auf dem Weg nach Rennes. Der unheilige Termin des Heereszugs, ausgerechnet zur Fastenzeit, machte es leicht, Unmut zu schüren. Die Aufständischen lenkten die Truppen um, nach Paris. Dorthin riefen sie auch den Kaiser Lothar und seinen Bruder Pippin. Die beiden, unzufrieden mit der zweiten Ehe Ludwigs und der Ausstattung Karls, nahmen die Einladung der Rebellen nur zu gern an. Pippin war bald schon vor Ort. Lothar rückte über die Alpen heran[10]. Einhards Mahnung war ihm kein Hindernis.

Spätestens jetzt, im April 830, muss es Einhard mit der Angst zu tun bekommen haben. Wenn nun Lothar in diesem Aufstand seinen Vater besiegte? Würde er Einhard für sein Mahnschreiben strafen? Müsste er ins Exil, in Haft in irgendein Kloster? Würde er geblendet, getötet? Der Kämmerer Bernhard hatte bereits die Flucht nach Barcelona ergriffen, übrigens mit Erlaubnis des Kaisers. Ludwig selbst hatte seine Fahrt in die Bretagne abgebrochen. Er zog jetzt den Rebellen entgegen, nach Compiègne[11]. Seine Gemahlin, die im März zunächst in Aachen geblieben war[12], sollte sich ebenfalls in Compiègne einfinden. Einhard hoffte sehnlichst auf die Erlaubnis, sich nach Mulinheim zurückzuziehen. Der Kaiser hatte sie ihm vor seiner Abreise an sich schon erteilt! Doch Einhard wurde abermals enttäuscht: Judith befahl ihm, er solle ihr nach Compiègne folgen[13].

Gut 200 Kilometer, bis Valenciennes, reiste Einhard Judith nach. Dann besann er sich eines Besseren. Er griff wieder einmal zu Feder und Pergament und schrieb: an Judith, an Ludwig, an einen Freund bei Hof. Er wollte nicht nach Compiègne kommen, nicht dorthin, wo Ludwig und die Rebellen aufeinandertreffen würden! Er wollte endlich weg, nach Mulinheim, zu seinen Märtyrern. Ihm blieb jetzt nur eines: Er musste krank werden, schwer krank – so schwer, dass er beim besten Willen die Reise nicht fortsetzen konnte. Alle Welt wusste, und zumal der Kaiser selbst, dass Einhard im Jahr zuvor auf den Tod erkrankt gewesen war. Warum also nicht ein Rückfall? War da nicht immer noch eine gewisse Taubheit im Oberschenkel? Spürte er nicht immer noch Schmerzen in der Milz? Ja, und dann kam noch etwas Akutes hinzu, etwas, das ihn am Weiterreiten hinderte! Einhard schrieb Judith:

> *Unsere allermildeste Herrin möge erfahren, dass ich, Euer Diener, nach meiner Abreise aus Aachen von so großen körperlichen Beschwerden ereilt worden bin, dass ich von Utrecht aus in zehn Tagen kaum bis nach Valenciennes habe gelangen können. Dort hat mich ein so gewaltiger Schmerz in den Nieren und der Milz befallen, dass ich zu Pferde an einem vollen Tag nicht eine einzige Meile zurückzulegen vermag. Deshalb bitte ich Eure Milde demütig, dass es mir mit Eurer Huld erlaubt sei, zu Schiff nach St. Bavo in Gent zu reisen und dort das Bett zu hüten, bis mir der allmächtige Gott die Kraft verleiht zu reisen. Sobald ich reiten kann, werde ich freilich eilen, zu Euch oder zum Herrn Kaiser zu kommen, ganz wie Ihr es wünscht. Nun aber bitte ich Eure Milde in Demut: Lasst Euch dazu herab, mich bei meinem allerbarmherzigsten Herrn, wenn Ihr zu ihm kommt, dafür zu entschuldigen, dass ich nicht zu Euch gekommen bin. Gott ist mein Zeuge: Ich habe Euch über meine Krankheit nichts Unwahres geschrieben! Und nicht nur das: Ich leide sogar noch unter anderen, viel schlimmeren Beschwerden, über die ich bestenfalls mit meinem engsten Vertrauten sprechen kann. Dies aber wisset: Ihr könnt Euch jetzt bei Gott keinen größeren Lohn erwerben, als wenn Ihr bewirkt, dass ich die Erlaubnis erhalte, sobald ich nur kann, zum Dienst für die heiligen Märtyrer Christi zu eilen. Von St. Bavo aus kann ich zu Schiff dorthin sicherlich binnen 15 Tagen gelangen.*[14]

In St. Bavo angekommen, schrieb Einhard im selben Sinne an einen Freund bei Hof. Der Name des Adressaten ist nicht mehr zu ermitteln; auch ihn aber bat Einhard um Fürsprache beim Kaiser. Und nun nannte er offen auch jenes schwere Leiden, das er Judith nur angedeutet hatte: Heftiger Durchfall habe ihm seit seiner Abreise aus Aachen zu schaffen gemacht. Hinzu kämen Nierenschmerzen, klagte Einhard, eine andauernde Taubheit des rechten Oberschenkels, unerträgliche Schmerzen in der Milz. Er fürchte, fern von seinen Märtyrern zu sterben! So möge doch sein Adressat beim Kaiser

Fürsprache für ihn halten: »Ich wäre gekommen, wenn ich gekonnt hätte, und ich werde kommen, sobald ich kann – und sei es abwesend, sei es anwesend, ich werde ihm immer treu bleiben.« Ein kleines Postskript freilich konnte sich Einhard in diesem Brief nicht verkneifen: »Alles, was nun in diesem Reich geschieht«, setzte er am Ende seines Schreibens hinzu, »ist durch die Offenbarungen der Märtyrer Christi vor zwei Jahren vorhergesagt worden.«[15] Oh, hätte Ludwig doch nur im Winter 828/29 die Mahnungen des Erzengels Gabriel beachtet, die in Mulinheim am Schrein der Heiligen Marcellinus und Petrus geoffenbart worden waren!

Dann noch ein Schreiben an Ludwig selbst, kürzer und präzise. Gleich zu Beginn die Erinnerung: Der Kaiser hatte ihm ja schon die Abreise erlaubt! Dann der Verweis auf die Krankheit; schließlich wieder die gleiche alte Botschaft – wann hätte sie je besser gepasst? »Ich glaube, dass jene zwei heiligen Märtyrer für Euch bei Gott Fürsprache halten müssen, wenn Ihr den Dienst für sie dem Dienst für Euch vorziehen wollt. Ich selbst freilich kann Euch an keinem anderen Ort in Eurem Reich größeren Nutzen bereiten als dort – so Ihr mir denn dazu verhelfen wollt!«[16]

Ludwig hatte jetzt Dringenderes zu tun, als einen kränkelnden, alten Höfling in seine Gegenwart zu zwingen. Er ordnete an, dass Judith nicht bis nach Compiègne kommen, sondern im Marienkloster in Laon bleiben solle[17]. Sicher war sie auch dort nicht: Die Grafen Lantbert und Warin nahmen sie gefangen und zwangen sie mit sich nach Verberie, wo ihr Stiefsohn Pippin[18] mittlerweile die Truppen der Rebellen führte. Durch die Widersprüche der parteiischen Dokumente führt heute kein Weg mehr zurück zu dem, was damals geschah: Wurde Judith gefoltert? Fasste sie auf sanften Druck hin selbst den Entschluss, den Schleier zu nehmen und in ein Kloster zu gehen? Wir wissen nur: Die Kaiserin traf auf Geheiß der Rebellen in Compiègne mit ihrem Gemahl zusammen und gewann seine Zustimmung, dass sie Nonne werde. Man verbrachte sie in jenes Heiligkreuz-Kloster in Poitiers, das die Königin Radegunde im 6. Jahrhundert gegründet hatte. Ihre Brüder, Konrad und Rudolf, wurden zu Mönchen geschoren und ebenfalls in Klöstern in Aquitanien, im Königreich Pippins, inhaftiert[19].

Währenddessen rückte Lothar aus Italien heran; spätestens im Mai traf er in Compiègne ein und hielt dort eine Versammlung, in Gegenwart seines Vaters. Einhard war vom fernen Mulinheim aus um Schadensbegrenzung bemüht. Mit jener Flexibilität, die er schon 814 bewiesen hatte, schrieb er sofort einen Brief an einen Bischof in Lothars Umkreis[20]:

Ich säume nicht, dem allmächtigen Gott und unserem Herrn Jesus Christus – so viel ich nur kann – dafür zu danken, dass ich dies erfahren habe: dass mein so überaus ruhmreicher, von Gott am Leben bewahrter und immer zu bewahrender Herr, der Kaiser Lothar, heil und wohlbehalten ist; und dass Du, der mir Liebste, gemeinsam mit ihm aus Italien gekommen bist. Und ich wünsche und bitte, dass er mir nur schnell erlaube, dorthin zu kommen, wo ich mich an Eurer körperlichen Gegenwart ganz und gar zu erquicken verdiene. Bis dahin jedoch empfehle ich meine Winzigkeit Deiner Liebe und durch Dich seiner Milde; und ich bitte flehentlich, dass Ihr über meine Wenigkeit nicht durch die Ohrenbläserei irgendeines Menschen etwas Verkehrtes zu argwöhnen geruht. Ich rufe Gott und die heiligen Märtyrer Marcellinus und Petrus zu Zeugen, dass ich die Liebe und die Hingabe, mit der ich mich Euch gegenüber affiziert weiß, mit Worten gar nicht zu erklären vermag. Und deshalb bitte ich hoffnungsvoll, dass ich, wenn ich komme, es verdiene, Euch mir gegenüber so zu finden, wie ich es von Euch zu verdienen nicht zweifele. Ich wünsche, dass Eure Heiligkeit, unserer Gebrechlichkeit eingedenk, sich immerdar in Christus wohl gehabe![21]

Was mag Einhard durch den Kopf gegangen sein, als er diese Zeilen schrieb? Was mag der Empfänger des Schreibens gedacht haben? Nur wenige Monate zuvor hatte Einhard dem Kaisersohn noch den

Tod des Sünders prophezeit, sofern er es wage, gegen seines Vaters Befehl Italien zu verlassen. Nun begrüßte er ihn überschwenglich jubelnd – und flehte darum, ihn möglichst bald persönlich treffen zu dürfen. Sah so die immerwährende Treue aus, die Einhard kaum vier Wochen zuvor Ludwig und Judith beteuert hatte? Aber war es seine Schuld? Einhard hatte doch längst schon nicht mehr am Hof sein wollen. Wie oft hatte er beim alten Kaiser um ein Leben in Muße in Mulinheim nachgesucht! Die Zeiten waren übel. Man musste überleben.

Lothar ließ die Entscheidung vorerst in der Schwebe. Zwar ging er energisch gegen die Faktion Bernhards von Barcelona vor. Bernhards Bruder Heribert wurde auf Lothars Geheiß geblendet und ins Exil nach Italien gezwungen; Bernhards Vetter Odo, der Graf von Orléans, verlor seine weltliche Würde und musste ebenfalls ins Exil gehen; an seiner Statt kehrte Matfrid in die Grafschaft Orléans zurück[22]. Doch die Absetzung seines Vaters betrieb Lothar nicht. Ludwig blieb Kaiser; in den Urkunden erschien nun freilich neben Ludwigs auch wieder Lothars Name. Und der Sohn ließ den Vater nicht mehr von sich, ebensowenig wie seinen kleinen Stiefbruder Karl.

Rein äußerlich schien so der Status quo ante wieder hergestellt. Beide Kaiser regierten gemeinsam, ohne offenen Konflikt. Bernhard, Judith und ihre Verwandten hatten ihren Einfluss verloren. Hilduin, Wala, Helisachar, Matfrid, Hugo – sie mochten's zufrieden sein. Und doch blieben die Sommermonate politisch sonderbar unklar: Konnte Ludwig das Ergebnis so einfach dulden? Würde er aufbegehren gegen die Rückkehr hinter seine eigenen Maßnahmen von 828/29? Oder würde es Lothar gelingen, seinen Vater sanft zum Rückzug zu bewegen? Würde Ludwig gar – wie einst sein Großonkel Karlmann – die Welt verlassen und seinen Lebensabend als Mönch verbringen? Im Sommer 830 war die Zukunft des Frankenreichs ganz und gar offen.

Für Einhard sollten sich diese Monate, in denen niemand genau zu sagen wusste, wer künftig regieren würde, als Glücksfall erweisen. Er hatte Vater und Sohn seiner Treue versichert; und er hatte sich, auf Alter, Schwäche und Krankheit verweisend, zu seinen Märtyrern nach Mulinheim zurückgezogen. Dort konnte er die zukunftsoffene Zeit abwarten; weder Lothar noch Ludwig zwang den Kränkelnden an den Hof. Vielleicht waren die beiden Kaiser zu sehr mit sich selbst beschäftigt, um genauer auf Einhards devote Schreiben einzugehen. Vielleicht war Einhard auch schlicht zu unwichtig; im Sommer 830 waren nicht gutes Latein und alte Bücher gefragt, sondern Männer, Pferde und Schwerter. Wie dem auch sei – Einhard gelang jetzt, in den Monaten der Rebellion, eben das, was er sich spätestens seit Frühjahr 829 immer sehnlicher herbeigewünscht hatte: der Abschied vom Hof. Jetzt, da alle stritten, durfte er ohne Streit seine Muße in Mulinheim[23] finden.

OTIUM

Die Jahre in Mulinheim

Da hast Du nun das Buch, das die Erinnerung an den herrlichsten und größten Mann bewahrt; es ist darin (abgesehen von seinen Taten) nichts, worüber Du staunen wirst, außer vielleicht, dass ich, ein ungebildeter und in der römischen Sprache so ganz und gar ungeschulter Mensch, gemeint habe, ich könne irgendetwas schicklich oder treffend auf Latein schreiben – und mich gar zu solcher Unverschämtheit verstiegen habe, dass ich meinte, das Cicero-Wort gleichgültig beiseiteschieben zu dürfen, das man im ersten Buch der »Tusculanen« liest, wo er über die lateinischen Schriftsteller handelt: »Dass einer seine Gedanken niederschreibt und sie weder zu ordnen, noch gut auszudrücken, noch den Leser durch irgendeine gefällige Form anzuziehen vermag, das beweist einen unerlaubten Missbrauch der eigenen Muße und der Sprache«. Diese Sentenz des herausragenden Redners hätte mich sicherlich vom Schreiben abschrecken können, hätte ich mich nicht schon zuvor im Geiste darauf gefasst gemacht, eher das Urteil der Menschen zu ertragen und eine Gefahr für meine geringe Begabung heraufzubeschwören (indem ich dies hier schreibe), als die Erinnerung an einen so großen Mann hintanzusetzen (indem ich mich selbst schone).

Einhard, Widmungsschreiben zur Vita Karoli

XVIII.

Vielleicht im Sommer 830 erhielt Einhard ein Schreiben, das geeignet war, ihm Mut zu machen. Der Brief war lang. Abgefasst hatte ihn ein gewisser Lupus, ein blutjunger und doch schon erstaunlich gelehrter Mönch aus dem Kloster Ferrières, eine gute Tagesreise südwestlich der Bischofsstadt Sens[1]. Es war das Kloster, das ehedem Aldrich geleitet hatte, dem Einhard im Jahr zuvor auf Bitten der Geistlichen von Sens zur Metropolitanwürde verholfen hatte[2].

Der Brief, den Einhard in Händen hielt, war klug durchdacht[3]. Lupus verfolgte zwei Anliegen: Er trachtete nach Einhards Freundschaft – und Einhards Büchern. Lange habe er gezögert, teilte Lupus eingangs mit, ob er überhaupt schreiben solle; denn er habe vermeiden wollen, dass er Einhard beleidige, obwohl er doch seine Freundschaft zu erlangen suche. Allerdings habe Einhards Natur – die einfach *(facilis)* und bescheiden *(modesta)* sei und zudem eine Zierde seiner Philosophie – ihn, Lupus, in der Hoffnung bestärkt, Einhards Freundschaft zu finden. Sentenzen über die Freundschaft aus weltlichen Texten freilich wolle er gar nicht erst anführen; denn er wolle ja nicht, wie Horaz sage, »Holz in den Wald tragen«. Gott habe geboten, auch die Feinde zu lieben; so bitte er, Lupus, nun Einhard um Geduld und Güte, während er seine Gedanken wiederhole – damit Einhard erfahre, dass er ihm nicht zu Unrecht geschrieben habe, und schon gar nicht aus jugendlichem Leichtsinn.

Einhard mag schon nach dieser Hinführung gestaunt haben: All das war in klarstem Latein geschrieben, ein kleines Meisterwerk des Stils. Einhard las weiter. Er erfuhr vom Gang der Ausbildung des gewitzten Briefschreibers. Die Schilderung nutzte Lupus geschickt, um Einhard unter der Hand zweierlei zu erklären: Warum hatte er sich überhaupt an ihn gewandt? Und warum gerade jetzt? Der Zeitpunkt, so erfuhr Einhard, lag einerseits in einem Umzug von Ferrières nach Fulda begründet; denn damit sei er, Lupus, nun Einhard ja viel näher gekommen. Der Zeitpunkt ergebe sich andererseits aber auch aus einem ganz praktischen Umstand: Der Fuldaer Abt Hraban habe ohnehin gerade einen Boten an Einhard geschickt; so habe er, Lupus, die Gelegenheit ergriffen, um gleich auch sein eigenes Schreiben überbringen zu lassen.

Um zu erklären, warum er überhaupt Kontakt zu Einhard aufzunehmen wünschte, verwies Lupus auf die »Vita Karoli«. Nach dem Studium der Grammatik, der Rhetorik und der anderen Künste habe er begonnen, auch Autoren der Gegenwart zu lesen. Doch habe ihm deren Stil missfallen: Allen diesen Texten mangelte es an »ciceronischer Würde«. Ganz anders die »Vita Karoli«! Lupus stand nicht an, den Ruhm des großen Karl mit dem Ruhm seines eloquenten Biographen in Parallele zu setzen: »Mir ist Euer Werk in die Hände gekommen, in dem ihr die hochberühmten Taten des Kaisers auf hochberühmte Weise dargelegt habt ...« Lupus konnte die sprachlichen Qualitäten der Vita gar nicht laut genug loben. Schon zuvor habe Einhards Ruf, eines »weisen Mannes« würdig, in ihm, Lupus, die Sehnsucht geweckt, ihn einmal persönlich kennenzulernen. Dann aber, nach der Lektüre der »Vita Karoli«, habe Einhards Beredsamkeit ihn wünschen lassen, jetzt endlich Kontakt aufzunehmen!

Ob Einhard sich ein wenig geschmeichelt fühlte? Er las, was der junge Mönch ihm weiters geschrieben hatte: Da er nun einmal die Schamgrenze überschritten habe, frage er auch noch gleich nach Büchern; schließlich sei es doch viel weniger, um Bücher zu bitten als um Freundschaft! In Fulda habe er ein Verzeichnis von Einhards Büchern gefunden. Dort sei nach der »Rhetorica ad Herennium« auch Ciceros »De rhetorica« vermerkt (wohl »De inventione«). Lupus bat Einhard, er möge ihm dieses Exemplar von Ciceros Jugendwerk über die Rhetorik übersenden; denn sowohl seine eigene als auch die Fuldaer Kopie seien fehlerhaft. Darüber hinaus wünschte Lupus sich Ciceros »De oratore«, auch erwähnte er eine »Explanatio in libros Ciceronis«[4] und die »Noctes Atticae« des Aulus Gellius[5].

Einhard hörte die Botschaft wohl. Die Auswahl gerade dieser

Bücherwünsche am Ende des Briefes war kein Zufall: Der junge Mann hatte Einhard verstanden! Er hatte die Karlsbiographie als Manifest ciceronischer Redekunst gelesen, genauso, wie Einhard sie konzipiert hatte! Erst die rhetorischen Kenntnisse, so gab Lupus zu verstehen, hätten es Einhard doch erlaubt, die »hochberühmten Taten Karls auf hochberühmte Art« darzustellen. Wahrhaftig, der Mönch hatte sein Anliegen geschickt vorgetragen! Ihr gemeinsames Interesse an Cicero und seiner Rhetorik und Philosophie, so wollte er Einhard glauben machen, sei doch eine gute Basis für eine Freundschaft.

Spätestens bei einer zweiten Lektüre des Schreibens wird Einhard gesehen haben, wie manche Details des Briefes vor diesem Hintergrund einen tieferen Sinn erhielten. Dort, wo er seinen eigenen Werdegang schilderte, zitierte Lupus Cicero im Wortlaut: *Honos alit artes, et accenduntur omnes ad studia gloriae.* Das Zitat war mit Bedacht gewählt: Es stammte, wie Einhard wusste, aus der Vorrede zu den »Gesprächen in Tusculum«[6]. In der fraglichen Passage hatte Cicero argumentiert, die Griechen seien den Römern nur deshalb in den Künsten vorangegangen, weil deren Pflege in Griechenland als ehrenvoller angesehen worden sei, »Ehre aber die Künste nährt«. Bei der Redekunst, so meinte Cicero damals, sei das mittlerweile anders; hier hätten die Römer deshalb die Griechen auch schon fast, wenn nicht vollständig eingeholt. Die Philosophie dagegen sei von den Römern eben aus diesem Grunde – weil sie nicht als ehrenhaft und ruhmvoll gegolten habe – bisher noch vernachlässigt worden. Mit seinen »Gesprächen in Tusculum« hatte Cicero selbst den Anspruch erhoben, dies zu ändern. Sein Ziel war es gewesen, die Weisheit mit der Redekunst zu verbinden: »Diejenige Philosophie nämlich habe ich immer für vollendet gehalten, die über die größten Fragen reich und schmuckvoll zu sprechen vermag.«[7]

Was für eine hübsche Anspielung! Einhard begriff, wie sorgfältig Lupus die »Vita Karoli« studiert hatte: Schließlich hatte er selbst ein Zitat aus eben diesem Text Ciceros, aus den »Tusculanen«, verwendet, um sich – einem exordialen Bescheidenheitstopos gemäß – als minderbegabten Nicht-Lateiner vorzustellen. Er sei, hatte Einhard formuliert, eigentlich gar nicht in der Lage, die »hochberühmten Taten« des großen Karl auch nur halbwegs angemessen zu loben. Dazu bedürfe es vielmehr einer »ciceronischen Redegabe«. Einmal abgesehen von den Taten des hochberühmten Mannes finde sich in seinem Buch daher nichts, was man bewundern könne – außer vielleicht, dass ein Barbar, der so wenig in der lateinischen Sprache geübt sei, so unverschämt gering schätze, was Cicero in seinen »Gesprächen in Tusculum« über lateinische Autoren gesagt habe: »Dass einer seine Gedanken niederschreibt und sie weder zu ordnen noch gut auszudrücken, noch den Leser durch irgendeine gefällige Form anzuziehen vermag, das beweist einen unerlaubten Missbrauch der eigenen Muße und der Sprache«[8]. Einhard hatte wörtlich aus Ciceros Prooemium zu den »Gesprächen in Tusculum« zitiert; und dieser junge Mönch Lupus respondierte nun augenzwinkernd – indem er seine eigene Kenntnis der Tusculanen durch ein weiteres Zitat verdeutlichte.

Aber damit nicht genug! Einhard fiel auf: Lupus zitierte Ciceros Sentenz zwar, distanzierte sich aber gleich darauf wieder von ihr. Ihm selbst nämlich, so hatte Lupus geschrieben, sei es gerade nicht um Ehre zu tun: »Mir scheint die um ihrer selbst willen anzustrebende Weisheit genug.«[9] Und Einhard verstand sofort, dass Lupus auch hier subtil auf die Karlsbiographie angespielt hatte. Das einzige andere Werk, das Einhard in seiner Vita explizit genannt hatte, war Augustins »Gottesstaat«: Er hatte berichtet, Karl habe sich daraus gern beim Essen vorlesen lassen[10]. Aber hatte sich Augustinus nicht im fünften Buch seines »Gottesstaates« ein ganzes Kapitel lang mit eben jener Sentenz aus den Tusculanen auseinandergesetzt, die Lupus da gerade zitiert hatte? Und hatte nicht Augustinus – genauso wie Lupus – diese Aussage Ciceros inhaltlich abgelehnt?[11] Einhard dürfte gestaunt haben: Lupus hatte mit seinem Cicero-Zitat nicht nur seine Kenntnis des klassischen Textes bewiesen, sondern ließ gleich auch noch seine christliche Beschäftigung mit dessen Inhalt durchschimmern – und zwar auf der Basis des »Gottesstaates«, jenes anderen Werks, das Einhard in seiner Karlsvita erwähnt hatte.

Und elegant zu schmeicheln: darauf verstand sich der junge Mann nun wahrhaft vortrefflich! Lupus bescheinigte seinem ehrwürdigen Adressaten, gerade das geschafft zu haben, was Einhard selbst aus Bescheidenheit als unmöglich bezeichnet hatte: Karls »hochberühmte Taten« auch »hochberühmt« zu beschreiben[12]. Lupus attestierte Einhard jene Redegewandtheit *(facundia)*, die der gealterte Höfling selbst so vehement bestritten hatte. Und Lupus verwies gleich zweimal, zu Beginn und am Ende seines Briefes, ausdrücklich auf Einhards *philosophia*, seine Liebe zur Weisheit. Die Komposition seines ganzen Briefes war darauf angelegt, Einhard beides gleichermaßen zuzuerkennen: Eloquenz *(facundia)* und Weisheit *(sapientia)*.

Das war gekonnt gemacht, und Einhard hörte die Botschaft wohl: Cicero hatte ja (in eben dem Text, den Einhard wörtlich zitiert hatte) die Verbindung von Redekunst und Weisheit zum Programm erhoben; Einhard hatte dieses Programm mit seiner »Vita Karoli« in glänzender Weise umgesetzt. Einhards Bescheidenheit, seine »einfache und bescheidene Natur«, war eine Zierde seiner Liebe zur Weisheit. Aber diese Bescheidenheit war ganz und gar unbegründet. Denn einzig Einhards Text hatte jene »ciceronische Würde«, jene Redegewandtheit, die Lupus bei den anderen Schriften seiner Gegenwart so schmerzlich vermisste. Einhard sah: Dieser junge Mönch hatte verstanden, was er mit seiner Karlsvita bezweckt hatte. Zumindest dieser Lupus wusste Einhards Weisheit und Eloquenz zu schätzen!

Wir dürfen annehmen, dass Einhard seinem Verehrer geantwortet hat. Überliefert ist die Replik nicht. Noch Jahre später aber wird Einhard mit Lupus korrespondieren. Nur wenige Splitter des Briefwechsels zwischen dem betagten Gelehrten und seinem jungen Bewunderer sind auf uns gekommen[13]. Sie zeigen uns andere Facetten Einhards als jene nüchterne Geschäftspost, die sich – zu Musterbriefen anonymisiert und gekürzt – in der Handschrift aus St. Bavo erhalten hat. Der eine Brief Einhards, der zwischen der übrigen Korrespondenz des Lupus glücklich bewahrt wurde, wird uns Einblick gewähren in die jammervolle Trauer eines alten Gelehrten ...

Bei Freundschaften wahrte er nämlich exakt das richtige Maß, so dass er sie sowohl leicht schloss, als auch aufs Festeste wahrte; und er hielt alle diejenigen hochheilig in Ehren, die er sich durch diese enge Beziehung verbunden hatte.

Er liebte die Fremden und trug so sehr Sorge, sie aufzunehmen, dass ihre Menge nicht allein für den Hof, sondern sogar für das Reich als Last erschien (und sehr zu Recht). Er selbst aber, großmütig wie er war, fand diese Masse nicht lästig, zumal er ja die ungeheuren Nachteile auch wieder ausglich durch das Lob für seine Freigebigkeit und den Lohn eines guten Rufs.

Einhard, Vita Karoli, c. 19 und 21

XIX.

Im Oktober 830 herrschte endlich wieder Klarheit. Ein Krieg war nicht ausgebrochen. Fast geräuschlos hatte der Vater über den Sohn obsiegt. Ludwig hatte geschickt zu handeln und koalieren gewusst, sein Sohn sich übertölpeln lassen. Die Hintergründe durchschauen wir kaum mehr. All die Gespräche, Versprechungen, Verhandlungen, die beide Kaiser im Sommer 830 mit den Magnaten unter vier Augen oder über verlässliche Mittelsmänner führten – sie bleiben fast ganz unseren Blicken entzogen. Sicher ist immerhin: Es gelang Ludwig, die große Versammlung im Herbst 830 an einen Ort zu verlegen, der seinen Anhängern ein Übergewicht garantierte. Nicht im Westen traten die Magnaten zusammen, nicht dort, wo die Grafen Matfrid, Hugo und Lantbert und die Äbte Hilduin von Saint-Denis und Wala von Corbie Einfluss und Getreue hatten. Die Versammlung tagte weiter im Nordosten, nach Sachsen hin, in der Nähe zu den übrigen Regionen östlich des Rheins: Man traf sich in Nimwegen[1].

Außerdem scheint Ludwig seinen gleichnamigen Sohn, den weit Spätere einmal als »den Deutschen« bezeichnen werden, für seine Sache gewonnen zu haben. Ein Mönch namens Guntbald führte wohl als Emissär des alten Kaisers die Verhandlungen[2]. Offenbar stellte Ludwig seinen jüngeren Söhnen – als Lohn für Hilfe – eine Vergrößerung ihrer Herrschaftsgebiete in Aussicht[3].

Das Ergebnis war Ludwigs Erfolg im Herbst 830 in Nimwegen. Judith kehrte aus dem Kloster an den Hof zurück[4]. Und der alte Kaiser rechnete mit seinen Widersachern ab: Seinem langjährigen Erzkaplan Hilduin entzog er das hohe Amt; Ludwig zwang ihn ins Exil in das abgelegene Paderborn[5]. Wala wurde des Hofes verwiesen, durfte aber vorerst in sein Kloster Corbie zurückkehren[6]. Unter den Bischöfen wurde zunächst nur Jesse von Amiens abgestraft: Der alte Mann verlor die Würde, die er nun schon seit mehr als drei Jahrzehnten innegehabt hatte. Führend beteiligt an dem Verfahren gegen Jesse war Ebo von Reims[7]. Er war als Metropolit der Kirchenprovinz, in der Amiens lag, durchaus einer der Zuständigen – und hatte Ludwig bisher die Treue gehalten.

Die Opfer des Herbstes 830 könnten schon bald begonnen haben, auf ihre sehr eigene Weise auf die Niederlage zu reagieren. Die großen Entwürfe einer neuen, gottgewollten Ordnung, die man im Sommer 829 erarbeitet hatte, um sie mit Hilfe des Kaisers zu etablieren – sie waren in Worms verpufft. Vergessen aber waren sie nicht! Das Kloster Corbie lag in der Diözese des Jesse von Amiens; und es wurde geleitet von dem Abt Wala. Gerade jetzt, so möchte man annehmen, könnten sich die fähigsten Mönche dort im Auftrag Walas und Jesses daran begeben haben, die ehrgeizigen Pläne des Vorjahrs nach ihren Wünschen zu erweitern und zu ihren Gunsten zu präzisieren. Nur musste man den Ideen nun auf anderem Wege Geltung verschaffen: Wenn der Kaiser die göttliche Ordnung nicht in menschengemachte Normen gießen wollte, dann musste die Ordnung eben zum Teil der Geschichte werden, zu gutem, altem Recht[8].

In Corbie entstanden die sogenannten Pseudoisidorischen Fälschungen[9], ein gewaltiges, ein lebendiges Werk: eine große Kompilation von manchen echten Canones und Dekretalen – und etlichen gefälschten Briefen von Päpsten der Spätantike und anderem Machwerk mehr. Die Fälschungen wucherten in immer neuen Arbeitsgängen und Schichten allmählich hervor, mit jeweils anderen Überarbeitungen und Anreicherungen. In die Anfänge der Fälscherwerkstatt hineinzuschauen ist kaum mehr möglich. Aber eines der Leitthemen, das viele der erfundenen Dekretalen behandeln, betrifft eben das, was Jesse von Amiens im Herbst 830 widerfahren war: Immer wieder geht es in den Papstbriefen um die Frage, ob ein Bischof überhaupt abgesetzt werden könne – und welche Rolle dabei sein Metropolit, welche dagegen der Papst zu spielen habe. Doch handelte das gewaltige Fälschungswerk noch von vielem anderen mehr[10]. Im Grunde wollten die Täter in Corbie, nachdem sie ihren Einfluss bei

Die Jahre in Mulinheim 243

Hof verloren hatten, ihre lang ersehnte Ordnung zu altem Recht machen.

Einhard verlebte den bedrohlich unsicheren Sommer 830 in Mulinheim. Eine freudige Unterbrechung des Alltags im Gebet bei den Heiligen dürfte der Besuch eines alten Bekannten gewesen sein: Im August kam der Diakon Deusdona wieder einmal ins Frankenreich, um römische Reliquien an den Mann zu bringen. Für Einhard führte er ein Fingerknöchelchen des heiligen Hermes im Gepäck. Papst Gregor IV. hatte die Gebeine des Märtyrers erst im Jahr zuvor aus einer Katakombe an der Via Salaria Vetus in die Markus-Kirche überführen lassen[11]. Ein Mann aus Einhards Klientel hatte an dieser Translation in Rom teilgenommen und sogar eine Reliquie des Hermes ergattert. Nun erhielt auch Einhard, aus den Händen des Deusdona, ein Partikel des Heiligen. Und Hermes gefiel es in Mulinheim: An seinem Todestag, dem 28. August, wirkte er ein erstes Wunder dort; er heilte eine Frau. Sie hatte schon einige Zeit in Mulinheim zugebracht. Von Köln aus war sie per Schiff dorthin gekommen, auf einem Boot von Händlern, die zum Fest der Heiligen Marcellinus und Petrus am 2. Juni dorthin gereist waren, wohl um Geschäfte zu machen. Wochenlang hatte die gehbehinderte Frau nun schon gebetet, doch ohne Erfolg. Erst die Ankunft des Hermes änderte alles. Nun endlich genas die Kölnerin. Einhard befand, das Wunder sei ein Gemeinschaftswerk: Hermes, an dessen Todestag es sich ereignet hatte, und Marcellinus und Petrus, in deren Kirche das Mirakel stattgefunden hatte, hätten gemeinsam der Frau geholfen[12].

In den Wochen danach, aber wohl erst im Oktober des Jahres, griff Einhard wieder einmal zu Pergament und Feder. Anders als die Fälscher in Corbie freilich erfand er nicht Briefe verstorbener Päpste. Einhard schrieb die Geschichte seiner Heiligen nieder: die Geschichte ihrer Translation aus Rom nach Mulinheim, die Geschichte all der Wunder, die Marcellinus und Petrus dort, in Aachen, Maastricht, Gent und andernorts gewirkt hatten. Material dafür hatte er seit

828 gesammelt: Ihm lagen Listen vor mit allerlei Wunderberichten aus Saint-Sauve, St. Bavo, St. Servatius; auch hatte er sich das eine und andere Wunder selbst notiert, das Marcellinus und Petrus in Aachen und Mulinheim gewirkt hatten. Nun verarbeitete Einhard das Material zu einem großen, zusammenhängenden Werk, gegliedert in vier Bücher[13].

Es ist eine Geschichte des Triumphs, geschaffen im Hochgefühl des Spätjahrs 830. Einhard hatte überlebt! Ja, er hatte sogar endlich sein Ziel erreicht: Er lebte in Mulinheim, und er würde hier auch bleiben; nicht als Verbannter, im ungeliebten Exil – wie Hilduin in Paderborn –, sondern als geachteter, erfahrener, weiser alter Mann. Nicht nur dieser junge Mönch Lupus würde seine Karlsbiographie richtig verstanden haben! Als Abt seiner Gemeinschaften in Gent und Maastricht, und bald auch in Mulinheim, konnte Einhard weiterhin an den großen Versammlungen teilnehmen, und doch frei sein von der alltäglichen Konkurrenz bei Hof. Gleich zu Beginn seiner Geschichte sprach Einhard es aus. Es klingt wie eine Selbstversicherung: »Als ich noch am Hof weilte und beschäftigt war mit weltlichen Geschäften, aber in vielfältigen Gedanken über die Muße nachsann, an der ich mich einmal zu erquicken wünschte ...«[14] Der Hof, die weltlichen Angelegenheiten, das lag nun hinter Einhard. Jetzt, endlich, genoss er die Muße, die er damals so sehr herbeigesehnt hatte.

Die Muße aber hielt Einhard durchaus nicht davon ab, mit spitzer Feder abzurechnen. In seiner Geschichte der Märtyrer Marcellinus und Petrus nahm Einhard an jenem Mann Rache, der ihn in den ersten Monaten des Jahres 828 bei Hofe so tief gedemütigt hatte: Hilduin[15]. Subtil, und doch ohne Weiteres sichtbar für jeden, der sehen wollte, griff Einhard den gestürzten Erzkaplan an. Der Mann hatte ohnehin die Gunst des alten Kaisers verloren; jetzt würde er in Paderborn viel Zeit haben, sein Tun zu bereuen. Es schien Einhard der rechte Moment, den Kaiser, den Hof, alle Welt zu erinnern: Auch er, Einhard, war ja ein Opfer dieses Lügners und Heuchlers!

Die Jahre in Mulinheim

Und so erzählte Einhard die ganze Geschichte: erzählte, wie Ratleik die Reliquien erworben hatte, wie Hilduins Priester Hunus den Luniso bestochen und die Gebeine des Marcellinus schnöde geraubt hatte, wie Hilduin die heiligen Überreste zunächst einfach für sich behalten wollte – und erst, nachdem er sich vor dem Schlafzimmer des Kaisers verplappert, die Tat gestanden hatte, freilich auch jetzt noch dreiste Lügen spinnend. Und Einhard erzählte, wie lange und erniedrigend er von Hilduin hingehalten worden war. Jeder bei Hof, der diesen Text las, würde begreifen: Hilduin hatte ihn, Einhard, zutiefst düpiert. Gleich die ersten Worte, die Einhard in der Adresse über seine Vorrede setzte, waren eine kleine, böse Spitze: »Den aufrichtigen Verehrern des wahren Gottes und unseres Herrn Jesus Christus und denjenigen Liebhabern seiner Heiligen, die ihre Liebe nicht heucheln – Einhard, ein Sünder«[16]. Der Heuchler, der *fictus sanctorum amator*: der saß jetzt in Paderborn im Exil ...

Aber Einhard wollte mehr. Das Werk sollte nicht nur im Moment des Triumphs an Hilduins dunkle Seiten erinnern. Es sollte auch ganz praktisch einlösen, was Einhard dem Kaiser seit 829 immer wieder versprochen hatte. Es sollte demonstrieren: Einhard konnte den Menschen auch in seiner Muße in Mulinheim von Nutzen sein – ja sogar von größerem Nutzen als in Aachen, verwickelt in die Geschäfte des Hofes. Schon im Prooemium formulierte Einhard den zentralen Gedanken: Diejenigen, die das Leben gerechter Menschen beschrieben, wollten damit – indem sie durch Exempla die Gemüter anregten – nichts anderes bewirken, als schlechte Sitten zu bessern und die Allmacht Gottes zu preisen. Derselben Aufgabe aber wollte sich nun auch er, Einhard, stellen: »Ich meine nämlich, dass dieses Werk einem jeden Gläubigen nicht nur nicht unbegründet und überflüssig scheinen darf, sondern ich bin sogar so vermessen zu behaupten, dass ich mich fruchtbar und nützlich abgemüht habe – wenn ich es denn bewirken kann, dass sich das Gemüt eines einzigen Menschen, der dies liest, zum Lob seines Schöpfers erhebt.«[17] Der Kaiser selbst hatte ein gottgefälliges Leben aller Menschen zum Maß seines persönlichen Erfolgs gemacht. Einhards Argument muss Ludwig stichhaltig erschienen sein.

Soweit wir sehen, verbrachte Einhard die restlichen Jahre seines Lebens meistenteils, aber nicht ausschließlich in Mulinheim[18]. Wir dürfen annehmen, dass er auch jetzt noch regelmäßig zu seinen Abteien in Gent und Maastricht reiste. Als Abt wird er überdies an manchen der kleineren und größeren Versammlungen bei Hof teilgenommen haben. Doch erlauben uns die überlieferten Dokumente nicht mehr, Einhards Aufenthaltsorte im Einzelnen zu verfolgen.

Was wir in den Jahren bis 836 über Einhard erfahren, verdanken wir fast ausschließlich jener geschäftlichen Korrespondenz, die Geistliche in St. Bavo später so vorbildlich fanden, dass sie die Schreiben als Muster für einen Briefsteller nutzten[19]. Einhard tritt uns aus diesem Material vor allem als Fürsprecher für andere entgegen. In immer neuen Briefen setzte er sich für verschiedenste Leute bei jenen ein, die er persönlich aus seiner Aachener Zeit kannte. Als Vermittler also blieb er gefragt. Einhard hatte eine neue Position eingenommen: fern vom Treiben des Hofes, und dennoch nicht ohne Einfluss.

Am 12. November 832 starb der Bischof Wolfgar von Würzburg[20]. Ein gewisser Gerbert aus Einhards Klientel hatte damals von der Würzburger Kirche eine Leihe im Taubergau inne. Es ging nicht um viel: Das Benefizium umfasste drei Gehöfte; zwölf Unfreie lebten dort. Einhard hatte seinem Mann seinerzeit die bescheidene Leihe durch Fürsprache beim Bischof Wolfgar vermittelt. Mit dem Tod Wolfgars war die Leihe nun wieder offen. Einhard bat deshalb die Würzburger Geistlichen Egilolf und Humbert in einem Schreiben darum, sie sollten Gerbert doch das Benefizium zumindest so lange belassen, bis in Würzburg ein Nachfolger gewählt sei; der aber solle dann mit ihm, Einhard, eine neue Übereinkunft treffen, was weiter mit dem kleinen Benefizium zu geschehen habe[21].

Vielleicht ebenfalls noch Ende 832, vielleicht auch erst 834 wandte sich Einhard an einen der Sondergesandten des Kaisers. Ludwig hatte Einhards Leuten befohlen, die Küste gegen die Normannen zu bewachen – und zwar auch noch, als der Kaiser selbst schon weiter auf dem Weg nach Orléans war. Nun verlangte sein *missus* von Einhards Leuten, sie sollten den Heerbann zahlen – eine Buße, die fällig wurde, wenn jemand, der zum Militärdienst verpflichtet war, dieser Pflicht nicht nachkam. Einhard teilte dem Abgesandten Ludwigs kurz und knapp mit: »Es erscheint mir nicht gerecht, dass diejenigen den Heerbann zahlen sollen, die doch nirgendwo anders waren, als wo es der Kaiser befohlen hat.« Angesichts dessen bat Einhard den *missus* um Aufschub, bis Ludwig zurückkomme – »und wir ihn ermahnen werden in Bezug auf seinen Befehl, und er dann befiehlt, wie es ihm gefällt«[22]. Die Formulierung zeugt von Selbstbewusstsein: *ammonere*, »ermahnen«, wollte Einhard den Kaiser. Nicht jeder konnte sich das anmaßen!

Doch nicht nur Einhards, auch die Fürsprache seiner Frau Emma blieb gefragt. Sie schrieb – vielleicht etwa zur selben Zeit – einen Brief an eine gewisse Blithrud. Es ging um einen Mann namens Wenilo, einen Sklaven Blithruds aus dem Ort Mosbach, nicht fern von Mulinheim. Dieser Wenilo war eine Beziehung eingegangen zu einer freien Frau. Aus Furcht vor Blithrud aber war er dann zu Einhard und Emma geflohen, in die Kirche der Heiligen Marcellinus und Petrus. Dort genoss er Asyl. Emma bat Blithrud, an ihrer Stelle bei ihrem Gemahl, dem Grafen Albuin, zugunsten Wenilos vorzusprechen, »so dass es ihm – mit Albuins und Deiner Huld – erlaubt sei, die Frau, die er genommen hat, zu behalten«[23].

Im Briefsteller aus St. Bavo haben sich noch mehr als ein halbes Dutzend weiterer solcher Schreiben der Vermittlung und Fürsprache erhalten[24]. Die wenigsten lassen sich exakt datieren, doch spricht nichts dagegen, zumindest manche ebenfalls in die Jahre nach 830 zu stellen. Gerade für die kleinen Leute, die in der Kirche bei Einhards Märtyrern Asyl gesucht hatten, setzte sich Einhard wieder und wieder ein: Da war etwa ein gewisser Hunno, der eine Unfreie geheiratet hatte, und zwar ohne Erlaubnis des Grafen Hatto, dem sie gehörte[25]; für Hunno hielt Einhard nun bei dem Grafen Fürsprache.

Ein andermal flüchteten zwei geständige Wilddiebe, die so arm waren, dass sie nur einen Teil der fälligen Bußzahlung zu leisten vermochten, in ihrer Verzweiflung in Einhards Kirche; auch für sie warb er um Hilfe und Milde[26]. Dann wieder kamen zwei Sklaven der Mainzer Kirche, die für ihren Bruder finanziell eintreten wollten: Der nämlich hatte einen Gefährten erschlagen und musste nun dessen Wergeld zahlen[27].

Es dürfte sich bei diesen und den weiteren Schreiben gleicher Art nur um einen kleinen Rest einer tatsächlich viel umfangreicheren Korrespondenz handeln. Fürsprache und Empfehlungen für jene Leute, denen Einhard verbunden war, gehörten auch nach dem Abschied von der Betriebsamkeit des Hofes weiter zu seinem Alltag. Was er früher dem Kaiser und anderen Mächtigen im persönlichen Gespräch von Mund zu Ohr hatte vortragen können, das musste er nun dem Pergament oder einem verlässlichen Boten anvertrauen.

Als er nach dem Tod seines Vaters mit seinem Bruder gemeinsam das Reich geteilt hatte, ertrug er dessen Rivalität und Eifersucht mit so großer Geduld, dass es allen wundersam erschien, dass er sich von ihm nicht einmal zum Zorn reizen ließ.

Einhard, Vita Karoli, c. 18

XX.

Dem Reich und den Eliten war nur eine Atempause vergönnt. Im Frühjahr 831 rechnete Ludwig mit seinen Gegnern ab[1]: Wala musste Corbie verlassen und wurde zunächst in die Nähe von Genf, dann nach Noirmoutier verbannt[2]. Lothar musste seine Ansprüche auf Herrschaft nördlich der Alpen aufgeben. Er hatte sich nach Italien zurückzuziehen, sein Name verschwand wieder aus den Urkunden des Vaters[3]. Eine besondere Erniedrigung war es, dass der Kaiser ihn zuvor noch zwang, höchstselbst seine Anhänger des Vorjahres mit abzuurteilen[4].

Unter den drei übrigen Söhnen – Pippin, Ludwig und Judiths Karl – teilte der Kaiser das Reich neu auf. Eine einzige Kopie dieser Teilungsordnung von 831 hat sich erhalten; vielleicht handelt es sich sogar nur um einen Entwurf. Der Text zeigt jedenfalls, dass Ludwig seine Versprechen vom Herbst des Vorjahres einzulösen suchte: Über Lothar und Italien verlor er kein Wort. Die Teile Pippins und Ludwigs wurden substantiell vergrößert. Allerdings ließ der Kaiser, wohl auf Judiths Betreiben, auch den Anteil des kleinen Karl noch einmal beachtlich wachsen: Zu Alemannien sollte Karl nun all das von Burgund erhalten, was nicht an Pippin fiel, außerdem die Provence und Septimanien und ein Gutteil der Francia, mit Trier, Verdun, dem Porcien, dem Moselgau, der Gegend um Laon und Reims[5]. Sicherheit freilich sollte es für die Söhne nicht mehr geben: In der neuen Ordnung hielt sich der Vater die Möglichkeit offen, einen besonders gehorsamen Sohn jederzeit zu belohnen, indem er sein Reich vergrößerte oder ihn im Rang erhob![6]

Ludwig, der jüngste Kaisersohn aus erster Ehe, war mit seinem Anteil nicht zufrieden. Er suchte – als Lohn für die Rettung des Vaters – auch noch Alemannien an sich zu ziehen. Damit hätte er seinen Halbbruder Karl aus der Region verdrängt, die ihm 829 in

Worms als Herrschaftsgebiet zugewiesen worden war. Der Vater reagierte auf die Rebellion seines Sohnes im März 832 hart: Der junge König Ludwig sah sich militärisch besiegt, musste sich unterwerfen, fand seinen Machtbereich eng auf Baiern beschränkt[7].

Auch der andere Sohn der Irmingard, Pippin, zeigte sich bald unzufrieden mit seinem Ertrag aus den Turbulenzen des Jahres 830. Er begehrte gegen seinen Vater auf. Auch gegen ihn, der sich seinerzeit als erster Kaisersohn den Rebellen angeschlossen hatte, griff der Vater jetzt unbarmherzig durch: Er marschierte in Aquitanien ein und ließ seinen Sohn gefangensetzen. Offenbar plante Ludwig nun sogar, den gesamten Südwesten des Reiches Karl anzuvertrauen. Pippin wäre damit ganz aus der Herrschaft ausgeschlossen gewesen. Doch gelang ihm die Flucht aus der Haft[8].

So war es dem alten Kaiser binnen weniger Monate gelungen, alle seine erwachsenen Söhne mitsamt deren Klientel gründlich gegen sich aufzubringen. Schon Anfang 833 brach die nächste Rebellion los, diesmal angezettelt von den Söhnen selbst[9]. Und jetzt war auch Lothar zu einer härteren Gangart gegen den Vater bereit. Er gewann sogar die Unterstützung Gregors IV. Der Papst zog mit Lothar über die Alpen heran[10].

Im Juni 833 standen sich die Heere der Söhne und des Vaters kampfbereit gegenüber. Zur Schlacht aber kam es nicht: Ludwigs Truppen liefen auf dem sogenannten Lügenfeld bei Colmar fast geschlossen zur Gegenpartei über. Dem alten Kaiser blieb nichts, als sich zu unterwerfen. Am 30. Juni begab Ludwig sich in die Gewalt der Söhne. Sie setzten den Vater, die Stiefmutter, den Halbbruder in Haft. Dann teilten sie das Reich neu unter sich auf[11]: Deutlicher konnten Ursache und Ziel der Rebellion kaum sichtbar werden.

Noch aber war offen, was aus dem Vater werden solle. Es galt, ihn gründlich zu delegitimieren, ihn ein- für allemal herrschaftsunfähig zu machen. Wenige Monate später, im Herbst des Jahres, zwangen die Söhne den alten Kaiser deshalb, den Hauptdarsteller eines Bußrituals zu geben. Im Oktober 833 fanden sich in der Marienkirche des Klosters Saint-Médard in Soissons die Bischöfe

Die Jahre in Mulinheim 253

ein, die seit dem Monatsersten in der nahegelegenen Pfalz Compiègne unter Lothars Leitung eine Versammlung abgehalten und über die Zukunft des Reiches verhandelt hatten[12]. Die Geistlichen – unter ihnen die Erzbischöfe Ebo von Reims und Agobard von Lyon[13] – waren in die Abtei gereist, um einen Akt zu vollziehen, der die verworrenen Verhältnisse an der Spitze des Reiches klären und Lothar als Nachfolger seines Vaters legitimieren sollte. Die Kirche war überfüllt. Im Angesicht der Menge warf sich Ludwig der Fromme mehr als dreimal vor den Bischöfen zu Boden, bekannte seine Verbrechen und flehte darum, Buße tun zu dürfen, die er bereitwillig auf sich nehmen werde. Die Prälaten machten ihn mit den Bedingungen bekannt; Ludwig willigte ein, forderte aber, sich zuvor noch mit seinem Sohn Lothar und dessen Großen aussöhnen zu dürfen. Der Wunsch wurde erfüllt. Dann fiel Ludwig vor dem Altar der Klosterkirche auf ein härenes Gewand nieder, bekannte sich mehrfach unter Tränen als Sünder und bat um Buße. Die Bischöfe übergaben ihm ein schriftliches Verzeichnis all seiner Vergehen[14], Ludwig nahm – das Pergament in Händen haltend – die dort beschriebenen Sünden auf sich; dann reichte er den Bischöfen das Schriftstück zurück, das auf dem Altar deponiert wurde. Schließlich legte Ludwig eigenhändig seine Rüstung ab und warf sie vor dem Altar zu Boden. Er entkleidete sich und ließ sich von den Bischöfen das Büßergewand überziehen[15]. Die Theorie der Verantwortlichkeit, die Ludwig selbst seit 819 immer weiter vorangetrieben hatte – sie hatte ihn eingeholt.

Die Bischöfe suchten ihr Tun in einem Protokoll zu rechtfertigen. Darin griffen sie auf das Modell zurück, das die Pariser Synode im Sommer 829 entworfen hatte. Als Besonderheit des Aktes von Soissons konnte allenfalls dies erscheinen: Der Sünder, der den »priesterlichen Mahnungen«[16] nicht hatte »gehorchen« wollen und damit sein Seelenheil und das Wohlergehen des Reiches aufs Spiel gesetzt hatte, war diesmal kein Geringerer als der Kaiser selbst. Doch sogar diesen Fall hatte die Pariser Synode ja bereits antizipiert: Unter Berufung auf Gelasius und Fulgentius hatten die Bischöfe schon dort ihre Verantwortung auch für das Heil des Herrschers behauptet[17].

So konnten sie ihr Handeln jetzt, im Herbst 833, als Umsetzung dessen interpretieren, was »allen, die zur Christenheit gehören, zu wissen geziemt«: Ludwig hatte das *ministerium* vernachlässigt, das Gott ihm anvertraut hatte, der Kaiser hatte seinen Dienst nicht gottgefällig erfüllt. Er hatte dadurch sein Volk in Unfrieden gestürzt und das einst so große Reich in Not gebracht. Dies galt es nun »schnell zu bessern«:

> *Weil derselbe Kaiser aber das ihm anvertraute* ministerium *nachlässig behandelt hat und vieles, was Gott und den Menschen missfallen hat, selbst getan hat und hat machen oder geschehen lassen und weil er durch zahlreiche unselige Ratschlüsse Gott irritiert und die heilige Kirche in Unruhe gestürzt hat [...], haben wir es, eingedenk der Vorschriften Gottes und seiner Wohltaten und eingedenk unseres* ministerium, *für würdig gehalten, dass wir mit Erlaubnis des vorgenannten Kaisers Lothar an ihn* [sc. Ludwig den Frommen] *eine Gesandtschaft aus der Autorität unserer heiligen Versammlung senden, die ihn in Bezug auf seine Sünden ermahnt, er möge den sicheren Beschluss für sein Heil fassen, dass er sich – weil er der irdischen Macht gemäß göttlichem Ratschluss und kirchlicher Autorität enthoben ist – in seiner äußersten Not mit allen Kräften bemühe, eifrig danach zu streben, dass er seine Seele nicht verderbe*[18].

Ludwig, so behaupteten die Bischöfe weiter, habe sich einen Tag Bedenkzeit erbeten. Dann sei er der Ermahnung nachgekommen und habe sich freiwillig zur öffentlichen Buße bereitgefunden – »um durch sie mit dem Erbarmen des Herrn und durch Dienst und Hilfe derer, denen Gott die Gewalt zu binden und zu lösen gegeben hat«, die Tilgung seiner so zahlreichen Sünden zu erlangen[19]. So deuteten die Bischöfe das Geschehen in der Marienkirche von Saint-Médard in einer spezifischen Weise: als Buße eines sündigen Menschen, die die Bischöfe Ludwig hatten auferlegen müssen, aufgrund des ihnen von Gott selbst abverlangten Dienstes. Nur mit dieser Maßnahme vermochten sie den göttlichen Zorn zu besänftigen. Nur die Buße konnte das Reich und die Seele des Sünders Ludwig jetzt noch retten.

An der großen Inszenierung im Herbst in Soissons hat sich Einhard, soweit wir erkennen können, nicht beteiligt. Die neue Teilung des Reiches unter Lothar, Pippin und Ludwig aber brachte neue Unsicherheit. Einhard wusste eine Zeit lang gar nicht mehr recht, in wessen Reich er eigentlich lebte und von wem er nun seine *beneficia* hielt! In dieser Situation besann er sich dessen, was sich 830 so vorzüglich bewährt hatte: Er wurde krank. Und er schrieb Briefe.

Überliefert, wenn auch nur als Fragment, ist ein Schreiben an König Ludwig den Deutschen[20]. Einhard bat höflich: Ludwig solle ihm nicht zürnen, dass er bisher noch nicht in eigener Person vorstellig geworden sei. Weder Faulheit noch eine Verletzung des Rechts seien der Grund, sondern seine Krankheit; er habe unter Fieberschüben gelitten, ja leide immer noch unter ihnen. Selbst zu Lothar habe er deshalb kaum kommen können. Mit Lothars Erlaubnis habe er sich dann aber wieder zu seinen Märtyrern zurückgezogen. Dass er erst nach Hause, und nicht gleich zu Ludwig gereist sei, erkläre sich allein daraus, dass er nicht recht gewusst habe, wie denn die Teilung des Reiches ausgefallen war: »Das Gerücht nämlich sagte, dass jener Teil der östlichen Gebiete der Franken, in dem ich wohne und mein kleines Benefizium habe, zum Reich des Herrn Lothar gehören solle«. In Anbetracht dessen bat Einhard den König nun um Aufschub: Ludwig solle ihm doch sein Benefizium erst einmal zur Nutzung belassen, bis er von Lothar die Erlaubnis erhalte, sich bei Ludwig einzufinden und sich in dessen Hände zu kommendieren – sofern er denn überhaupt diese Erlaubnis von Lothar erhalten könne. Loyal aber wolle er gegenüber Ludwig in jedem Falle sein; und er werde auch zu seinem Dienst erscheinen, wenn denn Gott ihm Leben und Gesundheit gewähre.

Ein vorsichtiger Brief! Er gibt einen tiefen Einblick in die Folgen der Rebellion von 833[21]: Einhard war ein wohlinformierter Mann, er hatte immer noch gute Kontakte zum Hof; und doch vermochte auch er im Hochsommer 833 nicht sicher zu sagen, in wessen Reich denn nun seine Güter lagen. Einigermaßen klar war, dass Lothar über die Gebiete herrschen würde, in denen Einhards Abteien in Maastricht und Gent standen. Vom Hörensagen her glaubte Einhard außerdem zu wissen, dass auch sein Benefizium weiter im Osten – wohl das in Fritzlar – noch zu Lothars Reich gehören würde. So zog Einhard erst einmal zu Lothar, unterstellte sich ihm und erwirkte von ihm die Erlaubnis, nach Mulinheim zurückzukehren. Doch sollte sich das Gerücht als falsch erweisen: Das *beneficium* in Fritzlar fiel nicht an Lothar, sondern an seinen Bruder Ludwig.

Nun hatte Einhard ein Problem! Schon Karl der Große hatte in der Nachfolgeordnung, die Einhard selbst 806 zu Leo III. nach Rom getragen hatte, eine solche Situation verboten: Jeder Mann eines Kaisersohns sollte *beneficia* jeweils nur im Reich seines Herrn annehmen, nicht in dem eines anderen[22]. 817 hatte Ludwig der Fromme diese Bestimmung auch für seine Nachfolgeordnung übernommen[23]. Ihr Sinn lag auf der Hand: Die Loyalitäten sollten klar differenziert werden; niemand sollte sich zwei Söhnen gleichzeitig verpflichtet fühlen, dem einen als König, dem anderen als Eigentümer jenes Landes, das er zur Nutzung geliehen hatte. Die Eliten aber waren es gewohnt, weiträumig, in unterschiedlichen Regionen des Reiches aktiv zu sein; sie traf diese Bestimmung hart. Einhard war eines der Opfer: Er hatte Lothar als seinen König anerkannt; nun drohte ihm jenes *beneficium* abhanden zu kommen, das künftig im Reich Ludwigs liegen würde. Einen einfachen Ausweg gab es nicht. So entschuldigte sich Einhard erst einmal bei Ludwig mit Krankheit und Fieber, beteuerte Ergebenheit gegenüber beiden Herren – und spielte, bei seinen Märtyrern betend, auf Zeit.

Von Mulinheim aus steuerte Einhard die weiteren Schritte. Wohl im September 833 sandte er einen knappen Auftrag an den Priester Liuthard und den Verwalter Erembert in Gent[24]: Die beiden sollten für Lothar und seine Gemahlin Irmingard die Eulogien vorbereiten – die üblichen Geschenke des Mannes an Herrin und Herrn. Wenn Lothar dann von Orville wieder nach Compiègne zurückgekehrt sei,

Die Jahre in Mulinheim 257

sollten Liuthard und Erembert ihm dort diese Gaben in Einhards Namen darbringen. Anschließend, so forderte Einhard bezeichnenderweise, sollten sie ihm Bericht darüber erstatten, wie Lothar und Irmingard die Geschenke aufgenommen hätten. Noch immer war Einhard unsicher, wie sein neuer Herr zu ihm stehe. Immerhin halfen seine Distanz zum Hof und seine neue Position in Mulinheim: Einhard war nicht mehr im Epizentrum des Bebens. Es fiel ihm leichter als 830, so lange zu warten, bis die Zukunft Konturen gewann.

Doch nicht nur für sich selbst, auch für andere trat Einhard in jenen Wochen und Monaten bei Lothar und Ludwig ein. Andere nämlich standen vor ähnlichen Problemen. Da war jenes junge Brüderpaar, das gemeinsam ein Benefizium an zwei Orten innehatte[25]: 15 Hofstellen im Gau Tournai, fünf weitere aber jenseits des Rheins. Einer der Brüder hatte Einhard nun um Hilfe gebeten. Er wollte von dem Gut bei Tournai Kaiser Lothar Dienst leisten; sein Bruder dagegen sollte sich mit dem weit kleineren Besitz, der jenseits des Rheins lag, Ludwig kommendieren. Nur wollten sie dennoch gemeinsam das gesamte Benefizium innehaben. Der andere Bruder, abgespeist mit dem kleineren Teil, wollte diesem Vorschlag nur dann zustimmen, wenn Lothar selbst es so anordne: Er fürchtete, dass sie sonst das Benefizium jenseits des Rheins ganz verlieren würden. Daher bat Einhard nun brieflich einen Grafen in Lothars Entourage, zugunsten der beiden Brüder bei dem Herrscher vorzusprechen und eine Entscheidung des Kaisers in ihrem Sinne herbeizuführen.

Das Problem glich demjenigen, vor dem Einhard selbst stand: Ein Teil des Besitzes der Brüder lag im Reich Lothars, ein anderer im Reich Ludwigs. Eine Lösung wäre es gewesen, die Benefizien aufzuteilen. Doch hatten die Brüder – vor allem der mit dem kleineren Teil – ein Interesse daran, sie zur gesamten Hand zu besitzen: Denn nur auf diese Weise war wohl gesichert, dass der eine beim Tod des anderen sein Erbe geltend machen konnte. Lothar gegenüber wollte man jede nur gewünschte Garantie geben, dass man die Güter gemeinsam halten wolle (also nicht etwa eines Tages alles an den Bruder in Ludwigs Teil fallen werde). Ob Einhards Hilfe in dem komplizierten Fall fruchtete, geben die Quellen nicht mehr preis. Wir dürfen aber annehmen, dass nach der Teilung von 833 etliche Familien vor ähnlichen Schwierigkeiten standen.

Hinzu kamen für die Menschen jene Herausforderungen, die jeder Herrscherwechsel mit sich brachte; nur war angesichts der Rebellion der Druck diesmal höher, Loyalität beweisen zu müssen. So setzte sich Einhard in zwei Briefen auch für den Grafensohn Frumold ein[26]: Frumold war ein Vasall Ludwigs des Frommen, schon alt und krank; er litt unter starken Schmerzen in den Füßen. Deshalb konnte er nicht sofort bei Lothar I. erscheinen, um sich ihm zu kommendieren. Nun fürchtete Frumold, der neue Herrscher könne ihm jenes kleine Benefizium entziehen, das in der Gegend von Genf lag, wo sein Vater als Graf amtiert hatte. Frumold hatte die Landleihe schon von Karl dem Großen erhalten; Ludwig der Fromme hatte sie ihm belassen. Jetzt schrieb Einhard in dieser Sache an einen Grafen in der Umgebung Lothars, dessen Namen wir leider nicht mehr ermitteln können: Er möge doch Frumold helfen, das Benefizium so lange zu behalten, bis er persönlich zu Lothar kommen und sich ihm kommendieren könne; »denn er ist ein guter Mann und klug und von gutem Ruf unter seinen Nachbarn«[27].

Einen zweiten Brief in gleicher Sache sandte Einhard noch an einen gewissen »U.« am Hofe Lothars[28]; auch er sollte für Frumold beim jungen Kaiser Fürsprache halten. Wir können nicht mehr entschlüsseln, wer dieser »U.« gewesen ist. Anders als der Adressat des ersten Briefes aber war »U.« offenbar ein Freund Einhards: vielleicht Wala von Corbie, dessen Namen die Zeitgenossen »Uuala« schrieben?[29] Einhard schloss seinen Brief jedenfalls mit einem vertraulichen Gruß, der uns bis heute ein Rätsel aufgibt: Einhard sprach seinen Adressaten als »Du liebster der *iguli*« an; und er nannte sich selbst einen *igulus vetulus ac infirmus*, einen »alten und kranken *igulus*«. Das Wort *igulus*, nur hier überliefert, lässt die Herausgeber von Wörterbüchern der lateinischen Sprache ratlos: Ist der Gruß eine Anspielung auf ein intimes Wissen zweier Eingeweihter, gewach-

Die Jahre in Mulinheim

sen in der gemeinsamen Zeit bei Hof? Eine kleine Vertraulichkeit zwischen zwei alten Gefährten?[30]

Einen kleinen Einblick in Einhards Stimmung in jenen Wochen und Monaten in der zweiten Hälfte des Jahres 833 gewährt uns immerhin ein anderer Brief von seiner Hand, gerichtet an einen Abt, der offenbar erst jüngst zum Bischof gewählt worden war[31]. Auch in diesem Falle können wir den Adressaten leider nicht namhaft machen. Im Kern berichtete Einhard seinem Briefpartner, dessen Neffe oder Enkel Eburo sei zu ihm gekommen, habe sich dann jedoch kürzer als erwartet in Mulinheim aufgehalten. In der Sache freilich, in der Eburo von Einhard Sicherheit zu erlangen gesucht habe, sei er nicht weitergekommen. Denn, so musste Einhard bekennen, auch er könne hierzu nichts Sicheres sagen: »Der Wandel der Dinge nämlich, der kürzlich in diesem Reich geschehen ist, hat uns so sehr verwirrt, dass wir ganz und gar nicht wissen, was wir tun sollen – außer dass wir gemäß den Worten des Josaphat unsere Augen zum Herrn wenden und gemäß den Worten des Philon die göttliche Hilfe dort angefleht werde, wo die menschliche endet«[32]. Die *mutatio rerum*, der Wandel der Dinge, machte Einhard ratlos; so wollte er seine Augen auf Gott richten, nicht auf die Menschen. Auch jetzt aber noch konnte er sich auf sein Wissen und seine Textkenntnis verlassen: Die beiden Sentenzen bezog Einhard aus der Bibel – dem zweiten Buch der Chroniken – und aus Rufins Übersetzung der Euseb'schen Kirchengeschichte[33]. Das Wissen, das in Bibel und alten Texten gesichert war, bot Einhard auch im Angesicht eines Umbruchs in der Herrschaft noch Orientierung genug. Was kümmerten ihn Karls Erben, solange er nur in Mulinheim bei seinen Märtyrern beten und auf Gottes Ratschluss hoffen durfte!

Den Tod der Söhne und der Tochter ertrug er – im Verhältnis zu der Großherzigkeit, durch die er sich auszeichnete – mit wenig Leidensfähigkeit; allerdings versteht sich, dass ihn die zärtliche Anhänglichkeit, durch die er nicht weniger hervorstach, zu Tränen rührte. Sogar als ihm der Tod des römischen Pontifex Hadrian gemeldet wurde, den er für einen besonderen unter seinen Freunden hielt, weinte er so, als hätte er den Bruder oder den liebsten Sohn verloren.

Einhard, Vita Karoli, c. 19

XXI.

Gottes Wege waren andere, als Lothar noch Ende 833 gedacht haben dürfte. Schon wenige Wochen später hatte sich das Blatt abermals gewendet: Am 28. Februar 834, einem Samstag, floh Lothar aus dem Kloster Saint-Denis vor den anrückenden Anhängern seines Vaters. Den alten Kaiser, den er bisher in Haft mit sich geführt hatte, ließ er in der Abtei bei Paris zurück[1]. Auch die zweite Rebellion gegen Ludwig den Frommen war gescheitert, kollabiert im Streit der Söhne.

Lothar musste sich dem Vater bald unterwerfen[2]. Zum 2. Februar 835 berief der alte Kaiser eine Reichsversammlung nach Thionville[3]. Zahlreiche Laienadlige und Äbte, neun Erzbischöfe und 35 Bischöfe kamen zusammen[4], darunter viele, die bereits am Pariser Konzil von 829 teilgenommen hatten[5]. Ludwig lag daran, ohne jeden Zweifel wieder als Kaiser anerkannt zu sein: 833 hatte jeder einzelne Bischof ein Protokoll über Ludwigs Buße in Saint-Médard verfasst, außerdem war ein Gesamtprotokoll aufgesetzt worden[6]. Im Gegenzug ließ Ludwig jetzt jeden der anwesenden Bischöfe eine Erklärung verfassen und unterzeichnen; laut dieser Erklärung war die Amtsenthebung von 833 unrechtmäßig gewesen; Ludwig hatte seine kaiserliche Würde mit vollem Recht wiedererlangt. Anschließend ließ Ludwig seinerseits ein Gesamtprotokoll schreiben. Es schilderte den Hergang und wurde ebenfalls von sämtlichen Bischöfen unterschrieben und »allen« Übrigen zur Kenntnis gebracht[7].

Ludwigs Vorgehensweise zeigt, welch gewaltige Wirkung die Protokolle der Bischöfe von 833 erzielt hatten: Eine Gegendarstellung tat not. Die nun bei Hof wieder weitergeführten Annalen berichteten ausführlich über den gesamten Vorgang. Unter der Ägide des neuen Erzkaplans Fulco verfasst[8], sollte auch dieser Text dazu beitragen, die Restitution des Kaisers als rechtmäßig zu propagieren.

Am 28. Februar 835 dann, am Jahrestag seiner Befreiung aus Lothars Gefangenschaft, inszenierte der Kaiser in der Stephanskirche zu Metz seine Wiedereinsetzung. Anwesend waren 44 Erzbischöfe und Bischöfe, außerdem die übrigen Teilnehmer jener Versammlung, die bis dahin, eine Tagesreise entfernt, in Thionville getagt hatte. Während der Messe sprachen sieben Metropoliten – die Erzbischöfe von Trier, Mainz und Rouen, von Tours, Sens, Arles und Bourges – für Ludwig sieben Gebete für die Wiederaufnahme in die Kirche[9]. Außerdem setzten die Bischöfe dem Kaiser eine Krone aufs Haupt – als *insigne imperii*, wie es Fulco in den Hofannalen formulieren ließ[10]. Der Erzbischof Ebo von Reims aber, der Ludwigs Exkommunikation anderthalb Jahre zuvor geleitet hatte, erklärte von einem erhöhten Platz in der Kirche allen Anwesenden: Der Kaiser sei »unrechtmäßig abgesetzt« worden[11].

Ob Einhard an den Versammlungen in Thionville und Metz teilgenommen hat, vermögen wir nicht zu sagen. Überhaupt wird es in den Jahren 834 und 835 still um ihn. Vielleicht gehören manche undatierte Briefe, in denen er für andere Fürsprache hielt, in diese Zeit. In den großen Streit zwischen dem alten Kaiser und seinen Söhnen selbst aber griff Einhard, soweit wir sehen können, nicht mehr ein. Er diente Gott – und damit dem Reich – bei seinen Märtyrern in Mulinheim, auch bei der Verwaltung seiner Abteien in Maastricht und Gent. Die nächste *mutatio rerum*, der nächste »Wandel der Dinge« an der Spitze des Reiches: auch er war, abseits des Hofes, in der Hoffnung auf Gott zu bewältigen.

Erst am 13. Dezember 835 brach Einhards Kosmos zusammen. Emma, seine geliebte Frau und Gefährtin, starb plötzlich und unerwartet[12]. Ihr Tod erschütterte Einhards Vertrauen in seine Heiligen. Schlimmer noch: Er weckte Zweifel, ob Einhard für sein Leben den richtigen Weg gewählt hatte. Waren seine Gebete zu den Märtyrern nutzlos? Hatte er zu Unrecht angenommen, im frommen Dienst für Petrus und Marcellinus in Mulinheim seiner Emma, sich selbst, ja der *ecclesia*, der gesamten Gemeinschaft der Christen also, helfen und nützen zu können? Emmas Tod stellte Einhards Leben in Frage.

Der junge Mönch Lupus, der sich noch immer in Fulda aufhielt, kondolierte Einhard. Das Schreiben war knapp gehalten, in seiner Eleganz routiniert:

> *Bestürzt über die so heftig bedrückende Nachricht vom Tode Eurer bewundernswürdigen Gemahlin, wünschte ich mehr als je, nun bei Euch zu sein, um Eure Trauer entweder durch mein Mitleiden zu erleichtern oder in beständigem Gespräch zu lindern, in den Gedanken inspiriert aus den Heiligen Schriften. Bis aber Gott uns die Möglichkeit hierzu schenkt, rate ich Euch, dass Ihr, eingedenk der Beschaffenheit des Menschen, die wir uns aus der Schuld der Ursünde zugezogen haben, maßvoll und weise erduldet, was geschehen. Fürwahr, gewährt diesem Unglück keinen Raum – Ihr, der Ihr doch stets kraftvoll die Schmeicheleien eines heitereren Glücks durch Euren Geist besiegt habt. Indem Ihr also Gott anruft, entfaltet nun jene Kräfte der Duldsamkeit, zu denen Ihr selbst wahrscheinlich auch jeden Euch liebsten Menschen aufriefet, der von einem ähnlichen Schlag getroffen wäre. Ich wünsche, dass es Euch gut ergehe im Segen des Herrn.*[13]

Aber ach, was wusste dieser junge Mönch schon! Was wusste Lupus, von Kindesbeinen an hinter hohen Klostermauern, von Liebe, Verlust und Trauer! So einfach war es nicht. Der Ratschlag mochte gut gemeint sein, der Trost aufrichtig gespendet; nur half das altkluge Brieflein Einhard kein bisschen, den Verlust zu bewältigen, die Trauer zu besiegen. All sein Wissen, all seine Gelehrsamkeit, seine Bücher – sie versagten. Seine Weisheit war an ihrem Ende: Mit dem Verstand vermochte Einhard die Trauer über den Tod seiner geliebten Emma nicht zu besiegen.

Lesen und schreiben aber wollte er doch. Was anderes konnte er denn? Und so las er, las die Kirchenväter und die Texte der alten römischen Heiden, schrieb an Lupus, berichtete von seiner endlosen

Trauer, suchte, schreibend, seine Trauer nicht zu überwinden – das war unmöglich! –, sondern anzunehmen, suchte wenigstens in seinem Leid irgendetwas Richtiges, etwas Gottgewolltes zu sehen, eben das, was er in Emmas Tod nicht sehen konnte[14].

Alle seine Studien, schrieb Einhard an Lupus, alle seine Sorge um sich selbst, um seine Freunde, alles werde vertrieben und verdrängt von jenem qualvollen Schmerz, den ihm der Tod seiner liebsten Gefährtin bereite. Und dieser Schmerz bleibe ewig: Ohne Unterlass, klagte Einhard, müsse er der Art und Weise ihres Todes gedenken; so könne der Schmerz nicht gelindert werden; auch eitere seine Wunde, weil alle seine Gebete folgenlos geblieben seien. Er habe seine Hoffnung auf die Verdienste und die Fürbitten seiner Märtyrer gesetzt – und sei ganz und gar enttäuscht worden.

Daher halfen ihm auch die Worte nicht, die Trauernden Trost spendeten. Im Gegenteil: Jene Leute, die ihm (wie Lupus) rieten, sein Unglück mit Gleichmut zu ertragen, sie rissen die Herzenswunde nur noch weiter auf! Sie fühlten doch selbst das Leid gar nicht! Und welcher Sterbliche, der weise denke, hielte sich denn nicht für unglücklich und erbärmlich, wenn er, in seiner tiefsten Trübsal gerade den als abgewandt und unerbittlich erfahre, von dem er doch fest geglaubt hatte, er werde seine Gebete in Gnaden aufnehmen? Sollte das ein so kleines, schwaches Männlein etwa nicht zu Seufzern und Tränen rühren? Sollte das nicht stöhnen und klagen machen, nicht in den Abgrund der Verzweiflung stoßen?

Mehr als acht lange, schwierige Jahre hindurch hatte Einhard seine römischen Märtyrer mit allem Eifer verehrt, hatte ihren Kult gefördert und propagiert, hatte keine Kosten gescheut, um ihnen eine prächtige Kirche zu errichten und zu ihren Ehren eine Abtei zu gründen. Dutzende und Aberdutzende von Wundern hatten die beiden Heiligen gewirkt; Einhard selbst hatte die Mirakelgeschichten sammeln lassen und in seiner »Translatio sanctorum Marcellini et Petri« sorgfältig dokumentiert. Und nun das! Gerade jetzt, da die Kirche stand[15], gerade jetzt, da seine geliebte Gemahlin und Gefährtin der Heilung durch die Märtyrer bedurft hätte, gerade jetzt, da

Einhard selbst so flehentlich wie nie zuvor zu Petrus und Marcellinus gebetet hatte – gerade jetzt hatten sie die Hilfe versagt, hatten sich abgewendet, sich unerreichbar gezeigt für all sein Flehen.

Einhard schrieb Lupus, was er getan, um seiner Trauer Herr zu werden[16]. Was anders lag ihm näher, als zu den Werken der großen Gelehrten zu greifen? Einhard hatte Cyprian gelesen, Augustinus, Hieronymus, hatte versucht, durch ihre heilsamen Sentenzen den Schmerz seines Herzens zu lindern (und noch in seinem Brief an Lupus konnte der Gelehrte es nicht lassen, eine seltene Sentenz des jüngeren Plinius zu zitieren und zwei Passagen aus Briefen des Hieronymus anklingen zu lassen[17]). Einhard schrieb Lupus: Er habe versucht, ob er nicht von sich selbst verlangen könne, dass bei ihm die Vernunft das bewirke, was gewöhnlich die lange Zeit erreiche – dass nämlich die Wunde, die ein plötzlicher Tod gerissen habe, vernarbe und heile. Doch vergebens, die Wunde blute noch immer! In all seinem Tun, jeden Tag, bei jedem Geschäft, in der Verwaltung des Hauses und im Umgang mit der Dienerschaft – überall und jederzeit werde ihm sein Verlust vor Augen geführt, die Wunde von Neuem aufgerissen. Einhard schrieb Lupus: Der Schmerz und die Angst, die der Tod seiner geliebten Frau ihm bereiteten, sie würden immerfort bleiben. Trost war unmöglich; erst sein eigener Tod werde seiner Trauer ein Ende setzen. Nur habe er jetzt begriffen, dass ihm die endlose Trauer nützlich, nicht schädlich sein werde. Sie rufe ihm die Sterblichkeit in die Gedanken zurück, die Muße und Vergesslichkeit des Alters zuvor verführt hatten, auf ein langes Leben zu hoffen. Einhard schrieb Lupus: Es sei weit nützlicher, wenn er den Rest seines Lebens in Trauer zubringe. Selig sind, die Trauer tragen! Einhard schrieb: »Ich sehe, dass mir nicht viel Zeit zum Leben bleibt, auch wenn ich nicht weiß, wie viel es sein wird. Aber dessen bin ich doch gewiss: Ein Säugling kann schnell sterben, und ein Greis nicht lange leben.«[18]

In all seiner Gelehrsamkeit ein verzweifelter Brief! Einhard war erschüttert. Die Lektüre, die Kirchenväter, die Gebete zu seinen Heiligen – nichts hatte ihm in seiner grenzenlosen Trauer Trost zu spenden vermocht. Tag für Tag erinnerte ihn sein Leben an den Tod. Erst der Tod würde auch seinem Leid ein Ende setzen. Der Tod war nahe, Trauer und Schmerz nützlich. Einhards Welt war dunkel geworden.

Das Denken aber konnte Einhard nicht lassen. Lupus hatte ihn – wohl schon vordem – gebeten, zu der Frage Stellung zu nehmen: ob man das Kreuz anbeten dürfe? Jetzt, nach Emmas Tod, nahm sich Einhard des Problems an. Es schloss sich an die Frage der Verehrung von Bildern an, die intensiv diskutiert worden war an Karls und Ludwigs Hof, auf Synoden in Frankfurt 794 und 825 in Paris, in Traktaten gleich mehrerer Intellektueller der Zeit. Einhard verfasste für Lupus eine kleine Abhandlung – »obgleich im Geiste ganz und gar in Verwirrung«[19]. Die Frage, so verkündete er gleich eingangs, sei zwar leicht zu beantworten; doch habe sich ihm aus der Lösung selbst eine neue, viel wichtigere Frage ergeben – die Frage nämlich der Anbetung Gottes. Sofern Gott auf andere Weise gebeten werde oder um anderes, als es sich gehöre, sei nicht verwunderlich, wenn das Gebet nicht erhört werde, man also nicht erlange, was man zu erreichen gewünscht habe. So erklärte Einhard dem jungen, strebsamen Mönch gleich vorab: Lupus habe eine recht uninteressante Frage gestellt; aber er habe geholfen, eine gute, große Frage aufzuwerfen.

Tatsächlich wird Lupus bei der weiteren Lektüre bald verstanden haben: Einhard hatte die Anfrage nur zum Anlass genommen, die eigene Not, den Ursprung seiner Trauer noch schärfer zu durchdenken. Der Traktat »De adoranda cruce« war ein weiterer Versuch des Alten, auf seine Weise der tiefen Zweifel Herr zu werden, die ihn seit Emmas Tod quälten. Warum nur war Emma so plötzlich gestorben? Warum hatten die Heiligen nicht geholfen? Was hatte er falsch gemacht?

Bei Jakobus 4,3 hieß es in aller Klarheit: »Ihr bittet – und empfangt doch nicht, weil ihr schlecht bittet.« Und im Brief an die Römer hatte der Apostel Paulus geschrieben: »Wir wissen nicht, was wir beten, wie es sich gehört.« Eine »ungeheure Notwendigkeit« sah

Einhard darin, genauer zu verstehen, was mit diesen beiden Bibelversen gemeint war: »schlecht bitten« und »nicht wissen, um was sich zu bitten gehört«. »Denn wer nicht weiß, was und wie er bitten soll, dem kann es passieren, dass er schlecht bittet und deshalb nicht erhält, was er erbeten hat«. Es ist eben jene Kernidee, die Einhard fast ein Menschenalter zuvor den Weg an den Hof Karls des Großen eröffnet hatte; es ist die Kernidee der »Epistola de litteris colendis«, die einst der Abt Baugulf von Fulda von Karl erhalten hatte. Wer erfolgreich zu Gott beten wollte, der musste richtig zu beten wissen[20]. Nur, was hieß das: »richtig beten«? Warum hatten Einhards Gebete für Emma versagt? Wo lag der Fehler?

Einhard hatte sich die Evangelien vorgenommen, hatte sie noch einmal studiert. Er hatte entdeckt: »In der gesamten Reihe der Evangelien findet man ja doch nirgends, dass unser Herr Jesus Christus gelehrt oder befohlen hätte, *ihn* zu bitten – während er stattdessen sehr oft über dasjenige Gebet handelt, das zu *Gott* gesprochen werden müsse, und mahnt, dass zum Vater zu beten, der Vater zu bitten, der Vater anzuflehen und in jeder Not zu bitten sei.« Auch hatte Christus in den Evangelien stets gesagt, er selbst könne nichts gewähren; zu bitten sei sein Vater.

Einhard konstatierte die Spannung zur Trinitätslehre. Sein Glauben lehre ihn auf das Festeste, dass Vater und Sohn von derselben Göttlichkeit und Substanz seien – und so auch beiden ein und dieselbe Macht eigne. Ein Gebet müssten sie doch folglich beide erhören! »Aber es scheint gerade, als ob es sich nicht gehört, dass man zu demselben anders betet, als dass man beim Beten den Vater anruft – oder anderes von ihm erbittet, als dasjenige, von dem der Sohn gelehrt hat, dass es im Gebet zu erbitten sei«. Wer etwas anderes, wer auf andere Weise bete, der bete – nach den Worten des Jakobus – schlecht. Und wer etwas anderes als das Vaterunser bete (wie es Christus befohlen habe), der müsse im Zweifel darüber bleiben, ob seine Bitten erfüllt würden.

Gerade dies wohl, so fuhr Einhard fort, habe auch die dritte Synode von Karthago gemeint, die 397 zusammengetreten war. Im

23. Canon nämlich hatte man dort beschlossen: »dass bei Gebeten niemand den Vater an Stelle des Sohns oder den Sohn an Stelle des Vaters nennen soll, und wenn man am Altar steht, soll das Gebet immer an den Vater gerichtet werden«[21]. Über spezielle Gebete und Bitten für sich, jenseits des Vaterunsers in der Gemeinde und jenseits der Gebete am Altar aber, so schrieb Einhard an Lupus, habe er nirgends sonst etwas gelesen – abgesehen von dem, was ebenfalls in diesem 23. Canon von Karthago festgehalten sei: »Wer immer sich Gebete aus anderer Quelle niedergeschrieben hat, soll diese nicht verwenden, bevor er sie mit besser ausgebildeten Brüdern durchgesprochen hat.«[22]

Daraus ergebe sich, so fand Einhard, eine große, drängende Frage: Wenn in den öffentlichen Gebeten, die am Altar vollzogen werden, allein Gottvater anzurufen, wenn allein er zu bitten ist – wo und in welchen Gebeten darf man dann den Sohn, Christus, anflehen? Und was muss man über die Apostel, die Märtyrer, die übrigen Heiligen denken? Wo, wann, wie sind sie anzurufen – sofern man sie denn überhaupt anrufen darf? »Ich erinnere mich nämlich, dass es einige gegeben hat, die gesagt haben, dass die Gebete zu den Heiligen, die schon aus dieser Welt geschieden sind, für die Lebenden und noch in ihrem Körper Handelnden gleichermaßen von Nutzen sind.« Das war sie: die große Frage, die sich für Einhard aus der Lösung jenes »Fragleins« *(rogatiuncula)* ergeben hatte, das Lupus gestellt hatte. Eine Antwort freilich wusste Einhard nicht. Er war, so schrieb er, auf einen Knoten gestoßen, »den ich, wäre er nicht auf Gott bezogen, herkulisch nennen wollte«.

In der Tat, die Frage, die Einhard entwickelt hatte, barg Sprengkraft. Das Heilsversprechen der Kirchen lebte im 9. Jahrhundert in hohem Maße im Kult der Heiligen. Sie galten als Fürsprecher für die Gläubigen bei Gott. Heilige anzurufen, sie zu verehren, ihnen Gaben darzubringen, das versprach irdisches Heil und ewiges Leben. Einhards knappes und kühles Raisonnement, seine Lektüre der Evangelien und der Canones der dritten Synode von Karthago rüttelten an einem Grundpfeiler der Kirchen seiner Zeit: Konnte es sein,

Die Jahre in Mulinheim 269

dass ein Christ »schlecht bat«, wenn er sich nicht auf das Vaterunser beschränkte, nicht allein zu Gottvater betete, sondern auch Heilige verehrte, Heilige bat, Heilige um Hilfe anflehte?

Vor dem Hintergrund der Theorie kollektiver Verantwortlichkeit verwies Einhards Frage auf ein fundamentales Problem: War es denkbar, dass Gott missfiel, was Christen allerorten Tag für Tag praktizierten? Lag hier die Ursache für den zähen Hunger, die immer neuen Katastrophen, Himmelszeichen, Kriege, Niederlagen, den endlosen Streit der Könige? Beteten die Menschen schlecht, weil sie Christus und die Heiligen anflehten, statt das Vaterunser zu sprechen und auf Gottes Gnade zu hoffen? Hätten sich Einhards Zweifel durchgesetzt – der Heiligenkult mit seiner ganzen Bedeutung für den Reichtum der Kirchen und den Alltag der Gläubigen wäre bis ins Mark erschüttert gewesen. Und tiefer noch: Einhards Frage rührte an Grundannahmen der Christologie und der Trinitätslehre. Wahrhaftig, eine Frage von herkulischem Maß!

Wieso sich Einhard das Problem gerade jetzt aufdrängte, liegt auf der Hand: Es war seinem Leid geschuldet, seiner Verzweiflung im Angesicht des Todes seiner Gemahlin. Er hatte die Märtyrer Marcellinus und Petrus angefleht, hatte sie gebetet, hatte zu ihnen gebetet, hatte auf ihre Fürsprache bei Gott gesetzt. War das der Fehler gewesen? Hätte er besser nur das Vaterunser sprechen und auf Gnade hoffen sollen? Wäre dann aber nicht sein Leben seit 827 auf dem Irrweg? Wozu den Kult der Märtyrer propagieren, wozu die Heiligen verehren und mit einer Kirche beschenken – wenn doch all dies nur zu schlechtem Beten führte? Die Zweifel, die Emmas Tod geweckt hatten, zerfraßen den alten Mann.

Lupus dankte Einhard bald höflich für den Libellus »De adoranda cruce« – und nannte die Abhandlung etwas schmallippig: »nach meinem Urteil überaus nützlich«[23]. Inhaltlich aber ging er auf Einhards herkulische Frage nicht näher ein. Auch scheint er für eine Verbreitung des Traktats wenig getan zu haben. Einhards Text ist nur in einer einzigen Kopie auf uns gekommen, noch dazu anonym, inmitten einer Sammelhandschrift aus dem späteren 10. Jahrhundert[24].

Stattdessen suchte Lupus in einem langen Brief Einhards Verzweiflung wortreich zu lindern[25]. Es sind blutleere, akademische Argumente, die der belesene und etwas eitle Mönch von etwa 30 Jahren seinem Meister nun vortrug: Einhard möge doch differenzieren zwischen dem irdischen und dem ewigen Nutzen seiner Gebete. Zwar hatte Emma hienieden ihre Gesundheit nicht wiedererlangt, sicher aber waren Einhards Gebete für Emmas ewige Errettung hilfreich gewesen. Auch müssten Eheleute doch von vornherein davon ausgehen, dass sie nicht gleichzeitig sterben würden; und dann sei es von Gott segensvoll arrangiert, dass er gerade den überleben ließ, der den Verlust besser zu ertragen vermochte. Einhard selbst hätte sicher genauso entschieden: Denn zwar sei Emma, weil sie so viel von Einhard gelernt habe, allen Frauen – und sogar durchschnittlichen Männern! – in ihrer Klugheit, Ernsthaftigkeit und Ehrlichkeit überlegen gewesen; aber sie hätte doch nie und nimmer jenen Gipfel der Weisheit erreichen können, auf dem Einhard selbst stehe. Und so hätte sie niemals genauso viel für Einhards ewiges Heil tun können, wie Einhard nun für Emmas Heil zu bewirken vermöge. Im Übrigen heiße es im Vaterunser ja bekanntlich: »Dein Wille geschehe« – nicht »unser Wille«! Selbst der Erlöser habe am Kreuz zwar zunächst gebetet, Gott möge den Kelch an ihm vorübergehen lassen, sich dann aber Gottes Willen gebeugt. Auch Einhard solle es jetzt so halten und mit Gewinn den Willen des Allmächtigen akzeptieren.

Über Seiten und Seiten reihte Lupus Argumente solcher Art, unterfüttert mit allerlei Zitaten aus der Bibel: Der Tod Emmas könne, so legte er Einhard dar, eher als ein Zeichen der Gnade Gottes denn als Zeichen seines Zorns gedeutet werden. Falls Gott nicht habe zulassen wollen, dass Einhards Liebe zu ihm durch Einhards Liebe zu Emma geschmälert werde, dann habe Gott durch Emmas Tod ihn nur wieder zurückgerufen zur ungeteilten Liebe zu Gott selbst. Auch strafe der Herr ja nicht zweimal; die Sünde sei demnach mit Emmas Tod bereits vergolten, so dass Einhard bei seinem eigenen Tode nun nicht mehr den Zorn Gottes zu fürchten habe. Oder noch anders: Vielleicht habe Gott ja auch Einhard nur vor Augen führen wollen, wie unglücklich derjenige ist, der in alle Ewigkeit von ihm getrennt bleiben müsse – da ihn doch schon die vorübergehende Trennung von einem einzigen Menschen so tief getroffen habe.

Lupus erging sich in immer neuen wohlgemeinten Ratschlägen: Einhard solle Maß halten in seiner Trauer – denn unmäßige Trauer nütze Emma nichts, schade aber Einhard sehr. Stattdessen solle er sich der Fürsorge Gottes anvertrauen, der ja auch in dieser Sache leicht helfen könne. »Denn wer, der seine Hoffnung auf Gott gesetzt hat, wäre jemals enttäuscht worden?«

Lupus dürfte zufrieden gewesen sein mit seinem gelehrten Brief. Am Ende brachte er, wie es sich für einen guten Traktat gehörte, das Ziel seines eigenen Gedankengangs noch einmal kurz und bündig auf den Punkt: »Ich habe, so gut ich es konnte, durch menschliche Vernunft und göttliche Autoritäten nachgewiesen, dass Du geduldig hinnehmen musst, dass Deine Gebete nicht erhört worden sind – und wie die Wunde der Trauer, die so unheilbar scheint, doch gelindert werden kann.« Danach ermahnte er Einhard noch, jene gelehrten Fragen zu beantworten, die er bereits zuvor nach Mulinheim übersandt hatte. Und er kündigte an, er wolle Mitte Mai von Fulda aufbrechen, um Einhard zu besuchen und ihm die Bücher zurückzugeben, die der alte Gelehrte ihm geliehen hatte ...

Einhards Antwort auf den langen, altklugen Brief ist nicht überliefert. Sie dürfte aber anders ausgefallen sein, als es Lupus in seiner Selbstzufriedenheit erwartet hatte. Als ob Einhard all diese Argumente pergamentener Buchgelehrsamkeit nicht auch selbst schon im Kopf herumgewälzt hätte, wieder und wieder!

Nichts hatte Lupus verstanden! »Denn wer«, hatte er gefragt, »denn wer, der seine Hoffnung auf Gott gesetzt hat, wäre jemals enttäuscht worden?«[26] Genau das war es doch eben: Er, Einhard! Er hatte seine Hoffnung auf Gott gesetzt – und Gott hatte sich von ihm abgewendet. Einhard hatte am eigenen Leib erfahren, wie all seine Weisheit, all sein Wissen, seine Bücher, seine Autoritäten versagten im Angesicht des Todes seiner Gemahlin.

Einhard antwortete Lupus dennoch; sein Brief muss deutlich gewesen sein. Wir kennen die Antwort des jungen Mönchs[27]. Lupus wusste seine Enttäuschung nur schlecht zu verbergen: Er sei ja dankbar, dass Einhard ihm respondiert habe. »Gleichwohl hatte ich gehofft, durch Euren Brief ermutigt zu werden und zu erfahren, in welchem Maße sich die heftige Hitze, die durch die bekannte Sache aufgewallt ist, nun wieder abgekühlt hat – und ob Euch irgendetwas von meiner Winzigkeit überzeugt hat.« Einhard war offenbar auf die gelahrten Erörterungen des jungen Mannes in keiner Weise eingegangen. In seinem verletzten Stolz bat Lupus, Einhard möge sich doch Buch 21, Kapitel 27 des »Gottesstaates« vornehmen: Da werde er schon finden, dass der Kirchenvater Augustinus gar nicht so anders über den Umgang mit einer Katastrophe gedacht habe als er, Lupus, selbst. Er habe das Kapitel des »Gottesstaates« erst nach Absendung des Briefs an Einhard gelesen: »Ich war einigermaßen erstaunt, dass meine eigenen Gedanken in ihrem Sinn [denen des Augustinus] so ähnlich waren, dass sie ihren Grundton geradezu von ihnen zu haben schienen.«

Einen neuen Anlauf gelehrten Trostes aber wagte Lupus nicht mehr. Stattdessen legte er umständlich dar, dass er nun doch erst etwas später zu Einhard kommen werde, nämlich in der Woche nach dem 5. Juni. Und er versuchte, Einhard in anderer Weise ins Leben zurückzuholen. Er formulierte eine lange Reihe von Fragen an ihn, die er mit ihm bei seinem Besuch im Juni besprechen wolle: Es ging um vertrackte Probleme aus der Arithmetik des Boethius, es ging um die Länge der vorletzten Silbe in Wörtern wie *aratrum* und *salubris*. Auch kündigte Lupus dem Gelehrten an, er wolle demnächst beginnen, den »Calculus« des Victorius von Aquitanien zu studieren.

Darüber hinaus wünschte sich Lupus von Einhard eine Vorlage für einen bestimmten Buchstabentyp, für große, alte Lettern in Capitalis Quadrata: Lupus hatte gehört, dass Bertcaud, einer der

Die Jahre in Mulinheim 273

Schreiber des Königs, eine solche Vorlage besitze. Sofern auch Einhard Zugriff darauf habe, möge er ihm, Lupus, doch bitte eine Kopie zukommen lassen – »aber in einem Codex, der sorgfältig durch ein Siegel geschützt ist«. Lupus erörterte nicht mehr Gnade, Trost, Heil. Er suchte seinen alten Lehrer mit dem zu beschäftigen, was Einhard zeit seines Lebens umgetrieben hatte: Buchstaben, Latein, Arithmetik.

Es ist der letzte Brief, der sich aus der Korrespondenz zwischen Lupus und Einhard erhalten hat. Wir wissen nicht, ob der Mönch sein verehrtes Vorbild im Juni 836 wirklich besucht hat. Die Burgerbibliothek in Bern aber verwahrt unter der Signatur 250 einen Codex des 9. Jahrhunderts, der unter anderem eine Kopie des »Calculus« des Victorius von Aquitanien enthält – jenes Textes also, dem sich Lupus mit Einhards Hilfe bei seinem Besuch widmen wollte. Am Ende dieses Textes steht auf der Rückseite des elften Blattes ein Musteralphabet, in großen Lettern in Capitalis Quadrata. Es ist gut möglich, dass wir hier ein Ergebnis des Austauschs zwischen Einhard und Lupus greifen: Das Buch dürfte einst Lupus gehört haben; das Alphabet könnte eine Kopie jener Musterbuchstaben des Schreibers Bertcaud sein, um die Lupus seinen alten Lehrer gebeten hatte[28].

In der Biblioteca Capitolare in Vercelli liegt – als Codex mit der Signatur CXLIX – ein Buch aus der zweiten Hälfte des 9. Jahrhunderts. Es könnte uns zeigen, wie Einhard in jenen Monaten sonst mit seiner Trauer und Verzweiflung umzugehen suchte. Der Codex enthält auf den Blättern 146–155 ein Werk, das von Einhard stammen dürfte[29]. Jedenfalls nennt das Vorwort selbst einen Einhard als Autor[30]; und im späten 11. Jahrhundert schrieb der gelehrte Mönch Sigebert von Gembloux das nämliche Werk dem Karlsbiographen zu[31].

Im Vorwort erläuterte Einhard, worum es geht: Der Psalter sei zwar insgesamt heilig und gelte als besonders geeignet für den Gottesdienst; »doch für diejenigen, die Gott anrufen und um ihrer Sünden willen anflehen wollen, kann er als ganzer nicht passend sein«[32].

Deshalb, so Einhard weiter, habe er nun die Abschnitte exzerpiert, die für diesen Gebetszweck besonders geeignet seien. Schon Beda Venerabilis habe zwar solche Exzerpte aus dem Psalter vorgelegt, aber hierzu als Grundlage das »Psalterium Hebraicum« verwendet – jenen lateinischen Text also, den der Kirchenvater Hieronymus einst aus dem Hebräischen übersetzt hatte. Diese Textfassung war aber in der Liturgie in Einhards Zeit nicht in Gebrauch; und so stellte Einhard auf der Grundlage des römischen Psalters noch einmal die einschlägigen Exzerpte zusammen.

In seiner Abhandlung »De adoranda cruce« hatte Einhard die Frage aufgeworfen, wie man richtig beten solle – und festgestellt, dass allein Gott als Adressat in Frage kam. Die Exzerpte aus dem Psalter sollten nun ausdrücklich dazu dienen, Gott »anzurufen«, Gott »um der eigenen Sünden willen anzuflehen«. Das kleine Werk zog die Konsequenz aus Einhards Entdeckung. Es bot eine Handreichung für alle, die angemessen zu Gott beten wollten. Einhard las, dachte, schrieb, um seine Trauer zu mäßigen. Andere sollten den Fehler seines Lebens vermeiden können.

In den drei letzten Jahren seines Lebens wurden sehr häufig sowohl Sonnen- als auch Mondfinsternisse beobachtet – und sieben Tage lang ein schwarzer, unheilvoller Fleck an der Sonne.

Sein Körper wurde auf feierliche Weise gewaschen und hergerichtet und unter der größten Trauer des ganzen Volkes in die Kirche getragen und bestattet. Man war zunächst unschlüssig, wo er beigesetzt werden solle, weil er selbst nämlich zu Lebzeiten hierzu nichts angeordnet hatte. Schließlich kamen alle zu dem Entschluss, dass er nirgendwo ehrenvoller beerdigt werden könne als in jener Kirche, die er selbst aus Liebe zu Gott und zu unserem Herrn Jesus Christus und zur Ehre der heiligen und ewigen Jungfrau, der Gebärerin Christi, auf eigene Kosten am selben Ort errichtet hat. In dieser Kirche wurde er begraben, noch am selben Tag, an dem er verstorben war; und man errichtete einen vergoldeten Bogen über dem Grab, mit einem Bild und einer Inschrift. Diese Inschrift lautete: »Unter diesem Grabmal befindet sich der Körper Karls, des großen und rechtgläubigen Kaisers, der das Reich der Franken auf edle Weise vergrößert und 47 Jahre hindurch glücklich regiert hat. Er starb in seinen Siebzigern, im Jahr des Herrn 814, in der 7. Indiktion, an den 5. Kalenden des Februar.«

Einhard, Vita Karoli, c. 32 und 31

XXII.

Im Juni oder Juli 836 stattete Kaiser Ludwig persönlich, von Thionville aus über Frankfurt kommend, dem alten, trauernden Höfling seinen Besuch in Mulinheim ab. Einhard aber sollte mit seiner düsteren Sentenz recht behalten: »Ein Säugling kann schnell sterben und ein Greis nicht lange leben.« Vier Jahre später war er tot.

Das Reich kam in diesen Jahren nicht zur Ruhe. Noch 836 starben viele von Lothars Getreuen in Italien, hingerafft von einer Seuche. Zu den Opfern zählten die letzten aus dem Kreis, der schon unter Karl die Entscheidungen des Hofes mitgestaltet hatte – zumal Wala von Corbie und Jesse von Amiens[1]. Im Jahr darauf teilte der alte Kaiser wieder einmal sein Reich neu unter seinen Söhnen auf. Der einzige, der diesmal profitierte, war der junge Karl: Mit seinen 14 Jahren konnte er nun als erwachsen und fähig zur Herrschaft gelten; der Vater gab ihm Schwert und Krone – und vergrößerte noch einmal kräftig Karls Anteil am Reich[2].

Pippin, der König in Aquitanien, mag es mit Sorge gesehen haben; doch starb er schon Ende 838, wohl in seinem 42. Lebensjahr[3]. Seine zwei Söhne waren noch jung; der Erstgeborene, Pippin, war fast genauso alt wie sein Halbonkel, Judiths Sohn Karl. In den kommenden Jahrzehnten werden sich die beiden Karolinger beharrlich um die Macht in Aquitanien streiten. Am Ende wird Karl sich durchsetzen, Pippin wohl als sein Gefangener in Senlis ums Leben kommen[4].

Der Tod des Königs Pippin Ende 838 aber war Anlass zu neuem Streit in der Königsfamilie. Wieder wurden Grenzen neu gezogen, wieder wurden Regionen neu verteilt[5], wieder gab es Gewinner und Verlierer. Im Jahr 839 begehrte darum Ludwig, der jüngste der Irmingard-Söhne, gegen den Vater auf. Der Konflikt schwelte noch, als Einhard auf dem Totenbett lag[6].

In Einhards Leben in diesen letzten vier Jahren gewähren uns nur wenige Dokumente Einblick. Bei fast allen ist zudem die Datierung unsicher[7]. So ist zwar gut denkbar, dass Einhard auch jetzt noch für den einen oder anderen Fürsprache beim Kaiser hielt, bei Hof oder bei Magnaten vermittelte; zweifelsfrei aber lässt sich keines der erhaltenen Empfehlungsschreiben in die Zeit nach 834 datieren; auch fast alle übrigen späten Briefe Einhards, die sich erhalten haben, bleiben in ihrer Zeitstellung unklar.

Eine Ausnahme bildet ein Schreiben, das Einhard im Hochsommer 837 aufgesetzt hat – eine Antwort auf eine Anfrage des Kaisers. Ludwig hatte den Gelehrten um eine Stellungnahme zu einer ungewöhnlichen Himmelserscheinung gebeten. Ein Komet war erschienen; wir nennen ihn heute den »Halley'schen«. Mehr als einen Monat lang, vom 22. März bis zum 28. April 837, konnten Ludwig der Fromme und sein Hof den Himmelskörper auf seinem Weg beobachten[8]. Einer der Ratgeber des Kaisers beschrieb wenige Jahre später die Bahn des Kometen so präzise, wie es damals nur möglich war:

> *Zur Zeit des Osterfestes erschien ein unheilvolles und betrübliches Wunderzeichen, nämlich ein Komet im Sternbild der Jungfrau, in jenem Teil des Sternzeichens, wo man unterhalb ihres Gewandes den Schwanz der Schlange mit dem Raben verbindet. Das Gestirn bewegte sich nicht wie die sieben Planeten nach Osten, sondern durchschritt in 25 Tagen – was erstaunlich zu berichten ist – jenes Sternzeichen der Jungfrau, die Zeichen des Löwen, des Krebses und der Zwillinge und legte schließlich den feurigen Leib mit dem langen Schweif, den es nach allen Seiten hin ausgebreitet hatte, am Kopf des Stiers unter den Füßen des Fuhrmanns nieder.*[9]

Die Beschreibung ist, soweit sie sich durch die Daten heutiger Astronomie kontrollieren lässt, durchaus korrekt: Der Halley'sche Komet war im Frühjahr 837 der Erde ungewöhnlich nahe gekommen. Er

Die Jahre in Mulinheim 279

muss gut sichtbar gewesen sein[10]. Die präzise Beobachtung hat dem Autor, dessen Name nicht überliefert ist, bei Historikern die Bezeichnung *Astronomus* eingetragen: »der Astronom«.
Der Mann erzählte in seiner Biographie Ludwigs des Frommen weiter, wie intensiv die Himmelserscheinung den Kaiser beschäftigt habe:

Als der Kaiser ... als Erster sah, dass das Gestirn dort Halt machte, rief er vor dem Schlafengehen jemanden herbei – nämlich mich, der ich dies geschrieben habe und von dem man annahm, dass er sich auf diese Wissenschaft verstehe – und erkundigte sich bei mir, was ich davon hielte. Ich bat ihn um Zeit, um die Gestalt des Gestirns zu betrachten und so die Wahrheit zu erforschen; am anderen Morgen würde ich ihm dann berichten, was ich herausgefunden hätte; doch der Kaiser merkte, dass ich nur Zeit schinden wollte – was tatsächlich zutraf –, um nicht etwas Trauriges antworten zu müssen ...[11]

Aber so leicht ließ sich Ludwig nicht abspeisen. Er befahl dem Astronomen, sich gleich jetzt auf den Balkon vor dem Haus[12] zu stellen und ihm umgehend zu melden, was er von dort aus beobachtet habe. Der Kaiser wollte wissen, was das Himmelszeichen bedeutete, was es ankündigte. »Ich sagte ein paar Worte und schwieg dann«, berichtet der Autor weiter. Doch Ludwig wollte es präziser wissen. »Eines verschweigst du mir noch«, soll er seinem sternenkundigen Ratgeber erwidert haben: »Es heißt, dass ein solches Vorzeichen eine Veränderung des Reiches und den Tod des Fürsten bedeutet.« Noch immer wagte der Astronom nicht, den Kaiser in dieser Deutung zu bestätigen; stattdessen zitierte er vorsichtig ausweichend (und recht frei) Jeremia 10,2: »Fürchtet euch nicht vor den Zeichen des Himmels, vor denen die Heiden erschrecken.«[13]
Die kleine Szene, die der Astronomus für einen Frühlingsabend des Jahres 837 aus erster Hand überliefert, muss sich nicht genau so abgespielt haben. Aber der Bericht, niedergeschrieben nach dem Tod

des Kaisers, lässt doch noch eindrucksvoll genug erahnen, wie heikel die Deutung der seltenen Himmelserscheinung war: Selbst auf Ludwigs drängende Nachfrage hin hatte der Astronom nicht gewagt, dem Kaiser offen die Meinung zu sagen – und das, obgleich er von Anfang an überzeugt war, dass der Himmelskörper nichts Gutes verheiße.

Ludwig nahm den Kometen als Ansporn, sich noch stärker anzustrengen. Er beschloss, nach Rom zu ziehen. Es ging darum, wieder einmal Lothar in die Schranken zu weisen, diesmal in Italien selbst. Es ging aber auch ums Gebet: Die Reise sollte eine Pilger-, eine Bußfahrt zum Grab der Apostel werden. Hier wollte der Kaiser für sein Heil beten und beten lassen[14].

Doch wieder wollte Gott es anders. Eine normannische Flotte plünderte und verwüstete die Küstenregionen. Ludwig blieb, organisierte die Verteidigung[15]. In dieser Situation wohl wandte er sich an Einhard und bat ihn um seine Expertise. Der Komet quälte den Kaiser noch immer. Er wollte es genauer wissen: Was bedeutete der Stern? Und wenn er denn Unheil angekündigt hatte – könnten das nicht jene grausamen Normanneneinfälle gewesen sein, deren man sich gerade hatte erwehren müssen?

Behutsame Zurückhaltung, wie sie sich der Astronomus im Gespräch mit dem Kaiser auferlegt hatte, kannte Einhard nicht mehr. Jahrzehntelang hatte er sich am Hof bewegt, stets vorsichtig, stets vorausschauend, stets Rücksicht nehmend, stets alle Verschiebungen im Ranggefüge, in der Huld des Kaisers feinfühlig registrierend. Doch das lag hinter ihm: Fern vom Hof, in Mulinheim, von Ludwig respektiert, ob seines Wissens und seiner Erfahrung geschätzt, trauerte Einhard um Emma und erwartete seinen Tod. Welcher Erdenmensch hätte ihm nun noch etwas anhaben können?

Einhards Einschätzung zum Kometen fiel in der Sache genauso aus wie jene des Astronomus[16]. Sein Stil freilich war anders: Schroff, direkt, ohne jede Rücksichtnahme teilte Einhard dem Kaiser im Juli oder August 837 sein Urteil mit. Der Komet bedeutete Unglück und

Die Jahre in Mulinheim 281

Trauer. Nur ein einziger derartiger Stern hatte je etwas Gutes verheißen: der Stern von Bethlehem, der den Weisen aus Chaldäa mit seinem Glanz die Geburt Jesu angezeigt hatte. Der jetzige Komet habe jedoch anders geleuchtet, bedrohlich, angsterregend. Einhard prophezeite, dass ein Unglück bevorstehe. Notwendig sei daher eines: Die Menschen mussten Buße tun, mussten Gott um Gnade anflehen, wollten sie die Katastrophe noch abwenden – wie einst die Einwohner von Ninive. Offen widersprach Einhard der Meinung, der Komet habe lediglich jenen fürchterlichen Einfall der Normannenflotte angekündigt, der eben erst, im Juli, das Reich erschüttert und den Kaiser von seiner Romreise abgehalten hatte. Einhard wollte das nicht glauben: Zwar habe der Übergriff der Normannen schon Leid und Verlust genug gebracht; doch zeige der Komet wohl noch schlimmeres Unheil an.

Düster ist der Ton, und hart: Unheil, Krieg, Tod für die Menschen, Schlimmeres als der Normannenangriff steht bevor, Umkehr, Buße, Gebete tun not. Da wirkt die Grußformel am Ende des Briefes wie blanker Hohn: »Möge es«, schrieb Einhard, »meinem allermildesten Herrn wohl ergehen und möge er in jeder Hinsicht fröhlich leben.«[17]

Wenn wir der kurzen Notiz im Schlettstädter Codex 11 Gewicht beimessen dürfen, dann führte Einhard vielleicht noch bis ins Jahr 839 knappe annalistische Notizen, die später eine der Grundlagen der sogenannten »Annales Fuldenses« bildeten. Sofern diese Annalen ihre Vorlage noch einigermaßen widerspiegeln, notierte Einhard eine nüchterne Abfolge von Krieg und Tod, von düsteren Himmelszeichen und Katastrophen. Zum Jahr 836 meldete er den Einfall der Normannen; sie hatten Antwerpen eingenommen und den Handelsort Witla an der Moselmündung erobert, außerdem von den Friesen Tribute erpresst. In Pavia hatte in der Nacht auf den 30. Dezember acht Mal die Erde gebebt. Im Bericht zu 837 konstatierte Einhard den Tod vieler Großer in Italien, darunter auch den der ehemaligen Grafen Lantbert von Nantes und Hugo von Tours. Einhard notierte das Erscheinen des Kometen im Zeichen der Waage am 11. April, notierte den neuen Normanneneinfall, der den Grafen Eggihard und Hemming, den Sohn Halpdans, und etliche andere mehr das Leben gekostet habe; die Nordleute verwüsteten Dorestad, nahmen erneut Tribute und zogen sich zurück. Der Kaiser gab seinen Italienzug auf und überwinterte in Aachen. Am 18. Januar 838 dann bebte die Erde bei Lorsch und Worms und Speyer, Schiffe gegen die Normannen wurden gerüstet, der beste Teil des Reiches der Franken an den jungen Karl gegeben. Die Kaisersöhne Lothar und Ludwig aber hielten Anfang der Fastenzeit im Tal von Trient eine Zusammenkunft[18].

Es könnten die letzten Informationen gewesen sein, die Einhard in seinen kargen Notizen noch festgehalten hat. Die Gegenwart sah Erdbeben, Himmelszeichen, den Tod von Magnaten, Plünderungen und Krieg. Die Zukunft zeichnete sich düster ab: Ludwig und Lothar planten beim Treffen in den Alpen den nächsten Aufstand gegen den Vater.

Urkundlich ist Einhard zuletzt noch einmal am 7. September 839 in St. Bavo nachzuweisen[19]. Danach ist er an einem 14. März gestorben, vielleicht schon im Jahr 840[20]. Fand er am Ende doch noch Trost in seiner Trauer? Nahm er sich die altklugen Ratschläge des jungen Lupus doch noch zu Herzen? Akzeptierte er den Tod Emmas als Strafe Gottes? Gab ihm diese Strafe, gab ihm sein Leid Hoffnung, jetzt, beim eigenen Tod, nicht noch einmal von Gott gestraft zu werden? Fand Einhard Zuspruch bei den *fratres* jener Gemeinschaft in Mulinheim, die er selbst seit 829 geschaffen und in deren Mitte er in den letzten Jahren gelebt und gebetet hatte? Wir wissen es nicht. Keine Quelle gibt uns Aufschluss über Einhards letzte Tage, über sein Sterben, seinen Tod.

Bestattet wurde er in seiner Kirche in Mulinheim. Der Platz verhieß gute Chancen auf das ewige Heil. Das kanonische Recht erlaubte nur jenen Laien ein Grab im Kirchengebäude, die sich in besonderem Maße um die Kirche verdient gemacht hatten[21]. Als

Die Jahre in Mulinheim

Gründer des Klosters der Heiligen Marcellinus und Petrus konnte Einhard dieses Recht für sich in Anspruch nehmen.

Die Inschrift für sein Grab dichtete kein Geringerer als der Abt Hrabanus von Fulda, Einhards alter Bekannter aus Fuldaer Tagen, der selbst noch bei Alkuin gelernt und von dem großen Angelsachsen einst den ehrenvollen Beinamen »Maurus« erhalten hatte. Hrabanus würdigte Einhard in sieben Distichen als edlen Mann von klugem Scharfsinn, im Handeln tugendhaft, in seiner Sprache eloquent, vielen Menschen nützlich in seiner Kunst. Karl habe ihn an seinem Hof ernährt – und durch ihn erst viele seiner Werke vollbracht. Aus Rom habe Einhard die Reliquien der heiligen Marcellinus und Petrus nach Mulinheim gebracht, auf dass sie vielen Menschen mit ihren Fürbitten und ihrer Heilkraft von Nutzen seien – und Einhards Seele selbst das Himmelreich zuteil werden ließen. So endete Hraban im Gebet für Einhard:

Christus, Gott, der Menschen Erlöser, Lenker und Schöpfer,
Schenke ihm ewige Ruh', über den Sternen und sanft.[22]

Die Zweifel, die Einhard in »De adoranda cruce« formuliert hatte – sie waren ungehört verhallt. Man bestattete ihn bei seinen Heiligen; und Hrabanus Maurus sprach für den Verstorbenen keineswegs nur das Vaterunser zu Gott. Er flehte Christus um Beistand für Einhards Seele an.

SUPER ASTRA

Epilog

Das Leben und die Taten des ruhmreichsten Kaisers Karl, die hiernach dargestellt sind, hat (wie man weiß) Einhard beschrieben und als einer, der bei fast allen diesen Begebenheiten dabei war, mit einer Zeugenschaft von reinster Wahrhaftigkeit bekräftigt – ein Mann, der unter allen Höflingen dieser Zeit herausragendes Lob verdiente, nicht allein um seines Wissens willen, sondern auch aufgrund seiner umfassenden Ehrhaftigkeit. Geboren wurde er in der östlichen Francia, in der Gegend, die Maingau heißt; die ersten Grundlagen seiner kindlichen Erziehung erhielt er in der Schule des heiligen Märtyrers Bonifatius im Kloster Fulda. Von dort wurde er von Baugulf, dem Abt dieses Klosters, an den Hof Karls übersandt, mehr wegen der Einzigartigkeit seiner Begabung und Intelligenz, die in ihm schon damals das große Musterbild an Weisheit versprach, das später so hervorstach, als um seiner edlen Art willen, die ihm besonders gegeben war; Karl freilich war unter allen Königen am stärksten darauf erpicht, die Weisen sorgfältig auszuforschen und so zu umhegen, dass sie mit vollem Genuss philosophierten.

Walahfrid Strabo,
Prolog zur Neuausgabe von Einhards Vita Karoli

XXIII.

Darf ich das? Darf ich in Einhards Kopf kriechen? Darf ich seine Ideen und Gedanken zu lesen suchen? Darf ich seine Überzeugungen, Interessen, Motive zu kennen behaupten? Darf ich ihn fürchten und lieben lassen, ihn trauern, zweifeln, hadern machen? Darf ich, ein Historiker im 21. Jahrhundert, das Leben eines Zeitgenossen Karls des Großen in solcher Weise erzählen?

Ich bekenne ein zweites Mal: Der Held dieses Buches ist mein Geschöpf. Er kommt nicht ohne Voraussetzungen aus, die aus meiner Gegenwart erwachsen sind, aus meiner Lebenswelt im Deutschland des frühen dritten Jahrtausends. Was aus Einhards Zeit bis heute überdauert hat, ist nicht genug, um ein ganzes Menschenleben in seiner Fülle zu erschließen. Es bedarf der Phantasie, will ich die erhaltenen Splitter zueinander in Beziehung setzen und die Leerstellen zwischen ihnen füllen[1].

Auch zwingt mich meine Geschichte selbst, nachdem ich sie einmal zu erzählen begonnen habe, mit der ihr eigenen Dynamik, blinde Flecken in eben dieser und keiner anderen Weise auszumalen: Eine jede Geschichte braucht einen Anfang, eine Mitte, einen Schluss. Sie kann tragisch sein oder eine Komödie, grotesk, befremdend, nüchtern rational – immer wird sie ihre Eigenlogiken entfalten.

Ohnehin spricht kein Material, das sich aus dem 8. und 9. Jahrhundert erhalten hat, von sich aus zu mir! Ohne meine Fragen, ohne meine Neugier, meine Vorannahmen über Menschen und deren Interessen, Emotionen, Ideen, Wissen – ohne all dies bleibt jeder Überrest nur staubige Antiquität, bedeutungslos, sinnfrei, stumm. Meine Fragen und Vorannahmen aber gründen nicht in Einhards Welt. Sie stammen aus meiner.

Und doch ist der Held dieses Buches mehr als ein lupenreines Phantasieprodukt, mehr auch als eine Figur eines historischen Romans. Mein Einhard war ein Mensch. Er hat Spuren außerhalb des Textes hinterlassen. Man kann sie in ihrer Materialität noch heute mit allen Sinnen wahrnehmen, in den Kirchen in Michelstadt und Seligenstadt, in der Urkunde, auf deren Pergament vielleicht Einhard persönlich am 21. Januar 830 mit Feder und Tinte seinen Namen niedergeschrieben hat: *Ego Einhardus abba recognoui et subscripsi*[2]. Ich kann das Pergament, das schon Einhard in Händen hielt, heute noch anfassen, kann die Spur der Feder auf der Tierhaut sehen (Tafel 10); ich kann die Steine, die Einhard in Michelstadt aufeinandersetzen ließ, heute noch berühren und riechen (und wenn ich denn wollte: schmecken).

Auch ist mein Einhard das Produkt eines spezifischen Umgangs mit älteren Texten. Zugegeben, »auch Clio dichtet«[3]. Die Methoden und Verfahren aber, mit denen ein Historiker Sinn stiftet, unterscheiden sich doch immer noch scharf genug von denen des Dichters. Und überdies ist da noch der wissenschaftliche Apparat: Auf Texte anderer Historiker verweisend und Überreste aus Einhards Welt zitierend, trennt er mich nicht nur symbolisch vom Poeten. Der Apparat verleiht meiner Geschichte Referenzen außerhalb ihrer selbst; und er soll transparent machen, welche Entscheidungen ich für meine Geschichte getroffen habe – und wie ich zu ihnen gelangt bin.

Mein Einhard also soll etwas anderes sein als eine Romanfigur: ein Mensch. In unserer Lebenswelt aber schreiben wir ganz selbstverständlich Menschen Emotionen, Ideen und Überzeugungen zu; wir unterstellen ihnen tagtäglich Interessen und Motive, Sehnsüchte und Lüste – und ein gerüttelt Maß an Rationalität. Da dies nun einmal unsere eigene, unhintergehbare Anthropologie ist, kann ich gar nicht umhin, auch meinen Einhard mit all dem auszustatten. Ich weiß selbst: Meine Zuschreibungen von Interessen, Emotionen, Motiven mögen bestenfalls für Leser im 21. Jahrhundert plausibel sein, als historische Phänomene des 8. und 9. Jahrhunderts zu beweisen sind sie keineswegs. Doch wie könnte Einhard sonst ein Mensch sein?

Epilog

Mein Einhard war jemand, der viel über sich und sein Verhältnis zu seinen Mitmenschen nachdachte. Von klein auf war er in Spannungen hineingestellt, die ihn zur Selbstreflexion trieben. Er war ein Laie – und wuchs doch im Kloster auf. Er lebte und lernte in Fulda – aber nicht als *puer oblatus*, sondern nur als temporärer Nutznießer klösterlicher Gelehrsamkeit. Als Laie wurde er einer der berühmten Denker Europas, einer, der mit Pergament und Feder, mit Codices und Buchstaben zu hantieren wusste; fast alle, die mit ihm in diesem Feld konkurrierten, waren Geistliche. Von einem freien Mann ohne Weihen durften die Zeitgenossen erwarten, dass er ritt, jagte, in den Krieg zog, dass er verstand, ein Schwert zu führen und Tiere und Menschen zu töten. Einhard, klein und schmächtig, konnte all das schlecht: Ein *homo*, ein rechter Mann, war er nicht; als *homuncio*, als »Männlein«, hat er selbst sich bezeichnet; auch andere sprachen von ihm gern im Diminutiv. Am Hof dann bewegte er sich unter steinreichen Herren; schon deren Väter und Großväter waren es gewohnt gewesen, auf den Versammlungen des Königs Gehör zu finden und die großen Entscheidungen mitzugestalten. Einhard dagegen stammte aus einer mediokren Familie freier Grundbesitzer im Maingau; noch bis zu Karls Tod war er nicht einmal wohlhabend genug, um eine für den Hof akzeptable Ehe zu schließen.

All dies war Einhard: ein Kind im Kloster, aber kein *puer oblatus*; ein Laie, aber hochgelehrt; ein freier Mann, aber kaum fähig, ein Schwert zu führen; ein Höfling im Zentrum der Macht, aber aus unbedeutender Familie. So blieb er – bestens integriert – doch stets ein Außenseiter: Seine Zeitgenossen suchten die verschiedenen Sorten von Menschen möglichst trennscharf zu kategorisieren; Einhard aber war anders als seine Pares, als Knabe und Jugendlicher in Fulda wie später am Hof. Die Unterschiede zu seinesgleichen werden den aufgeweckten Jungen schon früh dazu gebracht haben, über sich nachzudenken.

Sicher, es ist nur ein Zufall der Überlieferung, dass die ersten Dokumente, die sich aus Einhards Feder erhalten haben, seine Urkunden für Fulda sind. Die Formel aber, die an ihrem Ende zu stehen hatte, wirft ein merkwürdig helles Licht auf Einhards weiteres Leben: *Ego Einhart scripsi* – »Ich, Einhard, habe dies geschrieben.« Noch als alter Mann wird Einhard auffällig gern »Ich« sagen und schreiben. Er wird ungewöhnlich viel über sich grübeln und zu Pergament bringen.

Das Leben am Hof seit den 790er Jahren dann gab Einhard immer wieder neuen Anlass zur Selbstreflexion. Der Hof war ein unsicheres, ein bedrohliches Feld, randvoll mit bissiger Konkurrenz – ein Feld, in dem die Gunst des Herrschers über Aufstieg und Fall entschied. Es war ein komplexes Spiel, das es hier zu spielen galt. Alles überlagerte sich, alles floss ineinander: Glaube, Frömmigkeit und Macht, Besitz und Ehre, Abkunft und Wissen. Wer hier Erfolge feiern wollte, musste sich darauf verstehen, lateinische Verse zu schmieden und im Rat des Herrschers Gehör zu finden, musste beim Gastmahl scherzen und schmeicheln, musste schriftliche Vorlagen für die Beratungen auf den kleinen und großen Versammlungen formulieren können, musste die Bibel auszulegen und den Halley'schen Kometen zu deuten wissen, musste Zweckallianzen und Freundschaften unterhalten, Rätselaufgaben lösen[4], über Krieg und Frieden ein ebenso überzeugendes Urteil fällen wie über Probleme der Arithmetik und den Mondsprung[5], musste nicht nur die richtigen Kleider wählen – sondern auch den rechten Ton gegenüber Herrscher und Hof, Gästen und Gesandten.

Einhard hat aus nächster Nähe miterlebt, wie schnell und wie tief man in diesem Spiel fallen konnte. Im Jahr 814 musste er erfahren, wie der Höfling Odoin getötet, wie dem Tullius auf Befehl des Kaisers das Augenlicht ausgelöscht, wie Adalhard nach Noirmoutier, Wala nach Corbie verbannt wurde. 818 musste er erfahren, wie Bernhard von Italien – zum Tode verurteilt, zur Blendung begnadigt – unter der Tortur schließlich doch sein Leben ließ; wie Theodulf ins Exil gezwungen, wie Hugo, Drogo und Theoderich zu Geistlichen gemacht wurden. Bald darauf musste Einhard erfahren, wie Ermold »der Schwarze«, in die Verbannung nach Straßburg getrie-

Epilog

ben, mit vielen Versen schmeichelnd-verzweifelt um die Erlaubnis zur Rückkehr flehte. Er musste erfahren, wie die Grafen Matfrid von Orléans und Hugo von Tours 828 ihre hohen Würden verloren, eine Rebellion anzettelten, 830 wiederum besiegt, 833 noch einmal aufbegehrend, erneut überwunden und nach Italien abgeschoben wurden. Er musste erfahren, wie Bernhard von Barcelona 829 kometenhaft aufstieg, nur um binnen weniger Monate wieder zu stürzen und vom Hof zu fliehen. Er musste erfahren, wie sein Konkurrent Hilduin im Herbst 830 in Haft nach Paderborn geschickt, Jesse von Amiens verbannt, Wala erst in sein eigenes Kloster zurückbeordert, dann an den Genfer See, darauf nach Noirmoutier, endlich nach Italien verdrängt, wie 835 schließlich auch Ebo von Reims zur Buße genötigt, abgesetzt und inhaftiert wurde.

Etliche von Einhards Weggefährten und Konkurrenten verloren ihre Würde, ihre Augen, ihr Leben. Einhard nicht. Ihm gelang es, sich im Spiel des Lebens am Hof mehr als drei Jahrzehnte lang zu behaupten. Nach dem Tod seines Gönners Karl Ende Januar 814 war er einer der wenigen Großen in Aachen, die weder Leben noch Ansehen noch auch nur ihre Stellung einbüßten. Im Frühjahr und Sommer 830, im Epizentrum der ersten Rebellion gegen Ludwig den Frommen, vermochte Einhard seinen Abschied vom Hof zu gestalten, ohne deshalb seinen Einfluss je ganz zu verlieren. Im Rückblick wird Walahfrid Strabo es für ein »Riesenwunder« halten, wie Einhard sich selbst in den »vielen Umwälzungen des Gemeinwesens der Franken« mit seiner »wundersamen und von Gott eingegebenen Abwägung mit Gottes Schutz bewahrte«[6].

Rund 35 Jahre Erfolg am Hof, als Außenseiter im Zentrum der Macht, als Ratgeber zweier Kaiser einflussreich, auch im Alter in Mulinheim noch ein geachteter Mann: Das wäre Einhard nicht möglich gewesen ohne seine ausgeprägte Fähigkeit, sich selbst zu erkennen, die eigene Rolle zu überdenken – und Allianzen und Bündnisse zwischen den Magnaten zu analysieren und in ihrer Entwicklung zu antizipieren. Der Erfolg war zugleich aber wohl auch deshalb möglich, weil Einhard viel Flexibilität im Umgang mit sich selbst und seiner Loyalität an den Tag zu legen vermochte. Nur allzu gern war er bereit, sich neu zu positionieren, eine neue Rolle zu spielen – und jeden seiner Treue zu versichern, der Wert darauf legen mochte. Darin war er gut! In einer Zeit, die Treue *(fidelitas)* hoch schätzte und häufig brach, waren seine Beteuerungen und die Rollen, die er spielte, so überzeugend, dass er alle Umbrüche in der Regierung des Reiches nicht nur unversehrt, sondern geachtet überstand.

Von Vorteil war es dabei, dass seine Eltern bestenfalls der regionalen Elite des Maingaus angehörten. In Einhards Welt unterhielten die Magnaten aus den alten, großen Familien eine Klientel und eigene Gruppen von Kriegern. Einhard selbst blieb arm und Außenseiter genug, um im Zentrum der Macht doch stets noch als ungefährlich gelten zu können. In den Turbulenzen der Jahre 814, 830 und 833 war diese Schwäche seine Stärke.

Ist es Zufall, dass gerade ein solcher Mann nach Jahrhunderten als Erster in Westeuropa wieder das Leben nicht eines Heiligen, sondern eines großen Menschen zu beschreiben suchte?[7] Ist es Zufall, dass gerade Einhard eine Biographie schuf, die etwas Anderes sein wollte als das Lob des heiligen Lebenswandels eines Märtyrers, Bekenners, Asketen, Thaumaturgen?

Mit seiner »Vita Karoli« begründete Einhard ein literarisches Genre in Westeuropa neu. Schon bald sollte seine Herrscherbiographie Nachahmer finden: Mitte der 830er Jahre, noch zu Lebzeiten Einhards und Ludwigs des Frommen, schrieb der Trierer Chorbischof Thegan eine Biographie des alten Kaisers[8]. Nach dessen Tod dann schuf der Astronomus Anfang der 840er Jahre seine Vita des Herrschers[9]. Mitte der 880er Jahre griff in St. Gallen der Mönch Notker zur Feder, um die Taten Karls des Großen zu schildern[10]; das Werk setzt bei den Lesern die Kenntnis von Einhards Karlsbiographie voraus und entfaltet seinen vollen Sinn erst in seinen Bezügen zu dem älteren, jetzt schon berühmten Text[11]. Im 10. bis 12. Jahrhundert wandelten Asser, Hrotsvita von Gandersheim, Liutprand von Cremona, Adalbold von Utrecht, der Kaplan Wipo, auch Otto

Epilog

von Freising und andere mehr auf Einhards Spuren: In ihnen sollten Alfred, Otto I., Heinrich II., Konrad II., Heinrich IV., Friedrich I. ihre Biographen finden.

Mehr als 120 Textzeugen der »Vita Karoli« sind bis heute überliefert[12], die Zahl der Kopien muss einst noch höher gelegen haben. Schon im 9. Jahrhundert wird der Text zu einem Bestandteil von Kompilationen, die die Geschichte der Franken erzählen[13]. Auch außerhalb der Herrscherbiographik orientierte sich manch Späterer gern an Einhards Darstellung, um selbst ein Menschenbild zu entwerfen[14]. Was erklärt Einhards literarhistorischen Erfolg? Was machte seine »Vita Karoli« auf Jahrhunderte hinaus lesenswert?

Ein zeitloses Dokument wurde die Karlsvita gerade wegen ihrer Bindung an den Moment, gerade wegen der persönlichen Interessen, die Einhard mit dem Werk verfolgte. Inmitten der letzten großen Korrekturinitiative Ludwigs des Frommen in der ersten Hälfte des Jahres 829 trachtete Einhard nach einem Abschied von der Betriebsamkeit bei Hof – nach einem Abschied freilich, der ihn weder seiner Würde noch seiner Anerkennung als Ratgeber beraubte. Die Vita war, obwohl Einhard sich an keiner Stelle nannte, doch ein sehr persönliches Argument ihres Autors, gerichtet an den Kaiser und den Hof, lanciert mit Hilfe von Ludwigs Bibliothekar Gerward. Nachdem Einhard 828 und 829 mehrfach mit seinen Vorstößen bei Hof gescheitert war, nachdem er erfahren hatte, dass er kaum noch Gehör fand, suchte er für sich eine neue Rolle zu definieren – eine Stellung, die derjenigen ähnelte, die der alte Cicero für sich in den »Tusculanen« behauptet hatte: weise und eloquent zugleich, in Muße lebend, den Mitmenschen nützlich.

Um diese Rolle für sich zu reklamieren, erinnerte Einhard an seine lange Erfahrung bei Hof, an seine Vertrautheit mit Karl – und führte zugleich seine Eloquenz und sein Wissen vor. Dabei vermied er strikt, das anzusprechen, was gerade auf der Agenda stand: Die großen Fragen der Reforminitiative Ludwigs des Frommen im Winter und Frühjahr 828/29 sind in der Biographie konsequent ausgeblendet. Einhard führte seinen Helden als großen Menschen vor, erzählte von Karls Ess- und Trinkgewohnheiten, seiner Kleidung, seinen Vorlieben und Abneigungen, seiner Gabe, Freundschaften zu schließen, und dergleichen mehr. Nicht der thematische Bezug zur Gegenwart war Einhard wichtig, sondern die Art und Weise der Darbietung Karls selbst, das sprachliche Gewand der Vita, die Kunstfertigkeit im Umgang mit der Überlieferung der Alten und der lateinischen Sprache. Es klingt paradox: So zeitgebunden Einhards Absichten im Frühjahr und Frühsommer 829 auch waren – sie sollten den Text schon bald zeitlos machen. Denn sie lösten Einhards Karlsbild thematisch wie inhaltlich von allen näheren Bezugnahmen auf die Kontroversen der Zeit.

Die Rezeptionsgeschichte des Textes wird dann freilich schon bald von einer Verengung des Blicks bestimmt. Schon Walahfrid Strabo las den Text nicht mehr als Selbstzeugnis Einhards, sondern allein als vertrauenswürdiges Dokument über Karl den Großen, verfasst von einem der besten Freunde des Kaisers[15]. Als solches, als historische Quelle über Karl, wird die Vita viele Jahrhunderte hindurch ihre Leser begeistern.

Noch heute verwenden Historiker den Text im Grunde so, wie ihn Walahfrid Strabo schon um 840 verstanden wissen wollte. Sie ziehen die »Vita Karoli« als Quelle heran, um sich ihr Bild von Karl zu machen. Die Vita ist geradezu eine Schlüsselquelle, fast alle Karls-Biographien stützen sich auf sie. Selbstverständlich nehmen Historiker heute Einhards Geschichten nicht mehr einfach für bare Münze: Die Wissenschaft hat Quellenkritik betrieben; schon Isaac Casaubon († 1614) hat die wörtlichen Übernahmen aus Suetons Kaiserbiographien aufgedeckt[16]; seitdem hat man intensiv über deren Konsequenzen für den Quellenwert der Biographie diskutiert. Eben jene merkwürdige Offenheit der »Vita Karoli« aber, die den literarhistorischen Erfolg des Werks begründet, bereitet den Mediävisten bei ihrer Interpretation bis heute Probleme. Doch statt diese Offenheit als Ausgangspunkt der Interpretation ernst zu nehmen, haben sie sich verzweifelt bemüht, den Text zu vereindeutigen. Wieder und wieder haben sie versucht, in dem – zeitbedingt der Zeit enthobe-

Epilog

nen – Karlsbild doch thematische und inhaltliche Bezüge zu der Zeit der Abfassung der Vita zu entdecken. Die Ergebnisse sind schillernd. Der Text ist geradezu gegenläufig interpretiert worden: als Lob auf Karl und Ludwig den Frommen[17], als Lob auf den kleinen, 823 geborenen Karl[18], als scharfe Mahnung oder gar offene Kritik an dem Kaiser[19]. Je nachdem, für welche Lesart sich ein Historiker entscheidet, wird er aus Einhards Text seinen je eigenen Karl generieren.

Mein Einhard aber schrieb keine historische Quelle für Mediävisten des 21. Jahrhunderts. Mein Einhard verfasste in der ersten Hälfte des Jahres 829 einen hochpolitischen und sehr persönlichen Text. Die Karlsvita sollte ihm helfen, in einer bedrohlichen Zeit den Hof zu verlassen, bei seinen Heiligen in Mulinheim zu leben – und dennoch als ein weiser, erfahrener Mann wohlinformiert und gefragt zu bleiben: ein zweiter Cicero. Der junge Mönch Lupus hat die literarischen und lebensweltlichen Bezüge der Karlsvita durchschaut. Er wird unter Einhards Zeitgenossen nicht der Einzige gewesen sein.

Schon bald nach Einhards Tod schauten die Menschen mit Sehnsucht und Nostalgie auf jene Jahrzehnte zurück, die sein Leben umspannt hatte. 841 trafen die Söhne Ludwigs – Lothar I., Ludwig »der Deutsche« und Karl »der Kahle« – in Fontenoy in einer mörderischen Schlacht aufeinander. In dem Gemetzel ließen allzu viele Magnaten ihr Leben[20]. Den jüngeren Brüdern Ludwig und Karl fiel der teuer erkaufte Sieg zu: Lothar, obgleich seit 817 Kaiser, musste 843 in Verdun eine weitere Teilung des Reiches akzeptieren[21]. Der Rest des Jahrhunderts zerging in immer neuen Koalitionen und Konflikten zwischen karolingischen Brüdern, Onkeln, Neffen, in erfolglosen Kriegen gegen Normannen, Slawen, Ungarn. Im Vergleich damit erschien vielen die Zeit Karls des Großen als Epoche des inneren Friedens und der Stabilität[22].

Aus den Teilreichen, die 843 geschaffen worden waren, gingen in einem komplexen und durchaus nicht geradlinigen Prozess schließlich Jahrhunderte später Deutschland und Frankreich hervor. Spätestens seit dem 19. Jahrhundert haben daher Historiker – die deutschen zumal –, gefangen in nationalen Sehnsüchten ihrer Gegenwart, mit einer Art zufriedenem Abscheu auf Ludwig den Frommen geschaut: Er habe, so meinte man, im Streit mit seinen Söhnen das fränkische Großreich zugrunde gerichtet, das sein übermächtiger Vater geschaffen hatte. Ein erbärmlicher Niedergang! Und doch: wie notwendig und richtig für historisch weit Größeres! Denn erst der Zerfall des Großreichs des Franken, so schien es, hatte den Weg frei gemacht für die Entstehung Frankreichs und Deutschlands.

Diese Erzählung vom notwendigen Verlust der »Reichseinheit« auf dem langen Weg der »deutschen Nation« in die Geschichte hat heute ihre Bedeutsamkeit verloren. Sie hilft uns nicht mehr, die Splitter der Überlieferung sinnvoll zu ordnen und zusammenzufügen. Mein Einhard durchlebte keine Zeit, in der die Großen über »Reichseinheit« und »Reichsteilung« stritten[23]. Nein, eine andere Denkfigur machte damals Geschichte: die Figur kollektiver, und doch persönlich gestufter Verantwortlichkeit aller Christen in ihrem Dienst für Gott. Diese Figur rahmte Einhards Leben; und sie entfesselte eine Dynamik, die der Herrscher und die Eliten des Frankenreichs bald nicht mehr zu bändigen wussten.

Einhard kam an den Hof, weil die Ratgeber des Königs im Angesicht bedrohlicher Himmelszeichen, Naturereignisse und Revolten Menschen suchten, die es verstanden, Texte richtig zu schreiben, zu lesen, zu deuten – und zugleich befähigt und willens waren, andere diese Kunst zu lehren. Den Grund für diese Suche hatte der Hof in seinem Brief an den Fuldaer Abt Baugulf in aller Klarheit formuliert: Nur wer die heiligen Texte korrekt zu interpretieren vermochte, nur wer Gott in angemessener und richtiger Sprache zu bitten verstand, nur der konnte hoffen, Gottes Willen nicht fehlzudeuten oder missverstehen; nur der durfte hoffen, beim Allmächtigen Wohlgefallen zu finden.

Die Idee, die hier auf den Punkt gebracht war, wurde in den ersten Jahren der Regierung Ludwigs des Frommen – im Rückgriff auf die Überlieferung der christlichen Spätantike – noch folgenreich erweitert. Gott hatte denen, die andere Menschen führten, die Verantwortung für diese Untergebenen auferlegt; nur wenn sie die ihnen anvertrauten Menschen zu einem gottgefälligen Leben leiteten, würde der Allmächtige gnädig auf diese Führenden schauen; nur dann würde das Reich auch auf Erden prosperieren. Es galt deshalb, die Heiligen Schriften richtig zu verstehen und zu interpretieren; es galt, Gottes Zeichen und Hinweise korrekt zu deuten und entsprechend zu handeln; es galt, alle Christenmenschen zu einem gottgefälligen Leben zu führen. Andernfalls konnte unter Ludwigs Führung weder die *ecclesia* (die Gemeinschaft der Christen) ihr Heil finden, noch das *regnum* (das Reich der Franken[24]) gedeihen. In einem solchen Deutungsrahmen wurden die Moral und das alltägliche Handeln jedes einzelnen Menschen gleichsam kollektiviert: Der Kaiser trug die Verantwortung für die ihm von Gott anvertrauten Menschen; er konnte ihr aber nur gerecht werden, ja er konnte sein eigenes Heil bei Gott nur finden, wenn jeder Christ zu Gottes Wohlgefallen lebte. So nahm Ludwig jeden einzelnen Christenmenschen in die Pflicht, am Gemeinschaftswerk des Dienstes für Gott, am *ministerium Dei*, mitzuwirken.

Diese Denkfigur kollektivierter Verantwortlichkeit sollte den Hof und die Eliten seit den 820er Jahren nicht mehr loslassen. Missernten, Hunger, Seuchen, militärische Niederlagen häuften sich; zugleich wurde die Entourage des Kaisers instabil. Unter diesen Bedingungen entfesselte die Denkfigur eine erstaunliche Dynamik: Der Kaiser wollte wissen, wie jeder einzelne der ihm anvertrauten Christen lebte; wieder und wieder sandte er seine *missi* durch das Reich, ließ Untersuchung auf Untersuchung folgen, wollte immer genauere Details über das Handeln jedes Einzelnen ermitteln, forderte immer neue, immer präzisere Berichte. Auf lokalen Versammlungen wurde ein ums andere Mal Kritik und Selbstkritik geübt. Der Hof, der Kaiser – sie erfuhren immer mehr und immer Schlimmeres. Ihr Wissen über die Sündhaftigkeit der Menschen wurde in erbarmungsloser Stetigkeit sicherer, feiner, grauenvoller. Ein Abgrund.

Im Herbst 833 kehrte sich die Dynamik gegen den Kaiser selbst.

Als er seine Söhne und Teile der rangbewussten Eliten allzu sehr düpiert hatte, war es den Gedemütigten ein Leichtes, Ludwig in seiner höchsten Verantwortung vor Gott beim Wort zu nehmen. Der Kaiser wurde zum Sünder, zur Buße gezwungen.

Die nationale Perspektive des 19. Jahrhunderts hat diese Dynamik ausgeblendet und mit ihrer Fixierung auf »Reichseinheit« und »Reichsteilung« ein Epiphänomen zum Wesenskern karolingischer Geschichte erklärt[25]. Sie hat Politik als ein Feld begriffen, das säkular ist und in dem die Akteure rational um große Konzepte und Programme streiten. Das verstellt den Blick auf die drei Faktoren, die Einhards Welt bewegten und schließlich aus den Fugen brachten: die Konkurrenz rangbewusster Magnaten um Königsnähe und Einfluss bei Hof, immer wieder neu befeuert durch die Ansprüche ihrer Klientel und Kriegergruppen[26]; das Streben nach gottgefälliger Lebensweise, das eine korrekte Deutung der Heiligen Schriften und der übrigen Offenbarungen Gottes zwingend notwendig machte (eine Deutung freilich, deren Richtigkeit sich niemand je sicher sein durfte); und die sich verfestigende Figur kollektivierter Verantwortlichkeit im Dienst für Gott.

Einhards Karriere wäre ohne diesen Rahmen, den er selbst bald mit Worten und Taten zu reproduzieren half, schlechterdings unmöglich gewesen. Das Bedürfnis des Königs und der Eliten nach einem korrekten Umgang mit der lateinischen Sprache – und zumal mit den Heiligen Schriften – öffnete dem intelligenten, begabten Mann früh den Weg zum Hof und sicherte ihm dort auf Jahre hinaus eine Stellung als Ratgeber. Als seine Ratschläge und seine Deutungen seit 828 immer häufiger folgenlos blieben, suchte er eine neue Rolle in Mulinheim. Den Deutungsrahmen aber sprengte er auch jetzt nicht: Seine Sorge um die Heiligen Marcellinus und Petrus, so argumentierte er immer wieder, konnte dem Kaiser und den übrigen Menschen noch weit besser helfen als seine Anwesenheit bei Hof; denn die Fürsprache der Heiligen bei Gott vermochte mehr zu bewirken als aller Rat, den Einhard dem Kaiser in Aachen erteilte. Und noch in seiner verzweifelten Trauer über den Tod seiner Gemahlin

Epilog

Emma grübelte Einhard über die Kernfrage: Wie sollten die Menschen beten, damit sie hoffen konnten, dass Gott ihre Gebete auch erhörte? Welches Gebet würde Gottes Wohlgefallen finden?

Das irdische Gebetsgedächtnis, um das sich Einhard und Emma selbst spätestens seit 819 gesorgt hatten, sollte auf Jahrhunderte hinaus wirksam bleiben. Die Lorscher Mönche beteten mindestens bis zur Aufhebung des Benediktinerklosters im 13. Jahrhundert für das Paar, das ihnen reiche Güter in Michelstadt geschenkt hatte; erst als Zisterzienserabtei, dann als Prämonstratenserpropstei bestand Lorsch als geistliche Institution noch bis 1556/7[27]. Einhards Gründung in Mulinheim sollte noch im 9. Jahrhundert den Namen Seligenstadt erhalten. Sie gehörte zwar nicht zu den größten Klöstern des Mittelalters; doch hatte die Abtei bis zum Reichsdeputationshauptschluss von 1803 Bestand[28]. Auch hier also gedachten Mönche jahrhundertelang ihres Stifters.

Im 12. Jahrhundert schufen die Lorscher Mönche im Übrigen eine Grundlage dafür, dass Einhard auch nach dem Ende des Alten Reichs noch kraftvoll im kulturellen Gedächtnis der Deutschen lebendig blieb. Als die Brüder damals die alten Urkunden ihrer Abtei chronologisch ordneten, abschrieben und in eine Geschichte ihrer Gemeinschaft einbetteten, da notierten sie nämlich auch eine Erzählung über Einhard und Emma, die bis dato vielleicht mündlich kolportiert worden war[29].

In dieser Erzählung ist Emma zu einer Tochter des alten Kaisers Karl aufgestiegen[30] – und sogar dazu ausersehen, den »König der Griechen« zu heiraten. Einhard, hier des Kaisers Erzkaplan, ist in heimlicher Liebe zu ihr entbrannt. So schleicht er sich in einer Winternacht zu Emmas Gemach. Doch fällt in der Liebesnacht Schnee: Ginge Einhard von Emma heim – seine Spuren im Schnee verrieten die verbotene Liebe. Aber Emma weiß Rat! Sie trägt ihren Liebsten auf dem Rücken bis in die Nähe von dessen Heim, schreitet dann in ihren eigenen Fußspuren wieder zurück – und hofft, auf diese Weise jeden Verdacht von Einhard abzulenken. Nur sieht Karl, nächtens am Fenster wachend, das seltsame Paar im Schnee! Einhard ahnt ohnehin, er kann die Tat dem Herrn nicht lange verheimlichen; so bittet er um die Entlassung. Seine treuen Dienste, klagt er Karl, seien nicht angemessen entlohnt worden. Der Kaiser verschweigt Einhard zunächst, was er gesehen, und beruft stattdessen eine Versammlung ein. Hier führt er Klage und erfragt den Rat seiner Großen. Die einen fordern Einhards Tod, andere seine Verbannung, wieder andere raten Karl, er möge selbst die Entscheidung nach Gutdünken treffen. Karl freilich handelt weiser als alle seine Großen. Er weiß: Jedes Urteil über Einhard würde nur die Schmach seiner Tochter vergrößern; so vermählt er die beiden Liebenden kurzerhand – und legitimiert so die vermeintliche Untat. Und all das mit einem Augenzwinkern: Dem ahnungslosen Einhard, vor die Versammlung geladen, teilt er mit, nun endlich wolle er auf seine Klage reagieren und ihn angemessen entlohnen …

Was den Lorscher Mönchen des 12. Jahrhunderts als Geschichte galt, wurde bald schon zum Drama, zum Roman, ja zum Epos. An Bearbeitungen des Stoffes mangelt es nicht[31]. Anfang des 19. Jahrhunderts legte etwa Friedrich de la Motte Fouqué die Erzählung einem Schauspiel in drei Aufzügen zugrunde[32]. Er könnte den Stoff aus dem Roman Christiane Benedikte Nauberts[33] gekannt haben, vielleicht aber auch aus einer deutschen Übersetzung der Passage aus dem »Codex Laureshamensis«, die Helferich Peter Sturz 1776 im zweiten Band des »Deutschen Museum« veröffentlicht hatte[34].

In Fouqués Drama ist Einhard der Kanzler Karls, Emma die Fürstin, die der Liebende schon wegen des Standesunterschiedes niemals hätte ehelichen dürfen. Zugleich lud Fouqué die Erzählung zeitgemäß national auf: In seinem Stück sammelt Einhard für Karl begeistert die alten deutschen Lieder, die ein Köhler namens Busching[35] ihm zu singen weiß; vor allem das Nibelungenlied hat es dem Kanzler des großen »deutschen« Kaisers angetan[36]. Karl aber wird schließlich fast zum Opfer seines hohen Amtes: Das »Recht der Deutschen« nämlich fordert die gleiche Behandlung aller – sei es der Kanzler, sei es eine Fürstin, ja sei es die Tochter des Kaisers selbst. Fouqués Karl liebt das Recht und die christliche Religion. Er ist bereit, gleich Abraham sein eigenes Kind für Gott zu opfern – auf dem Altar des »deutschen Rechts«. Erst die Mahnung eines Erzbischofs bringt im Drama die Wende: Er rät, den Fall als der Sphäre des Hauses zugehörig zu betrachten; nicht als Kaiser des »deutschen Reiches«, sondern als liebender Vater solle Karl handeln. Der Rat rettet Einhard das Leben und bringt das ungleiche Paar ins Glück. Denn als weiser Vater erlaubt Karl Kanzler und Fürstin die Ehe. Unter Buschings Rezitation des alten deutschen Nibelungenlieds rufen schließlich die Glocken der Kirche den Hof zur Hochzeit.

So überwindet ein großer »deutscher« Herrscher – der christlichen Religion hingegeben, das gleiche Recht für alle anerkennend – die Standesunterschiede zwischen Bürgertum und Adel. In Fouqués »Eginhard und Emma« spiegeln sich die Sehnsüchte des frühen 19. Jahrhunderts. Das Stück hatte Erfolg: Zweimal wurde es in Bamberg aufgeführt, eine Inszenierung in Leipzig war im März 1812 zumindest geplant. Die Kritik nahm das Werk enthusiastisch auf: Jean Paul lobte es, Adolf Wagner schrieb Fouqué gleich 1811, sein Eginhard und seine Emma seien »an treuer Einfalt und Liebe, altehrenfester deutscher Gediegenheit ächt dürerisch«. Und kein Geringerer als E. T. A. Hoffmann grübelte darüber, wie man Emma auf der Bühne ihren Eginhard schleppen lassen könne, ohne dass die Szene ins Lächerliche abglitt[37] …

Freilich war Fouqué weder der Erste noch der Letzte, der den Stoff aufgriff[38]. Die Geschichte der ungleichen Liebenden erfreute sich schon seit längerem großer Popularität: 1625 beispielsweise war der Stoff in Tübingen als Comedia in lateinischer Sprache aufgeführt worden[39]. Ein Jahrhundert später verarbeitete Georg Philipp Telemann »Emma und Eginhard« zu einer Oper[40]. Romane des späten 17. und 18. Jahrhunderts malten so genüsslich wie detailgenau die verbotene Liebschaft der Kaisertochter und des Kanzlers aus und reicherten den Erzählkern mit allerlei Intrigen und Verwechslungen an[41]: Da trifft unser Einhard schon einmal, nächtens in Frauenkleidern auf Liebespfaden zu seiner Emma wandelnd, auf den »Hof-

Capellan« Angilbert von Saint-Riquier. Der ist »gleichfalls als eine Kammer-Magd verkleidet«, um seiner Manneslust bei Karls Tochter Bertha zu huldigen; »dieweilen er aber zuvor praf gesoffen hatte«, hält er den armen Einhard ob seines Aufzugs für seine geliebte Kaisertochter, fällt ihm »ungestümmer Weise um den Hals« und »attaquirt« ihn »immer mit neuen Embrassaden«[42] ...

Mit dem Ende des 18. Jahrhunderts wurden die Bearbeitungen ernster, getragener. Franz Kratter, seines Zeichens Theaterdirektor in Lemberg, schuf 1799 ein Schauspiel in fünf Aufzügen[43]. 1812 wurde in Braunschweig »Karl der Große oder: Eginhard und Emma« uraufgeführt, geschrieben von Karl A. Fuchs[44]. Zur selben Zeit arbeitete wohl auch der junge Eichendorff an seiner Fassung des Stoffs; sein Text blieb ein kurzes Fragment[45]. 1836 erschien O.F. Gruppes Gedicht »Eginhard und Emma« im Druck[46], im Jahr darauf das gleichnamige Drama Heinrich Seidels[47], 1860 ein »episch-lyrisches Gedicht« mit demselben Titel, verfasst von jenem Eduard Ziehen, der auch unter dem Pseudonym Eduard Ellersberg publizierte und eine Zeit lang als Redakteur bei der »Frankfurter Postzeitung« wirkte[48]. So gehörte die Geschichte von Eginhards und Emmas Liebe im 19. Jahrhundert zum Wissen jedes halbwegs gebildeten Bürgers; sogar französische und englische Fassungen des Stoffes waren im Umlauf[49].

Im Jahr 1823 legte Alois Wilhelm Schreiber seine Frühgeschichte der Deutschen vor: »Teutschland und die Teutschen von den aeltesten Zeiten bis zum Tode Karls des Großen. Zur Bildung und Unterhaltung«, gewidmet dem Großherzog Ludwig Wilhelm August zu Baden. Die Illustrationen für das Werk schuf Johann Michael Mettenleiter. Er hatte sich als kurfürstlich bairischer Hofkupferstecher einen Namen gemacht. Zu den 24 Kupferstichen des Bandes gehört auch jener, der den Umschlag dieses Buches ziert. In Schreibers Werk steht der Stich vor dem Kapitel, das davon handelt, »wie Karl in seinem Hause gelebt« – übrigens aufs Engste orientiert an Einhards »Vita Karoli«[50]. Der Stich zeigt Einhard und Karl im trauten Beieinander in der Bibliothek: Hier, so erfährt man zu Beginn des Kapitels, lässt sich der Kaiser von seinem »Geheimschreiber und Freund« die »altdeutschen Lieder und Sagen« vorlesen[51] (die ja auch Fouqué begeistert hatten). Im weiteren Bericht allerdings fühlte sich Schreiber – promovierter Historiograph – zu einer behutsamen Korrektur einer allzu festen Vorannahme seiner Leser bemüßigt: Ob nämlich Einhards Emma wirklich eine Tochter des Kaisers gewesen, das sei recht »ungewiß«![52]

Doch die schöne Liebe Einhards zur Kaisertochter Emma hielt sich zäh in den Köpfen[53]. Noch in der Fastnachtsausgabe der »Fliegenden Blätter«, einer populären Wochenschrift, ergötzte 1864 eine Bildergeschichte Wilhelm Buschs die geneigte Leserschaft. Hier ist der alte, beliebte Stoff des hohen Mittelalters zur politischen Satire gewendet[54]: Busch nutzte die Geschichte von Eginhard und Emma, um das Alte Reich ins Lächerliche zu ziehen – und damit zugleich das Streben nach einem neuen, deutschen Reich in seiner eigenen Zeit. Die Ausgabe erschien in der sechsten Kalenderwoche. Es waren jene Tage, in denen der Krieg Preußens und Österreichs gegen Dänemark seinen Anfang nahm: Am 18. Januar hatte Dänemark ein Ultimatum für die Räumung Schleswigs ablaufen lassen, ohne zu reagieren. Und eben erst, am 1. Februar, eine Woche vor Rosenmontag, hatte Generalfeldmarschall Friedrich Graf Wrangel seine Soldaten über die Grenze nach Norden kommandiert[55]. Der erste jener drei Kriege, die schließlich zur Gründung des Deutschen Reichs führen sollten, war eröffnet.

Vor diesem Hintergrund muss man Wilhelm Buschs Rückschau auf die Geschichte des anderen, des Alten Reichs lesen. Sein Karl ist kein großer Herrscher, rechtsliebend, christlich, deutsch; sein Karl ist ein mürrischer Alter, den Zipperlein und senile Bettflucht plagen: »Karolus Magnus kroch ins Bett, weil er sehr gern geschlafen hätt«, dichtete Busch. »Jedoch vom Sachsenkriege her, plagt ihn ein Rheumatismus sehr. Die Nacht ist lang, das Bein tut weh; Karolus übt das Abc ...« Im Bild trägt Buschs Kaiser die überdimensionierte Krone selbst noch im Bette; er schreit und wütet und kommandiert den »alten Friedrich« herum – der hier nicht als siegreicher Preußenkönig, sondern als duldsamer Diener seinen Auftritt hat (und schließlich gar von Karl in den Bauch getreten wird). Ruhm, Glanz, heroische Größe hat dieser Kaiser im Schlafrock nicht zu bieten[56].

Immerhin: Während Fouqués Drama heute genauso selten gespielt wird wie die vielen anderen Fassungen des Stoffs für die Bühne, genießen Buschs Bildergeschichten, immer wieder nachgedruckt, in Deutschland nach wie vor Popularität. So endet, ganz ins Säkulare gewendet, die lange Geschichte jenes Gebetsgedächtnisses, das Einhard und Emma im fernen Jahr 819 mit ihrer Schenkung an Lorsch gestiftet hatten.

Am Ende ist die Erinnerung an Einhard wenig schmeichelhaft: Als lächerlich schmales, fast effeminiertes Jüngelchen hat Busch ihn auf Emmas Schultern gezeichnet (Tafel 7). Vielleicht ohne es zu wissen, hat der Künstler des 19. Jahrhunderts damit freilich doch etwas Wesentliches getroffen. In einer Zeit, in der selbst der Kaiser nächtens zu schreiben übte, hob Einhards Körper ihn ab von seinesgleichen und führte ihn früh auf den Weg zur Gelehrsamkeit. So wurde die körperliche Schwäche zum Faktor eines Lebens, das schon die Zeitgenossen zugleich spotten und staunen machte.

ANHANG

Anmerkungen

Der Apparat ist nicht vom Ehrgeiz getrieben, die einschlägige Literatur lückenlos zu dokumentieren. Er bietet nur die notwendigen Verweise auf die Quellen und einige – zumeist neuere – Literaturtitel, die mir zur Einordnung des oben Behaupteten hilfreich scheinen.

Conventus – Das Treffen von Seligenstadt

I.

[1] Annales regni Francorum, a. 775, S. 42.
[2] Scans der Seiten in guter Qualität bietet die Bibliothek auch frei im Internet: http://www.ville-selestat.fr/bh/.
[3] Vgl. dazu und zum Folgenden die Beschreibung der Handschrift von Harry Bresslau, zit. bei KURZE 1892, S. 85–87.
[4] Gedruckt als Annales Fuldenses, a. 836, S. 27.
[5] Astronomus, Vita Hludowici, c. 3, S. 288.
[6] ROSENTHAL 1964; POSTEL 2004; REUTER 2006c; EICHLER 2007.
[7] Vgl. BOSHOF 1996, S. 192–203, mit den Quellenbelegen.
[8] Vgl. ebd., S. 203–210.
[9] Astronomus, Vita Hludowici, c. 56, S. 512/514.
[10] Vgl. Annales Bertiniani, a. 836, S. 19, die aber (ebenso wie der Astronomus, Vita Hludowici, c. 54–55, S. 504/506) abweichend von den »Annales Fuldenses« berichten: Ihnen zufolge erkrankte Lothar erst *nach* Thionville an Fieber – und konnte daher nicht zu einer erst für September verabredeten Versammlung nach Worms kommen.
[11] Zur Gründung Seligenstadts veraltet, aber im Einzelnen noch nützlich: HALLINGER 1967; zum Namen, der zuerst von Rudolf von Fulda, Miracula sanctorum in ecclesias Fuldenses translatorum, Vorrede, S. 329, zwischen 842 und 847 verwendet wird: HOCH 1965, S. 6f.; SCHOPP 1965 (zu der Quelle: S. 14, zur Interpretation zusammenfassend: S. 33).
[12] Seit BUCHNER 1922 ist, wenn ich recht sehe, keine deutschsprachige Monographie zu Einhards Leben in Buchform vorgelegt worden; für frankophone Leser vgl. zuletzt: KLEINCLAUSZ 1942. – Von den älteren Skizzen zu Leben und Werk bleiben hilfreich: KURZE 1899; HALPHEN 1917 (trotz seiner Neigung zu positivistischer Hyperkritik); GANSHOF 1924; WATTENBACH/LEVISON 1953, S. 266–277; FLECKENSTEIN 1974; sowie aus Perspektive der Kunstgeschichte: BEUTLER 1982, S. 33–174 (weitausgreifend); BINDING 1995. – Wichtig unter den Neueren sind: SCHEFERS 1993, die Beiträge in: SCHEFERS (Hg.) 1997, die Skizze bei DUTTON 1998, S. XI–XLI –

sowie vor allem SMITH 2003a, 2003b; DIERKENS 2004 und GANZ 1997, 2007, 2010 (denen das vorliegende Buch weit mehr verdankt, als Anmerkungen im Einzelnen nachweisen können).

13   Vgl. seinen Brief an Lupus (Lupus, Ep. 3, S. 9 f.).

14   Ich übersetze mit diesem Wort die zeitgenössische Bezeichnung *palatinus*, die sich für Einhard bei Walahfrid Strabo, Prolog zur Neuausgabe von Einhards Vita Karoli, S. XXIX, findet. Einhard selbst spricht in der Translatio ss. Marcellini et Petri, lib. 2, c. 1, S. 245, von *aulici*.

15   BEUTLER 1982, S. 46, und SMITH 2003a, S. 68, vermuten, dass Ludwig 836 aus diesem Grund nach Seligenstadt gereist sein könnte; wir wissen nicht sicher, ob die Kirche 836 fertiggestellt wurde, zum Datum 836 vgl. aber auch DIERKENS 2004, S. 358, mit Anm. 103.

16   SMITH 2003a, S. 60 f.; GANZ 2007.

17   Dies ergibt sich daraus, dass die Annales Yburgenses, a. 839, S. 436, aus einer *anderen* Kopie unseres Textes schöpfend, ebenfalls angeben: *Hucusque Einhart. Hinc Hruodolf*; dazu HELLMANN 1908, S. 732 f. (vgl. außerdem S. 733, Anm. 2).

18   Ein Gutteil der älteren Forschung hat dies in der Tat angenommen, namentlich der Editor Friedrich Kurze: Vgl. die Zusammenfassung bei WATTENBACH/LEVISON/LÖWE 1990, S. 674–677 (wo selbst allerdings Skepsis gegenüber einer Zuschreibung an Einhard obwaltet); so früh auch schon: HELLMANN 1908, S. 735–737 (der ohne ausreichende Basis eine bewusst verfälschende Zuschreibung der kompilatorischen Vorlage der Annalen an Einhard schon im 9. Jahrhundert vermutete) und DERS. 1913, S. 49–53 (dessen inhaltliche Argumente gegen Einhard mir keineswegs zwingend erscheinen); vgl. außerdem HALPHEN 1917, S. 273–277. – Differenzierter zu der Quelle zuletzt: CORRADINI 2006, S. 126–135, der die Möglichkeit weiterer verlorener Textfassungen vor der heute erhaltenen Gestalt der »Annales Fuldenses« aufzeigt. – Die ganze Skepsis gegenüber dem Anteil Einhards geht letztlich wohl darauf zurück, dass ein recht dürres, annalistisches Werk, das noch zudem über weite Strecken kompilatorisch angelegt ist und einige chronologische Irrtümer aufweist, des großen Zeitgenossen Einhard unwürdig sein müsse. Einhard könnte aber ja beispielsweise knappe Ereignisnotizen für den eigenen Gebrauch in einer Art Arbeitshandschrift zusammengestellt haben (und sei es nur als Gedächtnisstütze?), die dann später als Vorlage bei der Ausarbeitung und Weiterführung der sogenannten Annales Fuldenses dienten. Das Sondergut zu Ereignissen in Fulda, Fritzlar, Pavia, Seligenstadt, zum Kometen von 837, zu Normannenangriffen in Antwerpen (nahe St. Bavo in Gent mit Aufgaben im Küstenschutz!), zur Translation des hl. Marcellinus nach Aachen 828 usw. spiegelt immerhin bei aller Knappheit doch erstaunlich exakt Einhards Wirkungsfelder und Interessen wider.

19   In den sogenannten Annales Bertiniani, a. 836, S. 18–20. – Die Edition der Annales Fuldenses, a. 836, S. 27, suggeriert, der Jahresbericht sei aus den

Anmerkungen zu Seite 18–25   309

»Annales Bertiniani« geschöpft. Das halte ich (hier wie auch bei den übrigen Berichten der 830er Jahre) angesichts des Textbestands für wenig wahrscheinlich.

20 Unter anderen seien nur exemplarisch genannt: ERKENS 1998a, S. 10; WOLFRAM 2000, S. 11; ALTHOFF 2006, S. 11.
21 Vgl. etwa MORRIS 1972.
22 Wirkmächtig: BURCKHARDT 1930, S. 95–122; für ein Argument zugunsten des 18./19. Jahrhunderts vgl. beispielsweise SCHLOTHEUBER 2004.
23 Vgl. aber zur Individualität auch schon im früheren Mittelalter aus der Perspektive der Kunstgeschichte: REUDENBACH 1996; zu Einhard: BEUTLER 1982, bes. S. 259–268; aus emotionsgeschichtlicher Sicht: ROSENWEIN 2005; sowie mit Blick auf auktorielle Identitätsbrüche den Band von CORRADINI/GILLIS/MCKITTERICK/RENSWOUDE (Hg.) 2010; darin zu Einhard: GANZ 2010.

Nativitas atque infantia – Vom Maingau nach Aachen

II.

1 Zum schwierigen Verhältnis der Brüder: JARNUT 2002.
2 Dazu näher: LUDWIG 2000, S. 5.
3 Zu allem Folgenden vgl. STÖRMER 1997, dessen weitreichenden Konstruktionen ich aber nicht folgen möchte; sowie – vorsichtiger formulierend – SCHEFERS 1993, S. 2/4.
4 FREISE 1982, zusammenfassend S. 60, hat nicht für 780, sondern für 783 als Geburtsdatum plädiert; danach zuletzt etwa noch STECKEL 2011, S. 381. – Vgl. dagegen aber mit Argumenten für 780 und einen Klostereintritt im Jahr 788: STAAB 1982, dem KÖLZER 2010, S. 34, folgt.
5 Anders FREISE 1982, S. 52–54 und S. 60, der mit einer Oblation erst 791 rechnet.
6 Hraban, Epitaphium Einhardi, v. 1–4, S. XII.
7 STÖRMER 1997, S. 16.
8 Vgl. Walahfrid Strabo, De imagine Tetrici, S. 377, v. 221–226; es ist keineswegs sicher, dass die Verse eine reale Situation schildern, die Walahfrid beobachtet hätte.
9 Zu Walahfrids Person: FEES 2000, in Korrektur älterer Auffassungen: Walahfrid war keineswegs sicher der Erzieher Karls des Kahlen. – Zum Werk: BROOKE 1990; BERSCHIN 1991, S. 272–303.
10 Walahfrid Strabo, Prolog zur Vita Karoli, S. XXVIII.
11 Vgl. die Karte bei STÖRMER 1997, S. 17, die aber leider keine zeitliche Schichtung abbildet; schon 766 erhielt Fulda beispielsweise das wichtige Hofgut Umstadt: Urkundenbuch des Klosters Fulda, Nr. 43, S. 75f.; dazu LUDWIG 2000, S. 5.
12 Noch immer grundlegend: DE JONG 1996.
13 Alkuin, Carmen 30.2, S. 248; dazu ausführlich oben, S. 72; auf diese und

die im Folgenden zitierten Stellen ist vielfach hingewiesen worden: Vgl. etwa STÖRMER 1997, S. 19; SCHEFERS 1997, S. 83 f.; DUTTON 1998, S. XII sq.; PATZOLD 2011a, S. 141 f.

[14] Theodulf, Carmen 25, v. 177–180, S. 488.
[15] Walahfrid Strabo, Prolog zur Vita Karoli, S. XXIX.
[16] In einem Brief an Lupus (aus dem Jahr 836): Lupus, Ep. 3, S. 9.
[17] Vgl. in diesem Sinne auch SMITH 2003a, S. 62.
[18] Urkundenbuch des Klosters Fulda, Nr. 240, S. 346.
[19] So etwa STÖRMER 1997, S. 32–35; die Annahme ist aber viel älter: Vgl. etwa schon KURZE 1899, S. 6; BUCHNER 1922, S. 2.
[20] Urkundenbuch des Klosters Fulda, Nr. 175, S. 269; Nr. 189, S. 286; Nr. 191, S. 288; Nr. 234, S. 338; Nr. 235, S. 338. – STENGEL, ebd., S. LXIV, vermutet Diktat Einhards außerdem bei den Nummern 174, 219, 220 und 232.
[21] So STÖRMER 1997, S. 36.
[22] So BRUNNER 1979, S. 83–95; dazu kritisch: STÖRMER 1997, S. 36f. – Für weitere Vermutungen (zur Verwandtschaft Einhards mit den sogenannten Mattonen und zur Verwandtschaft von Einhards Gemahlin Emma) vgl. HARTMANN 1993, S. 138–178, S. 195–197 und S. 219–221.
[23] Hierzu und zum Folgenden etwa GOETZ 1987; JARNUT 1997; GEUENICH 1981, 1997. – Die Kritik von HOLZFURTNER 1982 an der genealogisch-besitzgeschichtlichen Forschung war allerdings überzogen und selbst methodisch angreifbar: Vgl. dagegen HARTUNG 1988.
[24] Einen guten, kritischen Überblick über die internationale Verwandtschaftsforschung bietet JUSSEN 2009; vgl. außerdem LUBICH 2008.
[25] Einhard, Ep. 43, S. 131 und Ep. 63, S. 141. – Das erste Namensglied »Agan« war übrigens Ende des 19. Jahrhunderts schon nicht mehr lesbar; die Lesart beruht deshalb allein auf der Angabe von Pertz, der den einzigen Textzeugen 1827 vielleicht noch in besserem Zustand gesehen hat. Umso schwieriger wird es, auf dem Namensglied »Agan« eine Verwandtschaftshypothese aufzubauen (so aber STÖRMER 1997, S. 26).
[26] Walahfrid, Prolog zur Vita Karoli, S. XXVIII.
[27] Vgl. in diesem Sinne auch SMITH 2003a, S. 61; INNES 2003, S. 63.

III.

[1] Zu Karls Geburtsdatum vgl. BECHER 1992; zur Gründung Fuldas im März 744: Aegil, Vita Sturmi, c. 13, S. 144. – Zu Fulda jetzt grundlegend: RAAJMAKERS 2012; vgl. außerdem den Abriss bei HUSSONG 2009, sowie den Band von SCHRIMPF (Hg.) 1996.
[2] Gegen eine – früher einmal vermutete – merowingerzeitliche Besiedlung zuletzt ausführlich: KIND 2009.
[3] Dazu BRUNERT 1996.
[4] Der lateinische Text ist u. a. ediert im Urkundenbuch des Klosters Fulda, Nr. 13, S. 24f.; dort auch das folgende Zitat im Text.

Anmerkungen zu Seite 34–38

5 Vgl. HEINEMEYER 1980.
6 Aegil, Vita Sturmi, c. 12, S. 143.
7 Dazu grundlegend KEHL 1993.
8 Die Nachweise zum Folgenden bei PATZOLD 2009a, S. 167 f.
9 Urkundenbuch des Klosters Fulda, Nr. 11, S. 17.
10 Willibald, Vita Bonifatii, c. 8, S. 52 ff.
11 Die Zahl bei Liudger, Vita Gregorii, c. 5, S. 72; die Größenordnung wird bestätigt durch eine Liste von 364 Fuldaer Mönchen aus der Zeit des zweiten Abtes Baugulf, die Ende 781 oder in den ersten Tagen des Jahres 782 zusammengestellt worden ist und später eingetragen wurde in das Verbrüderungsbuch der Abtei Reichenau, p. 36 sq. Dazu GEUENICH 1996, S. 167; zuvor ausführlich SCHMID 1978, S. 572–583 und S. 611 f.; die Datierung nach ebd., S. 580 f.
12 Aegil, Vita Sturmi, c. 25, S. 160 f.
13 Astronomus, Vita Hludowici, c. 3, S. 288. – Anders als der erst nach 840 schreibende anonyme Biograph Ludwigs des Frommen behauptet, starb Ludwigs Zwillingsbruder allerdings nicht schon bei der Geburt, sondern erst im Alter von zwei Jahren: Paulus Diaconus, Liber de episcopis Mettensibus, S. 265, Z. 26 f.
14 Vgl. MORDEK 2005.
15 Einhard, Vita Karoli, c. 9, S. 12 f.; Annales qui dicuntur Einhardi, a. 788, S. 51/53; die weiteren, zeitnahen Quellen bei: TISCHLER 2003, S. 21 f., Anm. 88.
16 Annales regni Francorum, a. 778, S. 52; zu den Ereignissen auch: VON PADBERG 1999, S. 22 f.; JOHANEK 2000, S. 215–228; HENGST 2002, S. 60–66.
17 Annales Fuldenses, a. 778, S. 10.
18 Vgl. Einhard, Vita Karoli, c. 7, S. 9 f.; zu der oben, vor dem Kapitel zitierten Passage bezüglich der fehlenden natürlichen Grenzen auch LÖFSTEDT 1983.
19 Gesta abbatum Fuldensium, S. 212. – Mit D Karol. I 145 (ausgestellt am 28. Juli 782 nicht in Fulda, sondern im zwei kurze Tagesreisen entfernten Hersfeld) schenkte Karl dem Kloster Fulda die *villae* Dienheim und Dauernheim.
20 Vgl. die Untersuchung von RÜHLI/BLÜMICH/HENNEBERG 2010, die Karls Größe (aufgrund einer Vermessung eines seiner Oberschenkelknochen) auf 1,84 m schätzen, sein Gewicht auf nur rund 78 kg und seinen body mass index auf ca. 22 kg/m².
21 Notker, Gesta Karoli I, 3, S. 4 f.; die Stelle nutzt als Parallele auch: SCHEFERS 1993, S. 32, Anm. 17.
22 Vgl. zuletzt GLATTHAAR 2012, S. 62 f.
23 Zu Notkers »Gesta Karoli« vgl. zuletzt vor allem GANZ 1989; INNES 1998; zur Datierung in die Jahre 885/86: MACLEAN 2003, S. 204.
24 Gregor, Dialoge, lib. 2, S. 120–248.
25 Supplex libellus, c. 10, S. 324; vgl. auch Aegil, Vita Sturmi, c. 14, S. 145 f. – Die Zweifel von FRIED 2004, S. 344–356, an der historischen Existenz

eines Mönchsvaters Benedikt sind unbegründet: Vgl. WOLLASCH 2007. – Interessanter ist allerdings die Frage, ob man dem Benedikt Gregors I. auch die »Regula Benedicti« zuschreiben darf: Vgl. zusammenfassend MELVILLE 2012, S. 31–39.
26 Regula Benedicti, c. 30, S. 86; die Übersetzung hier wie im Folgenden nach der deutsch-lateinischen Ausgabe, die im Auftrag der Salzburger Äbtekonferenz 1992 erschien.
27 Vgl. Regula Benedicti, c. 24–27, S. 79–84.
28 Regula Benedicti, c. 39, S. 99 f.
29 Regula Benedicti, c. 37, S. 97.
30 Dazu mit den Nachweisen PATZOLD 2009a, S. 176.
31 JACOBSEN 1996, S. 113–117.
32 Diese Annahme auch bei: BÜCHLER 1970, S. 9.

IV.

1 LEHMANN 1925, S. 4–6; BRUNHÖLZL 1974, S. 539–545; BERSCHIN 1991, S. 38 f.; FRIED 1996, S. 11–13; ARIS 1997.
2 Dazu ausführlich ARIS 1997, S. 43–53.
3 Epistolarum Fuldensium fragmenta, S. 517, Z. 1–4; dazu DEPREUX 1992, S. 5, mit Anm. 23.
4 Dazu STEVENS 1995.
5 Vgl. den – fragmentarisch überlieferten – Bibliothekskatalog wohl der Zeit Hrabans, ed. SCHRIMPF 1992, S. 25–47; zur Datierung ebd., S. 94–97.
6 Basel, Universitätsbibliothek, F III 15a, fol. 17v (später abgeschabt, aber teilweise noch lesbar), mit kleinen Nachträgen dann auf fol. 18r: Transkription bei SCHRIMPF 1992, S. 5 f.; zur Handschrift: ebd., S. 3 f.; vgl. zum Text BRUNHÖLZL 1974, S. 539 f.; ARIS 1997, S. 54.
7 Die Liste ist gedruckt bei LEHMANN 1927, S. 48–50; dazu BERSCHIN 1991, S. 38 f.; ARIS 1997, S. 54–56.
8 SCHRIMPF 1992, S. 11, Nr. 45, vermutet hinter der Chronik die Ostertafeln mit den »Annales Fuldenses antiquissimi«.
9 ARIS 1997, S. 48–54.
10 Im Druck bei SCHRIMPF 1992, S. 5, Z. 8–9; vgl. BRUNHÖLZL 1974, S. 540, Anm. 15 und sein harsches Gesamturteil ebd., S. 541, aufgegriffen auch bei ARIS 1997, S. 42.
11 Zur Datierung: MARTIN 1985, S. 268–270; BERSCHIN 1991, S. 102.
12 Grundlegend: WALLACH 1959, S. 204–211.
13 Der Text ist ediert im Urkundenbuch des Klosters Fulda, Nr. 166, S. 246–254; dazu nach wie vor grundlegend: MARTIN 1985.
14 Die Passage entspricht: Caesarius von Arles, Sermo IV, S. 22.
15 Urkundenbuch des Klosters Fulda, Nr. 166, S. 252.
16 Alle Zitate: Urkundenbuch des Klosters Fulda, Nr. 166, S. 253.
17 In der »Epistola de litteris colendis« ist ausdrücklich von *timere* die Rede: Urkundenbuch des Klosters Fulda, Nr. 166, S. 252, Z. 31.

¹⁸ Für alles Folgende grundlegend ist GLATTHAAR 2012, S. 7–10.
¹⁹ Fragmentum annalium Chesnii, a. 786, S. 33; vgl. zur Sache auch BRANDES 1997, S. 72.
²⁰ Annales Petaviani, a. 786, S. 17.
²¹ Annales Nazariani, a. 786, S. 41 f.; Annales qui dicuntur Einhardi, a. 785, S. 71; dazu BRUNNER 1979, S. 48–52; GLATTHAAR 2012, S. 3 f.
²² GLATTHAAR 2012, S. 7 f.
²³ GLATTHAAR 2012, S. 9 f.
²⁴ Vgl. zur Vielzahl der Arbeiten am Bibeltext: FISCHER 1965.
²⁵ Vgl. VOGEL 1965; ANGENENDT 1995, S. 327–348; HÄGERMANN 2002 (zum Dagulf-Psalter als Zeugnis der Liturgiereform).
²⁶ Vgl. die sogenannte »Epistola generalis« (MGH Capit. 1, Nr. 30, S. 80); zu Datierung, Charakter und Zuschreibung an Paulus Diaconus zuletzt umfassend: GLATTHAAR 2010.
²⁷ Die sogenannte »Admonitio generalis«; dazu jetzt grundlegend die Einleitung der Ausgabe von GLATTHAAR 2012, S. 1–63.
²⁸ Zur Handschrift Wolfenbüttel, Herzog August Bibliothek, Cod. 496a Helmst. vgl. MORDEK 1995, S. 949–952; GLATTHAAR 2012, S. 73 f.
²⁹ Admonitio generalis, c. 1–59, S. 184–208.
³⁰ Admonitio generalis, c. 70, S. 224.
³¹ Admonitio generalis, c. 80, S. 234–238.
³² Admonitio generalis, c. 80, S. 238; danach folgen im Text nur noch Datum und Actum. – Die Übersetzung nach GLATTHAAR, ebd., S. 239.
³³ Alkuin, Carmen 26, v. 18–22, S. 245; zur Interpretation: SCHEFERS 1997, S. 86–93.
³⁴ Vgl. die Beobachtungen von STENGEL im Urkundenbuch des Klosters Fulda, S. LXIV.
³⁵ DIERKENS 2004, S. 342 rechnet mit einem Wechsel Einhards an den Hof »en 794 au plus tard«; dasselbe Datum etwa bei BEUTLER 1982, S. 61; LUDWIG 2000, S. 17; es geht wohl auf die Annahme zurück, Karl der Große könnte in diesem Jahr auf seinem Zug nach Sachsen von Frankfurt aus auch in Fulda Station gemacht haben (vgl. RI² I 327a–b). – Anders HALLINGER 1967, S. 21–25, sowie SCHEFERS 1993, S. 7, die aber vielleicht doch das Fuldaer Bildungsniveau der 780er und frühen 790er Jahre überschätzt haben.

V.

¹ Vgl. zu Karls Hof FLECKENSTEIN 1965, 1976; NELSON 1998, 2003; AIRLIE 2012a,b.
² Vgl. dazu u. a. BORGOLTE 1976; VONES 2003. – Zu Einhards Darstellung von Gesandtschaften und zum Vorbild des römischen Universalismus: LATOWSKY 2005.
³ Zu Aachen als Machtzentrum: NELSON 2001.
⁴ Annales regni Francorum, a. 765, S. 22.

⁵ D Karol. I 55–56; Annales regni Francorum, a. 768, S. 28.
⁶ Dies und das Folgende beruht ganz wesentlich auf FALKENSTEIN 2002 und FLACH 1976, S. 21–91.
⁷ Annales regni Francorum, a. 788, S. 84.
⁸ RI² I, 303 b, 310 a (Ende 790 brannte die Pfalz in Worms nieder).
⁹ RI² I, 316f, 320c.
¹⁰ RI² I, 320n.
¹¹ 792 hatte eine Gruppe um Karls Sohn Pippin »den Buckligen« rebelliert, angeblich sogar mit dem Ziel, Karl zu ermorden: Annales qui dicuntur Einhardi, a. 792, S. 91 f.; zu den Ereignissen: NELSON 2002, S. 277 f.; zu weiteren »Hiobsnachrichten«: SCHIEFFER 1997b, S. 7.
¹² Anders BINDING 1997/98, S. 65–77, der mit einem sehr frühen Baubeginn schon gleich ab 769 rechnet, so dass die Pfalzanlage Mitte der 790er Jahre in weiten Teilen bereits fertig gewesen wäre. – Zur Baugestalt der Pfalz vgl. etwa UNTERMANN 1999; FALKENSTEIN 2002; sowie JACOBSEN 1994, dessen weitreichenden Thesen zu den zugrundeliegenden politischen Konzeptionen Karls des Großen ich aber nicht folgen kann: Das »Germanische« war für Karl – nach allem, was wir wissen – sicher keine Kategorie, die sein Handeln geleitet hätte!
¹³ Vgl. zu den Schriftquellen zu dem Bau auch die nüchterne und zurückhaltende Analyse bei BINDING 1997/98 (hier S. 80 zu Odo) und DEMS. 1998 (hier S. 198 f. zu Odo).
¹⁴ Dazu REUDENBACH 1999; andere Akzente setzt UNTERMANN 2007.
¹⁵ Alkuin, Ep. 149, S. 244, Z. 24 f.
¹⁶ Zur Rekonstruktion der ursprünglichen Baugestalt: HUGOT 1965; zur Funktion auch: FALKENSTEIN 2002, S. 146–149.
¹⁷ Vgl. FALKENSTEIN 2002, S. 149 f. (mit der älteren Literatur).
¹⁸ Wo sich Karls *cubiculum* befand, ist umstritten: Vgl. etwa MECKSEPER 1992, der gegen die ältere Forschung das Gebäude in der Mitte des Verbindungsgangs zwischen Aula und Kirche als Wohnräume für Karl und seine Familie in Anspruch nehmen wollte (ihm folgend etwa BINDING 1997/98, S. 83); außerdem dazu: FALKENSTEIN 2002, S. 149, S. 156 f., S. 158–160.
¹⁹ FALKENSTEIN 2002, S. 163; zum Amt des *mansionarius* auch Hinkmar, De ordine palatii, c. 5, S. 76.
²⁰ FALKENSTEIN 2002, S. 162.
²¹ Einhard, Vita Karoli, c. 24, S. 29; zu den Jägern auch Hinkmar, De ordine palatii, c. 5, S. 76.
²² Dazu INNES 2003, bes. S. 61–68.
²³ Zur Hofkapelle ist immer noch grundlegend, wenn auch mittlerweile überarbeitungsbedürftig: FLECKENSTEIN 1959.
²⁴ FALKENSTEIN 2002, S. 162 f.
²⁵ FALKENSTEIN 2002, S. 165 (mit weiterer Literatur).
²⁶ Grundlegend: HAUCK 1963, S. 39–42; auch FALKENSTEIN 2002, S. 161.

27 Sie werden erwähnt (und bekämpft) im Capitulare de disciplina palatii Aquisgranensis, MGH Capit. 1, Nr. 146, c. 3, S. 298.
28 FALKENSTEIN 2002, S. 168, mit Anm. 146, unter Verweis auf Alkuin, Carmen 108.1, S. 334, das zwar Alkuins Haus, nicht aber Aachen nennt.
29 Zu Alkuins Hofaufenthalt zwischen 794 und 796 vgl. BULLOUGH 2003.
30 Translatio ss. Marcellini et Petri, lib. 3, c. 3, S. 246, Z. 60 f.; dazu ausführlich: FLACH 1976, S. 56–58; FALKENSTEIN 2002, S. 168.
31 Alkuin, Carmen 30.2, S. 248.
32 Le polyptyche et les listes de cens de l'Abbaye de Saint-Remi de Reims, ed. DEVROEY 1984, S. XLIII sq.; dazu FALKENSTEIN 2002, S. 141.
33 Frothar von Toul, Ep. 11, S. 112.
34 Annales regni Francorum, a. 796, S. 98; zur Datierung: BULLOUGH 2004, S. 438. – Einen Bezug der Schenkung an Rom zur Kaiserkrönung 800 vermutet: HARDT 2010.
35 Vgl. Codex Carolinus, Nr. 81, S. 614; Einhard, Vita Karoli, c. 26, S. 31.
36 Theodulf, Carmen 25, das im Folgenden näher resümiert wird; dazu grundlegend: SCHALLER 1995a; außerdem BULLOUGH 2003, S. 21–23; DERS. 2004, S. 428 f.
37 Zum wenig klaren Charakter der Liaison zwischen Karl und Liutgard: HARTMANN 2007, S. 559–561.
38 Zu den Pseudonymen vgl. FLECKENSTEIN 1965, S. 43–46, der sie durch Alkuin und seine Schüler eingeführt, seit der Mitte der 790er Jahre aber auf Karls gesamten näheren Hofkreis ausgeweitet sah; zuletzt ausführlich: GARRISON 1998.
39 Theodulf, Carmen 25, v. 151–154, S. 487.
40 Theodulf, Carmen 25, v. 157 f., S. 487.
41 Theodulf, Carmen 25, v. 177–180, S. 487 f.
42 Alle Zitate: Theodulf, Carmen 25, v. 213–234, S. 488 f.; zur Identifizierung des anonymen Iren mit Cadac-Andreas: BISCHOFF 1955, S. 92–95; GARRISON 1997, S. 101; zur Aussprache des Iren: SIDWELL 1992; zum länger dauernden Streit der beiden auch: SCHALLER 1995b, S. 113–117 (ebd., S. 415 f., Zweifel an der Deutung Sidwells).
43 Theodulf, Carmen 25, v. 191–199, S. 488.
44 Annales Laureshamenses, a. 795, S. 36; zu Hadrians Tod auch HÄGERMANN 2002, S. 184; HARTMANN 2006, S. 256–260.
45 Einhard, Vita Karoli, c. 19, S. 24, behauptet, Karl habe bei Hadrians Tod wie um einen Bruder oder sehr lieben Sohn geweint. Skeptischer bleibt allerdings: HARTMANN 2006, S. 259 f.
46 Annales Laureshamenses, a. 795, S. 36.
47 Vgl. dazu und zum Folgenden TIGNOLET 2012, bes. S. 226–228; anders: BULLOUGH 2003, S. 32.
48 Theodulf, Carmen 26, S. 489 f.; dazu SCHOLZ 1997, S. 376–380 (mit dt. Übersetzung); HARTMANN 2006, S. 259.
49 Das Epitaphium ist in zwei leicht abweichenden Fassungen überliefert:

Die tatsächliche Inschrift ist gedruckt bei SCHNEIDER 1933, S. 25 f.; eine andere, handschriftliche Überlieferung ist gedruckt als Alkuin, Carmen 9, S. 113 f.; zu dem Text: SCHOLZ 1997, S. 380–385 (mit dt. Übersetzung); HARTMANN 2006, S. 258 f.

50 SCHOLZ 1997, S. 376; HARTMANN 2006, S. 256. – Zur kulturellen Bedeutung des damals hochgeschätzten schwarzen Marmors, der zudem wohl aus altem karolingischen Kernland bei Namur stammte: STORY et al. 2005 (dort S. 158 eine Abbildung des Epitaphs).
51 Vgl. SCHALLER 1995a, S. 100 f., der aber Alkuins Carmen 26 vor Theodulfs Carmen 25 setzt.
52 Zumindest so weit folge ich HEN 2006, S. 45 ff.
53 Annales regni Francorum, a. 785, S. 70.
54 Annales regni Francorum, a. 793, S. 23; Annales qui dicuntur Einhardi, a. 793, S. 93 f.
55 Zu dieser neuen Datierung: HEN 2006, S. 38–44; die ältere Forschung hatte den Text früher angesetzt; skeptisch gegenüber Hens Zeitansatz bleibt NELSON 2013, S. 23 f.; allerdings übersieht sie, dass die Datierung unabhängig ist von Hens These eines islamischen Einflusses auf die »Capitulatio de partibus Saxoniae«; sie ist begründet über die Eskalation des Sachsenkrieges und Alkuins Briefe Nr. 110–111. Zusätzlich ist auf die handschriftliche Überlieferung zu verweisen: Der einzige Textzeuge (Città del Vaticano, Biblioteca Apostolica Vaticana, Pal. Lat. 289) stammt aus der Gegend von Mainz aus dem ersten Drittel des 9. Jahrhunderts und überliefert die »Capitulatio de partibus Saxoniae« und das »Capitulare Saxonicum« unmittelbar hintereinander: MORDEK 1995, S. 769 f. – Zur Interpretation der »Capitulatio« immer noch wichtig ist: SCHUBERT 1993.
56 Capitulatio de partibus Saxoniae, MGH Capit. 1, Nr. 26, c. 4, S. 68; c. 7, S. 69; c. 6, S. 68 f.; c. 3, S. 68.
57 Alkuin, Ep. 110, S. 158 an Karl den Großen selbst – hier allerdings enggeführt auf die Awaren-Mission; ausdrücklich unter Bezug auf die Christianisierung der Sachsen: Ep. 111, S. 160 f.
58 Capitulatio de partibus Saxoniae, MGH Capit. 1, Nr. 26, c. 16, S. 69.
59 Alkuin, Ep. 111, S. 160–162; Ep. 110, S. 157 f.
60 Alkuin, Carmen 26, S. 245 f.; grundlegend zu den Zirkulargedichten ist SCHALLER 1995a; in der Frage der Chronologie der beiden Gedichte folge ich jedoch gegen Schaller den Argumenten von BULLOUGH 2003, S. 21 f.; 2004, S. 438–440.
61 Dazu SCHEFERS 1997, S. 86–90, dessen Interpretation mich überzeugt hat.
62 Alkuin, Carmen 26, v. 21 f., S. 245.
63 Zu dem Pseudonym Beseleel vgl. ältere Meinungen korrigierend: BINDING 1995, S. 32–35; DIERKENS 2004, S. 341.
64 Zu Alkuin kurz vor dem Wechsel nach Tours: BULLOUGH 2003, S. 33–38.
65 Capitulare Saxonicum, MGH Capit. 1, Nr. 27, S. 71 f.
66 Einhard, Vita Karoli, Widmungsschreiben, S. 1 f.

⁶⁷ In der Forschung ist bisweilen angenommen worden, Einhard sei Karls Vasall, ja sogar Mitglied seiner Hofkapelle geworden (vgl. etwa SCHEFERS 1993, S. 6f., mit weiterer Literatur). Beides lässt sich nicht belegen. Die neuere Forschung ist zudem mit Recht skeptisch gegenüber der Annahme ubiquitärer vasallitischer Bindungen im 8./9. Jahrhundert: Vgl. zusammenfassend PATZOLD 2012, S. 25–43.

Negotium – Als Ratgeber bei Hof

VI.

¹ Vgl. MAURER 2006, S. 50–53, der spekuliert, dass Karl der Große von Einhard ein Epos auf Theoderich den Großen gewünscht haben könnte, das aber nie geschrieben worden sei. Handfeste Belege für diese Vermutung fehlen.
² Vgl. oben, S. 65; zu Einhards Oberaufsicht über *opera* in Aachen: Gesta abbatum Fontanellensium, lib. 13, c. 1, S. 150; die Aufgabe hat dann spätestens 828 der Hofbibliothekar Gerward von Einhard übernommen: Einhard, Translatio ss. Marcellini et Petri, lib. 4, c. 7, S. 258; SCHEFERS 1993, S. 10 datierte den ›Amtswechsel‹ ohne Beleg in das Jahr 814; dagegen zu Recht: BINDING 1995, S. 35f.
³ Zum sogenannten Einhardsbogen von grundlegender Bedeutung war die Entdeckung erst einer Skizze durch BRASSINE 1938, dann einer detaillierten Nachzeichnung in der Handschrift Paris, Bibliothèque nationale de France, ms. fr. 10440, fol. 45, die DE MONTESQUIOU-FEZENSAC 1949 publizierte; zur Interpretation vgl. die Beiträge in HAUCK (Hg.) 1974; DIERKENS 2004, S. 346–350; zur Datierung in die 820er Jahre: HAUCK 1974, S. 27–31; DIERKENS 2004, S. 349; anders, aber recht spekulativ: BEUTLER 1982, S. 112f., der den *arcus* in die Jahre bald nach 800 datiert und ursprünglich nicht für St. Servatius in Maastricht, sondern für Karl den Großen geschaffen sieht; vgl. außerdem oben, S. 105.
⁴ Dies gegen die übertriebene Skepsis von HALPHEN 1917, S. 279–287.
⁵ Theodulf, Carmen 27, v. 45, S. 492.
⁶ Modoin, Eclogae I, v. 91f., S. 387.
⁷ Vgl. oben, S. 58, mit Anm. V. 30; zu dieser Einschätzung der nur abschriftlich überlieferten Verse außerdem BEUTLER 1982, S. 62 (mit deutscher Übersetzung des gesamten Textes).
⁸ Alkuin, Carmen 30.2, S. 248.
⁹ Alkuin, Ep. 172, S. 284f.
¹⁰ Alkuin, Liber contra haeresim Felicis, ed. BLUMENSHINE 1980.
¹¹ Alkuin, Contra Felicem Urgellitanum episcopum libri septem, ed. MIGNE 1851.
¹² Zum Adoptianismusstreit: HEIL 1965, 1970 (dessen Chronologie ich folge); NAGEL 1998, S. 19–138; HAINTHALER 1997.

¹³ Zur Datierung und zum ereignisgeschichtlichen Kontext: HEIL 1970, S. 27–33.
¹⁴ Alkuin, Ep. 171, S. 282.
¹⁵ Sie ist verloren, in ihren wichtigsten Punkten aber aus Alkuin, Ep. 172, S. 284, erschließbar.
¹⁶ Alkuin, Ep. 172, S. 284, Z. 22 f.
¹⁷ Alkuin, Ep. 172, S. 284, Z. 30 – S. 285, Z. 2.
¹⁸ Alkuin, Ep. 172, S. 285, Z. 9.
¹⁹ Alkuin, Ep. 172, S. 285, Z. 21.
²⁰ Alkuin, Ep. 172, S. 285, Z. 13.
²¹ Sie werden ähnlich ausgesehen haben wie die sogenannten »Propositiones ad acuendos iuvenes« (ed. FOLKERTS 1978), die möglicherweise auch Alkuin zusammengestellt hat.
²² Zum Folgenden ist die kaum noch überschaubare Literatur zur Kaiserkrönung zu vergleichen. Hervorgehoben unter den Neueren seien: MAYR-HARTING 1996; JARNUT 2000; SCHIEFFER 2000, 2001a, 2002/3, 2004; FRIED 2001; BECHER 2002a,b, 2006; SCHARER 2004; NELSON 2005; HARDT 2010; zu recht kühnen Thesen neigt PAULER 2009. – In der Nacherzählung der Ereignisse folge ich eng (und ohne eigene Thesen) der Chronologie, die BECHER 2002a, etabliert hat; dort auch alle Quellenbelege im Einzelnen.
²³ Anders FRIED 2001, S. 294 f., der von *zwei* Angriffen auf den Papst ausgeht.
²⁴ BECHER 2002a, S. 102; zu dem Attentat außerdem SCHIEFFER 2002.
²⁵ BECHER 2002a, S. 100 und S. 111.
²⁶ Annales Maximiniani, a. 799, S. 22; dazu BECHER 2002a, S. 101. – Zu der Quelle jetzt grundlegend: CLOSE 2010.
²⁷ Alkuin, Ep. 184, S. 309.
²⁸ So lautet ein zentrales Ergebnis von BECHER 2002a, S. 108–110.
²⁹ Grundlegend war BEUMANN 1962a.
³⁰ Vgl. die Beschreibung der Handschrift von Hans-Walter Stork, in: HENTZE (Hg.) 1999, S. 107–118, mitsamt der Farbreproduktion der fol. 104r–114v, ebd., nach S. 120.
³¹ Dazu SCHALLER 1995c, S. 154–157.
³² Mit je unterschiedlichen Auffassungen: SCHALLER 1995c; RATKOWITSCH 1997; BRUNHÖLZL 2000; STELLA 2002.
³³ SCHWIND 2000; vgl. zur Vergil-Rezeption auch: ZWIERLEIN 1973.
³⁴ Vgl. dazu STELLA 2002, S. 20–24, der selbst (S. 30–33) schließlich Modoin als Autor vorschlägt.
³⁵ Für eine Zuschreibung an Einhard früh schon BUCHNER 1922, S. 39–47; mit besseren Argumenten: SCHALLER 1995c, S. 158–163; DERS. 1995d, S. 167–169. – Zum umstrittenen Abhängigkeitsverhältnis zwischen dem Epos und Modoins Eklogen vgl. auch die Argumente bei GREEN 1981 und RATKOWITSCH 1997, S. 63–76, die eine Priorität Modoins annehmen, was

aber nicht ausschließt, dass Modoin schon Teile eines über die Jahre allmählich entstandenen Epos gekannt haben könnte (so zu Recht: RATKOWITSCH 1997, S. 76). – Gegen Einhard etwa FRIED 2001, S. 287, mit Anm. 12; MAURER 2006, bes. S. 42–45.

36 De Karolo rege et Leone papa, v. 91–136, S. 16–18.
37 Vgl. oben, Anm. VI. 2; wir wissen im Übrigen, dass Einhard Vitruv gelesen hatte: Einhard, Ep. 57, S. 138, Z. 18–23; bei dem Adressaten des Briefs, der als *karissimus filius Vussin* angeredet wird, dürfte es sich kaum (pace SMITH 2003a, S. 58) um Einhards und Emmas leiblichen Sohn handeln, sondern um einen geistlichen Sohn Einhards, das heißt um einen der Kleriker aus einer von Einhards Gemeinschaften; vgl. DIERKENS 2004, S. 367 f.
38 SCHALLER 1995d, S. 169–171.
39 De Karolo rege et Leone papa, v. 104, S. 16.
40 So etwa MAURER 2006, S. 44.
41 Dazu RATKOWITSCH 1997, S. 28–30. – Übrigens wurden um 800 selbst kleine und kleinste Wasserläufe für den Schiffsverkehr genutzt. Hätte vielleicht die Wurm, ein Nebenflüsschen der Rur, nahe bei Aachen einen »Hafen« begründen können? Einhard erwähnt den Fluss in seiner Translatio ss. Marcellini et Petri, lib. 2, c. 8, S. 247, als »etwa 2000 Schritte von der Pfalz entfernt«.
42 De Karolo rege et Leone papa, v. 129–136, S. 18.
43 Vgl. zur Nähe des Bienengleichnisses zu Vergil, die aber doch nicht recht geglückt ist: SCHALLER 1995d, S. 169–171; RATKOWITSCH 1997, S. 28.
44 Vgl oben, S. 72.
45 Pace FRIED 2001, S. 281, mit Anm. 12, dessen Argumente ich nicht für zwingend halte.
46 Annales regni Francorum, a. 801, S. 112.

VII.

1 SCHIEFFER 2000, S. 190 f.
2 LILIE 1996, S. 105–111 (die mit Abstand wichtigste, ja nahezu einzige Quelle zum Geschehen ist der Geschichtsschreiber Theophanes).
3 LILIE 1996, S. 111; die Einzelheiten und Hintergründe des Aufstands bleiben dunkel.
4 Annales regni Francorum, a. 806, S. 121; a. 807, S. 124; a. 809, S. 127; a. 810, S. 130 und S. 133.
5 Ausführlich: MCCORMICK 2011.
6 Zur Beilegung der Konflikte: Annales regni Francorum, a. 812, S. 136.
7 MGH D Karol. 197 (801 Mai 29) nennt den Titel erstmals.
8 Dazu EWIG 1976, S. 114–128; WOOD 1977; ERKENS 1996, S. 428–441; KASCHKE 2006, S. 45–47.
9 Annales regni Francorum, a. 742, S. 2/4; Annales qui dicuntur Einhardi, a. 742, S. 3/5; dazu SCHÜSSLER 1985; BECHER 2003; NONN 2004; KASCHKE 2006, S. 81–89.

[10] Annales regni Francorum, a. 768, S. 28; Annales qui dicuntur Einhardi, a. 768, S. 27/29.
[11] Annales regni Francorum, a. 781, S. 56; dazu CLASSEN 1972, S. 114; KASTEN 1997a, S. 138–140.
[12] Vgl. Einhard, Vita Karoli, c. 3, S. 5 f. (zu der Passage auch oben, S. 201 f.; zu den Ereignissen: JARNUT 2002.
[13] Zum Geschehen etwa: CLASSEN 1972, S. 131; SCHIEFFER 2006, S. 75 f.
[14] Zur Teilung von 806 vgl. KASCHKE 2006, S. 298–323; DERS. 2008, sowie mit anderen Akzenten: FRIED 2008a.
[15] Annales regni Francorum, a. 806, S. 121.
[16] Der Text ist gedruckt als Divisio regnorum, MGH Capit. 1, Nr. 45, S. 126–130; zur Überlieferung und zum Verhältnis des Textes zu den Teilungsordnungen von 817 und 831: TISCHLER 2008.
[17] Annales regni Francorum, a. 806, S. 121.
[18] Divisio regnorum, MGH Capit. 1, Nr. 45, c. 18, S. 129 f.
[19] Vgl. aber CLASSEN 1972, S. 131 f., und EWIG 1981, S. 242–244, die argumentiert haben, die Art der Aufteilung des Reichs lasse eine deutliche Bevorzugung Karls des Jüngeren erkennen; er könnte damit wohl auch als Nachfolger im Kaisertum vorgesehen gewesen sein.
[20] So dezidiert: HÄGERMANN 1975, S. 301.
[21] Annales regni Francorum, a. 806, S. 121.
[22] Die Annales Lauresbamenses, a. 802, S. 38, vermerken eigens, dass in jenem Jahr einmal kein Kriegszug stattfand; vgl. zur hohen Bedeutung des Krieges für die Karolinger auch REUTER 1999.
[23] Zu Gesandtschaften zu den Abbasiden und dem Patriarchen von Jerusalem: BORGOLTE 1976.
[24] Vgl. etwa: Capitulare ecclesiasticum, MGH Capit. 1, Nr. 138, c. 18, S. 278.
[25] Zu diesem Quellentyp: FABRICIUS 1926.
[26] Zum Beispiel: Einhard, Translatio ss. Marcellini et Petri, lib. 3, c. 4–5, S. 249 (zu einem angelsächsischen Pilger sowie einem Mädchen aus Bourges, die beide in Seligenstadt Heilung gefunden haben sollen).
[27] Vgl. etwa: Annales Fuldenses, a. 850, S. 40 f.
[28] Vgl. das – freilich spätere – Beispiel des Priesters Trisingus: SCHMITZ 2004, S. 7–9.
[29] Annales regni Francorum, a. 802, S. 117; zur Reise: GREWE/POHLE 2003; umfassend zu dem Elefanten und seiner Nachgeschichte jetzt: HACK 2011.
[30] Einhard, Vita Karoli, c. 6, S. 9. – Dass Einhard in dem Text seine eigene Reise zu Leo III. im Jahr 806 verschwieg, fügt sich übrigens nahtlos zu seiner Konzeption und Darstellungsabsicht 829: Vgl. dazu oben, S. 193 ff.
[31] Zu Reisegeschwindigkeiten vgl. BECHER 2002a, S. 97, mit Anm. 61; FRIED 2008b, S. 167 f., mit Anm. 63, jeweils mit weiterer Literatur.
[32] Vgl. dazu oben, S. 137 f. und S. 141 f.
[33] Vgl. zu dieser Möglichkeit: KESSLER 2002, S. 705–707; DIERKENS 2004,

S. 350. – Zur Nähe des Einhardsbogens zum Titusbogen: BELTING 1973, S. 93–96.
34 Annales regni Francorum, a. 810, S. 132.
35 Annales regni Francorum, a. 811, S. 135.
36 Vgl. oben, S. 45, Anm. IV. 3.
37 Annales regni Francorum, a. 812, S. 136 f.; zur Datierung des Regierungsantritts als König ebenfalls schon in das Jahr 812: DEPREUX 1992, S. 6–9.
38 Annales regni Francorum, a. 813, S. 138; dazu und zum Folgenden WENDLING 1985; FRIED 1998.
39 Zu Ermolds Person und zu seinem Lobgedicht auf Ludwig vgl. die Einleitung zur Edition von FARAL 1964, S. V–XII; außerdem BOBRYCKI 2010.
40 Ermoldus Nigellus, In honorem Hludowici, v. 682–701, S. 54.
41 Annales regni Francorum, a. 813, S. 138; vgl. zum Zeremoniell: WENDLING 1985, S. 205–207.
42 Annales regni Francorum, a. 814, S. 140.

VIII.

1 Astronomus, Vita Hludowici, c. 21, S. 346; Ermoldus Nigellus, In honorem Hludowici, v. 741, S. 58. – Zu den im Folgenden umrissenen Ereignissen auch: BOSHOF 1996, S. 91 f.
2 Astronomus, Vita Hludowici, c. 20, S. 344.
3 Zuletzt: PANGERL 2011, S. 16, S. 31, S. 47 und S. 79.
4 Astronomus, Vita Hludowici, c. 21, S. 346.
5 Zu Benedikt und seinen Zielen: SEMMLER 1983; VON SEVERUS 1999.
6 Zu Ebos Leben vgl. den alten Abriss bei: MCKEON 1974, sowie zuletzt: SCHRÖR 2011 (hier zur Herkunft: S. 203 f.).
7 Zu Walas Biographie grundlegend: WEINRICH 1963.
8 Zu Adalhard: KASTEN 1986 (zu seiner Wirksamkeit in Italien: S. 68–72).
9 Astronomus, Vita Hludowici, c. 21, S. 346.
10 Alkuin, Ep. 244, S. 392. – Vgl. übrigens auch das Bild bei Paschasius Radbertus, Vita Adalhardi, c. 33, S. 527.
11 Zur Beziehung zwischen Bertha und Angilbert, aus der der Geschichtsschreiber Nithard und dessen Bruder Hartnit hervorgingen: Nithard, Historiae, lib. 4, c. 5, S. 47 f.; RABE 1995, S. 73 f.; HARTMANN 2007, S. 561 f.
12 Einhard, Vita Karoli, c. 19, S. 25, spricht von *contubernium*, um Karls des Großen Beziehungen zu seinen Töchtern zu beschreiben. Das Wort konnte interessanterweise auch eine illegitime sexuelle Beziehung bezeichnen: NELSON 1996b, S. 240, die aber selbst doch skeptisch ist, ob Einhard dies hier gemeint habe. – Nach Karls Tod, in den 820er Jahren, war immerhin scharfe Kritik an seiner *libido* möglich: Vgl. Walahfrid, Visio Wettini, v. 446–465, S. 66.
13 Capitulare cum primis conferenda, MGH Capit. 1, Nr. 50, c. 13, S. 139.
14 So WERNER 1965, S. 444; die Darstellung des Astronomus legt einen solchen Zusammenhang in der Tat nahe.

15 Alle Informationen nach Astronomus, Vita Hludowici, c. 21, S. 346/348; zu den Ereignissen auch: BOSHOF 1996, S. 92.
16 Zu ihrer Entfernung vom Hof: Astronomus, Vita Hludowici, c. 23, S. 352; Nithard, Historiae, lib. 1, c. 2, S. 2.
17 Translatio s. Viti martyris, c. 3, S. 38; Paschasius Radbertus, Vita Adalhardi, c. 30 f., S. 527; zu den Hintergründen: KASTEN 1986, S. 85–105; BOSHOF 1996, S. 94.
18 Dunkel andeutend: Paschasius Radbertus, Epitaphium Arsenii, lib. 1, S. 22 f.; klar: Paschasius Radbertus, Vita Adalhardi, c. 35, S. 528; vgl. WEINRICH 1963, S. 31 f.
19 Paschasius Radbertus, Vita Adalhardi, c. 35, S. 528; WEINRICH 1963, S. 31 und S. 33; KASTEN 1986, S. 103 f.; BOSHOF 1996, S. 94. – FRIED 1998, S. 92–94, hat die These aufgestellt, eine weitere Schwester Walas und Adalhards, Theodrada, sei die Gemahlin König Pippins von Italien gewesen. 814 war sie jedenfalls im Kloster Notre Dame in Soissons.
20 Dies gegen den Rettungsversuch von HAMPE 1896, S. 620, dem FLECKENSTEIN 1974, S. 104 f., gefolgt ist.
21 Vgl. dazu oben, S. 299–304.
22 Vgl. Astronomus, Vita Hludowici, c. 21, S. 346.
23 Codex Laureshamensis, c. 19, S. 299 f.; dazu die Analyse von HOCH 1965; aus juristischer Perspektive: PÖNISCH 1987 (der freilich wohl zu sehr dazu neigt, dem Dokument eine juristisch eindeutige Terminologie zu unterstellen).
24 Vielleicht also etwa 4,5 km: LUDWIG 2000, S. 9.
25 Vgl. SCHALLMAYER 1987, bes. S. 7, S. 16 f., S. 20 f. und S. 44 f.
26 Zur Lage, die in der Literatur umstritten ist, folge ich den Argumenten von SCHALLMAYER 1987, S. 55 f.
27 HOCH 1965 und PÖNISCH 1987, S. 149–151, nehmen an, Ludwig habe Einhard nur in Nieder-Mulinheim lediglich einen Teil der ansässigen Hörigen geschenkt, nicht aber den gesamten Ort. Wahrscheinlich ist, dass Einhard an beiden Orten jeweils nur einen Teil des Besitzes erhielt. Für den Bau seiner Kirche in Mulinheim musste er später jedenfalls erst noch Land von der Mainzer Kirche eintauschen: Vgl. dazu oben, S. 216, mit Anm. XVI. 43.
28 Vgl. Einhard, Translatio ss. Marcellini et Petri, lib. 1, c. 1, S. 239.
29 Dies gegen die Einschätzung von LUDWIG 2000, S. 11.
30 Zu ihrer Person: SMITH 2003a, S. 57–60; Emma firmiert in Teilen der Literatur als Schwester des Bischofs Bernhar von Worms. Diese Zuschreibung beruht – wenn ich recht sehe – auf Bernhars Brief von Anfang 826 an Einhard, in dem der Bischof Emma als *soror dilectissima* bezeichnet (Einhard, Ep. 3, S. 111): Die sehr berechtigte Nachfrage, ob dies nicht im übertragenen, christlichen Sinne gemeint gewesen sei, schon bei SIMSON 1876, S. 160, Anm. 2.
31 So hat SMITH 2003a, S. 65 f., argumentiert, der ich hier folge.

32 Grundlegend zu dem Phänomen ist immer noch: FELTEN 1980.
33 Liber Traditionum II (1), in: Diplomata Belgica, Nr. 49, S. 126f.
34 Vgl. dazu DECLERCQ 1997, S. 229f.
35 Zum Folgenden vgl. GANSHOF 1926; DECLERCQ 1997.
36 Liber Traditionum III (2), in: Diplomata Belgica, Nr. 49, S. 127f.
37 Andere frühe Beispiele stammen – wohl in Reaktion auf die monastischen Reformen von 816/17 – aus den 820er/30er Jahren: Sainte-Colombe in Sens (vor 821), Saint-Bertin (nach 820), Saint-Amand (822), Moyenmoutier (ca. 825), Saint-Maixent (827), Flavigny (829/36), Saint-Riquier (830), Saint-Denis (832), Saint-Marcel (Châlons) (835): LESNE 1910, S. 63–69 und S. 93; BERNHARDT 1987, S. 59 und S. 70. Vgl. bezogen auf Einhards Abtei St. Bavo auch: DECLERCQ 1995, S. 337.
38 Vgl. etwa die von 819 datierende Liste von Klöstern, die *militiam facere* müssen in der Notitia de servitio monasteriorum, S. 493f.
39 Zu dieser oft irreführend als »Güterteilung« bezeichneten Praxis generell: RENARD 2004; PATZOLD 2007; speziell zu St. Peter und Einhard: GANSHOF 1926, S. 27–31; DECLERCQ 1997, S. 230f.
40 Liber Traditionum IV–V, in: Diplomata Belgica, Nr. 49, S. 128–132.
41 DECLERCQ 1997, S. 226–228.
42 Liber Traditionum V, 6 (12); V, 1 (7), in: Diplomata Belgica, Nr. 49, S. 131; S. 130.
43 Liber Traditionum I, in: Diplomata Belgica, Nr. 49, S. 125.
44 GANSHOF 1926, S. 30f.; DECLERCQ 1997, S. 232.
45 Gesta abbatum Fontanellensium, lib. 13, c. 2, S. 152; dazu – wenn auch leider ohne Anmerkungsapparat – die knappe Skizze von SCHEFERS 2008.
46 Der früheste Beleg zu Einhards Abbatiat ist: Formulae imperiales, Nr. 35, S. 313; vgl. DIERKENS 2004, S. 345, Anm. 28. – Zur Geschichte des Stifts zur Zeit Einhards: DEETERS 1970, S. 27–29.
47 Zu Saint-Cloud: Einhard, Ep. 39, S. 129; zu Fritzlar: Ep. 9, S. 113; vgl. SEMMLER 1997, S. 186f.; knapp auch GEUENICH 2009, S. 28.
48 Diplomata Belgica, Nr. 132, S. 222f.
49 Die Indizien dafür sind sauber dokumentiert bei DECLERCQ 1997, S. 231f.; vgl. auch DENS. 1995, S. 337.
50 München, Bayerische Staatsbibliothek, Clm 6333, fol. 77v und fol. 84r sowie fol. 36r und fol. 31v. – VERHULST 1971 hat den Text (Edition ebd., S. 232–234) als Erster eingehend und grundlegend interpretiert; vgl. nuancierend zu St. Bavos Aufgaben im Küstenschutz: DECLERCQ 1997, S. 239–241.
51 So die – plausible, aber eben nicht zwingende – Datierung bei VERHULST 1971, S. 217–219, dem auch DECLERCQ 1997, S. 240, folgt.
52 Vita Bavonis, ed. KRUSCH 1902; der Text datiert wohl aus dem 9. Jahrhundert, aber wir wissen nicht, ob jener *pater*, den der anonyme Autor der Vita im Prolog, S. 534, als *sanctitas vestra* anspricht und seinen Auftraggeber nennt, wirklich Einhard war (wie es etwa GANSHOF 1926, S. 27,

annimmt): Vgl. dazu DECLERCQ 1997, S. 235 f., der selbst eher skeptisch bleibt.
53 Vgl. dazu die Beiträge in HAUCK (Hg.) 1974; deutlich anders: BEUTLER 1982, S. 102–127, sowie oben, Anm. VI. 3.
54 Wir kennen (mit einer Ausnahme) diese Briefe allesamt nur aus einem einzigen Codex: Paris, Bibliothèque nationale de France, lat. 11379 ist in St. Bavo als eine Sammlung von Musterbriefen zusammengestellt worden; daher sind die meisten Namen der von Einhard genannten Personen darin auf ihren Anfangsbuchstaben gekürzt – und dadurch anonymisiert (zu Inhalt und Geschichte des Buches vgl. DECLERCQ 1997, S. 237–239; STRATMANN 1997, S. 323 f.). – Für die Datierungen ist nach wie vor die Studie von HAMPE 1896 grundlegend; doch scheinen mir Hampes Zeitansätze in vielen Fällen nicht zwingend. Er hat sich inkonsequenterweise weder exakt an die Reihenfolge der Briefe in der Sammlung aus St. Bavo halten wollen, noch ganz von dieser Reihenfolge lösen können; bei seinen Datierungen geht er zudem davon aus, dass Einhard 830 vom Hof entlassen worden sei (was in dieser Schärfe kaum zutreffen dürfte: Vgl. SMITH 2003a, S. 68 ff.). Im Übrigen sind die meisten Datierungen im Wesentlichen aus Beobachtungen zum Inhalt des jeweiligen Schreibens gewonnen. Ich habe mich in einer Reihe von Fällen auf derselben Basis für andere Zeitansätze entschieden. Eine neuere Spezialuntersuchung zur Chronologie der Briefe Einhards ist ein dringendes Desiderat; sie müsste nicht zuletzt die Frage berücksichtigen, wie und wann die überlieferten Schreiben überhaupt nach St. Bavo gelangen konnten.
55 Einhard, Ep. 5, S. 111.
56 Einhard, Ep. 56, S. 137.
57 Einhard, Ep. 9, S. 113.
58 Vgl. dazu ALTHOFF 1997a; SCIOR 2012.
59 Zum Vergleich: Die Synode von Frankfurt bestimmte 794 angesichts einer großen Hungersnot, dass zwei Scheffel Hafer zum Preis für einen Denar zu verkaufen seien (Concilium Francofurtense, MGH Conc. 2,1, Nr. 19 G, c. 4, S. 166); in Le Mans wurde in den 830er Jahren ein Scheffel Wasser für einen Denar gehandelt, doch galt der Preis als überhöht und nur erklärlich, weil es innerhalb der Stadt keinen Brunnen gab (Gesta Aldrici, c. 4, S. 122); für ein »armes Weiblein« aus Hochfelden kam zur Zeit Ludwigs des Frommen der Verlust von zwei Denaren einer Existenzbedrohung gleich (Translatio et Miracula s. Adelphi episcopi Mettensis, c. 12, S. 295).
60 Diplomata Belgica, Nr. 50, S. 139 f.
61 Zur Prekarie vgl. die Arbeiten von KASTEN 1997b (speziell zu Einhard), 1998, 2009; als einführende Übersicht auch: PATZOLD 2012, S. 26–34.
62 Zu dem Eintrag: GEUENICH 2009 (mit Abbildung).
63 Vita Benedicti, c. 35 f., S. 215.
64 Amalar, Antiphonarius, Prolog, c. 10, S. 362; vgl. DEPREUX 1997, S. 237.

⁶⁵ Ermoldus Nigellus, In honorem Hludowici, v. 2294f., S. 176; dazu DEPREUX 1997, S. 237.
⁶⁶ Zu dieser frühen Datierung: ZETTLER 2010, S. 63–66.
⁶⁷ Zu Hilduins Person vgl. den Abriss bei DEPREUX 1997, S. 250–256.
⁶⁸ Verbrüderungsbuch der Reichenau, p. 98 C1; zur Analyse: GEUENICH 1989, S. 88–102.

IX.

¹ Zu den sogenannten »Aachener Reformen« vgl. SEMMLER 1963; BOSHOF 1996, S. 108–128; skeptisch gegenüber einer Überbetonung der Rolle Benedikts von Aniane bei den Reformen: GEUENICH 1998.
² Grundlegend, aber mit weiterem chronologischen Rahmen: ALTHOFF 1990; REUTER 2006a und 2006b. – Das Modell wird idealtypisch beschrieben bei Hinkmar, De ordine palatii, c. 6, S. 82–86.
³ Hilfreicher Überblick von Kennerhand: MORDEK 2000.
⁴ Vgl. dazu oben, S. 50f.
⁵ SCHMITZ 1990, S. 435f.
⁶ Das Weitere nach: Capitulare de disciplina palatii Aquisgranensis, MGH Capit. 1, Nr. 146, S. 298.
⁷ Ermoldus Nigellus, In honorem Hludowici, v. 2340f., S. 178.
⁸ Das einschlägige Material ist ediert von SEMMLER, in: Corpus Consuetudinum Monasticarum 1 (1963), Nr. 18–21, S. 425–481; das Zitat im Text: Synodi primae Aquisgranensis acta praeliminaria, ebd., c. 1, S. 435 und Synodi primae Aquisgranensis decreta authentica, ebd., c. 1–2, S. 457f.; vgl. auch die Statuta Murbacensia, ebd., c. 1, S. 441.
⁹ Synodi primae Aquisgranensis decreta authentica, CCM 1 (1963), c. 7, S. 459.
¹⁰ Synodi secundae Aquisgranensis decreta authentica, CCM 1 (1963), c. 1, S. 473.
¹¹ Synodi secundae Aquisgranensis decreta authentica, CCM 1 (1963), c. 16, S. 476.
¹² Synodi secundae Aquisgranensis decreta authentica, CCM 1 (1963), c. 23, S. 478.
¹³ Synodi secundae Aquisgranensis decreta authentica, CCM 1 (1963), c. 42, S. 481.
¹⁴ Institutio canonicorum Aquisgranensis, MGH Conc. 2,1, Nr. 39A, S. 308–421.
¹⁵ Institutio sanctimonialium Aquisgranensis, MGH Conc. 2,1, Nr. 39B, S. 421–456; die Edition ist dringend revisionsbedürftig, weil sich die handschriftliche Grundlage mittlerweile deutlich verändert hat und die von Werminghoff gebotenen Lesarten allzu häufig unzuverlässig sind: WRANOVIX 2005; SCHMITZ 2007; für eine inhaltliche Analyse des Textes: SCHILP 1998.
¹⁶ Die Texte sind ediert in MGH Capit. 1, Nr. 169, S. 338–342; MGH Conc. 2,1, Nr. 39C, S. 458–464.

17 Capitulare ecclesiasticum, MGH Capit. 1, Nr. 138, c. 6, S. 276f.; c. 10, S. 277. – Vgl. auch Astronomus, Vita Hludowici, c. 28, S. 376/378.
18 Synodi secundae Aquisgranensis decreta authentica, CCM 1 (1963), c. 5, S. 474.
19 Vgl. oben, S. 102, mit Anm. VIII. 34.
20 Das Folgende nach MORDEK 1990; außerdem: DECLERCQ 1995; DERS. 1997, S. 237.
21 Der Text ist ediert bei MORDEK 1990, S. 452 f.; ihm folge ich in der Zusammenfassung oben.
22 Ich folge hier der Datierung durch MORDEK 1990; dagegen hat DECLERCQ 1995, S. 327–329, einen Ansatz in die Zeit 820/25 zu begründen versucht, doch scheinen mir seine Argumente durchaus nicht zwingend.
23 Capitula adhuc conferenda, ed. in: MORDEK 1990, c. 17, S. 452.
24 MORDEK 1990, S. 447 (mit den Quellenbelegen); zu dem Güterkomplex und seiner weiteren Geschichte im 9. Jahrhundert auch: DECLERCQ 1995, S. 335–345, der vermutet, es könne sich schon früh um Sondergut für den Konvent gehandelt haben.
25 DECLERCQ 1995, S. 332–335, hat ausführlich auf die Möglichkeit hingewiesen, dass es sich hier um einen späteren Zusatz handelte – sei es erst eines Kopisten des überlieferten Blattes in St. Bavo, sei es schon Einhards selbst in einem Exemplar einer Liste der Capitula, das ihm vorab vom Kaiser zugegangen war. Für keine dieser beiden Vermutungen gibt es durchschlagende Beweise. Ich halte es übrigens für durchaus denkbar, dass es sich bei der Liste um eine Zusammenstellung Einhards zunächst für den eigenen Gebrauch, evtl. zur Vorbereitung auf ein Gespräch mit dem Kaiser handelte: Wir neigen dazu, die Vielfalt möglicher Kommunikationssituationen, die in den sogenannten Kapitularien ihren Niederschlag gefunden haben, zu unterschätzen.
26 Vgl. oben, Anm. VIII. 48.
27 Vgl. oben, S. 104 f.
28 MORDEK 1990, S. 447 f.; zustimmend: DECLERCQ 1997, S. 237; skeptisch war dagegen noch DERS. 1995, S. 333.

X.

1 Annales regni Francorum, a. 817, S. 145.
2 Jedenfalls folgt hier der Bericht über den Tod Stephans direkt auf die Mitteilung der Mondfinsternis: Annales regni Francorum, a. 817, S. 145.
3 Annales regni Francorum, a. 817, S. 146 (die Übersetzung folgt hier wie im Weiteren der Ausgabe von RAU 1974); zu dem Geschehen und zum Folgenden vgl. SIMSON 1874, S. 80f.; BOSHOF 1996, S. 130 und S. 142. – MCKEON 1978 hat sogar die These vertreten, der Einsturz könnte durch einen Sabotageakt bewusst herbeigeführt worden sein.
4 Dazu JARNUT 1985, bes. S. 787 f.; vgl. auch DE JONG 2009, S. 153 u. ö.
5 Annales regni Francorum, a. 817, S. 146.

⁶ Annales regni Francorum, a. 817, S. 146.
⁷ Vgl. zu der Regelung: KASCHKE 2006, S. 324–353, mit der älteren Literatur; außerdem HÄGERMANN 2008.
⁸ Paris, Bibliothèque nationale de France, lat. 2718; dazu MORDEK 1995, S. 422–430; sowie (zumal zu den theologischen Texten) GANZ 2004.
⁹ Die Teilungsregelung ist gedruckt unter dem modernen Kunsttitel: Ordinatio imperii, MGH Capit. 1, Nr. 136, S. 270–273.
¹⁰ Vgl. ERKENS 1996, 1998b; nuancierend: KASCHKE 2006.
¹¹ Ordinatio imperii, MGH Capit. 1, Nr. 136, Prolog, S. 270f.
¹² Die wichtigsten, aber allesamt quellenkritisch höchst problematischen Berichte bieten die offiziösen Annales regni Francorum, a. 817–818, S. 147f. (die den Tod Bernhards bezeichnenderweise verheimlichen); außerdem das sogenannte Chronicon Moissiacense, ed. KETTEMANN 1999, a. 817, S. 139f. (der einzige zeitnahe Text, der den Aufstand explizit in Zusammenhang bringt mit der Nachfolgeregelung Ludwigs); sowie mit etwas größerem zeitlichen Abstand im Rückblick: Thegan, Gesta Hludowici, c. 22f., S. 210/212; Astronomus, Vita Hludowici, c. 29, S. 380–386; aus der Literatur vgl. die je eigenen Akzentsetzungen von JARNUT 1989 (der den Aufstand für eine Inszenierung Ludwigs des Frommen hält); DEPREUX 1992 (der einen Selbstmord Bernhards vermutet); FRIED 1998; PATZOLD 2012.
¹³ Dazu HARTMANN 2007, S. 562.
¹⁴ Annales regni Francorum, a. 818, S. 148f.
¹⁵ Astronomus, Vita Hludowici, c. 32, S. 392.
¹⁶ So heißt es in Ludwigs Vorrede selbst: Prooemium generale, MGH Capit. 1, Nr. 137, S. 273–275.
¹⁷ Hier zu guten Teilen in tironischen Noten: Vgl. MORDEK 1995, S. 425; der andere Textzeuge ist: Kopenhagen, Kongelige Bibliotek, Gl. Kgl. Saml. 1943. 4° (dazu ebd., S. 192–195).
¹⁸ Das Folgende nach dem Prooemium generale, MGH Capit. 1, Nr. 137, S. 273–275.
¹⁹ Prooemium generale, MGH Capit. 1, Nr. 137, S. 274, Z. 41f.; im selben Sinne übrigens auch der Astronomus, Vita Hludowici, c. 29, S. 378 (hier deutlich auf den Aufstand Bernhards bezogen).
²⁰ Annales regni Francorum, a. 819, S. 150; danach: Astronomus, Vita Hludowici, c. 32, S. 392; zur biblischen, nicht byzantinischen Inspiration des Verfahrens: DE JONG 2004. – Zu Judith: WARD 1990; KOCH 2005.
²¹ Prooemium generale, MGH Capit. 1, Nr. 137, S. 275.

Sanctorum amator – Marcellinus und Petrus

XI.

¹ Zu dieser Schenkung vgl. STÖRMER 1998, S. 132–134, dessen Vermutung, Einhard könnte vom Kaiser selbst zur Übertragung an Lorsch gezwungen worden sein, mir allerdings keineswegs die einzige Möglichkeit erscheint:

Lorsch war für Einhard und Emma ein zuverlässiger Partner für ein dauerhaftes Totengedenken. – Zu einem anderen möglichen, aber nicht beweisbaren Hintergrund: LUDWIG 2000, S. 20 f.
2 Codex Laureshamensis, c. 20, S. 301 f.
3 Codex Laureshamensis, c. 20, S. 302, Z. 45 f.
4 Zu seiner Person: DEPREUX 1997, S. 258–260 (dort S. 259 zur Schenkung Einhards an Lorsch).
5 Codex Laureshamensis, c. 20, S. 301, Z. 20–26.
6 Die besten Identifizierungsvorschläge wohl bei LUDWIG 2000, S. 9 f.
7 Codex Laureshamensis, c. 21, S. 302–304; der Text könnte an manchen Stellen im 12. Jahrhundert, als der Codex angelegt wurde, überarbeitet worden sein.
8 Das Lorscher Necrolog-Anniversar, S. 81.
9 Codex Laureshamensis, c. 19, S. 300, Z. 13.
10 Eine plausible Berechnung des Baubeginns für das Spätjahr 822, die sich auch auf – freilich interpretationsbedürftige – dendrochronologische Daten stützt, bei LUDWIG 2000, S. 15–17 (ich bin allerdings skeptisch, ob man einen Kausalzusammenhang zwischen der Buße des Kaisers in Attigny, dem Revirement bei Hof und dem Baubeginn herstellen kann, wie Ludwig ebd., S. 22, vermutet). – Anders STÖRMER 1998, S. 132 und S. 134 f., der mit einem Baubeginn schon 815 rechnet.
11 Zu der Kirche in Michelstadt: BEUTLER 1982, S. 39 f.; JACOBSEN 1990, S. 648 f., der auf die engen Parallelen zur Baugestalt von Inden-Kornelimünster verweist und deshalb in der Baugestalt der Kirche einen Einfluss der »anianischen Reform« erkennen möchte; DIERKENS 2004, S. 356 f.; sowie vor allem die beiden grundlegenden Bände von LUDWIG/MÜLLER/WIDDRA-SPIESS 2000. – Zur Wiederentdeckung der Kirche als karolingerzeitlicher Bau und zur Forschungsgeschichte im 19./20. Jahrhundert vgl. die Übersicht von BANSE 1999, S. 129–139.
12 Zu seiner Person: GEARY 1978, S. 52–58.
13 Einhard, Translatio ss. Marcellini et Petri, lib. 1, c. 1, S. 240 (das Zitat Z. 6). – Zur Datierung: DIERKENS 2004, S. 354.
14 Annales regni Francorum, a. 826, S. 171 f. – Zu Hilduin als möglichem Autor dieses Abschnitts der Annalen: WATTENBACH/LEVISON 1953, S. 253.
15 Von Rinderbraten ist in Einhards Bericht in der Translatio ss. Marcellini et Petri keine Rede. Allerdings wissen wir, dass Einhard regelmäßig Ochsen aus Maastricht zur Schlachtung nach Lanaeken treiben ließ, um von deren Fleisch seinen Bedarf in Aachen zu decken: Vgl. Einhard, Ep. 5, S. 111 (dazu oben, S. 105).
16 Einhard, Translatio ss. Marcellini et Petri, lib. 1, c. 1, S. 240, Z. 8 f.
17 Dies und alles Weitere nach Einhards eigenem Bericht in der Translatio ss. Marcellini et Petri, lib. 1, c. 1, S. 240; zu den Ereignissen und dem Text vgl. vor allem: SEELIGER 1988; SCHEFERS 1992; HEINZELMANN 1997; PÉREZ GONZALEZ 2000 (allerdings S. 253 mit veralteter Datierung des Textes);

SMITH 2003b; HEYDEMANN 2010; zum Entstehungskontext außerdem oben, S. 243–246.
18 Zu Ascolf und zum Brief Ratleiks: Einhard, Translatio ss. Marcellini et Petri, lib. 1, c. 1, S. 242; zum Empfang der Nachricht in St. Bavo: ebd., lib. 1, c. 8, S. 243.
19 Einhard, Translatio ss. Marcellini et Petri, lib. 1, c. 8, S. 243.
20 Einhard, Translatio ss. Marcellini et Petri, lib. 1, c. 1, S. 240.
21 Zu Tiburtius vgl. die (späte) Darstellung in: AA SS Aug. 2, S. 621–624; außerdem: SEELIGER 2001.
22 Ich folge hier und im Weiteren eng dem Bericht von Einhard, Translatio ss. Marcellini et Petri, lib. 1, c. 2–4, S. 240f. – Mir ist sehr bewusst, dass ich mangels Parallelüberlieferung methodisch nicht kontrollieren kann, wie sehr Einhard in seinem nach Ende August 830 geschaffenen Bericht (der noch zudem von Ratleiks Erzählung abhängig war, vgl. ebd., c. 5, S. 241, Z. 55) das Geschehen bewusst oder unreflektiert verzerrt dargestellt hat. Tatsächlich könnte sich also manches auch anders zugetragen haben; nur können wir nicht sicher sagen, was und wie. Für eine ganz andere Rekonstruktion, die im Grunde Einhards gesamte Erzählung als topisch und tendenziös verwirft, vgl. beispielsweise SEELIGER 1987, S. 83–85.
23 Zur Topographie und Baugeschichte des Ortes: BEUTLER 1982, S. 164–174; SEELIGER 1987; DIEFENBACH 2007, S. 155–181, der wahrscheinlich macht, dass gerade die Anlage von SS. Pietro e Marcellino von Konstantin primär für einen kaiserlichen Totenkult gedacht war, nicht für die Verehrung der Märtyrer selbst. – Der Bau und seine Ausstattung durch Konstantin wird für die Zeit des Papstes Silvester I. erwähnt im Liber Pontificalis, lib. 34, c. 26f., S. 182f. (zumindest die Liste der Ausstattungsgegenstände dürfte auf eine zeitgenössische Aufstellung zurückgehen).
24 Liber Pontificalis, lib. 97, c. 50, S. 500, Z. 28–30.
25 Das Weitere wieder nach Einhard, Translatio ss. Marcellini et Petri, lib. 1, c. 4–7, S. 241f.
26 Einhard, Translatio ss. Marcellini et Petri, lib. 2, c. 6, S. 242, Z. 42f.; zur Geschichte der Kirche der knappe Abriss bei VICINI 1997.
27 Zu Valentinus die knappe Vita im Liber Pontificalis, lib. 102, S. 71f.
28 Dies und das Weitere folgt: Einhard, Translatio ss. Marcellini et Petri, lib. 1, c. 7–8, S. 242f.
29 Diese Überlegung findet sich nicht im Text. Vgl. aber zur Bedeutung des Brenners und der weiteren Alpenübergänge in den östlichen Alpen im Frühmittelalter allgemein: WINCKLER 2012, S. 119, S. 135–141.
30 Die ältesten Quellen, die Marcellinus und Petrus als historische Personen bezeugen (Inschriften des Papstes Damasus I. (bzw. ihm zugeschrieben), Martyrologium Hieronymianum zum 2. Juni), sind zusammengestellt und übersetzt bei: BEUTLER 1982, S. 163f.; die dort ebenfalls zitierte Inschrift des Vigilius gehört allerdings nicht zu SS. Pietro e Marcellino: SEELIGER 1987, S. 70; ebd., S. 71–82, zu den weiteren schriftlichen Nachrichten zu

dem Bau bis in die Zeit Einhards. – Sofern der »Rhythmus de passione Christi martyrum Marcellini et Petri« von Einhard stammt (wie DÜMMLER in seiner Edition, ebd., S. 125, annimmt), dann kannte Einhard zumindest die Inschrift des Papstes Damasus, die ebd., in den Strophen 112–114, S. 134 f., zusammengefasst ist.

[31] Vgl. DIEFENBACH 2007, S. 166 und S. 179 f.

[32] Die folgenden Gedanken sind Rekonstruktion; Einhards Bericht über die Translation der beiden Heiligen dürfte aber nicht zuletzt eine apologetische Funktion gehabt haben, die eben auf die Nachfragen reagiert, die ich im Text anspreche: Dazu HEINZELMANN 1997, S. 280–282.

[33] SCHIEFFER 1997a. – Die Kürze des Ponfitikats, freilich ohne exakte Zeitangabe, betont auch die Vita seines Nachfolgers, Gregors IV., im Liber Pontificalis, lib. 103, c. 3, S. 73; vgl. außerdem: Annales Fuldenses, a. 827, S. 25.

[34] Das heißt weder Petrus noch Marcellinus – denn ersterer war Exorzist, letzterer Priester: Vgl. HEINZELMANN 1997, S. 280, Anm. 57. – Die merkwürdige Erwähnung des Diakons scheint mir wichtig: Hätte Einhard nur eine gute Geschichte erzählen wollen, wäre es viel näherliegend gewesen, Petrus oder Marcellinus selbst dem Knecht erscheinen zu lassen.

[35] So berichtet es etwa Aegil in der Vita Sturmi, c. 15, S. 149, über den heiligen Bonifatius; wir dürfen davon ausgehen, dass Einhard wohl diesen Fuldaer Text, sicher aber die dahinterstehende Erzählung kannte.

[36] So argumentiert Einhard, Translatio ss. Marcellini et Petri, lib. 1, c. 1, S. 240, Z. 8.

[37] Zum Folgenden sehr knapp: SCHEFERS 1993, S. 26, HEINZELMANN 1997, S. 283 f.; DIERKENS 2004, S. 359, Anm. 105; sowie STÖRMER 1998, S. 136 f., der aber ein etwas anderes Szenario annimmt: Ihm zufolge hat Einhard die Reliquien gegen seinen Willen nach Mulinheim transferiert.

[38] Zu seiner Person: SEMMLER 1973, S. 85 f.

[39] Das Folgende nach Einhard, Translatio ss. Marcellini et Petri, lib. 1, c. 9–11, S. 243 f.

[40] Einhard, Translatio ss. Marcellini et Petri, lib. 1, c. 12, S. 244.

[41] Einhard, Translatio ss. Marcellini et Petri, lib. 1, c. 12, S. 244.

[42] Zur Route vgl. gegen die ältere Rekonstruktion von WEBER 1974 (längerer Höhenweg) die plausible Annahme von HARTMANN 1996, der mit einem Weg über die heutigen Orte Bad König, Höchst, Radheim, Mosbach rechnet.

[43] Einhard, Translatio ss. Marcellini et Petri, lib. 1, c. 13, S. 244.

[44] Zu Lokalisierung und Baugestalt der Kirche: NEUBAUER 1967, S. 266–270.

[45] Einhard, Translatio ss. Marcellini et Petri, lib. 1, c. 14, S. 245; dort auch das Folgende.

[46] Einhard, Translatio ss. Marcellini et Petri, lib. 3, c. 2, S. 249.

[47] Einhard, Translatio ss. Marcellini et Petri, lib. 1, c. 15, S. 245.

XII.

[1] Wir wissen über Einhard in jenem Jahr nur, dass er am 2. September an einer Versammlung in Quierzy teilnahm, wo er neben vielen anderen ein Tauschgeschäft zwischen dem Bischof Bernhar von Worms, der zugleich als Abt von Weißenburg amtierte, und dem Grafen Hugo von Tours bezeugte: Traditiones Wizenburgenses, Nr. 69, S. 268–271; der Name Einhards auf S. 271, Z. 126, hier gleich als erster hinter Hugos, noch vor demjenigen des Bischofs Adaloh von Straßburg und des Grafen Lantbert von Nantes – wohl durchaus ein Hinweis auf den persönlichen Rang Einhards.

[2] Annales regni Francorum, a. 820, S. 154; Annales Fuldenses, a. 820, S. 22; wohl danach: Annales Sithienses, a. 820, S. 38.

[3] Die Ursache hierfür war eine ungewöhnlich große Aktivität von Vulkanen: McCORMICK 2008.

[4] Annales regni Francorum, a. 821, S. 157.

[5] Hermann von Reichenau, Chronicon, a. 822, S. 102, Anm. * (= Cod. 4, 4b), zweifellos aus einer älteren Quelle schöpfend; vgl. SIMSON 1874, S. 302.

[6] Annales Fuldenses, a. 822, S. 22.

[7] Annales regni Francorum, a. 822, S. 158.

[8] So heißt es in den Annales regni Francorum, a. 822, S. 158; dort auch das Zitat. Der Astronomus, Vita Hludowici, c. 35, S. 406, zieht eine Parallele zwischen dem Bußakt von Attigny 822 und dem Bußakt des Kaisers Theodosius.

[9] Das betont auch DE JONG 2009, S. 122–131, die allerdings den Hintergrund der Buße nicht so sehr in den Missernten und der Not der frühen 820er Jahre sieht.

[10] Vielleicht erklärt das die sehr knappe Berichterstattung in den Annales regni Francorum, a. 822, S. 158, die ja schon im Wissen um die Entwicklung mindestens des Folgejahres verfasst worden sein dürften? Skeptisch ist auch der rückblickende Bericht bei Paschasius Radbertus, Vita Adalhardi, c. 51, Sp. 1534D–1535A; dazu DE JONG 2009, S. 126f.

[11] Annales regni Francorum, a. 823, S. 163f.

[12] Annales Fuldenses, a. 823, S. 23.

[13] Annales regni Francorum, a. 824, S. 164; Annales Fuldenses, a. 824, S. 23.

[14] Heito, Visio Wettini, c. 25, S. 274.

[15] Die Daten der Vision und des Todes: Heito, Visio Wettini, Praefatio, S. 267; zu der Passage: ZETTLER 2010, S. 265.

[16] Liber Pontificalis, lib. 100, c. 40, S. 63.

[17] Zu seiner Person bietet der Liber Pontificalis, lib. 101, S. 69, nur eine merkwürdig knappe Notiz.

[18] Annales regni Francorum, a. 824, S. 164f.

[19] Das lässt sich aus Einhard, Ep. 11, S. 114f., erschließen.

[20] Annales regni Francorum, a. 824, S. 165.

[21] Annales regni Francorum, a. 825, S. 167.

[22] SIMSON 1874, S. 163, mit den Quellen in Anm. 7.

²³ Astronomus, Vita Hludowici, c. 28, S. 404/406; SIMSON 1874, S. 177–180; BOSHOF 1996, S. 151–153; DE JONG 2009, S. 123.
²⁴ Annales regni Francorum, a. 823, S. 161; zu Drogos weiterem Werdegang: DEPREUX 1997, S. 163–167.
²⁵ SIMSON 1874, S. 198, mit Anm. 1 (mit den Quellen).
²⁶ Zum Geburtsdatum: KOCH 2005, S. 34 f.
²⁷ So das Datum in den Annales Xantenses, a. 827, S. 7; vgl. aber HARTMANN 2002, S. 64, Anm. 186, zu der Möglichkeit einer Datierung der Ehe in das Jahr 828.
²⁸ DEPREUX 1997, S. 156; Adelheids Nachfahren aus dieser Ehe werden einmal als »Welfen« in die Geschichte eingehen; ihre Nachkommen aus ihrer zweiten Ehe (mit Robert dem Tapferen) regieren seit dem späteren 10. Jahrhundert als »Kapetinger« in Frankreich.
²⁹ Annales regni Francorum, a. 811, S. 133.
³⁰ Annales regni Francorum, a. 821, S. 156; Astronomus, Vita Hludowici, c. 34, S. 402/404.
³¹ Zu Matfrids Person grundlegend: DEPREUX 1994.
³² Agobard, Ep. 10, S. 202; dazu ALTHOFF 1997a, S. 189; SCIOR 2012, S. 323.
³³ DEPREUX 1997, S. 170.
³⁴ Annales regni Francorum, a. 823, S. 163; Ludwigs Auftrag und Ebos Erfolge werden ausführlich und panegyrisch überhöht dargestellt bei: Ermoldus Nigellus, In honorem Hludowici, v. 1906–1993 und v. 2028–2061, S. 144–156.
³⁵ Zu Jonas' Person: DEPREUX 1997, S. 276 f.
³⁶ Zum Datum (2. Januar 826): KASTEN 1986, S. 168 f.
³⁷ Oder 820: Vgl. zur Datierung DEPREUX 1997, S. 385, mit Anm. 37 f.
³⁸ Einhard, Vita Karoli, c. 33, S. 37–41, die Unterschriften auf S. 41; zu dem Text: SCHULTZE 1928; INNES 1997.
³⁹ Zu Heitos Person vgl. BEYERLE 1925, S. 71–85.
⁴⁰ Admonitio ad omnes regni ordines, MGH Capit. 1, Nr. 150, S. 303–307; dazu GUILLOT 1990; DE JONG 2009, S. 132 f. – Die Datierung ist nicht vollkommen gesichert: Der Text könnte auch schon von 823 stammen, doch scheint er mir in seiner Grundsätzlichkeit besser in die Zeit unmittelbar nach der katastrophalen Hungersnot der Jahre 823/24 zu passen.
⁴¹ Admonitio ad omnes regni ordines, MGH Capit. 1, Nr. 150, c. 2–3, S. 303.
⁴² Admonitio ad omnes regni ordines, MGH Capit. 1, Nr. 150, c. 15, S. 305, Z. 27; vgl. auch ebd., c. 6, S. 304, Z. 20.
⁴³ Commemoratio missis data, MGH Capit. 1, Nr. 151, S. 308 f. (= Ansegis, Collectio capitularium, ed. SCHMITZ 1996, lib. 2, c. 25–27, S. 540–547).
⁴⁴ Legationis capitulum, MGH Capit. 1, Nr. 152, S. 309 f., das Zitat S. 310, Z. 18 (= Ansegis, Collectio capitularium, ed. SCHMITZ 1996, lib. 2, c. 28, S. 547–549).
⁴⁵ Ausführlich ist der Bericht bei Ermoldus Nigellus, In honorem Hludowici,

v. 2164–2361, S. 166–180, der freilich die Taufe fälschlich nach Ingelheim verlegt; knapp auch: Annales regni Francorum, a. 826, S. 169 f.
46 Annales regni Francorum, a. 826, S. 170 f.
47 Annales regni Francorum, a. 827, S. 172.
48 Vgl. oben, S. 36, mit Anm. III. 15.
49 Annales regni Francorum, a. 801, S. 116; Astronomus, Vita Hludowici, c. 13, S. 318. – Zur Datierung: TREMP, ebd., S. 319, Anm. 159.
50 Noch Anfang der 840er Jahre wird der Astronomus, Vita Hludowici, c. 13–18, S. 312–334, die Kampagnen ausführlich schildern.
51 Annales regni Francorum, a. 827, S. 172 f.
52 Annales regni Francorum, a. 827, S. 173.
53 Die Annales regni Francorum, a. 827–828, S. 173 f., gehen auffällig knapp und ohne Namensnennung über die Ereignisse hinweg. – COLLINS 1990, S. 378 f., hat argumentiert, dass der Vorwurf der Zögerlichkeit politisch motiviert gewesen sei: Angesichts der üblichen Marschgeschwindigkeit hätten Matfrid und Hugo gar nicht viel schneller im Kampfgebiet ankommen können.

XIII.

1 Dass Einhards Reise nach Aachen in der Regel länger als eine Woche dauerte, geht hervor aus: Einhard, Ep. 52, S. 135; der Tag der Abreise (18. Januar) ist notiert in der Translatio ss. Marcellini et Petri, lib. 1, c. 15, S. 245.
2 Einhard, Translatio ss. Marcellini et Petri, lib. 2, c. 1, S. 245.
3 Dies und das Weitere nach Einhard, Translatio ss. Marcellini et Petri, lib. 2, c. 1, S. 245 f.
4 Die im 13. Jahrhundert in Saint-Médard geschriebenen, aber aus älteren Texten schöpfenden Annales sancti Medardi, a. 828, S. 520, behaupten, die Leiber der beiden Märtyrer seien damals nach Saint-Médard überführt worden.
5 Das Folgende schon bei PATZOLD 2009b, S. 248 f.; es beruht weiter auf Einhards Bericht, Translatio ss. Marcellini et Petri, lib. 2, c. 3–5, S. 246 f.
6 Einhard, Translatio ss. Marcellini et Petri, lib. 2, c. 6, S. 247; dort auch alles Folgende.
7 Annales regni Francorum, a. 827, S. 174.
8 Annales regni Francorum, a. 826, S. 171 f.
9 Einhard, Translatio ss. Marcellini et Petri, lib. 2, c. 2, S. 246.
10 Zu den Beratungen im Frühjahr 828 und zu den Teilnehmern: SIMSON 1874, S. 287–290; knapp: BOSHOF 1996, S. 173; DE JONG 2009, S. 148–153, die zu Recht betont, dass Hugo und Matfrid recht unerwartet und plötzlich nach ihrem Feldzug von 827 die Gnade des Kaisers verloren.
11 Annales regni Francorum, a. 828, S. 174.
12 Odo wird erwähnt – bei Gelegenheit seiner Absetzung 830 – vom Astronomus, Vita Hludowici, c. 44, S. 456, sowie c. 45, S. 460.

¹³ An diese Maßnahmen erinnerten Ludwig und Lothar später in einem Brief an ihre Getreuen: Epistola generalis, MGH Capit. 2, Nr. 185, S. 4, Z. 8–13.
¹⁴ Annales regni Francorum, a. 828, S. 176 (die zweite Nachricht nur in Handschriften der C-Klasse, ebd., Anm. *).
¹⁵ Frothar von Toul, Ep. 11, S. 110–114.
¹⁶ Epistola generalis, MGH Capit. 2, Nr. 185 (Langfassung), S. 4, Z. 30–33.
¹⁷ Annales regni Francorum, a. 828, S. 174 f.; zu diesen und den im Folgenden geschilderten Ereignissen auch: SIMSON 1874, S. 295–299.
¹⁸ Annales Fuldenses, a. 828, S. 25; HARTMANN 2002, S. 28.
¹⁹ Epistolarum Fuldensium fragmenta, Nr. 4, S. 518.
²⁰ Annales Fuldenses, a. 829, S. 25.
²¹ Annales regni Francorum, a. 828, S. 175.
²² Annales regni Francorum, a. 828, S. 176.
²³ Einhard, Translatio ss. Marcellini et Petri, lib. 3, c. 11, S. 251 sowie c. 12, S. 252.
²⁴ Das geht hervor aus: Einhard, Translatio ss. Marcellini et Petri, lib. 3, c. 5, S. 249.
²⁵ Die gesamte Geschichte folgt: Einhard, Translatio ss. Marcellini et Petri, lib. 4, c. 4, S. 257.
²⁶ Annales regni Francorum, a. 826, S. 170; Einhard, Translatio ss. Marcellini et Petri, lib. 4, c. 11, S. 260.
²⁷ Inseriert in: Einhard, Translatio ss. Marcellini et Petri, lib. 4, c. 8–11, S. 258–260.
²⁸ Einhard, Translatio ss. Marcellini et Petri, lib. 4, c. 12, S. 260 f. (zu St. Bavo); c. 13 f., S. 261 f. (zu St. Servatius). – Außerdem sandte Einhard zu einem unbekannten Zeitpunkt auch Reliquien an Hetti von Trier: Einhard, Ep. 45, S. 132 f.
²⁹ Einhard, Translatio ss. Marcellini et Petri, lib. 2, c. 10, S. 248; lib. 3, c. 1, S. 248.

XIV.

¹ Vgl. Einhard, Translatio ss. Marcellini et Petri, lib. 3, c. 12, S. 252.
² Alles Voranstehende über das Wunder von Sinzig folgt: Einhard, Translatio ss. Marcellini et Petri, lib. 3, c. 11, S. 251 f. – Zu dieser Geschichte und ihrer offenen Deutung auch HEYDEMANN 2010, S. 331.
³ Zum Folgenden sind zu vergleichen: GANSHOF 1972; DE JONG 2009, S. 157–176. – Ich selbst rekonstruiere den Ereignisablauf von Winter 828 bis Hochsommer 829 etwas anders: Die Neueinschätzung beruht im Kern auf einer Detailuntersuchung der handschriftlichen Überlieferung der Kapitularien, die damals entstanden (MGH Capit. 2, Nr. 184–193). Ich kann die komplexen quellenkritischen Argumente hier nicht wiederholen und verweise stattdessen für alles Weitere auf PATZOLD (im Druck).
⁴ Gedruckt als: Epistola generalis, MGH Capit. 2, Nr. 185 A, S. 4 f.
⁵ Annales regni Francorum, a. 828, S. 176.

[6] Constitutio de synodis anno 829 in regno Francorum habendis, MGH Capit. 2, Nr. 184, S. 2 f.
[7] Gedruckt unter dem Kunsttitel: Capitula ab episcopis in placito tractanda, MGH Capit. 2, Nr. 186, S. 6 f. (die c. 1 – 6 sind Teil des als Nr. 184 gedruckten Textes, Otgar und Alberich werden in c. 3 f., S. 7, erwähnt; das c. 7 gehört dagegen ursprünglich sicher nicht zu dem Text).
[8] Die Datumsangabe im Schlusssatz der sogenannten Constitutio de synodis anno 829 in regno Francorum habendis, MGH Capit. 2, Nr. 184, S. 3, Z. 4 f., ist erst ein späterer Zusatz.
[9] Der Text ist irrtümlich als Beginn der sogenannten Capitula de missis instruendis, MGH Capit. 2, Nr. 187, S. 7, Z. 39 – 41, gedruckt. Er gehört sicherlich nicht zu dem, was in der Edition ab S. 8, Z. 7, folgt, sondern ist ein Fragment eines eigenen Textes, wie nicht zuletzt der Wechsel der Sprecherposition anzeigt.
[10] Capitula de missis instruendis, MGH Capit. 2, Nr. 187, S. 7, Z. 3 f.
[11] Annales regni Francorum, a. 829, S. 176 f.
[12] Diese Instruktionen sind gedruckt als Capitula de missis instruendis, MGH Capit. 2, Nr. 187, S. 8, Z. 7 – S. 9, Z. 13.
[13] Auf der Basis einer bisher nicht hinreichend gewürdigten, wichtigen Handschrift (Barcelona, Archivo de la Corona de Aragón, Ripoll 40) begreife ich als diese Listen die Texte, die in den MGH Capit. 2 als Nr. 191 – 193 gedruckt sind, allerdings in der Fassung der Nr. 191 ohne c. 8 und der Nr. 193 ohne c. 7.
[14] Der Text ist gedruckt als Tractoria de coniectu missis dando, MGH Capit. 2, Nr. 189, S. 10 f. (in einem Gutteil der Überlieferung ist er bezeichnenderweise nahtlos an Nr. 193 angehängt).
[15] Tractoria de coniectu missis dando, MGH Capit. 2, Nr. 189, S. 11, Z. 9 f.
[16] Vgl. die sogenannten Capitula incerta, MGH Capit. 2, Nr. 190, c. 1, S. 11; die Inskription, die BORETIUS/KRAUSE ebd., Z. 18 f., zitieren, ist keine Erfindung Sirmonds, sondern findet sich schon in Barcelona, Archivo de la Corona de Aragón, Ripoll 40, fol. 7r.
[17] Capitula incerta, MGH Capit. 2, Nr. 190, c. 3, S. 11.
[18] Dass das Thema virulent, aber strittig war, zeigt: Capitulare missorum, MGH Capit. 2, Nr. 188, c. 1, S. 9 (die hier gedruckte Version der Kapitelliste suggeriert im Übrigen eine Stabilität und Zusammengehörigkeit der betreffenden Kapitel, die durch die handschriftliche Überlieferung nicht bestätigt wird). – Die Frage der rechtlichen Stellung von Ländereien, die Kirchen übertragen worden waren, beschäftigte den Hof und die Eliten in den 820er Jahren sehr intensiv: Vgl. dazu die Rezeption der Epitome Juliani, 7, 32 f. bei Ansegis, Collectio capitularium, ed. SCHMITZ 1996, lib. 2, c. 29 f., S. 549 – 553 (die griechischen Lehnwörter in Epit. Jul. 7, 32, sind übrigens aufgenommen und erklärt im sogenannnten »Vademecum Grimalds von St. Gallen«: St. Gallen, Stiftsbibliothek, Cod. 397, p. 38); oder auch Agobards »Liber de dispensatione ecclesiasticarum rerum«; zur Aus-

weisung von Sondergut im Besitz von Klöstern und Stiften für die Gemeinschaften: oben, S. 102, mit Anm. VIII. 37; zu Veränderungen in der kaiserlichen Kontrolle von Tauschgeschäften mit Kirchengut: DEPREUX 2000. – In der Rückschau stellte auch Paschasius Radbertus, Epitaphium Arsenii, lib. 2, S. 63–65, die *res ecclesiarum* als einen Kernpunkt der Diskussion dar.

[19] In dem Material von 828/29 finden sich bezeichnenderweise mindestens vier verschiedene Vorschläge hierzu. Sie sind von BORETIUS/KRAUSE irreführend gedruckt als: Capitula ab episcopis in placito tractanda, MGH Capit. 2, Nr. 186, c. 7, S. 7; Capitulare missorum, ebd., Nr. 188, c. 5, S. 10; dann jene Fassung, die BORETIUS/KRAUSE ebd. als Variante i) in den Apparat verbannt haben; schließlich Capitulare pro lege habendum Wormatiense, ebd., Nr. 193, c. 7, S. 19 f.

[20] Als einen solchen Diskussionspunkt schätze ich das Kapitel ein, das Benedictus Levita, Collectio capitularium, lib. 1, c. 279, bietet, das daneben aber auch in etlichen anderen Zusammenhängen überliefert ist. Zur Echtheit und zum Zusammenhang mit dem Material von 829 bereits LUKAS 2005; ich bereite zur Zeit einen eigenen Beitrag zu diesem *capitulum* vor.

[21] Capitulare missorum, MGH Capit. 2, Nr. 188, c. 3, S. 10.

[22] So behauptete es jedenfalls Paschasius Radbertus, Epitaphium Arsenii, lib. 2, S. 62–65, der sich auf eine *parva schedula* aus Walas eigener Hand zu stützen angab (S. 61); der Text ist allerdings mit deutlichem zeitlichen Abstand niedergeschrieben worden und könnte insgesamt wohl weit stärker die Befindlichkeiten des Autors zur Abfassungszeit widerspiegeln als diejenige Walas im Winter 828/29.

[23] Grundlegend zu diesem Problem: ALTHOFF 1990.

[24] Einhard, Translatio ss. Marcellini et Petri, lib. 3, c. 12, S. 252.

[25] Dies und das Folgende nach Einhard, Translatio ss. Marcellini et Petri, lib. 3, c. 12, S. 252.

[26] Zu Alberich: Einhard, Translatio ss. Marcellini et Petri, lib. 3, c. 6, S. 250 und c. 12, S. 252.

[27] Zum Folgenden: Einhard, Translatio ss. Marcellini et Petri, lib. 3, c. 13, S. 252 f.; DE JONG 2009, S. 160–162.

[28] Einhard, Translatio ss. Marcellini et Petri, lib. 3, c. 13, S. 252, Z. 47 f.; vgl. hierzu und zum Folgenden auch HEYDEMANN 2010, S. 325–330. – Geistliche in Mainz berichteten zum Jahr 874 von einer Vision Ludwigs »des Deutschen«, der seinen Vater in Qualen im Jenseits hatte um Hilfe flehen sehen. Der Verfasser des Jahresberichts glaubte, dass Ludwig der Fromme unter anderem deswegen nun leide, weil er zu Lebzeiten die Ermahnungen des Erzengels Gabriel, die Einhard ihm hatte zukommen lassen, nicht beachtet habe (Annales Fuldenses, a. 874, S. 82).

[29] Für das Folgende: Einhard, Translatio ss. Marcellini et Petri, lib. 3, c. 14, S. 253 f.; DE JONG 2009, S. 162–164.

[30] Epistola generalis, MGH Capit. 2, Nr. 185 (Langfassung), S. 4–6.

[31] Einhard, Ep. 14, S. 117.

Anmerkungen zu Seite 185–187

[32] Die Zusage geht hervor aus: Einhard, Ep. 10, S. 114, worin der Höfling seinen Kaiser später ermahnte, das Versprechen auch einzuhalten.

[33] Einhard, Ep. 18, S. 119; Geboins Name ist nur aus der Initiale erschlossen, vgl. ebd., Anm. 4. – Der Brief wird von HAMPE 1896, S. 620, Anm. 2, eher beiläufig und wohl nur aus inhaltlichen Erwägungen heraus auf »etwa Mitte 830« datiert. Ich halte dies nicht für zwingend und möchte den Brief eher in den Kontext des Jahres 829 setzen.

[34] Das geht hervor aus Einhard, Translatio ss. Marcellini et Petri, lib. 3, c. 17, S. 254.

[35] Vgl. dazu oben, Anm. VIII. 54.

[36] Einhard, Ep. 35, S. 127. – HAMPE 1896, S. 616 f., datiert den Brief erst in das Jahr 834. Sein Argument dafür lautet: Einhard bittet den Adressaten »F.« in demselben Schreiben, für die Weitersendung eines beigegebenen Briefes an einen Abt namens Folco Sorge zu tragen (und auch dessen Antwort wiederum an Einhard weiterzuleiten). Hampe identifiziert dieses Schreiben an Folco nun mit Ep. 36, S. 128; und in Folco selbst sieht er den gleichnamigen Abt von Saint-Wandrille, der aber erst seit März 834 dort als Abt nachweisbar sei. Folglich datiert Hampe beide Briefe in das Jahr 834. – Doch ist weder der Zusammenhang zwischen den beiden Briefen gesichert, noch die Identifizierung des Abtes Folco mit dem gleichnamigen Abt von Saint-Wandrille; der Terminus ante quem ist daher keineswegs sicher belegt. In Ep. 36 legt Einhard zudem Wert darauf, ein Geschäft, das er zuvor mit Folco bei einem Gespräch in der Aachener Pfalz verabredet hat, nicht in Vergessenheit geraten zu lassen, sondern nun bald auch umzusetzen; dabei geht es um den Kauf von Blei für das Dach der neuen Kirche in Mulinheim zum Preis von 50 Pfund (wohl: Silber). Einhard betont ausdrücklich, dass der Kirchenbau noch nicht so weit fortgeschritten sei, dass er das Blei sofort verbauen könne. Ich halte es für unwahrscheinlich, dass Einhard ein solches Erinnerungsschreiben erst Jahre nach dem Gespräch verfasst haben soll. Außerdem belegt Einhards Ep. 11, S. 114 f. sein heftiges Interesse an dem Bau einer Kirche in Mulinheim schon 829, so dass auch von hierher eher eine frühere Datierung von Ep. 36 naheliegt.

[37] Der Brief an Einhard ist überliefert in der Sammlung des Frothar von Toul, Ep. 16, S. 122. – Zum Geschehen vgl. noch ebd., Ep. 15, S. 120/122 (an den Erzkaplan Hilduin) und Ep. 17, S. 124 (an die Kaiserin Judith).

[38] Vgl. den Lobpreis Einhards bei Walahfrid Strabo, De imagine Tetrici, S. 377, v. 221–226; vgl. im Übrigen auch das Schreiben des Fuldaer Mönchs Brun Candidus an Ludwig den Frommen (MGH Epp. 5, S. 616, hier Z. 20 f.); Brun setzt ohne Weiteres voraus, dass Einhard einen an Ludwig gerichteten Brief über die Trinität zu Gesicht bekommen könnte! Zu dem Schreiben: STRATMANN 1997, S. 325; zum Verhältnis Bruns und Einhards: DIERKENS 2004, S. 346, mit Anm. 33.

[39] Geplant war ein Beginn am 23. Mai: Vgl. Tractoria de coniectu missis

dando, MGH Capit. 2, Nr. 189, S. 11; nun wurde es tatsächlich der 6. Juni: Concilium Parisiense, MGH Conc. 2,2, Nr. 50D, Praefatio, S. 608, Z. 38 f.
40 Annales regni Francorum, a. 829, S. 177.
41 Wir können die Verhandlungen im Hintergrund und die Gerüchte darüber nicht handfest nachweisen, sondern nur vermuten. Tatsächlich wird aber Ludwig seinen ältesten Sohn noch vor Ende des Jahres nach Italien schicken; Kritiker Ludwigs (und zumal der Kaiserin Judith) wie Agobard von Lyon haben diesen Wechsel in der Stellung Lothars durchaus wahrgenommen – und als Entmachtung begriffen: Vgl. HAMPE 1896, S. 607; Agobard von Lyon, Ep. 15, c. 4, S. 225, Z. 10 f.
42 Einhard, Ep. 17, S. 119. – HAMPE 1896, S. 607 und S. 611 f., hat das Schreiben ohne zwingende Argumente in den Sommer 830 datiert.

XV.

1 Einhard, Vita Karoli, ed. HOLDER-EGGER 1911. – Die Literatur dazu ist kaum noch überschaubar. Wichtig sind u. a.: HELLMANN 1932; BEUMANN 1951; WATTENBACH/LEVISON 1953, S. 273–277; LÖWE 1974, 1983; WOLTER 1986; BERSCHIN 1991, S. 199–220; KEMPSHALL 1995; KRÜGER 1998; GANZ 1997, 2005, 2010; TISCHLER 2001; HAGENEIER 2004, S. 32–128; MCKITTERICK 2008, S. 19–32; DE JONG 2009, S. 67–72; zuletzt: GLENN 2011; BECHT-JÖRDENS 2011; VON DER NAHMER 2012; BAGGE 2012. – Die im Text angegebene Datierung ist eine These; wann die »Vita Karoli« genau entstand, ist zutiefst umstritten: Vgl. dazu auch oben, S. 294 f.
2 Einhard, Vita Karoli, c. 33, S. 37–41.
3 Walahfrid Strabo, Prolog zur Neuausgabe von Einhards Vita Karoli, S. XXVIII sq.
4 Vgl. den grandiosen Katalog bei TISCHLER 2001 (dazu NELSON 2006).
5 Vgl. zuletzt in abgewogener Reflexion: HARTMANN 2010, S. 13–15; skeptischer: WOLF 1997; MCKITTERICK 2008, bes. S. 23.
6 Dies und das Weitere greift die Ergebnisse meiner eigenen Untersuchung auf: PATZOLD 2011b; dort auch ausführlichere Belege und Literaturverweise. Allerdings gehe ich inzwischen in der Feindatierung der Vita von einem noch etwas späteren Ansatz aus. Ich denke, der Text ist nicht im Winter 828/29, sondern erst im Frühjahr 829 entstanden. Noch im selben Jahr hat ihn dann Lupus – vielleicht vermittelt über seinen Abt Aldrich, der damals eben mit Einhards Hilfe zum Erzbischof von Sens erhoben wurde (LÖWE, 1983, S. 95; vgl. oben, S. 186 f., Anm. XIV. 37), in Ferrières gelesen (dazu oben, S. 235 ff.).
7 Vgl. oben, S. 157.
8 Die Benutzung ist bestens bekannt und durch die Nachweise im Apparat der Edition von HOLDER-EGGER 1911 leicht nachzuvollziehen; vgl. aus der neueren Literatur die je unterschiedlichen Interpretationen von NICOLL 1975; HEILMANN 1997; MEYERS 2001; HAGENEIER 2004, S. 52–57; SCHERBERICH 2006; BECHT-JÖRDENS 2011.

⁹ Grundlegend: KEMPSHALL 1995.
¹⁰ Dazu grundlegend BEUMANN 1951.
¹¹ Zuletzt hat MCKITTERICK 2008, S. 27–31, auf Parallelen (allerdings keine wörtlichen Zitate!) zu Tacitus' »Agricola« aufmerksam gemacht, den Einhard aus einer Fuldaer Handschrift des 9. Jahrhunderts gekannt haben könnte. – Gegen die Benutzung von Livius, die Max Manitius angenommen hatte: MORDEK 1983; einen Bezug zu Vergils »Aeneis« versucht GLENN 2001 nachzuweisen, doch bleiben die Parallelen sprachlich nach meinem Dafürhalten wenig aussagekräftig.
¹² Zur Abfassung in Mulinheim auch: MORDEK 1983, S. 343, Anm. 31, der davon ausgeht, dass Einhard eine Sueton-Kopie zur Hand gehabt habe; TISCHLER 2001, S. 160, vermutet ebenfalls eine Abfassung fern von Aachen.
¹³ Paschasius Radbertus, Expositio in Matheo libri XII, Prolog, S. 6.
¹⁴ Das geht hervor aus Lupus, Ep. 1, S. 8, Z. 26–35.
¹⁵ Vgl. dazu die jüngste Gesamtanalyse von LEFÈVRE 2008.
¹⁶ Cicero, Tusculanae disputationes I, 1.
¹⁷ Cicero, Tusculanae disputationes I, 5.
¹⁸ Cicero, Tusculanae disputationes V, 121.
¹⁹ Zu dieser Kernaussage der »Vita Karoli« grundlegend GANZ 2005.
²⁰ Dazu Einhard, Vita Karoli, c. 5–15, S. 7–18.
²¹ Einhard, Vita Karoli, c. 24, S. 28 f. (zum Essen, Trinken und nächtlichen Austreten; zu dieser Bedeutung von *desurgere*: STIENE 2005); c. 22, S. 27 (zum Baden).
²² Einhard, Vita Karoli, c. 23, S. 27 f. (zu den Kleidern); c. 19, S. 25 (zur Liebe zu den Töchtern); c. 19, S. 23 (Erziehung der Söhne).
²³ Einhard, Vita Karoli, c. 26, S. 30 (Frömmigkeit); c. 26, S. 31 (Gesang); c. 25, S. 30 (Lateinkenntnisse); c. 22, S. 26 (alle Körpermerkmale).
²⁴ Cicero, De inventione II, 1, 3.
²⁵ Das von Cicero beschriebene Verfahren war gebildeten Zeitgenossen Einhards nachweislich bekannt: Vgl. etwa fast gleichzeitig auch Paschasius Radbertus, Expositio in Matheo libri XII, Prolog, S. 6.
²⁶ Vgl. BECHT-JÖRDENS 2011, S. 341.
²⁷ Das ist leicht zu verfolgen über die Nachweise im Apparat der Edition von HOLDER-EGGER 1911, bes. S. 26–32.
²⁸ Die Formulierung in Einhards Widmungsschreiben, Vita Karoli, Praefatio, S. 1.
²⁹ Einhard, Vita Karoli, c. 19, S. 23 (Wollarbeiten); c. 19, S. 24 (Freundschaften); c. 24, S. 29 (Essen); die Parallelen zu Sueton sind (hier wie im Folgenden) im Apparat der Edition nachgewiesen.
³⁰ Einhard, Vita Karoli, c. 22, S. 27.
³¹ Einhard, Vita Karoli, c. 25, S. 30.
³² Einhard, Vita Karoli, c. 22, S. 26; c. 24, S. 29.
³³ Beide Zitate: Einhard, Vita Karoli, c. 22, S. 26.
³⁴ Einhard, Vita Karoli, c. 25, S. 30.

[35] Einhard, Vita Karoli, c. 29, S. 33.
[36] Einhard, Vita Karoli, c. 22, S. 27.
[37] Einhard, Vita Karoli, c. 18, S. 22 f.
[38] Einhard, Vita Karoli, c. 30, S. 34.
[39] Einhard, Vita Karoli, c. 22, S. 27 und c. 24, S. 29.
[40] Einhard, Vita Karoli, c. 32, S. 36 f.
[41] Einhard, Vita Karoli, c. 24, S. 29.
[42] Einhard, Vita Karoli, c. 23, S. 27 f.
[43] Einhard, Vita Karoli, c. 29, S. 33 f.; es sei allerdings darauf verwiesen, dass die Namen immerhin so interessant waren, dass Grimald, Abt von Weißenburg und St. Gallen sowie Erzkaplan Ludwigs des Deutschen, sie in sein sogenanntes »Vademecum« aufnehmen ließ: St. Gallen, Stiftsbibliothek, Cod. 397, p. 26.
[44] Vgl. dazu auch oben, S. 235 ff.
[45] Das hat die Forschung seit jeher zu erklären und deuten versucht: Vgl. die je unterschiedlichen Hypothesen bei BEUMANN 1962b, S. 27–30; CHRISTE 1983; GAUERT 1984; HAGEMANN 2001; FOURACRE 2005; BARNWELL 2005.
[46] Einhard, Vita Karoli, c. 1–2, S. 2–4.
[47] Einhard, Vita Karoli, c. 2, S. 4 f.
[48] Einhard, Vita Karoli, c. 3, S. 5 f.
[49] Einhard, Vita Karoli, c. 2, S. 4 (bezogen auf Karls Onkel, den Hausmeier Karlmann).
[50] Zu seiner Person grundlegend: LÖWE 1951, bes. S. 87–96; zusammenfassend: DEPREUX 1997, S. 214 f.
[51] Alles Weitere nach Einhard, Vita Karoli, Widmungsschreiben, S. 1 f.; dazu grundlegend: GANZ 1997; wichtig zur Überlieferung: TISCHLER 2001, S. 78–101, S. 157–162 und S. 234–238, der zeigen kann, dass der Text nicht Teil jener Widmungsfassung war, die Gerward geschaffen habe. Doch hat BECHT-JÖRDENS 2011, S. 344, Anm. 19, zu Recht darauf aufmerksam gemacht, dass Tischler aus dieser Beobachtung wohl zu weitreichende Schlüsse gezogen hat: Die Vorrede scheint auch mir in der Tat ein wichtiger, von Einhard mitgegebener Schlüssel zur Interpretation der Vita, der – wie auch immer vermittelt – auch Ludwig dem Frommen und dem Hof insgesamt bekannt worden sein wird. Auch Lupus von Ferrières hat diesen Text nachweislich sehr bald schon gekannt: Dazu oben, S. 235 ff.

XVI.

[1] Zu den Synoden, zumal zur Pariser Synode: HARTMANN 1989, S. 179–181; PATZOLD 2008, S. 149–166; DE JONG 2009, S. 176–184 (jeweils mit weiterer Literatur).
[2] Ort und Teilnehmer gehen hervor aus einer Urkunde Inchads von Paris, in den hier interessierenden Teilen gedruckt in den MGH Conc. 2,1, Nr. 19D, S. 605 f.
[3] Dazu aus mediävistischer Perspektive: ANTON 1979, S. 54–58, Anm. 4 (zur

Diskussion in der älteren Literatur); ULLMANN 1981, S. 198–212. – Aus althistorischer Perspektive: MEIER 2009, S. 109–115.
4 Vgl. etwa ANTON 1968, S. 204 f.; HARTMANN 1989, S. 182; DUBREUCQ 1995, S. 40 f. – Skeptisch dagegen WEINRICH 1963, S. 69.
5 Concilium Parisiense, MGH Conc. 2,2, Nr. 50 D, Praefatio, S. 607.
6 Concilium Parisiense, MGH Conc. 2,2, Nr. 50 D, Praefatio, S. 607 f.
7 Concilium Parisiense, MGH Conc. 2,2, Nr. 50 D, Praefatio, S. 608, Z. 19 f.
8 Vgl. oben, Anm. S. 178.
9 Concilium Parisiense, MGH Conc. 2,2, Nr. 50 D, lib. 1, c. 1, S. 609 f.
10 Vgl. dazu ANTON 1999, S. 79.
11 Concilium Parisiense, MGH Conc. 2,2, Nr. 50 D, lib. 1, c. 2, S. 610.
12 Gelasius, Epistola, ed. THIEL 1868, S. 350 f.; zur Bedeutung der Lehre für den mittelalterlichen Episkopat: JÉGOU 2004, S. 39 f.
13 Concilium Parisiense, MGH Conc. 2,2, Nr. 50 D, lib. I, c. 3, S. 610.
14 FRIED 1982, S. 22, mit Anm. 87; HARTMANN 1989, S. 183; PATZOLD 2008, S. 156, mit Anm. 339.
15 Zur Verbreitung der Werke des Fulgentius in der Karolingerzeit: LAISTNER 1957, S. 211–215.
16 Concilium Parisiense, MGH Conc. 2,2, Nr. 50 D, lib. 1, c. 3, S. 610 f., entspricht: Fulgentius, De veritate praedestinationis et gratiae Dei, lib. 2, c. 38, Sp. 647 D.
17 Concilium Parisiense, MGH Conc. 2,2, Nr. 50 D, lib. 1, c. 3, S. 611.
18 Relatio episcoporum, MGH Capit. 2, Nr. 196, S. 26–51 (Andreas Öffner, Tübingen, bereitet zur Zeit eine Neuedition des Textes vor).
19 Annales regni Francorum, a. 829, S. 177.
20 Annales regni Francorum, a. 829, S. 177.
21 Vgl. Hinkmar von Reims, De ordine palatii, c. 8, S. 92, demzufolge die Großen vorgefertigte *capitula* für die Beratung ausgehändigt bekamen.
22 Die Verhandlungen Matfrids und Hugos im Hintergrund, auch die Beziehungen, die Hugo zu seinem kaiserlichen Schwiegersohn Lothar in jenen Wochen unterhielt, können wir nicht mehr exakt fassen: Der Astronomus, Vita Hludowici, c. 43, S. 452 f., berichtet immerhin von *clandestinae machinationes* in Worms; vgl. außerdem Nithard, Historiae, lib. 1, c. 3, S. 3.
23 Vgl. dazu näherhin PATZOLD (im Druck).
24 Capitulare Wormatiense, MGH Capit. 2, Nr. 191, c. 8, S. 13.
25 Capitulare pro lege habendum Wormatiense, MGH Capit. 2, Nr. 193, c. 7, S. 19 f.
26 Thegan, Gesta Hludowici, c. 35, S. 220; Nithard, Historiae, lib. 1, c. 3, S. 3; vgl. BOSHOF 1996, S. 178–181.
27 Dazu SIMSON 1874, S. 329, mit Anm. 5; BOSHOF 1969, S. 199, mit Anm. 19.
28 Agobard, Ep. 15, c. 4, S. 225, Z. 10 f.; zur Datierung in das Spätjahr 829 oder den Januar 830 vgl. BOSHOF 1969, S. 201–205. – Ganz sicher scheint mir diese Datierung nicht, auch DÜMMLERS Ansatz in der Edition auf das Jahr 833 hat einiges für sich. Insbesondere würde so besser plausibel,

warum Agobard von einem Streit Ludwigs mit mehreren seiner Söhne ausgehen (c. 3, S. 224), einen Verstoß gegen die göttlich legitimierte Nachfolgeordnung von 817 monieren (c. 4, S. 224 f.) und ein Gemurre über die zahlreichen erzwungenen Eidbrüche der Großen kolportieren konnte (c. 7, S. 226): All das würde wohl doch eher in die Zeit nach den beiden neuen Teilungsvorschlägen von 831 und 832 passen.

29 Hierzu und zum Folgenden: SIMSON 1874, S. 330–335.
30 DEPREUX 1997, S. 137–139.
31 Annales regni Francorum, a. 829, S. 177; Annales Fuldenses, a. 829, S. 26; Nithard, Historiae, lib. 1, c. 3, S. 3.
32 Dieser Grundgedanke – Bernhard als Hilfe gegen Matfrid und Hugo – findet sich bei Nithard, Historiae, lib. 1, c. 3, S. 3; und beim Astronomus, Vita Hludowici, c. 43, S. 454.
33 Annales regni Francorum, a. 829, S. 177.
34 Zur Datierung des Baus in die Jahre zwischen vor 830 und 836: DIERKENS 2004, S. 358.
35 Einhard, Ep. 36, S. 128; zur Frage der Datierung vgl. oben, Anm. XIV. 36.
36 SCHEFERS 1994, S. 143–145; DIERKENS 2004, S. 358.
37 Thegan, Gesta Hludowici, c. 36, S. 222 (der freilich von einer Vergewaltigung Judiths durch Bernhard spricht); Agobard von Lyon, Liber apologeticus I, c. 2, S. 309. – Der Astronomus, Vita Hludowici, c. 44, S. 456, kolportierte die Vorwürfe, hielt sie aber für unberechtigt.
38 So – freilich spät und mit apologetischer Tendenz für Walas Beteiligung am Aufstand gegen Bernhard und Judith – Paschasius Radbertus, Epitaphium Arsenii, lib. 2, S. 69.
39 So Paschasius Radbertus, Epitaphium Arsenii, lib. 2, S. 69; vgl. auch: Astronomus, Vita Hludowici, c. 44, S. 456; ob all diese Argumente schon 829 umliefen, können wir allerdings nicht zweifelsfrei klären.
40 MEIER 2009; BECHER 2009; Patzold 2009c, S. 228 f.
41 Zur Einordnung der Vorwürfe von Ehebruch und Hexerei in die zeitgenössische Vorstellungswelt und den politischen Diskurs vgl. ausführlich DE JONG 2009, S. 195–205.
42 Dieses Motiv der letztlich dem Kaiser selbst nur »loyalen« Rebellion entfaltet nachträglich: Paschasius Radbertus, Epitaphium Arsenii, lib. 2, S. 70 und S. 73.
43 Einhard, Ep. 10, S. 113.
44 Einhard, Ep. 10, S. 114.
45 Es fehlt ein direktes Zeugnis für diesen Befehl; ich erschließe ihn aber aus Ep. 52, S. 135; der Brief setzt einen Befehl des Kaisers letztlich voraus.
46 Einhards Brief und Gerwards Antwort sind nicht überliefert, lassen sich aber aufgrund von Ep. 52, S. 135, postulieren.
47 Einhard, Ep. 52, S. 135.
48 Einhard, Ep. 52, S. 135.
49 Einhard, Translatio ss. Marcellini et Petri, lib. 3, c. 19, S. 255.

XVII.

[1] Einhard, Ep. 20, S. 120; HAMPE 1896, S. 607 f., datiert das Schreiben vorsichtig ins Jahr 832, räumt aber selbst ein, dass auch 829 in Frage kommen könnte. Bei einer solchen früheren Datierung wäre jedenfalls besser zu erklären, dass Einhard das Mandat für den Kaiser verfasste – und eine Kopie davon nach St. Bavo gelangte.

[2] Einhard, Ep. 12, S. 115 f.

[3] Einhard, Ep. 11, S. 114 f.

[4] DE JONG 2009, S. 163 f., hat zuletzt argumentiert, der Brief sei ein – gewissermaßen üblicher – Teil des Mahndiskurses der Zeit. Ich meine aber doch, dass man das Schreiben mit Einhards Ep. 16, S. 118 (vgl. oben, S. 229 f.) zusammensehen muss: Einhard selbst hatte offenkundig Angst, als Lothar dann tatsächlich über die Alpen kam.

[5] Annales Bertiniani, a. 830, S. 1; Annales Mettenses priores, a. 830, S. 95; zur Chronologie: RI² I, 872g, sowie SIMSON 1874, S. 341. – Später würden Ludwigs Gegner ihm den Befehl zum Kriegszug gerade in der Fastenzeit zum Vorwurf machen: Episcoporum de poenitentia relatio Compendiensis, MGH Capit. 2, Nr. 197, c. 3, S. 54 (= ed. BOOKER 2008, S. 17); dort werden auch die Tagesdaten genannt.

[6] Einhard, Ep. 21–22, S. 120 f.; HAMPE 1896, S. 607, datiert die Briefe im Gefolge von SIMSON 1876, S. 28, mit Anm. 3, aufgrund eines nachgewiesenen Aufenthalts Ludwigs des Frommen in Tours auf »832 c. Nov.«; ein Aufenthalt in Tours wäre allerdings auch nach dem Feldzug in die Bretagne 830 zumindest nicht ganz unwahrscheinlich gewesen – zumal es denkbar ist, dass der Kaiser dort gegen den abgesetzten Hugo Präsenz hat zeigen wollen. Wichtig für die Datierung der beiden Mandate Ludwigs scheint mir außerdem: Wann war Einhard noch am Hof für solche Aufgaben greifbar? Und wie und wann sollen Kopien von ihnen nach St. Bavo gekommen sein? Ich halte es eher für denkbar, dass sie mit Einhard selbst im Frühjahr 830 dorthin gelangten (vgl. oben, S. 226 f.); daher meine Frühdatierung in die ersten Monate des Jahres 830.

[7] Annales Bertiniani, a. 830, S. 1 f.; Annales Mettenses priores, a. 830, S. 96; zur Chronologie: RI² I, 872–873.

[8] Die Namen werden genannt bei Thegan, Gesta Hludowici, c. 36, S. 222, und Astronomus, Vita Hludowici, c. 44, S. 458.

[9] Agobard, Ep. 15, c. 4, S. 224 f. – sofern der Brief aus dieser Zeit datiert. Agobard hat sich in dieser ersten Rebellion von 830 noch nicht offen auf die Seite der Gegner des alten Kaisers geschlagen: Dazu BOSHOF 1969, S. 208.

[10] Zu den Ereignissen: RI² I, 874a–b; SIMSON 1874, S. 342–345; zur Rebellion von 830 insgesamt und zu ihren Ursachen jetzt auch DOHMEN 2011.

[11] Annales Bertiniani, a. 830, S. 2; Astronomus, Vita Hludowici, c. 44, S. 456; Nithard, Historiae, lib. 1, c. 3, S. 3; danach die Rekonstruktion bei: SIMSON 1874, S. 346.

[12] Annales Bertiniani, a. 830, S. 1.
[13] Einhard, Ep. 15, S. 118.
[14] Einhard, Ep. 13, S. 116 f.
[15] Einhard, Ep. 14, S. 117.
[16] Einhard, Ep. 15, S. 118.
[17] Dazu und zum Folgenden: Annales Mettenses priores, a. 830, S. 96 f. (die Judith zu verteidigen suchen); Astronomus, Vita Hludowici, c. 44, S. 456/458; vgl. zur Deutung außerdem KOCH 2005, S. 107–115; DE JONG 2009, S. 205 f.
[18] Zu seiner Führungsrolle im Aufstand von 830: COLLINS 1990, S. 381 f.
[19] Annales Bertiniani, a. 830, S. 2; Thegan, Gesta Hludowici, c. 36, S. 222; Nithard, Historiae, lib. 1, c. 3, S. 3; danach: SIMSON 1874, S. 351.
[20] Dies gegen HAMPE 1896, S. 620 f. und S. 627, der Einhard stets als treuen Anhänger Lothars und Gegner Judiths sehen wollte.
[21] Einhard, Ep. 16, S. 118.
[22] Astronomus, Vita Hludowici, c. 44, S. 456; danach SIMSON 1874, S. 345.
[23] Vgl. die Formulierung bei Einhard, Translatio ss. Marcellini et Petri, lib. 1, c. 1, S. 239.

Otium – Die Jahre in Mulinheim

XVIII.

[1] Zu Lupus: DEPREUX 1994b; NOBLE 1998; MÜNSCH 2001, S. 9–55.
[2] Vgl. oben, S. 186 f.
[3] Alles Folgende beruht auf Lupus, Ep. 1, S. 7 f.; vgl. dazu meine Analyse in PATZOLD 2011b, S. 38–41, die ich hier wieder aufgreife.
[4] Möglicherweise der Kommentar des Gaius Marius Victorinus zu Ciceros Rhetorik, der unter anderem in der Handschrift Köln, Erzbischöfliche Diözesan- und Dombibliothek, Cod. 166, fol. 75r–184r und fol. 189v–231v aus dem 8. Jahrhundert überliefert ist.
[5] Eine Kopie der Bücher 9,14,2–20,6,12 hat Lupus später in seinem Besitz – und arbeitet sie gründlich durch: Città del Vaticano, Biblioteca Apostolica Vaticana, Reg. lat. 597, fol. 79r–200v; dazu HOLFORD-STREVENS 2003, S. 334; LINDERMANN 2006, S. 44.
[6] Cicero, Tusculanae disputationes I, 4.
[7] Cicero, Tusculanae disputationes I, 7.
[8] Einhard, Vita Karoli, Prolog, S. 2; vgl. Cicero, Tusculanae disputationes I, 6.
[9] Lupus, Ep. 1, S. 7 f.
[10] Einhard, Vita Karoli, c. 24, S. 29.
[11] Augustinus, De civitate Dei V, 13.
[12] Lupus, Ep. 1, S. 8; dort auch die weiteren Zitate.
[13] Lupus, Ep. 2–5, S. 9–17; dazu oben, S. 262–273.

XIX.

1 Zu den Ereignissen: SIMSON 1876, S. 353–362; BOSHOF 1996, S. 184–186; DE JONG 2009, S. 208–213; die Basis unseres Wissens hierzu wie zum Folgenden sind wesentlich die rückblickenden Berichte des Astronomus, Vita Hludowici, c. 45, S. 460/462; Nithard, Historiae, lib. 1, c. 3, S. 3 f.; außerdem Paschasius Radbertus, Epitaphium Arsenii, lib. 2, S. 72–74; nur knapp auch: Annales Bertiniani, a. 830, S. 2 f.; insbesondere zu Judiths Schicksal: Annales Mettenses priores, a. 830, S. 97.
2 Die Rolle Guntbalds nur bei Nithard, Historiae, lib. 1, c. 3, S. 4; zu seiner Person: DEPREUX 1997, S. 218–220.
3 So Nithard, Historiae, lib. 1, c. 3, S. 4, Z. 15–18.
4 Annales Bertiniani, a. 830, S. 3; Annales Mettenses priores, a. 830, S. 97 f.; laut dem Astronomus, Vita Hludowici, c. 46, S. 464, hielt sich Ludwig von Judith fern, bis sie sich am Tag Mariä Reinigung (!) von den Vorwürfen *legali praescripto modo* gereinigt hatte; zu den Vorgängen: KOCH 2005, S. 120–127.
5 Astronomus, Vita Hludowici, c. 45, S. 462, Z. 1–5.
6 Astronomus, Vita Hludowici, c. 45, S. 462, Z. 5 f.
7 Thegan, Gesta Hludowici, c. 37, S. 224; zur Beteiligung Ebos ebd., c. 44, S. 236.
8 Das hier behauptete Szenario lässt sich nicht im strengen Sinne geschichtswissenschaftlich beweisen, es bleibt Hypothese. Zu der Kernidee vgl. auch KNIBBS 2013.
9 Die Edition von HINSCHIUS 1863 bedarf dringend der Überarbeitung; vgl. dazu vorerst die Internet-Teileditionen von Karl-Georg SCHON unter: http://www.pseudoisidor.mgh.de. – In der Lokalisierung nach Corbie folge ich ZECHIEL-ECKES 2000, 2001, 2002, der den Text freilich etwas später, nämlich erst in die Zeit nach Februar 836 ansetzte und auch den ersten Anlass für die Fälschung in der Absetzung von Bischöfen nach der zweiten Rebellion gegen Ludwig den Frommen sah. Dass allerdings der jüngste in den Fälschungen rezipierte Text nicht das Aachener Konzil von 836 ist, sondern das Pariser Konzil von 829, hat SCHMITZ (im Druck) gezeigt. Aus der älteren Literatur bleibt in Vielem grundlegend: FUHRMANN 1972–74; skeptisch gegenüber der Lokalisierung nach Corbie zuletzt noch DERS. 2002, S. 254–257. – Zu Johannes Frieds Versuch, auch das sogenannte »Constitutum Constantini« im weiteren Sinne in diesen Fälschungskomplex einzuordnen (FRIED 2007c), vgl. die Kritik von GOODSON/NELSON 2010.
10 So zu Recht: FRIED 2007b, S. 104 f.
11 Einhard, Translatio ss. Marcellini et Petri, lib. 4, c. 16, S. 262.
12 Einhard, Translatio ss. Marcellini et Petri, lib. 4, c. 17, S. 263 f.
13 Zur Datierung des Translationsberichts (nach 28. August 830): HEINZELMANN 1997, S. 298, der freilich auch eine Abfassung noch vor Oktober 830 für möglich hält – also noch vor dem Ende der Revolte –, als Hilduin

sich noch auf der »Siegerseite« wähnen durfte. Einhards Werk wäre dann eine sehr viel mutigere Schrift gewesen, als ich es anzunehmen geneigt bin. Aus der älteren Literatur bleibt zur Chronologie des in der Translatio berichteten Geschehens manche Beobachtung von BONDOIS 1907 interessant.

14 Einhard, Translatio ss. Marcellni et Petri, lib. 1, c. 1, S. 239.
15 Zu der Tendenz vgl. auch: HEINZELMANN 1997, S. 296–298, der einen engen inhaltlichen Bezug zu dem Pariser Konzil von 829 sieht. – Zu Einhards auktorialen Strategien grundlegend jetzt HEYDEMANN 2010, S. 322–333.
16 Einhard, Translatio ss. Marcellini et Petri, Prolog, S. 239, Z. 19 f.
17 Einhard, Translatio ss. Marcellini et Petri, Prolog, S. 239, Z. 32–34.
18 Grundlegend dazu: HAMPE 1896; STRATMANN 1997.
19 Vgl. oben, Anm. VIII. 54.
20 Zu Wolfgar vgl. BIGOTT 2002, S. 40.
21 Einhard, Ep. 24, S. 122; zu dem Brief auch KASTEN 1997b, S. 252 f.
22 Einhard, Ep. 23, S. 121; zu den militärhistorischen Hintergründen und zu den Aufgaben St. Bavos bei der Sicherung der Küste: DECLERCQ 1997, S. 240 f. – HAMPE 1896, S. 26 f., hat den Brief wie zuvor schon SIMSON 1876, S. 19, Anm. 2, in das Jahr 832 datiert; für 834 plädiert dagegen: GANSHOF 1926, S. 26 f., dem DECLERCQ 1997, S. 240, folgt.
23 Gedruckt unter den Briefen Einhards, Nr. 37, S. 128.
24 Vgl. etwa Einhard, Ep. 39, S. 129 (vor 836); Ep. 42, S. 131; Ep. 44, S. 132 u. a. m.; dazu STRATMANN 1997, S. 336 f.
25 Einhard, Ep. 46, S. 133.
26 Einhard, Ep. 47, S. 133.
27 Einhard, Ep. 48, S. 133 f.

XX.

1 Zu der im Folgenden bewusst gerafft zusammengefassten Reichsgeschichte vgl. jeweils in weit größerer Ausführlichkeit: SIMSON 1876, S. 1–78; BOSHOF 1996, S. 186–203; DE JONG 2009, S. 205–259.
2 Paschasius Radbertus, Epitaphium Arsenii, lib. 2, S. 74 f.; Paschasius Radbertus, De sanguine et corpore Domini, Prolog, S. 3 f.; dazu SIMSON 1876, S. 3 f.; WEINRICH 1963, S. 75 f. – Nur pauschal, ohne Nennung Walas: Astronomus, Vita Hludowici, c. 45, S. 464.
3 Annales Bertiniani, a. 831, S. 4; Astronomus, Vita Hludowici, c. 46, S. 464; zu den Urkunden: SIMSON 1876, S. 6, mit Anm. 4.
4 Annales Bertiniani, a. 831, S. 3; Astronomus, Vita Hludowici, c. 45, S. 464; vgl. SIMSON 1876, S. 1.
5 Regni divisio, MGH Capit. 2, Nr. 194, S. 20–24, in deutlicher, aber im Einzelnen reflektierter Anlehnung an die »Divisio regnorum« Karls des Großen von 806; der Text zeigt manche Spuren der Unfertigkeit, zumal in der Beschreibung der Herrschaftsgebiete, die noch dazu an anderer Stelle zu erwarten wäre: Dazu schon SIMSON 1874, S. 387–392, der den Text

allerdings eher ins Jahr 832 oder gar 834 datieren wollte; vgl. außerdem EWIG 1981, S. 246 f.; KASCHKE 2006, S. 354–367.
6 Regni divisio, MGH Capit. 2, Nr. 194, c. 13, S. 23; zu der Stelle: KASCHKE 2006, S. 361 f.
7 Zu den Ereignissen: SIMSON 1876, S. 17–21; HARTMANN 2002, S. 29.
8 Zum Geschehen: Astronomus, Vita Hludowici, c. 47, S. 470; SIMSON 1876, S. 26–28; COLLINS 1990, S. 384 f.
9 Zu den folgenden Ereignissen ausführlich: SIMSON 1876, S. 31–76; BOSHOF 1996, S. 192–203.
10 Astronomus, Vita Hludowici, c. 48, S. 472; Nithard, Historiae, lib. 1, c. 4, S. 5.
11 Astronomus, Vita Hludowici, c. 48, S. 474–478; Annales Bertiniani, a. 833, S. 9 (die allerdings nichts von einer neuen Teilung berichten); außerdem noch: Nithard, Historiae, lib. 1, c. 4, S. 5.
12 Die Quellen zu den Ereignissen sind zusammengestellt bei SIMSON 1876, S. 66–74; vgl. auch BUND 1979, S. 414 f. – Zur Deutung grundlegend: DE JONG 1992, bes. S. 29–31; DIES. 2009, S. 214–259; BOOKER 2009a; zur Erinnerung der Zeitgenossen und zur historiographischen Aufarbeitung umfassend: DERS. 2009b.
13 Ebos Anwesenheit geht aus seiner späteren Resignationsurkunde hervor: Ebbonis Remensis archiepiscopi resignatio, MGH Capit. 2, Nr. 199, S. 57 f.; Agobards Protokoll der Absetzung ist erhalten: Agobardi cartula de poenitentia ab imperatore acta, ebd., Nr. 198, S. 56 f.
14 Der Text ist nicht überliefert; lediglich eine Kurzfassung, die in das Gesamtprotokoll des Aktes aufgenommen wurde, vermittelt einen Eindruck von seinem Inhalt: Episcoporum de poenitentia relatio Compendiensis, MGH Capit. 2, Nr. 197, S. 54 f. (= ed. BOOKER 2008, S. 16–19).
15 SIMSON 1876, S. 73, hat ohne Quellenbeleg vermutet, dass Ludwig im Rahmen desselben Aktes seinen Siegelring und seine übrigen Insignien habe aus der Hand geben müssen. Der Kaiser dürfte den Siegelring nicht bei sich getragen haben: Vgl. BAUTIER 1984, S. 39.
16 Episcoporum de poenitentia relatio, MGH Capit. 2, Nr. 197, S. 52, Z. 29 (= ed. BOOKER 2008, S. 13, Z. 3 f.).
17 Vgl. oben, S. 209 f.
18 Episcoporum de poenitentia relatio, MGH Capit. 2, Nr. 197, S. 52 f.; (= ed. BOOKER 2008, S. 13 f.); dort auch die voranstehenden Zitate im Text.
19 Episcoporum de poenitentia relatio, MGH Capit. 2, Nr. 197, S. 53 (= ed. BOOKER 2008, S. 15).
20 Das Folgende nach: Einhard, Ep. 25, S. 122.
21 Zum Folgenden vgl. HAMPE 1896, S. 622 f.; außerdem MERSIOWSKY 1996, S. 132; KASTEN 1997b, S. 263; STRATMANN 1997, S. 335 ff.
22 Divisio regnorum, MGH Capit. 1, Nr. 45, c. 9, S. 128.
23 Ordinatio imperii, MGH Capit. 1, Nr. 136, c. 9, S. 272.

²⁴ Das Folgende nach Einhard, Ep. 26, S. 122 f.; dazu: HAMPE 1896, S. 622 f.; STRATMANN 1997, S. 335 f.; zu den *vicedomini* auch: DECLERCQ 1997, S. 233.
²⁵ Das Folgende nach Einhard, Ep. 29, S. 124; dazu HAMPE 1896, S. 624 f.; KASTEN 1997b, S. 264 f.
²⁶ Einhard, Ep. 27–28, S. 123 f.
²⁷ Einhard, Ep. 28, S. 124, Z. 4.
²⁸ Einhard, Ep. 27, S. 123.
²⁹ So die Vermutung bei HAMPE 1896, S. 621.
³⁰ Angesichts der schlechten Überlieferung könnte es sich möglicherweise auch um ein Spiel mit dem Namen des Publius Nigidius Figulus handeln: Der bekannte Gelehrte war ein Freund Ciceros. (Ich danke Robert Kirstein, Tübingen, herzlich für diesen Hinweis!)
³¹ Vgl. Einhard, Ep. 32, S. 125, Z. 24 f. (sofern es sich denn hier um denselben Adressaten handelt, wie HAMPE, ebd., vermutet).
³² Einhard, Ep. 31, S. 125, Z. 11–14; zur Datierung des Schreibens: HAMPE 1896, S. 621 f.
³³ Vgl. II Chron. 20,12 sowie Rufinus/Eusebius, Historia ecclesiastica II, 5, wo Philon dieser Satz zugeschrieben wird. Lupus von Ferrières kannte die Sentenz ebenfalls und hielt sie Einhard 836 entgegen: Vgl. Lupus, Ep. 4, S. 14, Z. 1.

XXI.

¹ Annales Bertiniani, a. 834, S. 12; Astronomus, Vita Hludowici, c. 51, S. 488.
² Zum Folgenden vgl. SIMSON 1876, S. 126–128; ALTHOFF 1997b, S. 116–118; DERS. 2003, S. 61 f.; DE JONG 2009, S. 249–251.
³ Annales Bertiniani, a. 835, S. 15 f.
⁴ Das geht hervor aus der Unterschriftenliste des Libellus episcoporum de Ebonis resignatione, MGH Conc. 2,1, Nr. 55 B, S. 703.
⁵ Neben Ebo von Reims waren dies namentlich die Erzbischöfe Aldrich von Sens, Raginoard von Rouen und Landram von Tours, außerdem die Bischöfe Jonas von Orléans, Rothad von Soissons, Hildemann von Beauvais, Frechulf von Lisieux, Hugbert von Meaux und – sofern nicht gleichnamige Bischöfe anderer *sedes* gemeint sind – auch Gotefrid von Senlis und Wilad von Coutance.
⁶ Vgl. oben, S. 253 f.
⁷ Annales Bertiniani, a. 835, S. 16.
⁸ Die Daten zu seiner Person sind gesammelt bei GRIERSON 1940, S. 277–282; DEPREUX 1997, S. 194–197.
⁹ Astronomus, Vita Hludowici, c. 54, S. 502.
¹⁰ Annales Bertiniani, a. 835, S. 16.
¹¹ Annales Bertiniani, a. 835, S. 16 f.
¹² Das Datum geht hervor aus einem Nachtrag zu diesem Tag in einem »Mar-

tyrologium Bedae« aus Würzburg, das wohl dem Bischof Gozbald von Würzburg gehörte (Würzburg, Universitätsbibliothek, M. p. th. f. 49); dazu WELLMER 1973, S. 15, mit Anm. 11; SMITH 2003a, S. 55.

13 Lupus, Ep. 2, S. 9.
14 Dies und alles Folgende nach dem Antwortbrief Einhards, gedruckt als Lupus, Ep. 3, S. 9 f.; zu diesem Schreiben knapp auch STRATMANN 1997, S. 334; SMITH 2003a, S. 55 f.
15 Vgl. oben, S. 16, Anm. I. 15.
16 Das Folgende eng nach Einhards Brief an Lupus (= Lupus, Ep. 3, S. 10).
17 Dazu GANZ 2010, S. 159.
18 Einhards Brief (= Lupus, Ep. 3, S. 10, Z. 31 f.); die Sentenz ist angelehnt an einen Brief des Hieronymus: Vgl. ebd., S. 10, Anm. 2.
19 Einhard, De adoranda cruce, ed. HAMPE 1899, das Zitat im Text auf S. 146, Z. 3; alles Folgende nach ebd., S. 146 f.
20 Vgl. oben, S. 47 f.
21 Einhard, De adoranda cruce, S. 147, Z. 18–20 (= Conc. Carth. III, c. 23).
22 Einhard, De adoranda cruce, S. 147, Z. 26–28 (= Conc. Carth. III, c. 23).
23 Lupus, Ep. 4, S. 15, Z. 5.
24 Wien, Österreichische Nationalbibliothek, Cod. 956, fol. 108r–110v; dazu DÜMMLER 1886, S. 233 f., der das Werk wiederentdeckt und Einhard zugeschrieben hat.
25 Alles Weitere nach Lupus, Ep. 4, S. 11–15.
26 Lupus, Ep. 4, S. 14, Z. 9 f.
27 Lupus, Ep. 5, S. 15–17; danach alles Folgende.
28 Zu dem Codex vgl. BISCHOFF 1998, S. 119, der die Handschrift Basel, Universitätsbibliothek, Ms. O II 3 als möglicherweise direkte Vorlage vermutet; DUTTON 1998, S. 185.
29 VATTASSO 1915, S. 92 f.; vollständige Edition von SALMON 1977; gegen dessen Zweifel (ebd., S. 39–41) an einer Zuschreibung an Einhard vgl. SMITH 2003a, S. 73, Anm. 94.
30 Einhard, Libellus de psalmis, Praef., S. 95; ed. SALMON 1977, S. 55.
31 Sigebert von Gembloux, Catalogus de viribus illustribus, c. 84, S. 77.
32 Einhard, Libellus de psalmis, Praef., S. 95; ed. SALMON 1977, S. 55; dort dann auch das Folgende.

XXII.

1 Astronomus, Vita Hludowici, c. 56, S. 512; weitere Quellen bei: SIMSON 1876, S. 156 f.
2 Astronomus, Vita Hludowici, c. 59, S. 524/526; präziser in der Beschreibung der Gebietszuweisungen an Karl: Nithard, Historiae, lib. 1, c. 6, S. 8 f.; zu der Teilung auch: BOSHOF 1996, S. 235.
3 Das Tagesdatum (13. Dezember) nennen die Annales Bertiniani, a. 838, S. 26.
4 Die letzte überlieferte Nachricht über ihn betrifft seine Verurteilung und

Inhaftierung 864: Annales Bertiniani, a. 864, S. 113; zu seiner Person: SCHIEFFER 2001b.
5 Astronomus, Vita Hludowici, c. 60, S. 530; vielleicht aus derselben Quelle schöpfend auch: Nithard, Historiae, lib. 1, c. 7, S. 11; dazu BOSHOF 1996, S. 241 f.
6 Astronomus, Vita Hludowici, c. 61, S. 532 und c. 62, S. 540; zu den Ereignissen: BOSHOF 1996, S. 243–247; HARTMANN 2002, S. 33 f.
7 Das gilt auch für Einhard, Ep. 41, S. 130 f., den HAMPE, ebd., vorsichtig in das Jahr »839?« datiert. Ein wichtiges, zweifellos spätes Zeugnis ist dagegen Einhards Urkunde aus St. Peter in Gent vom 7. September 839: Diplomata Belgica, Nr. 51, S. 140 f.
8 Dazu der Apparat in der Edition von TREMP 1995, S. 521, Anm. 881; sowie jetzt umfassend auf der Basis von chinesischen, japanischen, abbasidischen und europäischen Quellen: ASHLEY 2013.
9 Astronomus, Vita Hludowici, c. 58, S. 518/520 (die Übersetzung stammt hier wie im Folgenden von Ernst Tremp).
10 So bemerkt TREMP 1995, S. 521, Anm. 881, in seiner Edition.
11 Astronomus, Vita Hludowici, c. 58, S. 520/522. – Tatsächlich handelte es sich bei diesem stillstehenden Himmelskörper, den Ludwig in jener Nacht beobachtet hatte, nicht mehr (wie der Astronomus irrtümlich glaubte) um den Kometen, sondern entweder um den Planeten Merkur, oder – sehr viel wahrscheinlicher – um eine Nova, die zeitgleich auch in China gesehen und beschrieben wurde: ASHLEY 2013, S. 44–47.
12 Zu dem Balkon und seiner Bedeutung: DE JONG 2008.
13 Alle Zitate im Text: Astronomus, Vita Hludowici, c. 58, S. 522.
14 Vgl. Annales Bertiniani, a. 837, S. 21; vgl. außerdem SIMSON 1876, S. 163 f.
15 Annales Bertiniani, a. 837, S. 21; Annales Fuldenses, a. 837, S. 28.
16 Der Text ist ediert als Einhard, Ep. 40, S. 129 f.; vgl. dazu knapp auch: STRATMANN 1997, S. 332 f.; GANZ 2010, S. 160.
17 Einhard, Ep. 40, S. 130 (der zweite Teil des Zitats im Briefsteller aus St. Bavo in tironischen Noten; in einer zweiten Überlieferung – Città del Vaticano, Biblioteca Apostolica Vaticana, Pal. lat. 437, p. 40 sq. – fehlt dieser Teil ganz).
18 Annales Fuldenses, a. 836–839, S. 27 f.
19 Diplomata Belgica, Nr. 51, S. 140 f.
20 Zum Todestag vgl. etwa das Lorscher Necrolog-Anniversar, S. 81 (Eintrag 404). – Das Jahr wird traditionell in der Forschung angenommen, allerdings nur, weil uns nach September 839 alle Belege für Einhard fehlen; ganz sicher freilich ist diese Annahme nicht: Vgl. FLECKENSTEIN 1974, S. 120, Anm. 126.
21 Vgl. SCHOLZ 1998.
22 Hraban, Epitaphium Einhardi, S. 238.

Super astra – Epilog

XXIII.

1. Vgl. zu diesem Problem allgemein auch FRIED 1996b; außerdem: DERS. 2007a; BORGOLTE 2002.
2. Diplomata Belgica I, Nr. 50, S. 139f. (im Orginial überliefert: Gent, Rijksarchief, fonds Sint-Pietersabdij, charters, n° 10).
3. WHITE 1991.
4. Überreste dieser Facette höfischen Lebens sind etwa die Alkuin zugeschriebenen Propositiones ad acuendos iuvenes, ed. FOLKERTS 1978; oder die Disputatio regalis et nobilissimi iuvenis Pippini cum Albino scholastico, ed. WILMANNS 1869 (dazu BAYLESS 2002).
5. Vgl. dazu Alkuin, Ep. 126, S. 185–187; Ep. 145, S. 231–235 (beide an Karl den Großen): Es geht um ein Problem bei der Berechnung des Ostertermins.
6. Walahfrid, Prolog zur Neuausgabe von Einhards Vita Karoli, S. XXIX.
7. BERSCHIN 1991, S. 210–212, hat gegen HELLMANN 1932, S. 45, zu zeigen versucht, dass es auch nach dem 4. Jahrhundert in Westeuropa noch eine Tradition der Herrscherbiographik gegeben habe. Er kann allerdings nur eine Handvoll Texte als Beleg hierfür nennen: die Passio des Burgunderkönigs Sigismund (der als Heiliger verehrt wurde), die »Historia excellentissimi Wambae regis«, den Panegyricus des Ennodius von Pavia über Theoderich den Großen, eine Beschreibung des Westgotenkönigs Theuderich II. in einem Brief des Apollinaris Sidonius, schließlich die Nachrufe des Ambrosius auf die Kaiser Valentinian und Theodosius und die Schilderungen von Königen, die Beda Venerabilis in seiner »Historia ecclesiastica« bietet. Man muss den Begriff der Biographie schon recht weit dehnen, um Panegyrik, Herrschernachruf, Abschnitte aus Briefen und Chronistik miteinzubeziehen: Hätte dann aber nicht auch Theodulf in seinem Carmen 25 mit seinen panegyrischen Äußerungen über Karl eine Herrscherbiographie vorgelegt? – Vgl. Berschins Urteil nuancierend jetzt auch: BECHT-JÖRDENS 2011, S. 340 (zusammen mit seinen Vorüberlegungen: DERS. 2008).
8. Thegan, Gesta Hludowici, ed. TREMP 1995.
9. Astronomus, Vita Hludowici, ed. TREMP 1995.
10. Notker, Gesta Karoli, ed. HAEFELE 1959.
11. Dazu grundlegend: GANZ 1989.
12. Vgl. die monumentale Studie von TISCHLER 2001.
13. Zu diesem Prinzip fränkischer Historiographie grundlegend MCKITTERICK 2004; zu einem prominenten Beispiel einer Zusammenstellung: REIMITZ 2000; zur Karlsvita selbst zusammenfassend: MCKITTERICK 2008, S. 32; außerdem BECHT-JÖRDENS 2011, S. 346f.
14. Speziell zu Rahewins und Widukinds Gebrauch der Einhard'schen »Vita Karoli« vgl. jetzt BAGGE 2012.
15. Walahfrid, Prolog zur Neuausgabe von Einhards Vita Karoli, S. XXVIII sq.
16. Dazu BERSCHIN 1991, S. 216.

[17] INNES/MCKITTERICK 1994, S. 205–209; MCKITTERICK 2008, S. 24–26.
[18] KRÜGER 1998.
[19] LINTZEL 1933, S. 34–38 (dessen Spätdatierung der Vita aber nicht mehr haltbar ist); BEUMANN 1962b, S. 31; LÖWE 1983, S. 88, mit Anm. 12; KEMPSHALL 1995, S. 29–31; TISCHLER 2001, Bd. 1, S. 215 u. ö.
[20] Zu den Ereignissen und Konsequenzen: NELSON 1996a; KRAH 2000.
[21] Zum Vertrag von Verdun und seinen Folgen vgl. GANSHOF 1956; CLASSEN 1963; BAUER 1994.
[22] Vgl. etwa Hinkmar, De ordine palatii, Prolog, S. 32; zur »Reichseinheitsidee« nach 843 als Quellensammlung noch hilfreich: PENNDORF 1974.
[23] Dies war die leitende Perspektive der älteren deutschen Forschung. *Pauca de multis*: FAULHABER 1931; SCHIEFFER 1957; ZATSCHEK 1969; HÄGERMANN 1975; EWIG 1981, BEUMANN 1981; BOSHOF 1969, S. 195–208; 1990; 1996, S. 129–134 und S. 182–192; 2005; ERKENS 1998b; differenzierter zuletzt für die Zeit bis 831: KASCHKE 2006. – Wie dieser Rahmen dann Interpretationen der Lokalgeschichte gerade auch in Bezug auf Einhard beeinflussen kann, wird exemplarisch erkennbar bei WEBER 1974, S. 56–59: Er möchte die Verlegung der Reliquien des Marcellinus und des Petrus aus Michelstadt nach Mulinheim als Einhards Versuch deuten, die »Einheitspolitik« (S. 57) zu unterstützen; ähnliche Bezüge Einhards zur »Reichseinheitspolitik« auch bei LUDWIG 2000, S. 21.
[24] An dessen Existenz möchte ich gegen FRIED 2005 festhalten.
[25] Zuletzt so tendenziell etwa noch KÖLZER 2005, S. 9f., sowie die Überblicksdarstellung von BUSCH 2011, bes. S. 28–42 und S. 64f. – Wichtige andere Perspektiven dagegen jetzt bei DE JONG 2009; BOOKER 2009b; konkret zu 830/31 auch: DOHMEN 2011.
[26] Vgl. dazu REUTER 1999, 2006a, 2006b.
[27] Dazu SCHOLZ 2011; ausführlich: KNÖPP 1973.
[28] Zur weiteren Geschichte des Klosters vgl. die Skizze von MICHEL 1999; zur Säkularisation der Abtei: ENDEMANN 2004.
[29] Das Folgende nach Codex Laureshamensis, c. 19, S. 298 f.; vgl. dazu ALTHOFF 1990, S. 147 f.
[30] Also durchaus nicht erst bei Johannes Marquard im 16. Jahrhundert, wie FRANZ 1995 vermutet hat.
[31] Wesentliches ist bereits zusammengestellt bei MAY 1900; SCHOPP 1965.
[32] DE LA MOTTE FOUQUÉ 1811.
[33] NAUBERT 1785 (ich habe die Ausgabe von KOLBE 2012 benutzt).
[34] STURZ 1776; zur möglichen Rezeption: MAY 1900, S. 88; wohl danach auch: STOCKINGER 2000, S. 232, wo freilich die Rezeption zur Gewissheit erhoben ist.
[35] Der sonderbare Name ist wohl »eine Hommage an Johann Gustav Büsching«: STOCKINGER 2000, S. 233.
[36] Zu Fouqués Nutzung des Nibelungenlieds aus literaturwissenschaftlicher Sicht: STOCKINGER 2000, S. 233 f.

³⁷ Die Belege schon bei MAY 1900, S. 100f. (Jean Paul und Adolf Wagner), S. 104f. (E.T.A. Hoffmann) und S. 105 (zu den Aufführungen); mit denselben Zitaten auch: STOCKINGER 2000, S. 232, mit Anm. 21 (danach oben im Text das Zitat von Wagner) und S. 233f., Anm. 27.

³⁸ Tatsächlich lassen sich zwei Fassungen des Stoffes unterscheiden: Neben jener, die eng an der Lorscher Erzählung bleibt, existierte noch eine weitere, wohl in Seligenstadt geprägte Fassung. Hier werden Eginhard und Emma verurteilt und müssen den Hof verlassen; sie leben jahrelang einsam im Wald (und zwar dort, wo später einmal Seligenstadt sein wird, das eben hiernach seinen Namen erhält), bis eines Tages der alte Kaiser auf der Jagd dort zufällig auf sie trifft. Karl erkennt erst an dem Mahl, das Emma ihm zubereitet, dass es sich um seine Tochter und Eginhard handelt – und begnadigt sie daraufhin; zu dieser Fassung (und ihren Varianten): MAY 1900, S. 22–35; SCHOPP 1965, S. 62–74.

³⁹ Dazu MAY 1900, S. 61–72.

⁴⁰ Dazu MAY 1900, S. 72–78; zu den Briefszenen aus musikwissenschaftlicher Perspektive: HOBOHM 2001.

⁴¹ Vgl. etwa POLIMON 1749; NAUBERT 1785; zu ihr (mit freilich recht harschem Urteil) MAY 1900, S. 28–34.

⁴² POLIMON 1749, die Zitate auf S. 73.

⁴³ KRATTER 1801; dazu ausführlich: MAY 1900, S. 78–87.

⁴⁴ FUCHS 1814.

⁴⁵ Ich habe die Ausgabe von FRÖHLICH 1996, S. 633–639, verwendet. Das Fragment gehört zur »Seligenstädter« Fassung des Stoffes.

⁴⁶ GRUPPE 1836 (die Universitätsbibliothek Tübingen bewahrt das Exemplar auf, das der Verfasser persönlich Ludwig Uhland »als Zeichen innigster Verehrung« gewidmet hat). Die Qualität der Verse beeindruckt allerdings nicht durchweg: »Auch die Waldleute waren alle fort, / Zur Arbeit ausgegangen und leer war der Ort. / Doch Eginhard, der schnarchte. Wie sie ihn hört' und sah, / Klopft' ihr das Herz im Busen, wie wohl ward ihr da!« (S. 10).

⁴⁷ SEIDEL 1837.

⁴⁸ ZIEHEN 1860; vgl. MAY 1900, S. 107–113.

⁴⁹ Vgl. MAY 1900, S. 43–47 und S. 113–118.

⁵⁰ SCHREIBER 1823, S. 285; der Stich ohne Paginierung auf dem vorangehenden Blatt.

⁵¹ SCHREIBER 1823, S. 285.

⁵² SCHREIBER 1823, S. 287.

⁵³ Noch 1875 wollte der promovierte Pfarrer O. Falk in den renommierten »Forschungen zur deutschen Geschichte« die späte Nachricht des »Codex Laureshamensis« über Emma als Tochter Karls nicht ganz aufgeben; er vertrat die Ansicht, Emma »müsse eine Nebentochter des Kaisers gewesen sein« (was ihm freilich einen spitzen, in Klammern beigefügten Kommentar des Herausgebers der Zeitschrift eintrug): FALK 1875, S. 657, mit Anm. 4.

⁵⁴ Allerdings war in den »Fliegenden Blättern« selbst schon 1853 die Satire von Johann Baptist Vogl erschienen, die zumal die Sprache der Zeit des frühen 18. Jahrhunderts karikierte: »Eginhard und Emma oder verbottener Lieb und Löffelei erschröckliche Folgen aber doch erfreuliches Ende oder Die Gründung der Großherzoglich Hessischen Stadt Seligenstatt« (ich habe die Ausgabe von ESSELBORN 1929 verwendet, dort S. 27 f. zur Erstausgabe und zur Identifizierung des Autors). Es handelt sich um die »Seligenstädter« Fassung des Stoffes – hier aber mit der besonderen Volte, dass Karl selbst sich als Einhard verkleidet und von seiner Tochter tragen lässt.

⁵⁵ MÜLLER 2006, S. 46 f.

⁵⁶ BUSCH 1864 (auch als Scan im Internet unter: http://digi.ub.uni-heidelberg.de/diglit/fb40/0049).

Zu den Zitaten aus der Karlsvita

Die Zitate aus Einhards Widmungsbrief und seiner Karlsvita im Text entsprechen zusammengenommen deutlich mehr als der Hälfte der Karlsbiographie; die größeren Lücken betreffen im Wesentlichen Einhards Schilderung der Kriegszüge im ersten Teil der Vita und sein Testament. Die Übersetzung ist meine, beruht aber auf der Ausgabe von Reinhold Rau. Die oben zitierten Passagen stehen allerdings nicht in der ursprünglichen Reihenfolge. Die Ordnung in der Karlsvita ist vielmehr diese:

Einhards Widmungsbrief:
XV
XVIII

Vita Karoli:
XIV
[fehlt c. 2]
VII.1
II.1
[fehlt c. 5 und Anf. c. 6]
VII.2
[fehlt Ende c. 6 und Anf. c. 7]
III
[fehlt Ende c. 7 und c. 8]
XII
[fehlt c. 10–16]
XI
[fehlt Ende c. 17 und Anf. c. 18]
XX
[fehlt Ende c. 18]
IV.3
[fehlt Abschnitt in c. 19]
XXI
XIX.1
VIII.1
XVII.1

[fehlt Ende c. 20]
XIX.2
II.2
[fehlt Abschnitt in c. 22]
Zitat auf S. 199 f. im Text
[fehlt Ende c. 23]
V.2
XIII
IV.1
XVI
IV.2
[fehlt Anf. c. 27]
VI.1
VI.2
IX.1
Zitat auf S. 200 im Text
[fehlt Ende c. 29 und Anf. c. 30]
XIX.1
XVII.2
XXII.2
I
XXII.1
X
VIII.2
[fehlt Karls Testament in c. 33]
VIII.3

Zeittafel

744	....	Gründung des Klosters Fulda
748	....	Geburt Karls des Großen
754	....	Martyrium des Bonifatius in Friesland
768	....	Beginn der Herrschaft Karls des Großen (bis 771 gemeinsam mit seinem Bruder Karlmann)
770 (ca.)	....	Geburt Einhards
777/78 (ca.)		Einhard kommt als Schüler nach Fulda
778	....	Geburt Ludwigs des Frommen
779	....	Tod des Abtes Sturmi von Fulda/Beginn des Abbatiats des Baugulf
782	....	Aufenthalt Karls des Großen in Fulda
787 (ca.)	....	»Epistola de litteris colendis«
789	....	»Admonitio generalis«
791	....	Einhard ist zuletzt in Fulda nachweisbar
794 (?)	......	Wechsel Einhards aus Fulda an den Hof
796	....	Einhard ist am Hof Karls des Großen für seine Dichtkunst bekannt
799	....	Treffen Karls des Großen und Papst Leos III. in Paderborn
800	....	Kaiserkrönung Karls des Großen in Rom
806	....	Einhard überbringt Karls Nachfolgeordnung (»Divisio regnorum«) Papst Leo III. nach Rom
813	....	Ludwig der Fromme wird in Aachen zum Mitkaiser gekrönt
814	....	Tod Karls des Großen/Herrschaftsantritt Ludwigs des Frommen im Gesamtreich
815	....	Ludwig der Fromme schenkt Einhard und Emma Land und Leute in Michelstadt und Mulinheim
817	....	Ludwigs Nachfolgeregelung (»Divisio imperii«)
817/18	......	Aufstand König Bernhards von Italien
819	....	Einhard und Emma schenken ihren Besitz in Michelstadt dem Kloster Lorsch

Zeittafel 357

822 .... Buße Ludwigs des Frommen in Attigny
827 .... Fertigstellung der Kirche in Michelstadt/Ratleik »erwirbt« für Einhard die Reliquien der Märtyrer Marcellinus und Petrus in Rom
828 .... Ludwig der Fromme lässt die Grafen Matfrid von Orléans und Hugo von Tours ihrer Ämter entheben
829 .... Reforminitiative Ludwigs des Frommen/Einhard erkrankt/ vermutliches Datum der Abfassung der »Vita Karoli«/Beginn des Baus an einer neuen Kirche in Mulinheim
830 .... Erste Rebellion gegen Ludwig den Frommen/Einhard verfasst die »Translatio ss. Marcellini et Petri«
833 .... Zweite Rebellion gegen Ludwig den Frommen
835 .... Tod Emmas am 13. Dezember
836 .... Einhard verfasst »De adoranda cruce«/Besuch Ludwigs des Frommen in Mulinheim
837 .... Einhards Brief an Ludwig den Frommen über den Halley'schen Kometen
839 .... letzte urkundliche Erwähnung Einhards
840 (?) ...... Tod Einhards am 14. März
840 .... Tod Ludwigs des Frommen am 20. Juni

Quellen- und Literaturverzeichnis

1. Quellen:
Im Text genannte Handschriften
Barcelona, Archivo de la Corona de Aragón, Ripoll 40.
Basel, Universitätsbibliothek, F III 15a.
Basel, Universitätsbibliothek, Ms. O II 3.
Città del Vaticano, Biblioteca Apostolica Vaticana, Pal. lat. 289.
Città del Vaticano, Biblioteca Apostolica Vaticana, Pal. lat. 437.
Città del Vaticano, Biblioteca Apostolica Vaticana, Reg. lat. 597.
Köln, Erzbischöfliche Diözesan- und Dombibliothek, Cod. 166.
Kopenhagen, Kongelige Bibliotek, Gl. Kgl. Saml. 1943. 40.
München, Bayerische Staatsbibliothek, Clm 6333.
Paris, Bibliothèque nationale de France, lat. 11379.
Paris, Bibliothèque nationale de France, lat. 2718.
Paris, Bibliothèque nationale de France, ms. fr. 10440.
Sélestat, Bibliothèque humaniste, Cod. 11.
St. Gallen, Stiftsbibliothek, Cod. 397.
Vercelli, Biblioteca Capitolare, Cod. CXLIX.
Wien, Österreichische Nationalbibliothek, Cod. 956.
Würzburg, Universitätsbibliothek, M.p.th.f. 49.
Zürich, Zentralbibliothek, Ms. C. 78.

Editionen
Admonitio generalis, ed. Michael GLATTHAAR nach Vorarbeiten von Hubert MORDEK und Klaus ZECHIEL-ECKES (MGH Fontes iuris Germanici antiqui in usum scholarum separatim editi 16), Hannover 2012.
Aegil, Vita Sturmi, ed. Pius ENGELBERT, Die Vita Sturmi des Eigil von Fulda. Literarkritisch-historische Untersuchung und Edition (Veröffentlichungen der Historischen Kommission für Hessen und Waldeck 29), Marburg 1968.
Agobard von Lyon, Epistolae, ed. Ernst DÜMMLER (MGH Epp. 5), Berlin 1899, S. 150–239.
Agobard von Lyon, Liber Apologeticus I, ed. Lieven VAN ACKER (CC Cont. Med. 52), Turnhout 1981, S. 307–312.
Agobard von Lyon, Liber apologeticus II, ed. Lieven VAN ACKER (CC Cont. Med. 52), Turnhout 1981, S. 313–319.
Agobard von Lyon, Liber de dispensatione ecclesiasticarum rerum, ed. Lieven VAN ACKER (CC Cont. Med. 52), Turnhout 1981, S. 119–142.

Alkuin (?), Propositiones ad acuendos iuvenes, ed. Menso FOLKERTS (Österreichische Akademie der Wissenschaften. Math.-nat. Klasse. Denkschriften 116,06), Wien 1978, S. 16–78 (dt. Übersetzung: Alkuin, Propositiones ad acuendos iuvenes. Aufgaben zur Schärfung des Geistes der Jugend, ed. Sven GÜNTHER/Michael PAHLKE (Lindauers Lateinische Lektüren), München 2009).

Alkuin, Carmina, ed. Ernst DÜMMLER (MGH Poet. lat. 1), Berlin 1881, S. 160–351.

Alkuin, Contra Felicem Urgellitanum episcopum libri septem, ed. Jacques-Paul MIGNE (PL 101), Turnhout 1851, Sp. 119–230.

Alkuin, Epistolae, ed. Ernst DÜMMLER (MGH Epp. 4), Berlin 1895, S. 1–481.

Alkuin, Liber contra haeresim Felicis, ed. Gary B. BLUMENSHINE (Studi et testi 285), Città del Vaticano 1980.

Amalar, Antiphonarius, Prolog, ed. Johannes Michael HANSSENS, in: Amalarii episcopi opera liturgica omnia (Studi e testi 138), Città del Vaticano 1948, Bd. 1, S. 361–363.

Annales Bertiniani, ed. Felix GRAT/Jeanne VIELLIARD/Suzanne CLÉMENCET/Léon LEVILLAIN, Paris 1964.

Annales Fuldenses, ed. Friedrich KURZE (MGH SSrG [7]), Hannover 1891, S. 1–135.

Annales Laureshamenses, ed. Georg Heinrich PERTZ (MGH SS 1), Hannover 1826, S. 22–39.

Annales Maximiniani, ed. Georg WAITZ (MGH SS 13), Hannover 1881, S. 19–25.

Annales Mettenses Priores, ed. Bernhard VON SIMSON (MGH SSrG [10]), Hannover-Leipzig 1905.

Annales Nazariani, ed. Georg Heinrich PERTZ (MGH SS 1), Hannover 1826, S. 23–31 u. S. 40–44.

Annales Petaviani, ed. Georg Heinrich PERTZ (MGH SS 1), Hannover 1826, S. 7–18.

Annales qui dicuntur Einhardi, ed. Friedrich KURZE (MGH SSrG [6]), Hannover 1895.

Annales regni Francorum, ed. Friedrich KURZE (MGH SSrG [6]), Hannover 1895. (Deutsche Übersetzung von Reinhold RAU (Freiherr vom Stein Gedächtnisausgabe 5), Darmstadt 1968, S. 11–155.)

Annales sancti Medardi, ed. Georg WAITZ (MGH SS 26), Hannover 1882, S. 518–522.

Annales Sithienses, ed. Georg WAITZ (MGH SS 13), Hannover 1881, S. 34–38.

Annales Xantenses, ed. Bernhard VON SIMSON (MGH SSrG [12]), Hannover-Leipzig 1909, S. 1–33.

Annales Yburgenses, ed. Georg Heinrich PERTZ (SS 16), Hannover 1859, S. 434–438.

Ansegis, Collectio Capitularium, ed. Gerhard SCHMITZ (MGH Capitularia n.s. 1), Hannover 1996.

Ardo, Vita Benedicti abbatis Anianensis et Indensis, ed. Georg WAITZ (MGH SS 15,1), Hannover 1888, S. 198–220.

Astronomus, Vita Hludowici, ed. Ernst TREMP (MGH SSrG 64), Hannover 1995, S. 279–556.

Augustinus, De civitate Dei, ed. Bernard DOMBART/Alfons KALB (CCSL 47), Turnhout 1955.

Baugulf-Liste (F1), in: Die Klostergemeinschaft von Fulda im früheren Mittelalter, Bd. 1: Grundlegung und Edition der fuldischen Gedenküberlieferung, hg. v. Karl SCHMID (Münstersche Mittelalter-Schriften 8,1), München 1978, S. 217f.

Caesarius von Arles, Sermones, ed. Germain MORIN (CSEL 103), Turnhout 1953.

Chronicon Moissiacense, ed. Walter KETTEMANN, Überlieferungs- und textgeschichtliche Untersuchungen zur Geschichte Witiza-Benedikts, seines Klosters Aniane und zur sogenannten »anianischen Reform«, Teil 2: Beilagen, Diss. Phil. Duisburg 1999, S. 2–197.

Cicero, De inventione, ed. Theodor NÜSSLEIN, Düsseldorf 1998.

Cicero, Tusculanae disputationes, ed. Olof GIGON, München ²1970.

Codex Carolinus, ed. Wilhelm GUNDLACH (MGH Epp. 1), Berlin 1892, S. 469–657.

Codex Laureshamensis, ed. Karl GLÖCKNER (Arbeiten der historischen Kommission für den Volksstaat Hessen), 3 Bde., Darmstadt 1929–1936 (der chronikalische Teil: Bd. 1, S. 265–452).

Corpus Consuetudinum Monasticarum 1: Initia Consuetudinis Benedictinae: consuetudines saeculi octavi et noni, ed. Kassius HALLINGER, Siegburg 1963.

Das Lorscher Necrolog-Anniversar, Teil 1: Einführung und Edition, hg. v. Hermann SCHEFERS (Arbeiten der Hessischen Historischen Kommission, N.F. 27,1), Darmstadt 2007.

De Karolo rege et Leone papa, ed. Franz BRUNHÖLZL, in: Der Bericht über die Zusammenkunft Karls des Großen mit Papst Leo III. in Paderborn 799 in einem Epos für Karl den Kaiser. Mit vollständiger Farbreproduktion nach der Handschrift der Zentralbibliothek Zürich, Ms. C 78, hg. v. Wilhelm HENTZE (Studien und Quellen zur westfälischen Geschichte 36), Paderborn 1999.

Decretales Pseudo-Isidorianae et Capitula Angilramni, ed. Paul HINSCHIUS, Leipzig 1863; Neuedition von einzelnen Abschnitten: ed. Karl-Georg SCHON unter: http://www.pseudoisidor.mgh.de.

Diplomata Belgica ante annum millesimum centesimum scripta I: Teksten, ed. M. GYSSELING/A. C. F. KOCH (Bouwstoffen en studien voor de geschiedenis en de lexicografie van het Nederlands 1), Brüssel 1950.

Disputatio regalis et nobilissimi iuvenis Pippini cum Albino scholastico, ed. W. WILMANNS, in: Zeitschrift für deutsches Altertum 14 (1869), S. 531–544.

Einhard (?), Rhythmus de passione Christi martyrum Marcellini et Petri, ed. Ernst DÜMMLER (MGH Poet. lat. 2), Berlin 1884, S. 126–135.

Einhard, De adoranda cruce, ed. Karl HAMPE (MGH Epp. 5), Berlin 1899, S. 146–149.
Einhard, Epistolae, ed. Karl HAMPE (MGH Epp. 5), Berlin 1899, S. 105–145.
Einhard, Libellus de psalmis, ed. M. VATTASSO, in: Bessarione 31 (1915), S. 92–104; vollständig unter dem Titel: Psalterium adbreviatum Vercellense, ed. Pierre SALMON, in: Testimonia orationis christianae antiquioris (CC Cont. Med. 47), Turnhout 1977, S. 35–78.
Einhard, Translatio ss. Marcellini et Petri, ed. Georg WAITZ (MGH SS 15,1), Hannover 1887, S. 238–264.
Einhard, Vita Karoli magni imperatoris, ed. Oswald HOLDER-EGGER (MGH SSrG [25]), Hannover 1911.
Epistolarum Fuldensium fragmenta, ed. Ernst DÜMMLER (MGH Epp. 5), Berlin 1899, S. 517–533.
Ermoldus Nigellus, In honorem Hludowici, ed. Edmond FARAL, Poème sur Louis le Pieux et épitres au roi Pépin (Les Classiques de l'histoire de France au Moyen Âge 14), Paris ²1964, S. 1–201.
Formulae imperiales, ed. Karl ZEUMER (MGH Formulae), Hannover 1886, S. 285–328.
Fragmentum annalium Chesnii, ed. Georg Heinrich PERTZ (MGH SS 1), Hannover 1826, S. 33 f.
Frothar von Toul, Epistolae, ed. Michel PARISSE, La correspondance d'un évêque carolingien. Frothaire de Toul (ca. 813–847) avec les lettres de Theuthild, abbesse de Remiremont (Textes et documents d'histoire médiévale 2), Paris 1998.
Fuldaer Bibliothekskataloge, ed. Gangolf SCHRIMPF, Mittelalterliche Bücherverzeichnisse des Klosters Fulda und andere Beiträge zur Geschichte der Bibliothek des Klosters Fulda im Mittelalter (Fuldaer Studien 4), Frankfurt/Main 1992.
Fulgentius, De veritate praedestinationis et gratiae Dei, ed. Jacques-Paul MIGNE (PL 65), Turnhout 1892, Sp. 603–672.
Gelasius I., Epistolae, ed. Andreas THIEL, Epistolae Romanorum Pontificum genuinae et quae ad eos scriptae sunt a S. Hilaro usque ad Pelagium II., Bd. 1: A S. Hilaro usque ad S. Hormisdam, ann. 461–523, Brunsberg 1868.
Gesta abbatum Fontanellensium, ed. Pascal PRADIÉ, Chronique des abbés de Fontenelle (Saint-Wandrille) (Les classiques de l'histoire de France au Moyen Âge 40), Paris 1999.
Gesta abbatum Fuldensium, ed. Karl SCHMID, in: Die Klostergemeinschaft von Fulda im früheren Mittelalter, Bd. 1: Grundlegung und Edition der fuldischen Gedenküberlieferung (Münstersche Mittelalter-Schriften 8,1), München 1978, S. 212 f.
Gesta Aldrici, ed. Margarete WEIDEMANN, in: Geschichte des Bistums Le Mans von der Spätantike bis zur Karolingerzeit. Actus Pontificum Cenomannis in urbe degentium und Gesta Aldrici, Teil 1: Die erzählenden Texte

(Römisch-Germanisches Zentralmuseum. Monographien 56,1), Mainz 2002, S. 115–179.

Gregor, Dialoge, ed. Adalbert DE VOGÜÉ (Sources Chrétiennes 251, 260, 265), 3 Bde., Paris 1978–1980.

Heito, Visio Wettini, ed. Ernst DÜMMLER (MGH Poet. lat. 2), Berlin 1884, S. 267–275.

Hermann von Reichenau, Chronicon, ed. Georg Heinrich PERTZ (MGH SS 5), Hannover 1844, S. 67–133.

Hinkmar von Reims, De ordine palatii, ed. Thomas GROSS/Rudolf SCHIEFFER (MGH Font. iur. 3), Hannover 1980.

Hraban, Epitaphium Einhardi, ed. Ernst DÜMMLER (MGH Poet. lat. 2), Berlin 1884, Nr. 85, S. 237f.

Le polyptyque et les listes de cens de l'Abbaye de Saint-Remi de Reims IX–XI siècles, ed. Jean-Pierre DEVROEY (Travaux de l'Académie nationale de Reims 163), Reims 1984.

Liber Pontificalis, ed. Louis DUCHESNE (Bibliothèque des Écoles Françaises d'Athènes et de Rome, Sér. 2, 3,1), Bd. 1, Paris 1886.

Liudger, Vita Gregorii, ed. Oswald HOLDER-EGGER (MGH SS 15,1), Hannover 1887, S. 66–79.

Lupus von Ferrières, Epistolae, ed. Ernst DÜMMLER (MGH Epp. 6), Berlin 1925, S. 1–126.

MGH Capitularia 1, ed. Alfred BORETIUS, Hannover 1883.

MGH Capitularia 2, ed. Alfred BORETIUS/Victor KRAUSE, Hannover 1897.

MGH Concilia 2,1, ed. Albert WERMINGHOFF, Hannover 1906.

MGH Concilia 2,2, ed. Albert WERMINGHOFF, Hannover 1908.

MGH DD Karol. 1, ed. Ernst MÜHLBACHER, Hannover 1906.

Modoin, Eclogae, ed. Ernst DÜMMLER (MGH Poet. lat. 1), Berlin 1881, S. 382–391.

Nithard, Historiae, ed. Ernst MÜLLER (MGH SSrG [44]), Hannover-Leipzig 1907.

Notitia de servitio monasteriorum, ed. P. BECKER, in: Corpus Consuetudinum Monasticarum 1 (1963), Nr. 22, S. 485–499.

Notker, Gesta Karoli, ed. Hans F. HAEFELE (MGH SSrG n.s. 12), Berlin 1959.

Paschasius Radbertus, De corpore et sanguine Domini, ed. Beda PAULUS (CC Cont. Med. 16), Turnhout 1969, S. 1–131.

Paschasius Radbertus, Epitaphium Arsenii, ed. Ernst DÜMMLER (Abhandlungen der königl. preuss. Akademie der Wissenschaften zu Berlin vom Jahre 1900), Berlin 1900.

Paschasius Radbertus, Expositio in Matheo libri XII, ed. Beda PAULUS, 3 Bde. (CC Cont. Med. 56-56B), Turnhout 1984.

Paschasius Radbertus, Vita s. Adalhardi abbatis Corbeiensis, ed. Georg Heinrich PERTZ (MGH SS 2), Hannover 1829, S. 524–532.

Paulus Diaconus, Liber de episcopis Mettensibus, ed. Georg Heinrich PERTZ (MGH SS 2), Hannover 1829, S. 260–268.

Regula Benedicti, ed. Rudolph HANSLIK (CSEL 75), Wien 1960 (Übersetzung nach: Die Benediktusregel. Lateinisch/deutsch, hg. im Auftrag der Salzburger Äbtekonferenz, Beuron 1992).

Rudolf von Fulda, Miracula sanctorum in ecclesias Fuldenses translatorum, ed. Georg WAITZ (MGH SS 15,1), Hannover 1887, S. 328–341.

Sigebert von Gembloux, Catalogus de viribus illustribus, ed. Robert WITTE (Lateinische Sprache und Literatur des Mittelalters 1), Frankfurt/Main 1974.

Supplex libellus, ed. Josef SEMMLER, in: Corpus Consuetudinum Monasticarum 1 (1963), S. 320–327.

Thegan, Gesta Hludowici imperatoris, ed. Ernst TREMP (MGH SSrG 64), Hannover 1995, S. 167–277.

Theodulf, Carmina, ed. Ernst DÜMMLER (MGH Poet. lat. 1), Berlin 1881, S. 437–569.

Traditiones Wizenburgenses, ed. Karl GLÖCKNER/Anton DOLL (Arbeiten der Hessischen Historischen Kommission Darmstadt), Darmstadt 1979.

Translatio et Miracula s. Adelphi episcopi Mettensis, ed. Lothar VON HEINEMANN (MGH SS 15,1), Hannover 1887, S. 293–296.

Translatio s. Viti martyris, ed. Irene SCHMALE-OTT (Fontes minores 1. Veröffentlichungen der Historischen Kommission für Westfalen 41), Münster 1979.

Urkundenbuch des Klosters Fulda, Bd. 1: Die Zeit der Äbte Sturmi und Baugulf, ed. Edmund E. STENGEL (Veröffentlichungen der Historischen Kommission für Hessen und Waldeck X,1), Marburg 1958.

Verbrüderungsbuch der Reichenau, ed. Johanne AUTENRIETH/Dieter GEUENICH/Karl SCHMID (MGH Libri memoriales et necrologia n.s. 1), Hannover 1979.

Vita Bavonis confessoris Gandavensis, ed. Bruno KRUSCH (MGH SSrM 4), Hannover 1902, S. 527–546.

Walahfrid Strabo, De imagine Tetrici, ed. Ernst DÜMMLER (MGH Poet. lat. 2), Nr. 23, S. 370–378 (englische Übersetzung: ed. Michael HERREN, The »De imagine Tetrici« of Walahfrid Strabo: Edition and Translation, in: The Journal of Medieval Latin 1 (1991), S. 118–139, der Text hier S. 122–131).

Walahfrid Strabo, Prolog zur Neuausgabe der Vita Karoli, ed. Oswald HOLDER-EGGER (MGH SSrG [25]), Hannover 1911, S. XXVIII sq.

Walahfrid Strabo, Visio Wettini. Lateinisch-Deutsch, ed. Hermann KNITTEL, Sigmaringen 1986.

Widukind von Corvey, Rerum gestarum Saxonicarum libri tres, ed. Paul HIRSCH/Hans-Eberhard LOHMANN (MGH SSrG [60]), Hannover 1935.

Willibald, Vita Bonifatii, ed. Wilhelm LEVISON (MGH SSrG [57]), Hannover 1905, S. 1–58.

Zitierte Fassungen des Stoffes »Eginhard und Emma«:

BUSCH (1864), Wilhelm: Eginhard und Emma. Ein Fastnachtschwank in Bildern, in: Fliegende Blätter 40, Hft. 970, S. 45–48.

DE LA MOTTE FOUQUÉ (1811), Friedrich: Eginhard und Emma. Ein Schauspiel in drei Aufzügen, Nürnberg, abgedruckt in: Ausgewählte Dramen und Epen, Bd. 3, hg. v. Christoph F. LORENZ, Hildesheim u. a. 1998, S. 1–77.

EICHENDORFF (1996), Joseph von: Eginhard u. Emma, ed. Harry FRÖHLICH (Sämtliche Werke des Freiherrn Joseph von Eichendorff VI,1), Tübingen, S. 633–639.

FUCHS (1814), Karl A.: Karl der Große oder: Eginhard und Emma. Ein Schauspiel in fünf Aufzügen. Zum ersten Male aufgeführt zu Braunschweig ... 1812, Braunschweig.

GRUPPE (1836), Otto Friedrich, Eginhard und Emma, Bonn.

KRATTER (1801), Franz: Eginhard und Emma. Ein Schauspiel in fünf Aufzügen, Frankfurt/Main.

NAUBERT (1785), Christiane Benedikte: Geschichte Emma's Tochter Kayser Karls des Grossen und seines Geheimschreibers Eginhard, 2 Bde., Leipzig (Neuausgabe von Sylvia KOLBE, Leipzig 2012).

POLIMON (1749): Der durch die Gewalt der Liebe in der Person der Durchlauchtigsten Prinzeßin Emma höchst beglückseeligte secretarius Eginhard, der galanten Welt zu einem wahrhafften Liebs- und Helden-Roman zur vergönnten Gemüths-Ergötzung vorgestellt, Frankurt-Leipzig.

SEIDEL (1837), Heinrich: Eginhard und Emma. Drama in fünf Akten, Bunzlau.

STURZ (1776), Helferich Peter: Geschichte Eginhards und Emma aus dem Chronikon Laurrishamense mit einigen Abkürzungen beynah wörtlich übersetzt, in: Deutsches Museum 2, S. 709–711.

VOGL (1929), Johann Baptist: Eginhard und Emma oder verbottener Lieb und Löffelei erschröckliche Folgen aber doch erfreuliches Ende oder Die Gründung der Großherzoglich Hessischen Stadt Seligenstatt, ed. Karl ESSELBORN, Darmstadt.

ZIEHEN (1860), Eduard: Eginhard und Emma. Ein episch-lyrisches Gedicht, Frankfurt/Main.

2. *Literatur:*

AIRLIE (2012a), Stuart: Bonds of Power and Bonds of Association in the Court Circle of Louis the Pious, in: DERS., Power and its Problems in Carolingian Europe, Farnham, VI, S. 191–204.

AIRLIE (2012b), Stuart: The Palace of Memory: the Carolingian Court as Political Centre, in: DERS., Power and its Problems in Carolingian Europe, Farnham, VII, S. 1–23.

ALTHOFF (1990), Gerd: *Colloquium familiare – Colloquium secretum – Colloquium publicum*. Beratung im politischen Leben des früheren Mittelalters, in: Frühmittelalterliche Studien 24, S. 145–167.

ALTHOFF (1997a), Gerd: Verwandtschaft, Freundschaft, Klientel. Der schwierige Weg zum Ohr des Herrschers, in: DERS., Spielregeln der Politik im Mittelalter. Kommunikation in Frieden und Fehde, Darmstadt, S. 185–198.

ALTHOFF (1997b), Gerd: Das Privileg der *deditio*. Formen gütlicher Konfliktbeendigung in der mittelalterlichen Adelsgesellschaft, in: DERS., Spielregeln der Politik im Mittelalter. Kommunikation in Frieden und Fehde, Darmstadt, S. 99–125.

ALTHOFF (2003), Gerd: Die Macht der Rituale. Symbolik und Herrschaft im Mittelalter, Darmstadt.

ALTHOFF (2006), Gerd: Heinrich IV. (Gestalten des Mittelalters und der Renaissance), Darmstadt.

ANGENENDT (1995), Arnold: Das Frühmittelalter. Die abendländische Christenheit von 400 bis 900, 2., durchges. Aufl., Stuttgart u. a.

ANTON (1968), Hans Hubert: Fürstenspiegel und Herrscherethos in der Karolingerzeit (Bonner Historische Forschungen 32), Bonn.

ANTON (1979), Hans Hubert: Zum politischen Konzept karolingischer Synoden und zur karolingischen Brudergemeinschaft, in: Historisches Jahrbuch 99, S. 55–132.

ANTON (1999), Hans Hubert: Gesellschaftsspiegel und Gesellschaftstheorie in Westfranken/Frankreich, in: Specula Principum, hg. v. Angela de Benedictis (Studien zur europäischen Rechtsgeschichte 117), Frankfurt/Main, S. 55–120.

ARIS (1997), Marc-Aeilko: *Prima puerilis nutriturae rudimenta*. Einhard in der Klosterschule Fulda, in: Einhard. Studien zu Leben und Werk. Dem Gedenken an Helmut Beumann gewidmet, hg. v. Hermann Schefers (Arbeiten der Hessischen Historischen Kommission, N. F. 12), Darmstadt, S. 41–56.

ASHLEY (2013), Scott: What Did Louis the Pious See in the Night Sky? A New Interpretation of the Astronomer's Account of Halley's Comet, 837, in: Early Medieval Europe 21, S. 27–49.

BAGGE (2012), Sverre: The Model Emperor: Einhard's Charlemagne in Widukind and Rahewin, in: Viator 43, S. 49–78.

BANSE (1999), Andrea: Einhards-Basilika. Wandel und Funktion eines Kulturdenkmals für eine Region, Michelstadt.

BARNWELL (2005), Paul S.: Einhard's Louis the Pious and Childeric III, in: Historical Research 78, S. 129–139.

BAUER (1994), Thomas: Die *Ordinatio imperii* von 817, der Vertrag von Verdun 843 und die Herausbildung Lotharingiens, in: Rheinische Vierteljahrsblätter 58, S. 1–24.

BAUTIER (1984), Robert-Henri: La chancellerie et les actes royaux dans les royaumes carolingiens, in: Bibliothèque de l'École des Chartes 142, S. 5–80.

BAYLESS (2002), Martha: Alcuin's *Disputatio Pippini* and the early medieval riddle tradition, in: Humour, History and Politics in Late Antiquity and the Early Middle Ages, hg. v. Guy Halsall, Cambridge u. a., S. 157–178.

BECHER (1992), Matthias: Neue Überlegungen zum Geburtsdatum Karls des Großen, in: Francia 19,1, S. 37–60.

BECHER (2002a), Matthias: Die Reise Papst Leos III. zu Karl dem Großen. Überlegungen zu Chronologie, Verlauf und Inhalt der Paderborner Verhandlungen des Jahres 799, in: Am Vorabend der Kaiserkrönung. Das Epos »Karolus Magnus et Leo papa« und der Papstbesuch in Paderborn 799, hg. v. Peter Godman/Jörg Jarnut/Peter Johanek, Berlin, S. 87–112.

BECHER (2002b), Matthias: Die Kaiserkrönung im Jahr 800. Eine Streitfrage zwischen Karl dem Großen und Papst Leo III., in: Rheinische Vierteljahrsblätter 66, S. 1–38.

BECHER (2003), Matthias: Eine verschleierte Krise. Die Nachfolge Karl Martells 741 und die Anfänge der karolingischen Hofgeschichtsschreibung, in: Von Fakten und Fiktionen. Mittelalterliche Geschichtsdarstellungen und ihre kritische Aufarbeitung, hg. v. Johannes Laudage (Europäische Geschichtsdarstellungen 1), Köln u. a., S. 95–133.

BECHER (2006), Matthias: Karl der Große zwischen Rom und Aachen: die Kaiserkrönung und das Problem der Loyalität im Frankenreich, in: *Eloquentia copiosus*. Festschrift für Max Kerner zum 65. Geburtstag, hg. v. Monika Gussone/Lotte Kéry, Aachen, S. 1–15.

BECHER (2009a), Matthias: »Herrschaft« im Übergang von der Spätantike zum Frühmittelalter. Von Rom zu den Franken, in: Von der Spätantike zum frühen Mittelalter. Kontinuitäten und Brüche, Konzeptionen und Befunde, hg. v. Theo Kölzer/Rudolf Schieffer (Vorträge und Forschungen 70), Ostfildern, S. 163–188.

BECHER (2009b), Matthias: *Luxuria*, *libido* und *adulterium*. Kritik am Herrscher und seiner Gemahlin im Spiegel der zeitgenössischen Historiographie (6. bis 11. Jahrhundert), in: Heinrich IV., hg. v. Gerd Althoff (Vorträge und Forschungen 69), Ostfildern, S. 41–71.

BECHT-JÖRDENS (2008), Gereon: Biographie als Heilsgeschichte. Ein Paradigmenwechsel in der Gattungsentwicklung: Prolegomena zu einer formgeschichtlichen Interpretation von Einharts *Vita Karoli*, in: *Quaerite faciem eius semper*. Studien zu den geistesgeschichtlichen Beziehungen zwischen Antike und Christentum. Dankesgabe für Albrecht Dihle zum 85. Geburtstag aus dem Heidelberger »Kirchenväterkolloquium«, hg. v. Andrea Jördens/Hans Armin Gärtner/Herwig Görgemanns/Adolf Martin Ritter (Studien zur Kirchengeschichte 8), Hamburg, S. 1–21.

BECHT-JÖRDENS (2011), Gereon: Einharts ›Vita Karoli‹ und die antike Tradition von Biographie und Historiographie. Von der Gattungsgeschichte zur Interpretation, in: Mittellateinisches Jahrbuch 46, S. 335–369.

BELTING (1973), Hans: Der Einhardbogen, in: Zeitschrift für Kunstgeschichte 36, S. 93–121.

BERNHARDT (1987), John W.: *Servitium regis* and Monastic Property in Early Medieval Germany, in: Viator 18, S. 53–87.

BERSCHIN (1991), Walter: Biographie und Epochenstil im lateinischen Mittelalter, Bd. III: Karolingische Biographie 750–920 n.Chr. (Quellen und Untersuchungen zur lateinischen Philologie des Mittelalters 10), Stuttgart.

BEUMANN (1951), Helmut: Topos und Gedankengefüge bei Einhard, in: Archiv für Kulturgeschichte 33, S. 339–350.

BEUMANN (1962a), Helmut: Die Kaiserfrage bei den Paderborner Verhandlungen von 799, in: Das erste Jahrtausend. Kultur und Kunst im werdenden Abendland an Rhein und Ruhr, Textbd. 1, Düsseldorf, S. 296–317.

BEUMANN (1962b), Helmut: Einhard und die karolingische Tradition im ottonischen Corvey, in: DERS., Ideengeschichtliche Studien zu Einhard und anderen Geschichtsschreibern des früheren Mittelalters, Darmstadt, S. 15–39.

BEUMANN (1981), Helmut: *Unitas ecclesiae – unitas imperii – unitas regni*. Von der imperialen Reichseinheitsidee zur Einheit der *regna*, in: Nascità dell'Europa ed Europa carolingia: un'equazione da verificare, 19–25 aprile 1979 (SSCI 27), Spoleto, S. 531–571.

BEUTLER (1982), Christian: *Statua*. Die Entstehung der nachantiken Statue und der europäische Individualismus, München.

BEYERLE (1925), Konrad: Von der Gründung bis zum Ende des freiherrlichen Klosters, in: Die Kultur der Abtei Reichenau, Bd. 1, hg. v. dems., München, S. 55–212.

BIGOTT (2002), Boris: Ludwig der Deutsche und die Reichskirche im Ostfränkischen Reich (826–876) (Historische Studien 470), Husum.

BINDING (1995), Günther: *Multis arte fuit utilis*. Einhard als Organisator am Aachener Hof und als Bauherr in Steinbach und Seligenstadt, in: Mittellateinisches Jahrbuch 30, S. 29–46.

BINDING (1997/98), Günther: Die Aachener Pfalz Karls des Großen als archäologisch-baugeschichtliches Problem, in: Zeitschrift für Archäologie des Mittelalters 25/26, S. 63–85.

BINDING (1998), Günther: Zur Ikonologie der Aachener Pfalzkapelle nach den Schriftquellen, in: Mönchtum – Kirche – Herrschaft 750–1000, hg. v. Dieter R. Bauer u. a., Sigmaringen, S. 187–211.

BISCHOFF (1955), Bernhard: Theodulf und der Ire Cadac-Andreas, in: Historisches Jahrbuch 74, S. 92–98.

BISCHOFF (1998), Bernhard: Katalog der festländischen Handschriften des neunten Jahrhunderts (mit Ausnahme der wisigotischen), Teil I: Aachen – Lambach, Wiesbaden.

BOBRYCKI (2010), Shane: »Nigellus Ausulus«. Self-Promotion, Self-Suppression and Carolingian Ideology in the Poetry of Ermold, in: Ego Trouble. Authors and Their Identities in the Early Middle Ages, hg. v. Richard Corradini/Matthew Gillis/Rosamond McKitterick/Irene van Renswoude (Österreichische Akademie der Wissenschaften. Phil.-hist. Klasse. Denkschriften 385/Forschungen zur Geschichte des Mittelalters 15), Wien, S. 161–173.

BONDOIS (1907), Marguerite: La translation des Saints Marcellin et Pierre. Étude sur Einhard et sa vie politique de 827 à 834 (Bibliothèque de l'École des Hautes Études, Sciences historiques et philologiques 160), Paris.

BOOKER (2008), Courtney M.: The Public Penance of Louis the Pious. A New Edition of the »Episcoporum de poenitentia, quam Hludowicus imperator professus est, relatio Compendiensis« (833), in: Viator 39,2, S. 1–20.

BOOKER (2009a), Courtney M.: Histrionic History, Demanding Drama: The Penance of Louis the Pious in 833, Memory, and Emplotment, in: Vergangenheit und Vergegenwärtigung: Frühes Mittelalter und europäische Erinnerungskultur, hg. v. Helmut Reimitz/Bernhard Zeller (Österreichische Akademie der Wissenschaften. Phil.-hist. Klasse 373/Forschungen zur Geschichte des Mittelalters 14), Wien, S. 103–128.

BOOKER (2009b), Courtney M.: Past Convictions. The Penance of Louis the Pious and the Decline of the Carolingians (The Middle Ages Series), Philadelphia.

BORGOLTE (1976), Michael: Der Gesandtenaustausch der Karolinger mit den Abbasiden und mit dem Patriarchen von Jerusalem (Münchener Beiträge zur Mediävistik und Renaissance-Forschung 25), München.

BORGOLTE (2002), Michael: Faction. Eine Erzählung vom salischen Königtum und das Problem von Fakten und Fiktionen, in: Von *sacerdotium* und *regnum*. Geistliche und weltliche Gewalt im frühen und hohen Mittelalter. Festschrift für Egon Boshof zum 65. Geburtstag, hg. v. Franz-Reiner Erkens/ Hartmut Wolff (Passauer historische Forschungen 12), Köln u.a., S. 381–404.

BOSHOF (1969), Egon: Erzbischof Agobard von Lyon. Leben und Werk (Kölner Historische Abhandlungen 17), Köln u.a.

BOSHOF (1990), Egon: Einheitsidee und Teilungsprinzip in der Regierungszeit Ludwigs des Frommen, in: Charlemagne's Heir. New Perspectives on the Reign of Louis the Pious (814–840), hg. v. Peter Godman/Roger Collins, Oxford, S. 161–189.

BOSHOF (1996), Egon: Ludwig der Fromme (Gestalten des Mittelalters und der Renaissance), Darmstadt.

BOSHOF (2005), Egon: Kaiser Lothar I.: Das Ringen um die Einheit des Frankenreiches, in: Lothar I. Kaiser und Mönch in Prüm. Zum 1150. Jahr seines Todes, hg. v. Reiner Nolden, Prüm, S. 11–71.

BRANDES (1997), Wolfram: *Tempora periculosa sunt*. Eschatologisches im Vorfeld der Kaiserkrönung Karls des Großen, in: Das Frankfurter Konzil von 794. Kristallisationspunkt karolingischer Kultur, hg. v. Rainer Berndt, Bd. I: Politik und Kirche, Mainz, S. 49–79.

BRASSINE (1938), Joseph: Monuments d'art mosan disparus, II. Reliquaire d'Éginhard, in: Bulletin de la Société d'art et d'histoire du diocèse de Liège 29, S. 155–164 u. S. 194 f.

BROOKE (1990), Martin: The Prose and Verse Hagiography of Walahfrid Strabo, in: Charlemagne's Heir. New Perspectives on the Reign of Louis the Pious (814–840), hg. v. Peter Godman/Roger Collins, Oxford, S. 551–564.

BRUNERT (1996), Maria-Elisabeth: Fulda als Kloster *in eremo*. Zentrale Quellen über die Gründung im Spiegel der hagiographischen Tradition, in: Kloster Fulda in der Welt der Karolinger und Ottonen, hg. v. Gangolf Schrimpf (Fuldaer Studien 7), Frankfurt/Main, S. 59–78.

BRUNHÖLZL (1974), Franz: *Fuldensia*, in: Historische Forschungen für Walter Schlesinger, hg. v. Helmut Beumann, Köln, S. 536–547.

BRUNHÖLZL (2000), Franz: Über die Verse *De Karolo rege et Leone papa*, in: Historisches Jahrbuch 120, S. 274–283.

BRUNNER (1979), Karl: Oppositionelle Gruppen im Karolingerreich (Veröffentlichungen des Instituts für Österreichische Geschichtsforschung 25), Wien u. a.

BÜCHLER (1970), Roswitha: Der Baumeister Einhard, in: Geschichtsblätter Kreis Bergstraße 3, S. 9–14.

BUCHNER (1922), Max: Einhards Künstler- und Gelehrtenleben. Ein Kulturbild aus der Zeit Karls des Großen und Ludwigs des Frommen, Bonn-Leipzig.

BULLOUGH (2003), Donald A.: Unsettled at Aachen: Alcuin between Frankfort and Tours, in: Court Culture in the Early Middle Ages, hg. v. Catherine Cubitt (Studies in the early middle ages 3), Turnhout, S. 17–38.

BULLOUGH (2004), Donald A.: Alcuin. Achievement and Reputation (Education and Society in the Middle Ages and Renaissance 16), Leiden u. a.

BUND (1979), Konrad: Thronsturz und Herrscherabsetzung im Frühmittelalter (Bonner Historische Forschungen 44), Bonn.

BURCKHARDT (1930), Jacob: Die Kultur der Renaissance in Italien, hg. v. Werner Kaegi (Jacob-Burckhardt-Gesamtausgabe 5), Berlin-Leipzig.

BUSCH (2011), Jörg W.: Die Herrschaften der Karolinger 714–911 (Enzyklopädie deutscher Geschichte 88), München.

CHRISTE (1983), Yves: Les chars à boeufs des rois fainéants, in: Museum Helveticum 40, S. 111–118.

CLASSEN (1963), Peter: Die Verträge von Verdun und Coulaines als politische Grundlagen des westfränkischen Reiches, in: Historische Zeitschrift 196, S. 1–35.

CLASSEN (1972), Peter: Karl der Große und die Thronfolge im Frankenreich, in: Festschrift für Hermann Heimpel zum 70. Geburtstag am 19. September 1971 (Veröffentlichungen des Max-Planck-Instituts für Geschichte 36,3) Göttingen, Bd. 3, S. 109–134.

CLOSE (2010), Florence: Les *Annales Maximiniani*. Un récit original de l'ascension des Carolingiens, in: Bibliothèque de l'École des Chartes 168, S. 303–325.

COLLINS (1990), Roger: Pippin I and the Kingdom of Aquitaine, in: Charlemagne's Heir. New Perspectives on the Reign of Louis the Pious (814–840), hg. v. Peter Godman/Roger Collins, Oxford, S. 363–389.

CORRADINI (2006), Richard: Die *Annales Fuldenses* – Identitätskonstruktionen im ostfränkischen Raum am Ende der Karolingerzeit, in: Texts and Identities in the Early Middle Ages, hg. v. dems./Rob Meens/Christina Pössel/Philip Shaw (Forschungen zur Geschichte des Mittelalters 12), Wien, S. 121–136.

CORRADINI (2010), Richard/GILLIS, Matthew/MCKITTERICK, Rosamond/VAN RENSWOUDE, Irene (Hg.), Ego Trouble. Authors and Their Identities in The Early Middle Ages (Österreichische Akademie der Wissenschaften. Phil.-hist. Klasse. Denkschriften 385/Forschungen zur Geschichte des Mittelalters 15), Wien.

DE JONG (1992), Mayke: Power and Humility in Carolingian Society: The Public Penance of Louis the Pious, in: Early Medieval Europe 1, S. 29–52.

DE JONG (1996), Mayke: In Samuel's Image: Child Oblation in Early Medieval West (Brill's studies in intellectual history 12), Leiden u. a.

DE JONG (2004), Mayke: Bride Shows Revisited: Praise, Slander and Exegesis in the Reign of the Empress Judith, in: Gender in the Early Medieval World: East and West, 300–900, hg. v. Leslie Brubaker/Julia M.H. Smith, Cambridge, S. 257–277.

DE JONG (2008), Mayke: Charlemagne's Balcony. The »Solarium« in Ninth-Century Narratives, in: The Long Morning of Medieval Europe: New Directions in Early Medieval Studies, hg. v. Jennifer R. Davis/Michael McCormick, Aldershot u. a., S. 277–290.

DE JONG (2009), Mayke: The Penitential State. Authority and Atonement in the Age of Louis the Pious, 814–840, Cambridge.

DE MONTESQUIOU-FEZENSAC (1949), Blaise: L'arc de triomphe d'Einhardus, in: Cahiers Archéologiques 4, S. 79–103.

DECKERS (1987), Johannes Georg/SEELIGER, Hans Reinhard/MIETKE, Gabriele: Die Katakombe »Santi Marcellino e Pietro«. Repertorium der Malereien (Roma sotteranea cristiana 6), 2 Bde., Münster.

DECLERCQ (1995), Georges: De »Capitula adhuc conferenda« van Lodewijk de Vrome en de domeinen van de Gentse Sint-Baafsadij in Noord-Frankrijk, in: Peasants & Townsmen in Medieval Europe. Studia in honorem Adriaan Verhulst, hg. v. Jean-Marie Duvosquel/Erik Thoen, Gent, S. 325–345.

DECLERCQ (1997), Georges: Einhard und das karolingische Gent, in: Einhard. Studien zu Leben und Werk. Dem Gedenken an Helmut Beumann gewidmet, hg. v. Hermann Schefers (Arbeiten der Hessischen Historischen Kommission, N.F. 12), Darmstadt, S. 223–246.

DEETERS (1970), Joachim: Servatiusstift und Stadt Maastricht. Untersuchungen zur Entstehung und Verfassung (Rheinisches Archiv 73), Bonn.

DEPREUX (1992), Philippe: Das Königtum Bernhards von Italien und sein Verhältnis zum Kaisertum, in: Quellen und Forschungen aus italienischen Archiven und Bibliotheken 72, S. 1–25.

DEPREUX (1994a), Philippe: Le comte Matfrid d'Orléans sous le règne de Louis le Pieux, in: Bibliothèque de l'École des Chartes 152, S. 331–374.

DEPREUX (1994b), Philippe: Büchersuche und Büchertausch im Zeitalter der karolingischen Renaissance am Beispiel des Briefwechsels des Lupus von Ferrières, in: Archiv für Kulturgeschichte 76, S. 267–284.

DEPREUX (1997), Philippe: Prosopographie de l'entourage de Louis le Pieux (781–840) (Instrumenta 1), Sigmaringen.

DEPREUX (2000), Philippe: The Development of Charters Confirming Exchange by the Royal Administration (Eighth – Tenth Centuries), in: Charters and the Use of the Written Word in Medieval Society, hg. v. Karl Heidecker (Utrecht Studies in Medieval Literacy 5), Turnhout, S. 43–62.

DIEFENBACH (2007), Steffen: Römische Erinnerungsräume. Heiligenmemoria und kollektive Identitäten im Rom des 3. bis 5. Jahrhunderts n. Chr. (Millenium-Studien 11), Berlin u. a.

DIERKENS (2004), Alain: *Ad instar illius quod Beseleel miro composuit studio*. Éginhard et les idéaux artistiques de la »Renaissance carolingienne«, in: L'autorité du passé dans les sociétés médiévales, hg. v. Jean-Marie Sansterre (Collection de l'École Française de Rome 333. Bibliothèque de l'Institut Historique Belge de Rome 52), Brüssel-Rom, S. 339–368.

DOHMEN (2011), Linda: *... evertit palatium, destruxit consilium ...* – Konflikte im und um den Rat des Herrschers am Beispiel der Auseinandersetzungen am Hof Ludwigs des Frommen (830/31), in: Streit am Hof im frühen Mittelalter, hg. v. Matthias Becher/Alheydis Plassmann, Göttingen, S. 285–316.

DUBREUCQ (1995), Alain (Ed.): Jonas d'Orléans, Le métier de roi (*De institutione regia*) (Sources Chrétiennes 407), Paris.

DÜMMLER (1886), Ernst: Ein Nachtrag zu Einhards Werken, in: Neues Archiv der Gesellschaft für ältere deutsche Geschichtskunde 11, S. 231–238.

DUTTON (1998), Paul Edward: Charlemagne's Courtier. The Complete Einhard, Peterborough.

EICHLER (2007), Daniel: Fränkische Reichsversammlungen unter Ludwig dem Frommen (MGH Studien und Texte 45), Hannover.

ENDEMANN (2004), Traute: Säkularisation am Beispiel der Abtei Seligenstadt, in: Archiv für hessische Geschichte und Altertumskunde, N. F. 62, S. 95–126.

ERKENS (1996), Franz-Reiner: *Divisio legitima* und *unitas imperii*. Teilungspraxis und Einheitsstreben bei der Thronfolge im Frankenreich, in: Deutsches Archiv für Erforschung des Mittelalters 52, S. 423–485.

ERKENS (1998a), Franz-Reiner: Konrad II. (um 990–1039). Herrschaft und Reich des ersten Salierkaisers, Darmstadt.

ERKENS (1998b), Franz-Reiner: Einheit und Unteilbarkeit. Bemerkungen zu einem vielerörterten Problem der frühmittelalterlichen Geschichte, in: Archiv für Kulturgeschichte 80, S. 270–295.

ESSELBORN (1927), Karl: Einhards Leben und Werke. Einführung in die Verdeutschung seiner Schrift: Übertragung und Wunder der Heiligen Marzellinus und Petrus, Darmstadt.

EWIG (1976), Eugen: Die fränkischen Teilungen und Teilreiche 511–613, in: DERS., Spätantikes und fränkisches Gallien, hg. v. Hartmut Atsma, Bd. 1 (Beihefte der Francia 3,1), Zürich, S. 114–171.

EWIG (1981), Eugen: Überlegungen zu den merowingischen und karolingischen Teilungen, in: Nascità dell'Europa ed Europa carolingia: un'equazione da verificare, 19–25 aprile 1979 (SSCI 27), Spoleto, S. 225–253.

FABRICIUS (1926), Clara: Die *litterae formatae* im Frühmittelalter, in: Archiv für Urkundenforschung 9, S. 39–86 u. S. 168–194.

FALK (1875), O.: Karls d. Gr. Tochter Gisla zu Seligenstadt, in: Forschungen zur deutschen Geschichte 15, S. 656–658.

FALKENSTEIN (2002), Ludwig: Pfalz und *vicus* Aachen, in: Orte der Herrschaft. Mittelalterliche Königspfalzen, hg. v. Caspar Ehlers, Göttingen, S. 131–181.

FAULHABER (1931), Roland: Der Reichseinheitsgedanke in der Literatur der Karolingerzeit bis zum Vertrag von Verdun (Historische Studien 204), Berlin.

FEES (2000), Irmgard: War Walahfrid Strabo der Lehrer und Erzieher Karls des Kahlen?, in: Studien zur Geschichte des Mittelalters. Jürgen Petersohn zum 65. Geburtstag, hg. v. Matthias Thumser/Annegret Wenz-Haubfleisch/ Peter Wiegand, Stuttgart, S. 42–61.

FELTEN (1980), Franz J.: Äbte und Laienäbte im Frankenreich. Studie zum Verhältnis von Staat und Kirche im früheren Mittelalter (Monographien zur Geschichte des Mittelalters 20), Stuttgart.

FISCHER (1965), Bonifatius: Bibeltext und Bibelreform unter Karl dem Großen, in: Karl der Große. Lebenswerk und Nachleben, Bd. 2: Das geistige Leben, hg. v. Bernhard Bischoff, Düsseldorf, S. 156–216.

FLACH (1976), Dietmar: Untersuchungen zur Verfassung und Verwaltung des Aachener Reichsgutes von der Karolingerzeit bis zur Mitte des 14. Jahrhunderts (Veröffentlichungen des Max-Planck-Instituts 46), Göttingen.

FLECKENSTEIN (1959), Josef: Die Hofkapelle der deutschen Könige, Bd. 1: Grundlegung. Die karolingische Hofkapelle (MGH Schriften 16,1), Stuttgart.

FLECKENSTEIN (1965), Josef: Karl der Große und sein Hof, in: Karl der Große. Lebenswerk und Nachleben, Bd. 1: Persönlichkeit und Geschichte, hg. v. Helmut Beumann, Düsseldorf, S. 24–50.

FLECKENSTEIN (1974), Josef: Einhard, seine Gründung und sein Vermächtnis in Seligenstadt, in: Das Einhardkreuz. Vorträge und Studien der Münsteraner Diskussion zum *arcus Einhardi*, hg. v. Karl Hauck (Akademie der Wissenschaften in Göttingen. Abhandlungen. Phil.-hist. Klasse. Dritte Folge 87), Göttingen, S. 96–121.

FLECKENSTEIN (1976), Josef: Die Struktur des Hofes Karls des Großen im Spiegel von Hinkmars *De ordine palatii*, in: Zeitschrift des Aachener Geschichtsvereins 83, S. 5–22.

FOURACRE (2005), Paul: The Long Shadow of the Merovingians, in: Charlemagne: Empire and Society, hg. v. Joanna Story, Manchester, S. 5–21.

FRANZ (1995), Eckhart G.: Spurensuche von der Pfeddersheimer Bauernschlacht bis zu Einhard und Imma. Die Bibliothek der Augustiner in Frankenthal und die Erbachische Hofmeister Johann Marquard, in: Landesgeschichte und Reichsgeschichte. Festschrift für Alois Gerlich zum 70. Geburtstag, hg. v. Winfried Dotzauer/Wolfgang Kleiber/Michael Matheus/Karl-Heinz Spieß (Geschichtliche Landeskunde 42), Stuttgart, S. 261 – 274.

FREISE (1982), Eckhard: Zum Geburtsjahr des Hrabanus Maurus, in: Hrabanus Maurus: Lehrer, Abt und Bischof, hg. v. Raymund Kottje/Harald Zimmermann (Akademie der Wissenschaften und der Literatur. Abhandlungen der geistes- und sozialwissenschaftlichen Klasse. Einzelveröffentlichungen 4), Mainz, S. 18 – 74.

FRIED (1982), Johannes: Der karolingische Herrschaftsverband im 9. Jh. zwischen »Kirche« und »Königshaus«, in: Historische Zeitschrift 245, S. 1 – 43.

FRIED (1996a), Johannes: Fulda in der Bildungs- und Geistesgeschichte des früheren Mittelalters, in: Kloster Fulda in der Welt der Karolinger und Ottonen, hg. v. Gangolf Schrimpf (Fuldaer Studien 7), Frankfurt/Main, S. 3 – 38.

FRIED (1996b), Johannes: Wissenschaft und Phantasie. Das Beispiel der Geschichte, in: Historische Zeitschrift 263, S. 291 – 316.

FRIED (1998), Johannes: Elite und Ideologie oder die Nachfolgeordnung Karls des Großen von 813, in: La royauté et les élites dans l'Europe carolingienne (début du IXe siècle aux environs de 920), hg. v. Régine Le Jan, Lille, S. 71 – 109.

FRIED (2001), Johannes: Papst Leo III. besucht Karl den Großen in Paderborn oder Einhards Schweigen, in: Historische Zeitschrift 272, S. 281 – 326.

FRIED (2004), Johannes: Der Schleier der Erinnerung. Grundzüge einer historischen Memorik, München.

FRIED (2005), Johannes: Warum es das Reich der Franken nicht gegeben hat, in: Die Macht des Königs. Herrschaft in Europa vom Frühmittelalter bis in die Neuzeit, hg. v. Bernhard Jussen, München 2005, S. 83 – 89.

FRIED (2007a), Johannes: Ein Gastmahl Karls des Großen, in: DERS., Zu Gast im Mittelalter, München, S. 13 – 44.

FRIED (2007b), Johannes: Der lange Schatten eines schwachen Herrschers. Ludwig der Fromme, die Kaiserin Judith, Pseudoisidor und andere Personen in der Perspektive neuer Fragen, Methoden und Erkenntnisse, in: Historische Zeitschrift 284, S. 103 – 136.

FRIED (2007c), Johannes: ›Donation of Constantine‹ and ›Constitutum Constantini‹: The Misinterpretation of a Fiction and Its Original Meaning (Millennium-Studien 3), Berlin u. a.

FRIED (2008a), Johannes: Erfahrung und Ordnung. Die Friedenskonstitution Karls des Großen vom Jahr 806, in: Herrscher- und Fürstentestamente im westeuropäischen Mittelalter, hg. v. Brigitte Kasten (Norm und Struktur 29), Köln u. a., S. 145 – 192.

FRIED (2008b), Johannes: Der Pakt von Canossa. Schritte zur Wirklichkeit durch Erinnerungsanalyse, in: Die Faszination der Papstgeschichte. Neue Zugänge zum frühen und hohen Mittelalter, hg. v. Wilfried Hartmann/Klaus Herbers, Köln u. a., S. 133 – 197.

FUHRMANN (1972 – 74), Horst: Einfluß und Verbreitung der pseudoisidorischen Fälschungen. Von ihrem Auftauchen bis in die neuere Zeit, 3 Bde. (MGH Schriften 24,1 – 3), Stuttgart.

FUHRMANN (2002), Horst: Stand, Aufgaben und Perspektiven der Pseudoisidorforschung, in: Fortschritt durch Fälschungen? Ursprung, Gestalt und Wirkungen der pseudoisidorischen Fälschungen. Beiträge zum gleichnamigen Symposium an der Universität Tübingen vom 27. und 28. Juli 2001, hg. v. Wilfried Hartmann/Gerhard Schmitz (MGH Studien und Texte 31), Hannover, S. 227 – 262.

GANSHOF (1924), François Louis: Notes critiques sur Éginhard, biographe de Charlemagne, in: Revue Belge de Philologie et d'Histoire 3, S. 725 – 747.

GANSHOF (1926), François Louis: Éginhard à Gand, in: Bulletin de la Société d'histoire et d'archéologie de Gand 34, S. 13 – 33.

GANSHOF (1956), François Louis: Zur Entstehungsgeschichte und Bedeutung des Vertrags von Verdun, in: Deutsches Archiv für Erforschung des Mittelalters 12, S. 313 – 330.

GANSHOF (1972), François Louis: Am Vorabend der ersten Krise der Regierung Ludwigs des Frommen. Die Jahre 828 und 829, in: Frühmittelalterliche Studien 6, S. 39 – 54.

GANZ (1989), David: Humour as History in Notker's *Gesta Karoli Magni*, in: Monks, Nuns and Friars in Mediaeval Society, hg. v. Edward B. King/ J. Schaefer/W. Wadley (Sewanee Medieval Studies 4), Sewanee, S. 171 – 183.

GANZ (1997), David: The Preface to Einhard's *Vita Karoli*, in: Einhard. Studien zu Leben und Werk, hg. v. Hermann Schefers (Arbeiten der Hessischen Historischen Kommission, N. F. 12), Darmstadt, S. 299 – 310.

GANZ (2004), David: Paris BN Latin 2718: Theological Texts in the Chapel and the Chancery of Louis the Pious, in: *Scientia veritatis*: Festschrift für Hubert Mordek zum 65. Geburtstag, hg. v. Oliver Münsch, Ostfildern, S. 137 – 152.

GANZ (2005), David: Einhard's Charlemagne: The Characterisation of Greatness, in: Charlemagne: Empire and Society, hg. v. Joanna Story, Manchester, S. 38 – 51.

GANZ (2007), David: *Einhardus peccator*, in: Lay Intellectuals in the Carolingian World, hg. v. Patrick Wormald/Janet L. Nelson, Cambridge, S. 37 – 50.

GANZ (2010), David: Einhard: Identities and Silences, in: Ego Trouble. Authors and Their Identities in the Early Middle Ages, hg. v. Richard Corradini/Matthew Gillis/Rosamond McKitterick/Irene van Renswoude (Österreichische Akademie der Wissenschaften. Phil.-hist. Klasse. Denkschriften 385/Forschungen zur Geschichte des Mittelalters 15), Wien, S. 153 – 160.

GARRISON (1997), Mary: The English and the Irish at the Court of Charlemagne, in: Karl der Große und sein Nachwirken. 1200 Jahre Kultur und Wissenschaft in Europa, Bd. 1: Wissen und Weltbild, hg. v. Paul Leo Butzer/ Max Kerner/Walter Oberschelp, Turnhout, S. 97 – 123.

GARRISON (1998), Mary: The Social World of Alcuin: Nicknames at York and at the Carolingian Court, in: Alcuin of York. Scholar at the Carolingian

Court. Proceedings of the Third Germania Latina Conference Held at the University of Groningen, May 1995, hg. v. Luuk A. J. R. Houwen/Alasdair A. MacDonald (Germania latina 3/Mediaevalia Groningana 22), Groningen, S. 59–79.

GAUERT (1984), Adolf: Noch einmal Einhard und die letzten Merowinger, in: Institutionen, Kultur und Gesellschaft. Festschrift für Josef Fleckenstein zu seinem 65. Geburtstag, hg. v. Lutz Fenske/Werner Rösener/Thomas Zotz, Sigmaringen, S. 59–72.

GEARY (1978), Patrick J.: Furta sacra. Thefts of Relics in the Central Middle Ages, Princeton.

GEUENICH (1981), Dieter: Personennamen als Personengruppennamen, in: Proceedings of the Thirteenth International Congress of Onomastic Sciences. Cracow, August 21–25, 1978, Bd. 1, hg. v. Kazimierz Rymut, Wrcoław u. a., S. 437–445.

GEUENICH (1989), Dieter: Gebetsgedenken und anianische Reform – Beobachtungen zu den Verbrüderungsbeziehungen der Äbte im Reich Ludwigs des Frommen, in: Monastische Reformen im 9. und 10. Jahrhundert, hg. v. Raymund Kottje/Helmut Maurer (Vorträge und Forschungen 38), Sigmaringen, S. 79–106.

GEUENICH (1996), Dieter: Die personelle Entwicklung der Klostergemeinschaft von Fulda bis zum Jahr 1000, in: Kloster Fulda in der Welt der Karolinger und Ottonen, hg. v. Gangolf Schrimpf (Fuldaer Studien 7), Frankfurt/Main, S. 163–176.

GEUENICH (1997), Dieter: Personennamengebung und Personennamengebrauch im Frühmittelalter, in: Personennamen und Identität. Namengebung und Namengebrauch als Anzeiger individueller Bestimmung und gruppenbezogener Zuordnung. Akten der Akademie Friesach »Stadt und Kultur im Mittelalter« Friesach (Kärnten), 25. bis 29. September 1995, hg. v. Reinhard Härtel (Grazer Grundwissenschaftliche Forschungen 3/Akademie Friesach. Schriftenreihe 2), Graz, S. 31–46.

GEUENICH (1998), Dieter: Kritische Anmerkungen zur sogenannten »anianischen Reform«, in: Mönchtum – Kirche – Herrschaft 750–1000. Festschrift für Josef Semmler, hg. v. Dieter R. Bauer/Rudolf Hiestand/Brigitte Kasten/Sönke Lorenz, Sigmaringen, S. 99–112.

GEUENICH (2009), Dieter: Benedikt von Aniane, Helisachar und Einhard im St. Galler Verbrüderungsbuch, in: Schatzkammer Stiftsarchiv St. Gallen. Miscellanea Lorenz Hollenstein, hg. v. Peter Erhart/Klaus Amann, Dietikon, S. 27–29.

GLATTHAAR (2010), Michael: Zur Datierung der Epistola generalis Karls des Großen, in: Deutsches Archiv für Erforschung des Mittelalters 66, S. 455–477.

GLATTHAAR (2012), Michael (nach Vorarbeiten von Hubert Mordek und Klaus Zechiel-Eckes) (Ed.): Admonitio generalis (MGH Fontes iuris Germanici antiqui in usum scholarum separatim editi 16), Hannover.

GLENN (2001), Justin: Echoes of *Aeneid* 11 in Einhard's *Vita Karoli magni* 9, in: The Classical World 94, S. 179–182.

GLENN (2011), Jason: Between Two Empires. Einhard and His Charles the Great, in: The Middle Ages in Texts and Texture. Reflections on Medieval Sources, hg. v. dems., Toronto, S. 105–117.

GOETZ (1987), Hans-Werner: Zur Namengebung bäuerlicher Schichten im Frühmittelalter. Untersuchungen und Berechnungen anhand des Polyptychons von Saint-Germain-des-Prés, in: Francia 15, S. 852–877.

GOODSON (2010), Caroline J./NELSON, Janet L.: Review Article: The Roman Context of the ›Donation of Constantine‹, in: Early Medieval Europe 18, S. 446–467.

GREEN (1981), Roger P. H.: Modoin's Eclogues and the Paderborn Epic, in: Mittellateinisches Jahrbuch 16, S. 43–53.

GREWE (2003), Klaus/POHLE, Frank: Der Weg des Abul Abaz von Bagdad nach Aachen, in: *Ex oriente*. Isaak und der weiße Elefant. Bagdad–Jerusalem–Aachen. Eine Reise durch drei Kulturen um 800 und heute, hg. v. Wolfgang Dreßen/Georg Minkenberg/Adam C. Oellers, Bd. I: Die Reise des Isaak. Bagdad, Mainz, S. 66–69.

GRIERSON (1940), Philipp: Abbot Fulco and the Date of the *Gesta abbatum Fontanellensium*, in: The English Historical Review 55, S. 275–284.

GUILLOT (1990), Olivier: Une *ordinatio* méconnue. Le Capitulaire de 823–825, in: Charlemagne's Heir. New Perspectives on the Reign of Louis the Pious (814–840), hg. v. Peter Godman/Roger Collins, Oxford, S. 455–486.

HACK (2011), Achim Thomas: Abul Abaz. Zur Biographie eines Elefanten (Jenaer mediävistische Vorträge 1), Badenweiler.

HAGEMANN (2001), Mariëlle: Contrast en continuïteit. Merovingen en rituelen in Karolingische bronnen, in: Utrechtse historische cahiers 22, S. 106–113.

HAGENEIER (2004), Lars: Jenseits der Topik. Die karolingische Herrscherbiographie (Historische Studien 483), Husum.

HÄGERMANN (1975), Dieter: Reichseinheit und Reichsteilung. Bemerkungen zur *Divisio regnorum* von 806 und zur *Ordinatio Imperii* von 817, in: Historisches Jahrbuch 95, S. 278–307.

HÄGERMANN (2002), Dieter: Der Dagulf-Psalter. Ein Zeugnis fränkischer Orthodoxie, in: Von *sacerdotium* und *regnum*. Geistliche und weltliche Gewalt im frühen und hohen Mittelalter. Festschrift für Egon Boshof zum 65. Geburtstag, hg. v. Franz-Reiner Erkens/Hartmut Wolff, Köln u. a., S. 183–201.

HÄGERMANN (2008), Dieter: »Divisio imperii« von 817 und »Divisio regni« von 831: Überlegungen und Anmerkungen zu »Hausgesetzen« Karls des Großen und Ludwigs des Frommen, in: Herrscher- und Fürstentestamente im westeuropäischen Mittelalter, hg. v. Brigitte Kasten (Norm und Struktur 29), Köln u. a., S. 291–299.

HALLINGER (1967), Kassius: Die Anfänge der Abtei Seligenstadt, Grundlagen und bestimmende Kräfte, in: Archiv für mittelrheinische Kirchengeschichte 19, S. 9–25.

HALPHEN (1917), Louis: Études critiques sur l'histoire de Charlemagne. III. Einhard, historien de Charlemagne, in: Revue historique 126, S. 271–314.

HAMPE (1896), Karl: Zur Lebensgeschichte Einhards, in: Neues Archiv der Gesellschaft für ältere deutsche Geschichtskunde 21, S. 599–631.

HARDT (2010), Matthias: Awarengold und *nomen imperatoris*. Zur Vorgeschichte der Kaiserkrönung Karls des Großen, in: Völker, Reiche und Namen im frühen Mittelalter, hg. v. Matthias Becher/Stefanie Dick (MittelalterStudien 22), München, S. 325–334.

HARTMANN (1989), Wilfried: Die Synoden der Karolingerzeit im Frankenreich und in Italien (Konziliengeschichte Reihe A: Darstellungen), Paderborn u. a.

HARTMANN (1993), Wolfgang: Kloster Machesbach und frühmittelalterlicher Adel im Bachgau, in: Aschaffenburger Jahrbuch 16, S. 137–237.

HARTMANN (1996), Wolfgang: Vom Tal der Mümling an den Untermain. Einhards Weg im Jahr 828, der Einhardsweg von 1996, in: Spessart 10, S. 3–9.

HARTMANN (2002), Wilfried: Ludwig der Deutsche (Gestalten des Mittelalters und der Renaissance), Darmstadt.

HARTMANN (2006), Florian: Hadrian I. (772–795). Frühmittelalterliches Adelspapsttum und die Lösung Roms vom byzantinischen Kaiser (Päpste und Papsttum 34), Bonn.

HARTMANN (2007), Martina: *Concubina vel regina?* Zu einigen Ehefrauen und Konkubinen der karolingischen Könige, in: Deutsches Archiv für Erforschung des Mittelalters 62, S. 545–567.

HARTMANN (2010), Wilfried: Karl der Große (Kohlhammer-Urban-Taschenbücher 643), Stuttgart.

HARTUNG (1988), Wolfgang: Tradition und Namengebung im frühen Mittelalter, in: Früh- und hochmittelalterlicher Adel in Schwaben und Bayern, hg. v. dems./Immo Eberl/Joachim Jahn (REGIO. Forschungen zur schwäbischen Regionalgeschichte 1), Sigmaringendorf, S. 23–79.

HAUCK (1963), Karl: Tiergärten im Pfalzbereich, in: Deutsche Königspfalzen. Beiträge zu ihrer historischen und archäologischen Erforschung, Bd. 1 (Veröffentlichungen des Max-Planck-Instituts für Geschichte 11,1), Göttingen, S. 30–74.

HAUCK (1974), Karl (Hg.): Das Einhardkreuz. Vorträge und Studien der Münsteraner Diskussion zum *arcus Einhardi* (Akademie der Wissenschaften in Göttingen. Abhandlungen. Phil.-hist. Klasse. Dritte Folge 87), Göttingen.

HAUCK (1974), Karl: Versuch einer Gesamtdeutung des Einhard-Kreuzes, in: Das Einhardkreuz. Vorträge und Studien der Münsteraner Diskussion zum *arcus Einhardi*, hg. v. dems. (Akademie der Wissenschaften in Göttingen. Phil.-hist. Klasse. Abhandlungen. Dritte Folge 87), Göttingen, S. 143–205.

HEIL (1970), Wilhelm: Alkuinstudien, Bd. 1: Zur Chronologie und Bedeutung des Adoptianismusstreites, Düsseldorf.

HEILMANN (1997), Willibald: Das Gewicht der Macht. Zum Fortwirken römischer Traditionen in Einhards *Vita Karoli Magni*, in: Antike und Abendland 43, S. 145–157.

HEINEMEYER (1980), Karl: Die Gründung des Klosters Fulda im Rahmen der bonifatianischen Kirchenorganisation, in: Hessisches Jahrbuch für Landesgeschichte 30, S. 1–45.

HEINZELMANN (1997), Martin: Einhards »Translatio Marcellini et Petri«: Eine hagiographische Reformschrift von 830, in: Einhard. Studien zu Leben und Werk. Dem Gedenken an Helmut Beumann gewidmet, hg. v. Hermann Schefers (Arbeiten der Hessischen Historischen Kommission, N.F. 12), Darmstadt, S. 269–298.

HELLMANN (1908), Siegmund: Die Entstehung und Ueberlieferung der *Annales Fuldenses* I, in: Neues Archiv der Gesellschaft für ältere deutsche Geschichtskunde 33, S. 695–742.

HELLMANN (1913), Siegmund: Einhard, Rudolf, Meginhard. Ein Beitrag zur Frage der *Annales Fuldenses*, in: Historisches Jahrbuch 34, S. 40–64.

HELLMANN (1932), Siegmund: Einhards literarische Stellung, in: Historische Vierteljahrschrift 27, S. 40–110.

HELLMANN (2005), Martin: Lehrerepitaphien, in: Mittellateinische Biographie und Epigraphik. Vorträge in Barcelona und Heidelberg, hg. v. Walter Berschin/Joan Gómez Pallarès/José Martínez Gázquez, Heidelberg, S. 133–160.

HEN (2006), Yitzhak: Charlemagne's *jihad*, in: Viator 37, S. 33–51.

HENGST (2002), Karl: Die Ereignisse der Jahre 777/78 und 782. Archäologie und Schriftüberlieferung, in: Am Vorabend der Kaiserkrönung. Das Epos »Karolus Magnus et Leo papa« und der Papstbesuch in Paderborn 799, hg. v. Peter Godman/Jörg Jarnut/Peter Johanek, Berlin, S. 57–74.

HENTZE (1999), Wilhelm (Hg.), *De Karolo rege et Leone papa*. Der Bericht über die Zusammenkunft Karls des Großen mit Papst Leo III. in Paderborn 799 in einem Epos für Karl den Kaiser (Studien und Quellen zur westfälischen Geschichte 36), Paderborn.

HEYDEMANN (2010), Gerda: Text und Translation. Strategien zur Mobilisierung spiritueller Ressourcen im Frankenreich Ludwigs des Frommen, in: Zwischen Niederschrift und Wiederschrift. Hagiographie und Historiographie im Spannungsfeld von Kompendienüberlieferung und Editionstechnik, hg. v. Richard Corradini/Max Diesenberger/Meta Niederkorn-Bruck (Österreichische Akademie der Wissenschaften. Phil.-hist. Klasse. Denkschriften 405/Forschungen zur Geschichte des Mittelalters 18), Wien, S. 301–334.

HOCH (1965), Günther: Die Erläuterung der Schenkungsurkunde von 815, in: Der Odenwald 12, S. 3–9.

HOHBOHM (2001), Wolf: Die Briefszenen in Telemanns Oper »Emma und Eginhard«, in: Musik als Klangrede. Festschrift zum 70. Geburtstag von Günter Fleischhauer, hg. v. Wolfgang Ruf, Köln u.a., S. 58–69.

HOLFORD-STREVENS (2003), Leofranc: Aulus Gellius. An Antonine Scholar and His Achievement, Oxford.

HOLZFURTNER (1982), Ludwig: Untersuchungen zur Namensgebung im frühen Mittelalter nach den bayerischen Quellen des achten und des neunten Jahrhunderts, in: Zeitschrift für bayerische Landesgeschichte 45, S. 3–19.

HUGOT (1965), Leo: Die Königshalle Karls des Großen in Aachen, in: Aachener Kunstblätter 30, S. 38–48.

HUSSONG (2009), Ulrich: Die Geschichte des Klosters Fulda von der Gründung bis ins 11. Jahrhundert, in: Geschichte der Stadt Fulda, Bd. 1: Von den Anfängen bis zum Ende des Alten Reiches, hg. v. Wolfgang Hamberger/Thomas Heiler/Werner Kirchhoff, Fulda, S. 143–165.

INNES (1994), Matthew/MCKITTERICK, Rosamond: The Writing of History, in: Carolingian Culture: Emulation and Innovation, hg. v. Rosamond McKitterick, Cambridge, S. 193–220.

INNES (1997), Matthew: Charlemagne's Will: Piety, Politics and the Imperial Succession, in: The English Historical Review 112, S. 833–855.

INNES (1998), Matthew: Memory, Orality and Literacy in an Early Medieval Society, in: Past & Present 158, S. 3–36.

INNES (2003), Matthew: »A Place of Discipline«: Aristocratic Youth and Carolingian Courts, in: Court Culture in the Early Middle Ages, hg. v. Catherine Cubitt (Studies in the Early Middle Ages 3), Turnhout, S. 59–76.

JACOBSEN (1990), Werner: Allgemeine Tendenzen im Kirchenbau unter Ludwig dem Frommen, in: Charlemagne's Heir. New Perspectives on the Reign of Louis the Pious (814–840), hg. v. Peter Godman/Roger Collins, Oxford, S. 641–654.

JACOBSEN (1994), Werner: Die Pfalzkonzeptionen Karls des Großen, in: Karl der Große als vielberufener Vorfahr. Sein Bild in der Kunst der Fürsten, Kirchen und Städte, hg. v. Lieselotte E. Saurma-Jeltsch (Schriften des Historischen Museums 19), Sigmaringen, S. 23–48.

JACOBSEN (1996), Werner: Die Abteikirche von Fulda von Sturmius bis Eigil – kunstpolitische Positionen und deren Veränderungen, in: Kloster Fulda in der Welt der Karolinger und Ottonen, hg. v. Gangolf Schrimpf (Fuldaer Studien 7), Frankfurt/Main, S. 105–127.

JARNUT (1985), Jörg: Die frühmittelalterliche Jagd unter rechts- und sozialgeschichtlichen Aspekten, in: L'uomo di fronte al mondo animale nell'alto medioevo. 7–13 aprile 1983 (SSCI 31), Spoleto, S. 765–808.

JARNUT (1989), Jörg: Kaiser Ludwig der Fromme und König Bernhard von Italien. Der Versuch einer Rehabilitierung, in: Studi Medievali, serie terza 30, S. 637–648.

JARNUT (1997), Jörg: Nobilis non vilis, cuius et nomen et genus scitur, in: Nomen et gens. Zur historischen Aussagekraft frühmittelalterlicher Personennamen, hg. v. Dieter Geuenich/Wolfgang Haubrichs/dems. (Reallexikon der Germanischen Altertumskunde, Erg.-Bd. 16), Berlin u.a., S. 116–126.

JARNUT (2000), Jörg: 799 und die Folgen. Fakten, Hypothesen und Spekulationen, in: Westfälische Zeitschrift 150, S. 191–209.

JARNUT (2002), Jörg: Ein Bruderkampf und seine Folgen: Die Krise des Frankenreiches (768–771), in: DERS., Herrschaft und Ethnogenese im Frühmittelalter. Gesammelte Aufsätze. Festgabe zum 60. Geburtstag, Münster, S. 235–246.

JÉGOU (2004), Laurent: L'évêque entre autorité sacrée et exercice du pouvoir. L'exemple de Gérard de Cambrai (1012–1051), in: Cahiers de civilisation médiévale 47, S. 37–56.

JOHANEK (2000), Peter: Die Sachsenkriege Karls des Großen und der Besuch Papst Leos III. in Paderborn 799 im Gedächtnis der Nachwelt, in: Westfälische Zeitschrift 150, S. 211–233.

JUSSEN (2009), Bernhard: Perspektiven der Verwandtschaftsforschung zwanzig Jahre nach Jack Goodys »Entwicklung von Ehe und Familie in Europa«, in: Die Familie in der Gesellschaft des Mittelalters, hg. v. Karl-Heinz Spieß (Vorträge und Forschungen 71), Ostfildern, S. 275–324.

KASCHKE (2006), Sören: Die karolingischen Reichsteilungen bis 831. Herrschaftspraxis und Normvorstellungen in zeitgenössischer Sicht (Schriften zur Mediävistik 7), Hamburg.

KASCHKE (2008), Sören: Tradition und Adaption. Die »Divisio regnorum« und die fränkische Herrschaftsnachfolge, in: Herrscher- und Fürstentestamente im westeuropäischen Mittelalter, hg. v. Brigitte Kasten (Norm und Struktur 29), Köln u. a., S. 259–289.

KASTEN (1986), Brigitte: Adalhard von Corbie. Die Biographie eines karolingischen Politikers und Klostervorstehers (Studia humaniora 3), Düsseldorf.

KASTEN (1997a), Brigitte: Königssöhne und Königsherrschaft. Untersuchungen zur Teilhabe am Reich in der Merowinger- und Karolingerzeit (MGH Schriften 44), Hannover.

KASTEN (1997b), Brigitte: Aspekte des Lehenswesens in Einhards Briefen, in: Einhard. Studien zu Leben und Werk. Dem Gedenken an Helmut Beumann gewidmet, hg. v. Hermann Schefers (Arbeiten der Hessischen Historischen Kommission, N. F. 12), Darmstadt, S. 247–267.

KASTEN (1998), Brigitte: *Beneficium* zwischen Landleihe und Lehen – eine alte Frage, neu gestellt, in: Mönchtum – Kirche – Herrschaft 750–1000. Josef Semmler zum 65. Geburtstag, hg. v. Dieter R. Bauer u. a., Sigmaringen, S. 243–260.

KASTEN (2009), Brigitte: Das Lehnswesen – Fakt oder Fiktion?, in: Der frühmittelalterliche Staat – europäische Perspektiven, hg. v. Walter Pohl/Veronika Wieser (Österreichische Akademie der Wissenschaften, Phil.-hist. Klasse. Denkschriften 386/Forschungen zur Geschichte des Mittelalters 16), Wien, S. 331–356.

KEHL (1993), Petra: Kult und Nachleben des heiligen Bonifatius im Mittelalter (754–1200) (Quellen und Abhandlungen zur Geschichte der Abtei und der Diözese Fulda 26), Fulda.

KEMPSHALL, Matthew S.: Some Ciceronian Models for Einhard's Life of Charlemagne, in: Viator 26 (1995), S. 11–37.
KESSLER (2002), Herbert Leon: Rome's Place between Judaea and Francia in Carolingian Art, in: Roma fra Oriente e Occidente (SSCI 49), Spoleto, S. 695–718.
KIND (2009), Thomas: Pfahlbauten und merowingische *curtis* in Fulda?, in: Geschichte der Stadt Fulda, Bd. 1: Von den Anfängen bis zum Ende des Alten Reiches, hg. v. Wolfgang Hamberger/Thomas Heiler/Werner Kirchhoff, Fulda, S. 45–68.
KLEINCLAUSZ (1942), Arthur: Éginhard, Paris.
KNIBBS (2013), Eric: The Interpolated Hispana and the Origins of Pseudo-Isidore, in: Zeitschrift der Savigny-Stiftung für Rechtsgeschichte, kan. Abt. 99, S. 1–71.
KNÖPP (1973), Friedrich: Das letzte Jahrhundert der Abtei. Vom Ende des Investiturstreits bis zu den Auseinandersetzungen um die Selbständigkeit der Abtei, in: Die Reichsabtei Lorsch. Festschrift zum Gedenken an ihre Stiftung 764, hg. v. dems., Darmstadt, I. Teil, S. 175–226.
KOCH (2005), Armin: Kaiserin Judith. Eine politische Biographie (Historische Studien 486), Husum.
KÖLZER (2005), Theo: Kaiser Ludwig der Fromme (814–840) im Spiegel seiner Urkunden (Nordrhein-Westfälische Akademie der Wissenschaften. Geisteswissenschaften. Vorträge G 401), Paderborn u. a.
KÖLZER (2010), Theo: Hrabanus Maurus – Mönch zwischen Kloster und Welt, in: Hrabanus Maurus in Fulda, hg. v. Marc-Aeilko Aris/Susanna Bullido del Barrio (Fuldaer Studien 13), Frankfurt/Main, S. 33–53.
KRAH (2000), Adelheid: Die Entstehung der »potestas regia« im Westfrankenreich während der ersten Regierungsjahre Kaiser Karls II. (840–877), Berlin.
KRÜGER (1998), Karl Heinrich: Neue Beobachtungen zur Datierung von Einhards Karlsvita, in: Frühmittelalterliche Studien 32, S. 124–145.
KURZE (1892), Friedrich: Ueber die *Annales Fuldenses*, in: Neues Archiv der Gesellschaft für ältere deutsche Geschichtskunde 17, S. 83–158.
KURZE (1899), Friedrich: Einhard (Jahresbericht d. Königl. Luisen-Gymnasium zu Berlin 1899, Beil.), Berlin.
LAISTNER (1957), Max Ludwig Wolfram: Fulgentius in the Carolingian Age, in: DERS., The Intellectual Heritage of the Early Middle Ages, hg. v. Chester G. Starr, Ithaca/NY u. a., S. 202–215.
LATOWSKY (2005), Anne: Foreign Embassies and Roman Universality in Einhard's *Life of Charlemagne*, in: Florilegium 22, S. 25–57.
LEFÈVRE (2008), Eckard: Philosophie unter der Tyrannis. Ciceros *Tusculanae Disputationes* (Heidelberger Akademie der Wissenschaften. Schriften. Phil.-hist. Klasse 46), Heidelberg.
LEHMANN (1925), Paul: Fuldaer Studien (Bayerische Akademie der Wissenschaften. Sitzungsberichte. Philosoph.-philolog. u. hist. Klasse. Jahrgang 1925, 3. Abhandlung), München.

LEHMANN (1927), Paul: Fuldaer Studien (Bayerische Akademie der Wissenschaften. Sitzungsberichte. Phil.-hist. Klasse. 1927, 3), München, S. 4–13.
LEPPIN (2012), Volker: Geschichte des mittelalterlichen Christentums, Tübingen.
LESNE (1910), Émile: L'origine des menses dans le temporel des églises et des monastères de France au IXe siècle (Mémoires et travaux des Facultés catholiques de Lille 7), Lille-Paris.
LILIE (1996), Ralph-Johannes: Byzanz unter Eirene und Konstantin VI. (780–802). Mit einem Kapitel über Leon IV. (775–780) von Ilse Rochow (Berliner Byzantinische Studien 2), Frankfurt/Main u. a.
LINDERMANN (2006), Jens Olaf: Aulus Gellius. Noctes Atticae, Buch 9. Kommentar, Berlin.
LINTZEL (1933), Martin: Die Zeit der Entstehung von Einhards *Vita Karoli*, in: Kritische Beiträge zur Geschichte des Mittelalters. Festschrift für Robert Holtzmann zum 60. Geburtstag, hg. v. dems./Walter Mollenberg, Berlin, S. 22–42.
LÖFSTEDT (1989), Bengst: Zu einer Stelle Einhards »Vita Karoli«, in: orpheus n. s. 4, S. 125.
LÖWE (1951), Heinz: Studien zu den *Annales Xantenses*, in: Deutsches Archiv für Erforschung des Mittelalters 8, S. 59–99.
LÖWE (1974), Heinz: »Religio christiana«, Rom und das Kaisertum in Einhards *Vita Karoli Magni*, in: Storiografia e storia: Studi in onore di Eugenio Duprè Theseider, Bd. 1, Rom, S. 1–20.
LÖWE (1983), Heinz: Die Entstehungszeit der *Vita Karoli* Einhards, in: Deutsches Archiv für Erforschung des Mittelalters 39, S. 85–103.
LUBICH (2008), Gerhard: Verwandtsein. Lesarten einer politisch-sozialen Bindung im Frühmittelalter (6.–11. Jahrhundert) (Europäische Geschichtsdarstellungen 16), Köln u. a.
LUDWIG (2000), Thomas: Vor dem Bau der Basilika, in: DERS./Otto MÜLLER/ Irmgard WIDDRA-SPIESS, Die Einhards-Basilika in Steinbach bei Michelstadt im Odenwald, Textbd., Mainz, S. 1–23.
LUDWIG (^{2}2000), Thomas/MÜLLER, Otto/WIDDRA-SPIESS, Irmgard: Die Einhards-Basilika in Steinbach bei Michelstadt im Odenwald, 2 Bde., Mainz.
LUKAS (2005), Veronika: Die Wormser Kapitularien von 829, unter: http:// www.benedictus.mgh.de/studien/lukas/Wormser%20Kapitularien%20 829%20neu.pdf
MACLEAN (2003), Simon: Kingship and Politics in the Late Ninth Century. Charles the Fat and the End of the Carolingian Empire (Cambridge Studies in Medieval Life and Thought, Ser. 4, 57), Cambridge.
MARTIN (1985), Thomas: Bemerkungen zur *Epistola de litteris colendis*, in: Archiv für Diplomatik 31, S. 227–272
MAURER (2006), Karl: Einhards nicht geschriebenes Epos über Dietrich von Bern, in: Nachleben der Antike – Formen ihrer Aneignung. Festschrift anlässlich des 60. Geburtstages von Klaus Ley, hg. v. Bettina Bosold-DasGupta

u. a. (Internationale Forschungen zur allgemeinen und vergleichenden Literaturwissenschaft 98), Berlin.

MAY (1900), Heinrich: Die Behandlungen der Sage von Eginhard und Emma (Forschungen zur neueren Litteraturgeschichte 16), Berlin.

MAYR-HARTING (1996), Henry: Charlemagne, the Saxons and the Imperial Coronation of 800, in: The English Historical Review 111, S. 1113 – 1133.

MCCORMICK (2008), Michael: Karl der Große und die Vulkane. Naturwissenschaften, Klimageschichte und Frühmittelalterforschung (Universitätsreden 77), Saarbrücken.

MCCORMICK (2011), Michael: Charlemagne's Survey of the Holy Land: Wealth, Personnel, and Buildings of a Mediterranean Church between Antiquity and the Middle Ages (Dumbarton Oaks Medieval Humanities), Washington/DC.

MCKEON (1974), Peter R.: Archbishop Ebbo of Reims (816 – 835). A Study in the Carolingian Empire and Church, in: Church History 43, S. 437 – 447.

MCKEON (1978), Peter R.: 817. Une année désastreuse et presque fatale pour les Carolingiens, in: Le Moyen Âge 84, S. 5 – 12.

MCKITTERICK (2004), Rosamond: History and Memory in the Carolingian World, Cambridge.

MCKITTERICK (2008), Rosamond: Karl der Große (Gestalten des Mittelalters und der Renaissance), Darmstadt.

MECKSEPER (1992), Cord: Das »Tor- und Gerichtsgbäude« der Pfalz Karls d. Gr. in Aachen, in: Architektur und Kunst im Abendland. Festschrift zur Vollendung des 65. Lebensjahres von Günter Urban, hg. v. Michael Jansen/ Klaus Winands, Rom, S. 105 – 113.

MEIER (2009), Christel: Der rex iniquus in der lateinischen und volkssprachigen Dichtung des Mittelalters, in: Heinrich IV., hg. v. Gerd Althoff (Vorträge und Forschungen 69), Ostfildern, S. 13 – 40.

MELVILLE (2012), Gert: Die Welt der mittelalterlichen Klöster. Geschichte und Lebensformen, München.

MERSIOWSKY (1996), Mark: Regierungspraxis und Schriftlichkeit im Karolingerreich. Das Fallbeispiel der Mandate und Briefe, in: Schriftkultur und Reichsverwaltung unter den Karolingern. Referate des Kolloquiums der Nordrhein-Westfälischen Akademie der Wissenschaften am 17./18. Februar 1994 in Bonn, hg. v. Rudolf Schieffer (Nordrhein-Westfälische Akademie der Wissenschaften. Abhandlungen 97), Opladen, S. 109 – 166.

MEYERS (2001), Jean: Éginhard et Suétone. À propos des chapitres 18 à 27 de la Vita Karoli, in: Les historiens et le latin médiéval. Colloque tenu à la Sorbonne les 9, 10 et 11 septembre 1999 (Publications de la Sorbonne. Histoire ancienne et médiévale 63), Paris 2001, S. 129 – 150.

MICHEL (1999), Walter: Seligenstadt, in: Germania Benedictina 9, S. 789 – 800.

MORDEK (1983), Hubert: Livius und Einhard – Gedanken über das Verhältnis der Karolinger zur antiken Literatur, in: Livius – Werk und Rezeption. Festschrift für Erich Burck zum 80. Geburtstag, hg. v. Eckard Lefèvre/Eckart Olshausen, München, S. 337–346.

MORDEK (1990), Hubert: Recently Discovered Capitulary Texts Belonging to the Legislation of Louis the Pious, in: Charlemagne's Heir. New Perspectives on the Reign of Louis the Pious (814–840), hg. v. Peter Godman/Roger Collins, Oxford, S. 437–453.

MORDEK (1995), Hubert: Bibliotheca capitularium regum Francorum manuscripta. Überlieferung und Traditionszusammenhang der fränkischen Herrschererlasse (MGH Hilfsmittel 15), München.

MORDEK (2000), Hubert: Fränkische Kapitularien und Kapitulariensammlungen, in: DERS., Studien zur fränkischen Herrschergesetzgebung. Aufsätze über Kapitularien und Kapitulariensammlungen, ausgewählt zum 60. Geburtstag, Frankfurt/Main, S. 1–53.

MORDEK (2005), Hubert: Karls des Großen zweites Kapitular von Herstal und die Hungersnot der Jahre 778/779, in: Deutsches Archiv für Erforschung des Mittelalters 61, S. 1–52.

MORRIS (1972), Colin: The Discovery of the Individual: 1050–1200 (Church History Outlines 5), London.

MÜLLER (2006), Jürgen: Der Deutsche Bund 1815–1866 (Enzyklopädie deutscher Geschichte 78), München.

MÜNSCH (2001), Oliver: Der *Liber legum* des Lupus von Ferrières (Freiburger Beiträge zur mittelalterlichen Geschichte 14), Frankfurt/Main u. a.

NELSON (1996a), Janet L.: The Search for Peace in a Time of War: The Carolingian Brüderkrieg, 840–843, in: Träger und Instrumentarien des Friedens im hohen und späten Mittelalter, hg. v. Johannes Fried (Vorträge und Forschungen 43), Sigmaringen, S. 87–114.

NELSON (1996b), Janet L.: Women at the Court of Charlemagne. A Case of Monstrous Regiment, in: DIES., The Frankish World 750–900, London, S. 223–242.

NELSON (1998), Janet L.: La cour impériale de Charlemagne, in: La royauté et les élites dans l'Europe carolingienne (du début du IXe siècle aux environs de 920), hg. v. Régine Le Jan, Lille, S. 177–191.

NELSON (2001), Janet L.: Aachen as a Place of Power, in: Topographies of Power in the Early Middle Ages, hg. v. Mayke de Jong/Frans Theuws/Carine van Rhijn (The Transformation of the Roman World 6), Leiden u. a., S. 217–237.

NELSON (2002), Janet L.: Charlemagne – *pater optimus*?, in: Am Vorabend der Kaiserkrönung. Das Epos »Karolus Magnus et Leo papa« und der Papstbesuch in Paderborn 799, hg. v. Peter Godman/Jörg Jarnut/Peter Johanek, Berlin, S. 269–281.

NELSON (2003), Janet L.: Was Charlemagne's Court a Courtly Society?, in: Court Culture in the Early Middle Ages, hg. v. Catherine Cubitt (Studies in the early middle ages 3), Turnhout, S. 39–57.

NELSON (2005), Janet L.: Um 801: Warum es so viele Versionen von der Kaiser-Krönung Karls des Großen gibt, in: Die Macht des Königs. Herrschaft in Europa vom Frühmittelalter bis in die Neuzeit, hg. v. Bernhard Jussen, München, S. 38–54.

NELSON (2006), Janet L.: Tracking Einhard's ›Life of Charlemagne‹, in: Journal of Ecclesiastical History 57, S. 301–307.

NELSON (2013), Janet L.: Religion and Politics in the Reign of Charlemagne, in: Religion und Politik im Mittelalter. Deutschland und England im Vergleich, hg. v. Ludger Körntgen/Dominik Waßenhoven (Prinz-Albert-Studien 29), Berlin u.a., S. 17–29.

NEUBAUER (1967), Franz: Zur Geschichte der einstigen Seligenstädter Pfarrkirche »Unserer lieben Frau«, in: Archiv für mittelrheinische Kirchengeschichte 19, S. 265–302.

NICOLL (1975), W. S. M.: Some Passages in Einhard's *Vita Karoli* in Relation to Suetonius, in: Medium Ævum 44, S. 117–120.

NOBLE (1998), Thomas F. X.: Lupus of Ferrières in His Carolingian Context, in: After Rome's Fall. Narrators and Sources of Early Medieval History. Essays Presented to Walter Goffart, hg. v. Alexander Callander Murray, Toronto u. a., S. 232–250.

NONN (2004), Ulrich: Die Nachfolge Karl Martells und die Teilung von Vieux-Poitiers, in: Der Dynastiewechsel von 751. Vorgeschichte, Legitimationsstrategien und Erinnerung, hg. v. Matthias Becher/Jörg Jarnut, Münster, S. 61–73.

PANGERL (2011), Daniel Carlo: Die Metropolitanverfassung des karolingischen Frankenreiches (MGH Schriften 63), Hannover.

PATZOLD (2007), Steffen: *Mensa fratrum* und *consensus fratrum*. Überlegungen zu zwei parallelen Entwicklungen im fränkischen Mönchtum des 9. Jahrhunderts, in: Kloster und Wirtschaftswelt im Mittelalter, hg. v. Claudia Dobrinski/Brunhilde Gedderth/Katrin Wipfler (MittelalterStudien 15), München, S. 25–38.

PATZOLD (2008), Steffen: *Episcopus*. Wissen über Bischöfe im Frankenreich des späten 8. bis frühen 10. Jahrhunderts (Mittelalter-Forschungen 25), Ostfildern.

PATZOLD (2009a), Steffen: Der lange Weg vom Kloster zur Stadt – Fulda in der Zeit der Karolinger und Ottonen, in: Geschichte der Stadt Fulda, Bd. 1: Von den Anfängen bis zum Ende des Alten Reichs, hg. v. Wolfgang Hamberger/Thomas Heiler/Werner Kirchhoff, Fulda, S. 166–179.

PATZOLD (2009b), Steffen: Kunst und Politik. Visualisierung von Status und Rang des Herrschers, in: Karolingische und Ottonische Kunst, hg. v. Bruno Reudenbach (Geschichte der bildenden Kunst in Deutschland 1), München u. a., S. 239–281.

PATZOLD (2009c), Steffen: Die Lust des Herrschers. Zur Bedeutung und Verbreitung eines politischen Vorwurfs zur Zeit Heinrichs IV., in: Heinrich IV., hg. v. Gerd Althoff (Vorträge und Forschungen 69), Ostfildern, S. 219–253.

PATZOLD (2011a), Steffen: ›Adel‹ oder ›Eliten‹? Zu den Chancen und Problemen des Elitenbegriffs für eine Typologie frühmittelalterlicher Führungsgruppen, in: Théories et pratiques des élites au Haut Moyen Âge. Conception, perception et réalisation sociale, hg. v. François Bougard/Hans-Werner Goetz/Régine Le Jan (Collection Haut Moyen Âge 13), Turnhout, S. 127–146.

PATZOLD (2011b), Steffen: Einhards erste Leser. Zu Kontext und Darstellungsabsicht der »Vita Karoli«, in: Viator Multilingual 42, S. 33–55.

PATZOLD (2012), Steffen: Das Lehnswesen, München.

PATZOLD (im Druck), Steffen: Die Kapitularien der Jahre 828/29 und die Handschrift Barcelona, Archivo de la Corona de Aragón, Ripoll 40, in: *Regnum semper reformandum*, hg. v. Philippe Depreux/Stefan Esders/Steffen Patzold, Ostfildern.

PAULER (2009), Roland: Karl der Große: Der Weg zur Kaiserkrönung (Geschichte erzählt 16), Darmstadt.

PENNDORF (1974), Ursula: Das Problem der »Reichseinheitsidee« nach der Teilung von Verdun 843. Untersuchungen zu den späten Karolingern (Münchener Beiträge zur Mediävistik und Renaissance-Forschung 20), München.

PÉREZ GONZÁLEZ (2000), Carlos: Creencia y superstición en la *Translatio sanctorum martyrum Marcellini et Petri* de Eginardo, in: Creencias y supersticiones en el mundo clásico y medieval. XIV jornadas de estudios clásicos de Castilla y León, hg. v. Manuel-Antonio Marcos Casquero, León, S. 247–262.

PÖNISCH (1987), Alfred: Die Schenkung Ludwigs des Frommen an Einhard und Emma nach der Urkunde vom 11. Januar 815. Ein Beitrag zur Geschichte der Stadt Mühlheim am Main, Michelstadt und Seligenstadt, in: Manuskripte, Fragmente, Dokumente zur Geschichte der Stadt Mühlheim am Main, hg. v. Richard Krug, Mühlheim/Main, S. 138–154.

POSTEL (2004), Verena: *Communiter inito consilio*. Herrschaft als Beratung, in: Politische Reflexion in der Welt des späten Mittelalters. Essays in Honour of Jürgen Miethke, hg. v. Martin Kaufhold (Studies in Medieval and Reformation Traditions 103), Leiden, S. 1–25.

RAAIJMAKERS (2012), Janneke: The Making of the Monastic Community of Fulda, c. 744–c. 900 (Cambridge Studies in Medieval Life and Thought. Fourth Series 83), Cambridge.

RABE (1995), Susan A.: Faith, Art, and Politics at Saint-Riquier. The Symbolic Vision of Angilbert (Middle Ages Series), Philadelphia.

RATKOWITSCH (1997), Christine: *Karolus Magnus – alter Aeneas, alter Martinus, alter Iustinus*. Zu Intention und Datierung des »Aachener Karlsepos« (Wiener Studien. Beiheft 24. Arbeiten zur mittel- und neulateinischen Philologie 4), Wien.

REIMITZ (2000), Helmut: Ein karolingisches Geschichtsbuch aus St. Amand. Der Codex Vindobonensis palat. 473, in: Text – Schrift – Codex: quellenkundliche Arbeiten aus dem Institut für Österreichische Geschichtsforschung, hg. v. Christoph Egger/Herwig Wiegl (Mitteilungen des Instituts

für Österreichische Geschichtsforschung, Ergänzungsbd. 35), Wien u.a., S. 34-90.
RENARD (2004), Étienne: Que décrit le polyptyque de Saint-Bertin? À propos de la notion de mense à l'époque carolingienne, in: Revue Mabillon n.s. 15, S. 51-80.
REUDENBACH (1996), Bruno: Individualität ohne Bildnis? Zum Problem künstlerischer Ausdrucksformen von Individualität im Mittelalter, in: Individuum und Individualität im Mittelalter, hg. v. Jan. A. Aertsen/Andreas Speer (Miscellanea Mediaevalia 24), Berlin u.a., S. 807-818.
REUDENBACH (1999), Bruno: *Rectitudo* als Projekt. Bildpolitik und Bildungsreform Karls des Großen, in: *Artes* im Mittelalter, hg. v. Ursula Schäfer, Berlin, S. 283-308.
REUTER (1999), Timothy: Carolingian and Ottonian Warfare, in: Medieval Warfare. A History, hg. v. Maurice H. Keen, Oxford, S. 13-35.
REUTER (2006a), Timothy: Plunder and Tribute in the Carolingian Empire, in: DERS., Medieval Polities and Modern Mentalities, hg. v. Janet L. Nelson, Cambridge, S. 231-250.
REUTER (2006b), Timothy: The End of Carolingian Military Expansion, in: DERS., Medieval Polities and Modern Mentalities, hg. v. Janet L. Nelson, Cambridge, S. 251-267.
REUTER (2006c), Timothy: Assembly Politics in Western Europe from the Eighth Century to the Twelfth, in: DERS., Medieval Polities and Modern Mentalities, hg. v. Janet Nelson, Cambridge, S. 193-216.
ROSENTHAL (1964), Joel T.: The Public Assembly in the Time of Louis the Pious, in: Traditio 20, S. 25-40.
ROSENWEIN (2005), Barbara H.: Y avait-il un »moi« au haut Moyen Âge?, in: Revue historique 307, S. 31-52.
RÜHLI (2010), Frank J./BLÜMICH, Bernhard/HENNEBERG, Maciej: Charlemagne Was Very Tall, but not Robust, in: Economics and Human Biology 8, S. 289 f.
SCHALLER (1995a), Dieter: Vortrags- und Zirkulardichtung am Hof Karls des Großen, in: DERS., Studien zur lateinischen Dichtung des Frühmittelalters (Quellen und Untersuchungen zur lateinischen Philologie des Mittelalters 11), Stuttgart, S. 87-109 [zuerst 1970], sowie Nachträge S. 412-414.
SCHALLER (1995b), Dieter: Der junge ›Rabe‹ am Hof Karls des Großen (Theodulf. carm. 27), in: DERS., Studien zur lateinischen Dichtung des Frühmittelalters (Quellen und Untersuchungen zur lateinischen Philologie des Mittelalters 11), Stuttgart, S. 110-128 [zuerst 1971], sowie Nachträge S. 415-419.
SCHALLER (1995c), Dieter: Das Aachener Epos für Karl den Kaiser, in: DERS., Studien zur lateinischen Dichtung des Frühmittelalters (Quellen und Untersuchungen zur lateinischen Philologie des Mittelalters 11), Stuttgart, S. 129-163 [zuerst 1976], sowie Nachträge S. 419-422.
SCHALLER (1995d), Dieter: Interpretationsprobleme im Aachener Karlsepos,

in: DERS., Studien zur lateinischen Dichtung des Frühmittelalters (Quellen und Untersuchungen zur lateinischen Philologie des Mittelalters 11), Stuttgart, S. 164–183 [zuerst 1977], sowie Nachträge S. 422.

SCHALLMAYER (1987), Egon: Ausgrabungen in Seligenstadt. Zur römischen und mittelalterlichen Topographie, in: Saalburg-Jahrbuch 43, S. 5–60.

SCHARER (2004), Anton: Die Kaiserkrönung Karls des Großen 800, in: Höhepunkte des Mittelalters, hg. v. Georg Scheibelreiter, Darmstadt, S. 59–69.

SCHEFERS (1992), Hermann: Studie zu Einhards Heiligen- und Reliquienverehrung, Diss. phil., München.

SCHEFERS (1993), Hermann: Einhard – ein Lebensbild aus karolingischer Zeit, in: Geschichtsblätter Kreis Bergstraße 26, S. 25–92 [hier zitiert nach dem selbständig erschienenen Nachdruck der Einhard Arbeitsgemeinschaft, Michelstadt-Steinbach, mit anderer Paginierung].

SCHEFERS (1994), Hermann: Seligenstadt, Einhardsbasilika St. Marcellinus und Petrus, in: 794 – Karl der Große in Frankfurt am Main. Ein König bei der Arbeit, hg. v. Johannes Fried, Frankfurt/Main, S. 143–145.

SCHEFERS (1997), Hermann (Hg.): Einhard. Studien zu Leben und Werk (Arbeiten der Hessischen Historischen Kommission, N. F. 12), Darmstadt.

SCHEFERS (2008), Hermann: Éginhard et Saint-Wandrille, in: GESTA. Revue de l'abbaye Saint-Wandrille, S. 102–108.

SCHERBERICH (2006), Klaus: Zur Suetonimitatio in Einhards ›vita Karoli Magni‹, in: Eloquentia copiosus. Festschrift für Max Kerner zum 65. Geburtstag, hg. v. Lotte Kéry, Aachen, S. 17–28.

SCHIEFFER (1957), Theodor: Die Krise des karolingischen Imperiums, in: Aus Mittelalter und Neuzeit. Gerhard Kallen zum 70. Geburtstag dargebracht von Kollegen, Freunden und Schülern, hg. v. Josef Engel/Hans Martin Klinkenberg, Bonn, S. 1–15.

SCHIEFFER (1997a), Rudolf: Valentinus, in: Lexikon des Mittelalters 8, Sp. 1389.

SCHIEFFER (1997b), Rudolf: Vor 1200 Jahren: Karl der Große läßt sich in Aachen nieder, in: Karl der Große und sein Nachwirken. 1200 Jahre Kultur und Wissenschaft in Europa, Bd. 1: Wissen und Weltbild, hg. v. Paul Leo Butzer/Max Kerner/Walter Oberschelp, Turnhout, S. 3–21.

SCHIEFFER (2000), Rudolf: Die europäische Welt um 800: Byzanz – Rom – Islam und die Kaiserkrönung in Rom, in: Krönungen. Könige in Aachen – Geschichte und Mythos, hg. v. Mario Kramp, Mainz, Bd. 1, S. 185–193.

SCHIEFFER (2001a), Rudolf: Arn von Salzburg und die Kaiserkrönung Karls des Großen, in: Bayern und Italien. Politik, Kultur, Kommunikation (8.–15. Jahrhundert). Festschrift für Kurt Reindel zum 75. Geburtstag, hg. v. Heinz Dopsch/Stephan Freund (Zeitschrift für bayerische Landesgeschichte. Beiheft. Reihe B, 18) München, S. 104–121.

SCHIEFFER (2001b), Rudolf: Pippin II., in: Neue deutsche Biographie 20, S. 467 f.

SCHIEFFER (2002), Rudolf: Das Attentat auf Papst Leo III., in: Am Vorabend der Kaiserkrönung. Das Epos »Karolus Magnus et Leo papa« und der

Papstbesuch in Paderborn 799, hg. v. Peter Godman/Jörg Jarnut/Peter Johanek, Berlin, S. 75–85.

SCHIEFFER (2002/03), Rudolf: Der Weg zur Kaiserkrönung 800, in: Zeitschrift des Aachener Geschichtsvereins 104/105, S. 11–23.

SCHIEFFER (2004), Rudolf: Neues von der Kaiserkrönung Karls des Großen (Bayerische Akademie der Wissenschaften. Sitzungsberichte. 2004, 2), München.

SCHIEFFER (2006), Rudolf: Die Karolinger (Urban-Taschenbücher 411), Stuttgart.

SCHILP (1998), Thomas: Norm und Wirklichkeit religiöser Frauengemeinschaften im Frühmittelalter. Die Institutio sanctimonialium Aquisgranensis des Jahres 816 und die Problematik der Verfassung von Frauenkommunitäten (Veröffentlichungen des Max-Planck-Instituts für Geschichte 137. Studien zur Germania Sacra 21), Göttingen.

SCHLOTHEUBER (2004), Eva: Norm und Innerlichkeit. Zur problematischen Suche nach den Anfängen der Individualität, in: Zeitschrift für historische Forschung 31, S. 329–358.

SCHMID (1978), Karl: Mönchslisten und Klosterkonvent von Fulda zur Zeit der Karolinger, in: Die Klostergemeinschaft von Fulda im früheren Mittelalter, hg. v. dems. (Münstersche Mittelalter-Schriften 2,2), München, Bd. 2,2, S. 571–639.

SCHMITZ (1990), Gerhard: The Capitulary Legislation of Louis the Pious, in: Charlemagne's Heir. New Perspectives on the Reign of Louis the Pious (814–840), hg. v. Peter Godman/Roger Collins, Oxford, S. 425–453.

SCHMITZ (2004), Gerhard: De presbiteris criminosis. Ein Memorandum Erzbischof Hinkmars von Reims über straffällige Kleriker (MGH Studien und Texte 34), Hannover.

SCHMITZ (2007), Gerhard: Zu Überlieferung und Edition der Kanonikergesetzgebung Ludwigs des Frommen, in: Deutsches Archiv für Erforschung des Mittelalters 63, S. 497–544.

SCHMITZ (im Druck), Gerhard: ... quaedam in aecclesiastico ordine confusa videntur – Das Konzil von Aachen 836 und seine Folgen, in: Produktivität einer Krise, hg. v. Philippe Depreux/Stefan Esders, Ostfildern.

SCHOLZ (1997), Sebastian: Karl der Große und das Epitaphium Hadriani. Ein Beitrag zum Gebetsgedenken der Karolinger, in: Das Frankfurter Konzil von 794. Kristallisationspunkt karolingischer Kultur, Bd. 1: Politik und Kirche, hg. v. Rainer Berndt (Quellen und Abhandlungen zur mittelrheinischen Kirchengeschichte 80,1), Mainz, S. 373–394.

SCHOLZ (1998), Sebastian: Das Grab in der Kirche. Zu seinen theologischen und rechtlichen Hintergründen in Spätantike und Frühmittelalter, in: Zeitschrift der Savigny-Stiftung für Rechtsgeschichte 115, kan. Abt. 84, S. 270–306.

SCHOLZ (2011), Sebastian: Das Kloster Lorsch von seinen Anfängen bis zu seiner Aufhebung 1557, in: Kloster Lorsch. Vom Reichskloster Karls des

Großen zum Weltkulturerbe der Menschheit. Ausstellung Museumszentrum Lorsch, 28.5.2011–29.1.2012, hg. v. Bernhard Pinsker/Annette Zeeb, Petersberg, S. 382–401.

SCHOPP (1965), Joseph: Der Name Seligenstadt. Entstehung – Entwicklung – Bedeutung, Speyer.

SCHREIBER (1823), Alois Wilhelm: Teutschland und die Teutschen von den aeltesten Zeiten bis zum Tode Karls des Großen. Zur Bildung und Unterhaltung. Mit 24 Kupfern von Johann Michael Mettenleiter, Karlsruhe.

SCHRIMPF (1992), Gangolf (Hg.): Mittelalterliche Bücherverzeichnisse des Klosters Fulda und andere Beiträge zur Geschichte der Bibliothek des Klosters Fulda im Mittelalter (Fuldaer Studien 4), Frankfurt/Main.

SCHRIMPF (1996), Gangolf (Hg.): Kloster Fulda in der Welt der Karolinger und Ottonen (Fuldaer Studien 7), Frankfurt/Main.

SCHRÖR (2011), Matthias: Aufstieg und Fall des Erzbischofs Ebo von Reims, in: Streit am Hof im Frühmittelalter, hg. v. Alheydis Plassmann/Matthias Becher (Super alta perennis 11), Bonn, S. 203–221.

SCHUBERT (1993), Ernst: Die *Capitulatio de partibus Saxoniae*, in: Geschichte in der Region. Zum 65. Geburtstag von Heinrich Schmidt, hg. v. Dieter Brosius (Veröffentlichungen der Historischen Kommission für Niedersachsen und Bremen, Sonderbd.), Hannover, S. 3–28.

SCHULTZE (1928), Alfred: Das Testament Karls des Großen, in: Aus Sozial- und Wirtschaftsgeschichte. Gedächtnisschrift für Georg von Below, Stuttgart, S. 46–81.

SCHÜSSLER (1985), Heinz Joachim: Die fränkische Reichsteilung von Vieux-Poitiers (742) und die Reform der Kirche in den Teilreichen Karlmanns und Pippins. Zu den Grenzen der Wirksamkeit des Bonifatius, in: Francia 13, S. 47–112.

SCHWIND (2000), Johannes: Eine Nachlese zum Thema Dichterreminiszenzen im Aachener (Paderborner) Karlsepos, in: Mittellateinisches Jahrbuch 35, S. 11–19.

SCIOR (2012), Volker: Das offene Ohr des Königs. Vorstellungen über den Zugang zum König in der Karolingerzeit, in: Geschichtsvorstellungen. Bilder, Texte und Begriffe aus dem Mittelalter, hg. v. dems./Steffen Patzold/Anja Rathmann-Lutz, Wien u. a., S. 299–325.

SEELIGER (1987), Hans Reinhard: Die Geschichte der Katakombe »inter duos lauros« nach den schriftlichen Quellen, in: DECKERS, Johannes Georg/SEELIGER, Hans Reinhard/MIETKE, Gabriele, Die Katakombe »Santi Marcellino e Pietro«. Repertorium der Malereien (Roma sotteranea cristiana 6), Münster, Textbd., S. 59–90.

SEELIGER (1988), Hans Reinhard: Einhards römische Reliquien. Zur Übertragung der Heiligen Marzellinus und Petrus ins Frankenreich, in: Römische Quartalschrift 83, S. 58–75.

SEELIGER (2001), Hans Reinhard: Tiburtius, in: Lexikon für Theologie und Kirche (3. Aufl.) 10, Sp. 22 f.

SEMMLER (1973), Josef: Die Geschichte der Abtei Lorsch von der Gründung bis zum Ende der Salierzeit (764–1125), in: Die Reichsabtei Lorsch. Festschrift zum Gedenken an ihre Stiftung 764, hg. v. Friedrich Knöpp, Darmstadt, I. Teil, S. 75–173.

SEMMLER (1983), Josef: Benedictus II: *una regula – una consuetudo*, in: Benedictine Culture 750–1050, hg. v. Willem Lourdaux/Daniël Verhelst (Mediaevalia Lovaniensia I,11), Leuven, S. 1–49.

SEMMLER (1997), Josef: Einhard und die Reform geistlicher Gemeinschaften in der ersten Hälfte des 9. Jahrhunderts, in: Einhard. Studien zu Leben und Werk. Dem Gedenken an Helmut Beumann gewidmet, hg. v. Hermann Schefers (Arbeiten der Hessischen Historischen Kommission, N.F. 12), Darmstadt, S. 179–189.

SIDWELL (1992), Keith: Theodulf, Cadac and Old Irish Phonology. A Conundrum, in: The Journal of Medieval Latin 2, S. 55–62.

SIMSON (1874), Bernhard: Jahrbücher des Fränkischen Reichs unter Ludwig dem Frommen, Bd. I: 814–830, Leipzig.

SIMSON (1876), Bernhard: Jahrbücher des Fränkischen Reichs unter Ludwig dem Frommen, Bd. II: 831–840, Leipzig.

SMITH (2003a), Julia M.H.: Einhard the Sinner and the Saints, in: Transactions of the Royal Historical Society, ser. 6, 13, S. 55–77.

SMITH (2003b), Julia M.H.: Emending Evil Ways and Praising God's Omnipotence: Einhard and the Uses of Roman Martyrs, in: Conversion in Late Antiquity and the Early Middle Ages: Seeing and Believing, hg. v. Kenneth Mills/Anthony Grafton (Studies in Comparative History), Rochester/NY, S. 189–223.

STAAB (1982), Franz: Wann wurde Hrabanus Maurus Mönch in Fulda? Beobachtungen zur Anteilnahme seiner Familie an den Anfängen seiner Laufbahn, in: Hrabanus Maurus: Lehrer, Abt und Bischof, hg. v. Raymund Kottje/Harald Zimmermann (Akademie der Wissenschaften und der Literatur. Abhandlungen der geistes- und sozialwissenschaftlichen Klasse. Einzelveröffentlichungen 4), Mainz, S. 75–101.

STECKEL (2011), Sita: Kulturen des Lehrens im Früh- und Hochmittelalter. Autorität, Wissenskonzepte und Netzwerk von Gelehrten (Norm und Struktur 39), Köln u.a.

STELLA (2002), Francesco: Autore e attribuzioni del »Karolus Magnus et Leo Papa«, in: Am Vorabend der Kaiserkrönung. Das Epos »Karolus Magnus et Leo papa« und der Papstbesuch in Paderborn 799, hg. v. Peter Godman/Jörg Jarnut/Peter Johanek, Berlin, S. 19–33.

STEVENS (1995), Wesley M.: Walahfrid Strabo – A Student at Fulda, in: DERS., Cycles of Time and Scientific Learning in Medieval Europe (Variorum Collected Studies Series 482), Aldershot u.a., S. 13–20.

STIENE (2005), Heinz Erich: *Desurgo* bei Horaz und Einhart, in: Rheinisches Museum für Philologie, N.F. 148, S. 423–427.

STOCKINGER (2000), Claudia: Das dramatische Werk Friedrich de la Motte

Fouqués. Ein Beitrag zur Geschichte des romantischen Dramas (Studien zur deutschen Literatur 158), Tübingen.

STOFFERAHN (2010), Steven A.: Resonance and Discord: An Early Medieval Reconsideration of Political Culture, in: Historical Reflections 36 (2010), S. 4–16.

STÖRMER (1997), Wilhelm: Einhards Herkunft. Überlegungen und Beobachtungen zu Einhards Erbbesitz und familiärem Umfeld, in: Einhard. Studien zu Leben und Werk. Dem Gedenken an Helmut Beumann gewidmet, hg. v. Hermann Schefers (Arbeiten der Hessischen Historischen Kommission, N.F. 12), Darmstadt, S. 15–39.

STÖRMER (1998), Wilhelm: Warum gründete Einhard in Michelstadt-Steinbach kein Kloster?, in: Der Odenwald 45, S. 131–139.

STORY (2005), Joanna u.a.: Charlemagne's Black Marble: The Origin of the Epitaph of Pope Hadrian I, in: Papers of the British School at Rome 73, S. 157–190.

STRATMANN (1997), Martina: Einhards letzte Lebensjahre (830–840) im Spiegel seiner Briefe, in: Einhard. Studien zu Leben und Werk. Dem Gedenken an Helmut Beumann gewidmet, hg. v. Hermann Schefers (Arbeiten der Hessischen Historischen Kommission, N.F. 12), Darmstadt, S. 323–339.

TIGNOLET (2012), Claire: Jeux poétiques à la cour de Charlemagne: compétition et intégration, in: Agôn. La compétition, V^e–XIIe siècle, hg. v. François Bougard/Régine Le Jan/Thomas Lienhard (Collection Haut Moyen Âge 17), Turnhout, S. 221–234.

TISCHLER (2001), Matthias M.: Einharts *Vita Karoli*. Studien zur Entstehung, Überlieferung und Rezeption (MGH Schriften 48), 2 Bde., Hannover.

TISCHLER (2003), M.: Tatmensch oder Heidenapostel. Die Bilder Karls des Großen bei Einhart und im Pseudo-Turpin, in: Jakobus und Karl der Große. Von Einhards Karlsvita zum Pseudo-Turpin, hg. v. Klaus Herbers (Jakobus-Studien 14), Tübingen, S. 1–37.

TISCHLER (2008), Matthias M.: Die »Divisio regnorum« von 806 zwischen handschriftlicher Überlieferung und historiographischer Rezeption, in: Herrscher- und Fürstentestamente im westeuropäischen Mittelalter, hg. v. Brigitte Kasten (Norm und Struktur 29), Köln u.a., S. 193–258.

ULLMANN (1981), Walter: Gelasius I. (492–496). Das Papsttum an der Wende von der Spätantike zum Mittelalter (Päpste und Papsttum 18), Stuttgart.

UNTERMANN (1999), Matthias: »*opere mirabilia constructa*«. Die Aachener ›Residenz‹ Karls des Großen, in: 799. Kunst und Kultur der Karolingerzeit. Karl der Große und Papst Leo III. in Paderborn. Beiträge zum Katalog der Ausstellung Paderborn 1999, hg. v. Christoph Stiegemann/Matthias Wemhoff, Mainz, S. 152–164.

UNTERMANN (2007), Matthias: Zentralbaukirchen als Mittel der Repräsentation. Visuelle Kommunikation durch Architekturzitate, in: Deutsche Königspfalzen. Beiträge zu ihrer historischen und archäologischen Erforschung, Bd. 7: Zentren herrschaftlicher Repräsentation im Hochmittelalter.

Geschichte, Architektur und Zeremoniell, hg. v. Caspar Ehlers/Jörg Jarnut/ Matthias Wemhoff (Veröffentlichungen des Max-Planck-Instituts für Geschichte 11,7), Göttingen, S. 221–231.

VATTASSO (1915), M.: Del »Libellus de psalmis« di Einardo felicemente ritrovato, in: Bessarione 31, S. 92–104.

VERHULST (1971), Adriaan: Das Besitzverzeichnis der Genter Sankt-Bavo-Abtei von ca. 800 (Clm 6333), in: Frühmittelalterliche Studien 5, S. 193–234.

VICINI (1997), Donata: San Giovanni Domnarum di Pavia, in: Einhard. Studien zu Leben und Werk. Dem Gedenken an Helmut Beumann gewidmet, hg. v. Hermann Schefers (Arbeiten der Hessischen Historischen Kommission, N.F. 12), Darmstadt, S. 203–207.

VOGEL (1965), Cyrille: La réforme liturgique sous Charlemagne, in: Karl der Große. Lebenswerk und Nachleben, Bd. 2: Das geistige Leben, hg. v. Bernhard Bischoff, Düsseldorf, S. 217–232.

VON DER NAHMER (2012), Dieter: König und Bischof bei Einhard, Notker von St. Gallen und Widukind von Corvey. Nebst einem Seitenblick auf weltliche Große, in: Geschichtsvorstellungen. Bilder, Texte und Begriffe aus dem Mittelalter. Festschrift für Hans-Werner Goetz zum 65. Geburtstag, hg. v. Anja Rathmann-Lutz/Steffen Patzold/Volker Scior, Wien u.a., S. 53–101.

VON PADBERG (1999), Lutz E.: Das Paderborner Treffen von 799 im Kontext der Geschichte Karls des Großen, in: *De Karolo rege et Leone papa*. Der Bericht über die Zusammenkunft Karls des Großen mit Papst Leo III. in Paderborn 799 in einem Epos für Karl den Kaiser, hg. v. Wilhelm Hentze (Studien und Quellen zur westfälischen Geschichte 36), Paderborn, S. 11–104.

VON SEVERUS (1999), Emmanuel: Benedikt von Aniane/Kornelimünster. Reformer zwischen den Zeiten, in: Die Reformverbände und Kongregationen der Benediktiner im deutschen Sprachraum, hg. v. Ulrich Faust/Franz Quarthal (Germania Benedictina 1), St. Ottilien, S. 33–41.

VONES (2003), Ludwig: Zwischen Expansion und Kulturkontakt. Karl der Große und das muslimische Spanien, in: *Ex oriente*. Isaak und der weiße Elefant. Bagdad–Jerusalem–Aachen. Eine Reise durch drei Kulturen um 800 und heute, hg. v. Wolfgang Dreßen/Georg Minkenberg/Adam C. Oellers, Bd. III: Aachen. Der Westen, Mainz, S. 94–97.

WALLACH (1959), Luitpold: Charlemagne's *De litteris colendis* and Alcuin, in: DERS., Alcuin and Charlemagne. Studies in Carolingian History and Literature (Cornell Studies in Classical Philology 32), Ithaca/NY, S. 198–226.

WARD (1990), Elizabeth: Caesar's Wife, The Career of the Empress Judith, 818–829, in: Charlemagne's Heir. New Perspectives on the Reign of Louis the Pious (814–840), hg. v. Peter Godman/Roger Collins, Oxford, S. 205–227.

WATTENBACH (1953), Wilhelm/LEVISON, Wilhelm: Deutschlands Geschichtsquellen im Mittelalter. Vorzeit und Karolinger, Heft II: Die Karolinger vom Anfang des 8. Jahrhunderts bis zum Tode Karls des Großen, Weimar.

WATTENBACH (1990), Wilhelm/LEVISON, Wilhelm: Deutschlands Geschichtsquellen im Mittelalter. Vorzeit und Karolinger, Heft VI: Die Karolinger vom Vertrag von Verdun bis zum Herrschaftsantritt der Herrscher aus dem sächsischen Hause. Das ostfränkische Reich, bearb. v. Heinz LÖWE, Weimar.

WEBER (1974), Hans H.: Die Überführung der Reliquien der Heiligen Marzellinus und Petrus von Michelstadt-Steinbach nach Seligenstadt im Jahre 828. Ein Beitrag zur Altstraßenforschung im nordöstlichen Odenwald, in: Archiv für hessische Geschichte und Altertumskunde, N. F. 32, S. 55–80.

WEINRICH (1963), Lorenz: Wala – Graf, Mönch und Rebell. Die Biographie eines Karolingers (Historische Studien 386), Lübeck.

WEISSWEILER (2007), Eva: Wilhelm Busch. Der lachende Pessimist. Eine Biographie, Köln.

WELLMER (1973), Hansjörg: Persönliches Memento im deutschen Mittelalter (Monographien zur Geschichte des Mittelalters 5), Stuttgart.

WENDLING (1985), Wolfgang: Die Erhebung Ludwigs des Frommen zum Mitkaiser im Jahre 813 und ihre Bedeutung für die Verfassungsgeschichte des Frankenreiches, in: Frühmittelalterliche Studien 19, S. 201–238.

WERNER (1965), Karl Ferdinand: Die Nachkommen Karls des Großen bis um das Jahr 1000, in: Karl der Große. Lebenswerk und Nachleben, Bd. 4: Das Nachleben, hg. v. Wolfgang Braunfels/Percy Ernst Schramm, Düsseldorf, S. 403–479.

WINCKLER (2012), Katharina: Die Alpen im Frühmittelalter. Die Geschichte eines Raumes in den Jahren 500 bis 800, Wien u. a.

WOLF (1997), Gunther G.: Einige Beispiele für Einhards hofhistoriographischen Euphemismus, in: Einhard. Studien zu Leben und Werk. Dem Gedenken an Helmut Beumann gewidmet, hg. v. Hermann Schefers (Arbeiten der Hessischen Historischen Kommission, N. F. 12), Darmstadt, S. 311–321.

WOLFRAM (2000), Herwig: Konrad II. 990–1039. Kaiser dreier Reiche, München.

WOLLASCH (2007), Joachim: Benedikt von Nursia. Person der Geschichte oder fiktive Idealgestalt?, in: Studien und Mitteilungen zur Geschichte des Benediktinerordens und seiner Zweige 118, S. 7–30.

WOLTER (1986), Heinz: Intention und Herrscherbild in Einhards *Vita Karoli Magni*, in: Archiv für Kulturgeschichte 68, S. 295–319.

WOOD (1977), Ian: Kings, Kingdom and Consent, in: Early Medieval Kingship, hg. v. dems./Peter H. Sawyer, Leeds, S. 6–29.

WRANOVIX (2005), Matt: A Fragment of the *Institutio Canonicorum* Promulgated by the Council of Aachen in 816, in: New Studies on Yale Manuscripts from the Late Antique to the Early Modern Period, hg. v. Robert B. Babcock (The Yale University Library Gazette. Occasional Supplement 7,7), New Haven 2005, S. 37–44.

ZATSCHEK (^{2}1969), Heinz: Die Reichsteilungen unter Kaiser Ludwig dem Frommen. Studien zur Entstehung des ostfränkischen Reiches (Libelli 267), Darmstadt.

ZECHIEL-ECKES (2000), Klaus: Zwei Arbeitshandschriften Pseudoisidors (Codd. St. Petersburg F. v. I. 11 und Paris lat. 11611), in: Francia 27,1, S. 205–210.

ZECHIEL-ECKES (2001), Klaus: Ein Blick in Pseudoisidors Werkstatt. Studien zum Entstehungsprozeß der Falschen Dekretalen. Mit einem exemplarischen editorischen Anhang (Pseudo-Julius an die orientalischen Bischöfe, JK † 196), in: Francia 28,1, S. 37–90.

ZECHIEL-ECKES (2002), Klaus: Auf Pseudoisidors Spur. Oder: Versuch, einen dichten Schleier zu lüften, in: Fortschritt durch Fälschungen? Ursprung, Gestalt und Wirkungen der pseudoisidorischen Fälschungen. Beiträge zum gleichnamigen Symposium an der Universität Tübingen vom 27. und 28. Juli 2001, hg. v. Wilfried Hartmann/Gerhard Schmitz (MGH Studien und Texte 31), Hannover, S. 1–28.

ZETTLER (2010), Alfons: ›Visio Wettini‹ und Reichenauer Verbrüderungsbuch, in: Bücher des Lebens – Lebendige Bücher, hg. v. Peter Erhart/Jakob Kuratli Hüeblin, St. Gallen, S. 59–69.

ZWIERLEIN (1973), Otto: *Karolus Magnus – alter Aeneas*, in: Literatur und Sprache im europäischen Mittelalter. Festschrift für Karl Langosch zum 70. Geburtstag, hg. v. Alf Önnerfors u. a., Darmstadt, S. 44–52.

Abbildungsnachweise

1. Abbildungen

Abb. 1 nach: SCHRIMPF, Gangolf (Hg.): Kloster Fulda in der Welt der Karolinger und Ottonen (Fuldaer Studien 7), Frankfurt/Main 1996, S. 113.

Abb. 2 nach: FALKENSTEIN, Ludwig: Pfalz und *vicus* Aachen, in: Orte der Herrschaft. Mittelalterliche Königspfalzen, hg. v. Caspar Ehlers, Göttingen 2002, S. 131–181, hier S. 132.

Abb. 3 nach: LUDWIG, Thomas/MÜLLER, Otto/WIDDRA-SPIESS, Irmgard: Die Einhards-Basilika in Steinbach bei Michelstadt im Odenwald, Tafelbd., Mainz ²2000, Tf. 143.

Abb. 4 nach: DEICHMANN, Friedrich Wilhelm/TSCHIRA, Arnold: Das Mausoleum der Kaiserin Helena und die Basilika der Heiligen Marcellinus und Petrus an der Via Labicana vor Rom, in: Jahrbuch des Deutschen Archäologischen Instituts 72 (1957), Abb. 22, S. 63.

Abb. 5 nach: DUTTON, Paul Edward: Charlemagne's Courtier. The Complete Einhard, Peterborough 1998, Abb. 11, S. 68.

2. Farbtafeln

Tafel 1: Annales Fuldenses, a. 838, mit der Randglosse: Huc usque enhardus: Bibliothèque Humaniste de Sélestat (F. - 67600), Ms 11, fol. 30v (11. Jh.).

Tafel 2: „Admonitio generalis" Karls des Großen: Wolfenbüttel, Herzog August Bibliothek, Cod. Guelf. 496a Helmst., fol. 15r (Ende 8. Jh.).

Tafel 3: Karlsepos: Zürich, Zentralbibliothek, Ms C 78, fol. 105v.

Tafel 4: Einhardsbogen (Nachzeichnung): Paris, Bibliothèque nationale de France, m. fr. 10440, fol. 45r (Maastricht, 17. Jh.): akg-images.

Tafel 5: Einhardsbasilika in Michelstadt (Steinbach): akg/Bildarchiv Monheim.

Tafel 6: Einhardsbasilika in Seligenstadt: akg/Bildarchiv Monheim.

Tafel 7: Wilhelm Busch, Eginhard und Emma, aus: Fliegende Blätter 1864.

Tafel 8: Fresko in der Katakombe Santi Pietro e Marcellino: akg-images/ Pirozzi.

Tafel 9: Einhard, Vita Karoli, c. 33 (Testament Karls des Großen). Wien, Österreichische Nationalbibliothek, Cod. 529, cap. 33 (9. Jh.): bpk

Tafel 10: Urkunde aus Gent: Gent, Rijksarchief, fonds Sint-Pietersabdij, charters, n° 10.

Personen- und Ortsregister

Die erläuternden Zusätze in den Einträgen des Namensregisters erheben in keiner Weise den Anspruch, die Karrierewege der aufgenommenen Personen nachzuzeichnen oder deren Bedeutung differenzierend zu würdigen. Ziel war es vielmehr, bei Trägern des gleichen Namens Eindeutigkeit zu gewährleisten, die gebotene Information generell aber auf solche Hinweise zu beschränken, die für das Buch wichtig sind.

Abgekürzt wiedergegeben werden: *Bf.*: Bischof – *Ebf.*: Erzbischof – *Gel.*: Gelehrter – *Gem.*: Gemahl(in) – *Gf.*: Graf – *Hl.*: Heiliger – *Hzg.*: Herzog – *Inh.*: Inhaber(in) – *Kg.*: König – *Kgn.*: Königin – *Ks.*: Kaiser – *Ksn.*: Kaiserin – *St.*: Sankt – *Theol.*: Theologe – *Übers.*: Übersetzer – *Verf.*: Verfasser.

Personenregister

Abd ar-Rahman II., Emir v. Córdoba 159, 223
Abraham, Stammvater Israels im Alten Testament 301
Abul Abaz, Elefant Karls d. Großen 87
Adalbert, Grundbesitzer in Mainz 35
Adalbold v. Utrecht, Bf., Biograph Heinrichs II. 292
Adalhard, Abt v. Corbie, Vetter Karls d. Großen 96–99, 152, 154, 156, 290
Adalung, Abt v. Lorsch 144
Adelheid, Tochter d. Gf.en Hugo v. Tours 155
Adelinde, Konkubine Karls d. Großen 124
Aeneas, Figur d. griech.-röm. Mythologie 78
Agantheo, *propinquus* Einhards 29
Agobard, Ebf. v. Lyon 155, 212, 225, 253
Aizo, got. Adliger 159f., 167, 212
Alberich, Bettler in Mulinheim 181–183
Alberich, *missus* Ludwigs d. Frommen 178
Albin, Kämmerer 75
Albuin, Gf. 247
Aldrich, Abt v. Ferrières, Ebf. v. Sens 235
Alfred d. Große, ags. Kg. 293
Alkuin v. York, Gel. am Hof Karls d. Großen (Pseudonym → Flaccus) 37, 47, 50f., 56, 58, 60–66, 71–76, 79, 96, 156, 283
Anastasius, röm. Ks. 207, 209
Angilbert v. Saint-Riquier, Hofkaplan Karls d. Großen (Pseudonym → Homer) 60, 71, 96, 302
Arn, Ebf. v. Salzburg u. Gesandter Karls d. Großen 75 f.
Arnulf, Bf. v. Metz, Hl. 154
Ascolf, Verwalter Einhards 135, 141
Asser, Bf. v. Sherborne, Biograph Alfreds d. Großen 292

Astronomus, anonymer Biograph Ludwigs d. Frommen 279 f.
Audulf, Seneschall Karls d. Großen 65
Augustinus v. Hippo, Kirchenlehrer 46, 194, 199, 238, 265, 272
Augustus, röm. Ks. 194, 198
Aulus Gellius, lat. Schriftsteller 236

Bardanes Turkos, byz. General 83
Basilios, griech. Mönch in Rom 139, 142
Basilius, Kirchenlehrer 46
Baugulf, Abt v. Fulda 37, 45–49, 51 f. 102, 267, 296
Bavo, Hl. 106, 116
Beatus Rhenanus → *Bild, Beat*
Beda Venerabilis, ags. Mönch u. Gel. 274
Benedikt v. Aniane (Witiza), Abt u. Klosterreformer 95, 108, 112, 133, 154
Benedikt v. Nursia, Abt v. Montecassino 33, 38 f., 46, 95, 112 f.
Bernhar, Mönch in Corbie und Lérins, Vetter Karls d. Großen 97
Bernhard, Gf. v. Barcelona u. Septimanien 160, 168, 212 f., 215, 217, 224–226, 230, 291
Bernhard, Kg. v. Italien, Enkel Karls d. Großen 45, 88 f., 96, 98, 124, 126, 152, 290
Bernoin, Ebf. v. Besançon 156
Bertcaud, kgl. Schreiber 272 f.
Bertha, Tochter Karls d. Großen 96, 302
Berthrada, Gem. d. Grundbesitzers Heribert 103
Bertmund, Gf. v. Lyon 124
Beseleel, Baumeister d. Stiftshütte im Alten Testament 88
Pseudonym Einhards 65, 71, 74
Bild, Beat (Beatus Rhenanus) 13

Blithrud, Gem. d. Gf.en Albuin 247
Boethius (Anicius Manlius Severinus Boethius), röm. Gel. 272
Bonifatius, ags. Missionar, Hl. 33–36, 41, 45 f., 49
Bonottus, Verwalter v. St. Servatius 218
Burckhardt, Jacob 18
Busching, Köhlerfigur in Fouqués Einhard-Drama 300 f.
Busch, Wilhelm 303 f.

Cadac, Gel. am Hof Karls d. Großen 61 f.
Caesar (Gaius Iulius Caesar), röm. Staatsmann 194
Caesarius v. Arles, Kirchenschriftsteller 48
Calpurnius (Titus Calpurnius Siculus), röm. Dichter 71
Campulus, *saccelarius* d. röm. Kirche 75
Casaubon, Isaac 294
Childerich III., frk. Kg. 201 f.
Chlodwig I., frk. Kg. 84
Chromatius, röm. Stadtpräfekt 136
Cicero (Marcus Tullius Cicero), röm. Schriftsteller 97, 194–198, 200, 202, 205, 236–239, 293, 295
Claudius, röm. Ks. 198
Cyprian v. Karthago, Kirchenschriftsteller 265

Daniel, Bettler in Mulinheim 146
David, bibl. Kg., Pseudonym → Karls d. Großen 60
De la Motte Fouqué, Friedrich 300 f., 303 f.
Desiderius, langobard. Kg. 201
Deusdona, röm. Diakon u. Reliquienhändler 134–142, 167, 181, 243
Dhuoda, Gem. d. Gf.en Bernhard v. Barcelona 215

Diokletian, röm. Ks. 136, 139, 141
Donat, Gf. 160
Drogo, Bf. v. Metz, Sohn Karls d.
  Großen 124, 154f., 290

Eberhard, Mundschenk Karls d.
  Großen → Eppinus
Ebo, Ebf. v. Reims 95, 156, 242,
  253, 262, 291
Eburo, *propinquus* e. Adressaten
  Einhards 259
Eggihard, Gf. v. Walcheren 282
Egilolf, Kleriker in Würzburg 246
Eichendorff, Joseph von 302
Einhard, Grundbesitzer b. Euerdorf,
  evtl. identisch mit → Einhard,
  Vater d. Höflings Einhard 26–28
Einhard, *palatinus* Karls d.
  Großen *passim, s. aber* → Beseleel
  und → Nardulus
Einhard, Vater d. Höflings Einhard,
  evtl. identisch mit → Einhard,
  Grundbesitzer b. Euerdorf 24f.,
  27
Elipand, Bf. v. Toledo, Theol. 72
Elleanhard, Bote Einhards 181f.
Ellersberg, Eduard → Ziehen, Eduard
Emma, Gem. Einhards 16f., 100f.,
  131–133, 143, 165, 214, 247,
  262–264, 266f., 269–271, 280,
  282, 299–304
Engilfrit, Gem. d. Grundbesitzers
  Einhard 26–28
Ennius (Quintus Ennius), röm.
  Dichter 71
Eppinus (Eberhard), Mundschenk
  Karls d. Großen 65
Ercambald, Kanzler Karls d. Großen
  60–62
Erembert, Verwalter Einhards in
  Gent 256f.
Erich, Hzg. v. Friaul 59
Ermensina, Gem. d. Grundbesitzers
  Adalbert 35

Ermoldus Nigellus, frk. Dichter
  89f., 98, 290
Ernaldus, Bediensteter am Hof
  Ludwigs d. Frommen 112
Eugen II., Papst 142, 154
Eusebius v. Caesarea, Kirchenschriftsteller 259

Fabri, Jean 13
Felix v. Urgel, Bf., Theol. 72–75
Filimar, Subdiakon 165
Flaccus, Pseudonym Alkuins (nach
  → Horaz) 60, 71
Folco, Abt, Adressat Einhards 213
Fouqué → De la Motte Fouqué
Fridugis, Schüler Alkuins am Hof
  Karls d. Großen (Pseudonym
  → Nathanael) 62, 96, 167
Friedrich, Diener Karls d. Großen
  bei Wilhelm Busch 303
Friedrich I. Barbarossa, dt. Kg. u.
  röm. Ks. 293
Friedrich II. der Große, Kg. in bzw.
  v. Preußen 303
Frothar, Bf. v. Toul 59, 168
Frumold, Sohn d. Gf.en v. Genf 258
Fuchs, Karl A. 302
Fulco, Erzkaplan Ludwigs d.
  Frommen 261f.
Fulgentius v. Ruspe, Bf., Theol. 209,
  253

Gabriel, Erzengel 182f., 187, 196,
  228
Geboin, Pfalzgf. 185f.
Gelasius I., Papst 207, 209, 253
Georg, griech. Priester u. Abt v.
  Saint-Sauve in Valenciennes 170
Gerbert, Inh. e. *beneficium* d.
  Würzburger Kirche 246
Gerold, Gf. d. Ostmark 167
Gerward, Bibliothekar Ludwigs d.
  Frommen 202, 204, 215, 217f.,
  293

Gisela, Schwester Karls d. Großen 60
Grattius, röm. Dichter 77
Gregor I. d. Große, Papst 38, 46 f.
Gregor IV., Papst 140, 243, 252
Gruppe, Otto Friedrich 302
Gundrada, Cousine Karls d. Großen 97
Guntbald, Mönch, Unterhändler Ludwigs d. Frommen 241
Gunzo, Bediensteter am Hof Ludwigs d. Frommen 112

Hadrat, thüring. Gf. 49
Hadrian I., Papst 62, 74–76, 138
Halpdan, Vater d. Hemming 282
Harald Klak, dän. Kg. 159, 169
Harun ar-Rashid, abbasid. Kalif 87
Hatto, Gf. 247
Heinrich II., dt. Kg. u. röm. Ks. 293
Heinrich IV., dt. Kg. u. röm. Ks. 293
Heito, Bf. v. Basel 156
Helena, Figur d. griech.-röm. Mythologie 197, 199
Helena, Ksn., Mutter Konstantins d. Großen 88, 137
Helisachar, Kanzler Ludwigs d. Frommen 108 f., 160, 225, 230
Hemma, Schwester d. Ksn. Judith, Gem. Ludwigs d. Deutschen 155
Hemming, Sohn d. Halpdan 282
Heribert, Bruder d. Gf.en Bernhard v. Barcelona 230
Heribert, Grundbesitzer in Brakel 103
Hermes, röm. Märtyrer, Hl. 243
Hieronymus (Sophronius Eusebius Hieronymus), Kirchenlehrer 265, 274
Hildebald, Ebf. v. Köln, Erzkaplan Karls d. Großen 60, 62
Hildebrand, Gf. 160
Hildegard, Gem. Karls d. Großen 36, 84 f.

Hilduin v. Saint-Denis, Erzkaplan Ludwigs d. Frommen 59, 108 f., 134, 136, 152, 163–168, 175, 182, 186, 207, 215, 217, 225, 230, 241, 244 f., 291
Hiltfrid, Priester 144, 165
Himiltrud, Mutter Ebos v. Reims, Amme Ludwigs d. Frommen 95
Hirminmar, Notar Ludwigs d. Frommen 131
Hoffmann, Ernst Theodor Amadeus 301
Homer, griech. Dichter, Pseudonym → Angilberts v. Saint-Riquier 60, 71
Horaz (Quintus Horatius Flaccus), röm. Dichter *für das Alkuin-Pseudonym* → Flaccus 60, 235
Hrabanus Maurus, Abt v. Fulda, Gel. 23 f., 45, 236, 283
Hrotsvita v. Gandersheim, Kanonisse, Dichterin 292
Hugo, Abt v. Saint-Quentin, Sohn Karls d. Großen 124, 290
Hugo, Gf. v. Tours, Schwiegervater Ks. Lothars I. 155, 160, 167, 175, 187 f., 211–213, 217, 225, 230, 241, 281, 291
Humbert, Kleriker in Würzburg 246
Hunno, Gem. e. Sklavin d. Gf.en Hatto 247
Hunus, Priester in Diensten Hilduins v. Saint-Denis 136–142, 163 f., 167, 245

Ingobert, Gf. 97
Irene, byz. Ksn. 83
Irmingard, Ksn., Gem. Lothars I. 155, 256 f.
Irmingard, Ksn., Gem. Ludwigs d. Frommen 102, 112, 124, 126, 252, 277

Personen- und Ortsregister 401

Isaak, jüd. Händler 87
Isidor v. Sevilla, Bf., Kirchenlehrer 46

Jakobus, Verf. d. gleichnamigen Briefs im Neuen Testament 266 f.
Jeremia, Prophet des Alten Testaments 279
Jesse, Bf. v. Amiens 156, 225, 241 f. 277, 291
Johannes der Täufer, Täufer Jesu im Neuen Testament 140
Jonas, Bf. v. Orléans 156, 207–211
Josaphat, bibl. Kg. 259
Judith, Ksn., Gem. Ludwigs d. Frommen 14, 126, 131, 155, 186, 211, 215, 217, 226–228, 230, 241, 251, 277
Juno, röm. Göttin 197
Juvencus (Gaius Vettius Aquilinus Juvencus), spätant. christl. Dichter 77

Karl I. der Große, frk. Kg. u. röm. Ks. (Pseudonym → David) 13–15, 18, 23, 25, 33, 36–38, 45–52, 55 f., 58–62, 64, 66, 71–79, 83–86, 88–90, 95–99, 105, 111, 123 f., 127, 155 f., 177, 193, 196–204, 210, 212, 236–239, 256, 258 f., 266 f., 283, 287, 289, 291–295, 299–304
Karl II. der Kahle, frk. Kg. u. röm. Ks. 14, 155, 211, 217, 226, 230, 251 f., 277, 282, 295
Karl der Jüngere, frk. Kg., Sohn Karls d. Großen 84
Karl Martell, frk. Hausmeier 84, 96, 201
Karlmann, frk. Hausmeier, Onkel Karls d. Großen 33 f., 84, 201 f., 230
Karlmann, frk. Kg., Bruder Karls d. Großen 23, 84, 201 f.

Konrad, Bruder d. Ksn. Judith 155, 229
Konrad II., dt. Kg. u. röm. Ks. 293
Konstantin der Große, röm. Ks. 88, 137 f., 141
Konstantin VI., byz. Ks. 83
Kratter, Franz 302

Lantbert, Gf. v. Nantes 97, 154, 225, 228, 241, 281
Leidrad, Ebf. v. Lyon 73
Lentulus, Spottname eines Höflings Karls d. Großen 60, 62
Leo III., Papst 59, 74–77, 79, 86, 123, 256
Liutgard, Gem. Karls d. Großen 60
Liuthard, Priester in Gent 256 f.
Liutprand v. Cremona, Bf., Historiograph 292
Lothar I., frk. Kg. u. röm. Ks. 14–16, 122 f., 140, 154 f., 168, 175, 179, 186, 188, 208, 211 f., 217, 223 f., 226, 229–231, 251–258, 261 f., 277, 280, 282, 295
Lothar, Sohn Karls d. Großen 36
Ludwig I. der Fromme, frk. Kg. u. röm. Ks. 14 f., 17, 36, 84, 88–90, 95–99, 101 f., 104, 108, 111–115, 121–127, 131 f., 134, 140, 146, 151–161, 163, 166, 168–170, 175, 177–180, 182 f., 185–188, 194, 196, 200, 202, 207 f., 210–213, 215–217, 223–226, 228, 230 f., 241 f., 246 f., 251–256, 258, 261 f., 266, 277–280, 291–293, 295–298
Ludwig II. d. Deutsche, frk. Kg. 14, 122, 167 f., 241, 251 f., 255–258, 277, 282, 295
Lukan (Marcus Annaeus Lucanus), röm. Dichter 71, 77
Lul, Ebf. v. Mainz 49

Luniso, Bruder d. Diakons Deusdona 137, 139f., 167, 245
Lupus, Mönch in Ferrières u. Fulda, Gel. 235–239, 244, 263–266, 268–273, 282, 295
Luther, Notar Einhards 132

Marcellinus, röm. Märtyrer, Hl. 14–17, 88, 135, 137–143, 163–167, 170, 176, 181–183, 185f., 215–217, 228f., 243–245, 247, 262, 265, 269, 283, 298
Maria v. Bethanien, Figur des Johannesevangeliums 61
Martha v. Bethanien, Figur des Johannesevangeliums 61
Matfrid, Gf. v. Orléans 155f., 160, 167f., 175, 180, 187, 211–213, 217, 225, 230, 241, 291
Mauritius, Märtyrer, Hl. 141
Maurus, Fluchthelfer Leos III.? 75
Maxentius, röm. Kaiser 88
Meginfrid, Kämmerer Karls d. Großen (Pseudonym → Thyrsis) 60
Mettenleiter, Johann Michael 302
Michael, Erzengel 49
Modoin, Gel. am Hof Karls d. Großen (Pseudonym → Naso) 71

Nardulus, Spottname Einhards 61, 65, 72
Naso, Pseudonym Modoins (nach → Ovid) 71
Nathanael, Jünger Jesu, Pseudonym d. Alkuinschülers → Fridugis 96
Naubert, Christiane Benedikte 300
Nazarius, Märtyrer, Hl. 131f., 143
Nero, röm. Ks. 194, 198f.
Nikephoros I., byz. Ks. 83
Nordbert, Grundbesitzer 106f.
Notker d. Stammler, Mönch in St. Gallen, Gel. 37f., 292

Odo, Baumeister aus Metz 56
Odo, Gf. v. Orléans 168, 230
Odoin, Liebhaber e. Tochter Karls d. Großen? 97, 290
Origenes, altkirchl. Theol. 46
Oswulf, Schüler Alkuins am Hof Karls d. Großen 61f.
Otgar, Ebf. v. Mainz 216
Otgar, *missus* Ludwigs d. Frommen, evtl. identisch mit Ebf. Otgar v. Mainz 178
Otto I. d. Große, dt. Kg. u. röm. Ks. 293
Otto v. Freising, Bf., Historiograph 292
Ovid (Publius Ovidius Naso), röm. Dichter *für das Modoin-Pseudonym* → Naso 71, 77

Paschalis I., Papst 154
Paschalis, *primicerius* d. röm. Kirche 75
Paul, Jean 301
Paulus, Apostel, Hl. 51, 266
Paulus Diaconus, Mönch in Montecassino, Gel. am Hof Karls d. Großen 50
Petrus, Apostel, Hl. 88
Petrus, Bediensteter am Hof Ludwigs d. Frommen 112
Petrus, röm. Märtyrer, Hl. 14–17, 88, 135, 137–143, 164–167, 170, 176, 181–183, 185f., 215–217, 228f., 243f., 247, 262, 265, 269, 283, 298
Philon v. Alexandria, jüd. Philosoph u. Theol. 259
Pippin, frk. Hausmeier u. Kg., Vater Karls d. Großen 55, 84, 116, 201
Pippin, Kg. v. Italien, Sohn Karls d. Großen 84, 88f.
Pippin I., Kg. v. Aquitanien, Sohn Ludwigs d. Frommen 14, 122,

Personen- und Ortsregister 403

160, 167f., 226, 228f., 251f., 255, 277
Pippin II., Kg. v. Aquitanien 277
Pippin, Sohn Kg. Karlmanns, Neffe Karls d. Großen 84
Plinius d. Jüngere (Gaius Plinius Caecilius Secundus), röm. Schriftsteller 265
Prudentius (Aurelius Prudentius Clemens), spätant. christl. Dichter 77

Radegunde, frk. Kgn. 228
Rampo, Bote 95
Ratbert, Verwalter am Hof Ludwigs d. Frommen 112
Ratleik, Notar Einhards 135–142, 144, 164, 167, 181, 183, 245
Regina, Konkubine Karls d. Großen 124
Reginbald, Knecht d. Notars Ratleik 135–138, 142
Richulf, Ebf. v. Mainz 60
Rinhard, Priester u. Schreiber Einhards 106
Roland, Diener Einhards 144
Rudolf, Bruder d. Ksn. Judith 229
Rufinus v. Aquileia, Mönch, Übers. d. Eusebius 259
Ruodlang, Nonne aus Mosbach 145

Schreiber, Alois Wilhelm 302f.
Sebastian, röm. Märtyrer, Hl. 134, 136, 164, 167
Seidel, Heinrich 302
Sigebert v. Gembloux, Mönch u. Schriftsteller 273
Statius (Publius Papinius Statius), röm. Dichter 77
Stephan IV., Papst 121
Sturmi, Abt v. Fulda 33f., 36–38, 41, 45
Sturz, Helferich Peter 300
Sueton (Gaius Suetonius Tranquillus), röm. Schriftsteller 194, 198, 200, 202, 294
Sulpicius Severus, altkirchl. Schriftsteller 194

Tacitus (Publius Cornelius Tacitus), röm. Historiker 194
Telemann, Georg Philipp 301
Thegan, Chorbf. in Trier 292
Theoderich, Sohn Karls d. Großen 124, 290
Theodulf, Gel. am Hof Karls d. Großen, Bf. v. Orléans 25, 50, 59–66, 71, 95, 124, 156, 290
Theuderich, Gf. v. Autun 212
Thiodsunda, Inh. e. prekarischen Leihe d. Abtei St. Peter in Gent 107
Thyrsis, Schäferfigur bei Vergil, Pseudonym des Kämmerers → Meginfrid 60
Tiberius, röm. Ks. 194, 198
Tiburtius, röm Märtyrer, Hl. 88, 136–140, 142, 164
Timotheus, Adressat d. Apostels Paulus 51
Titus, röm. Ks. 88
Trasarus, Abt v. Saint-Wandrille 104
Tullia, Tochter Ciceros 195
Tullius, Liebhaber e. Tochter Karls d. Großen? 97, 290

Valentinus, Papst 140, 142
Venantius Fortunatus (Venantius Honorius Clementianus Fortunatus), Dichter u. Bf. v. Poitiers 77
Vergil (Publius Vergilius Maro), röm. Dichter 60, 65, 71, 77–79
Vespasian, röm. Ks. 198
Victorius v. Aquitanien, Komputist 272f.

Wagner, Adolf 301

Wala, Gf., später Abt v. Corbie,
Vetter Karls d. Großen 89, 96 f.,
99, 152, 154, 156, 181, 215, 217,
225, 230, 241 f., 251, 258, 277,
290 f.
Walahfrid Strabo, Mönch auf d.
Reichenau, Gel. 24-26, 29, 45,
187, 193, 291, 294
Waltgaud, Bf. v. Lüttich 156
Warin, Gf. v. Mâcon 225, 228
Warnar, Gf. 97
Wenilo, Sklave d. Gf.en-Gem.
Blithrud 247
Werdricus, Mönch in Fulda,
propinquus Einhards 29
Wetti, Klosterlehrer auf d. Reichenau 153
Widukind, sächs. Adliger 63
Wiggo, Dämon 183 f., 187, 196
Wilhelm, Gf. v. Toulouse 212
Winigis, Hzg. v. Spoleto 75
Wiomarc'h, breton. Anführer 154
Wipo, Kaplan, Biograph Konrads II. 292
Wirund, Abt v. Stablo u. Gesandter Karls d. Großen 75
Witiza → *Benedikt v. Aniane*
Wolfgar, Bf. v. Würzburg 246
Wrangel, Friedrich von 303

Zacharias, Papst 33
Zeuxis, griech. Maler 197 f.
Ziehen, Eduard (Eduard Ellersberg) 302

Orte

Aachen 14-16, 24, 51, 55 f., 58 f.,
64, 72-75, 78 f., 87-91, 95-98,
104 f., 111-114, 121-123, 125 f.,
134-136, 140, 146, 152-154,
156, 161, 163-167, 169 f.,
175-179, 181-183, 186 f., 194,
200, 211, 213, 215, 217 f., 223 f.,
226 f., 243-246, 282, 291, 298
Agen 168
Alemannien 251
Amiens 242
Angers 124, 154
Aniane (Abtei) 95
Antwerpen 281
Aquitanien 84 f., 89-91, 95, 122,
156, 160, 181, 212, 229, 252, 277
Arles 48, 262
Attigny 63, 152, 154

Bagdad 55, 87
Baiern 27, 122, 252
Barcelona 159 f., 212, 226
Benediktbeuern (Abtei) 104
Benevent 137, 213
Besançon 158
Bourges 262
Brakel 103
Bretagne 154, 224-226
Buchonia 33 f.
Burgund 251
Byzanz → *Konstantinopel*

Cambrai 116
Cerdaña 159
Chasseneuil 36
Colmar 252
Cologne *(Colonia)* 116
Compiègne 226, 228 f., 253, 256
Corbie (Abtei) 96 f., 241-243, 251, 290
Córdoba 55, 159, 168, 223

Dalmatien 83
Deutz 36
Dorestad 282
Doué 95

Elsass 155
Erbach 132
Euerdorf 26 f.

Personen- und Ortsregister 405

Ferrières (Abtei) 235 f.
Fontenoy 295
Francia 25, 49, 153, 167, 201, 216, 251
Frankfurt 14–16, 213, 266, 277
Freising 27
Friesland 35
Fritzlar (Abtei St. Peter) 104, 106, 256
Fulda 34, 40
   Abtei St. Bonifatius 15, 23–27, 29, 33–38, 40 f., 45–52, 88, 102, 114, 168, 236, 263, 267, 271, 283, 289, 296

Gellone (Abtei) 212
Genf 251, 258
Gent 102, 104, 243
   Abtei St. Bavo 104 f., 116 f., 135, 170, 227, 239, 244, 246 f., 256, 262, 282
   Abtei St. Peter 102–104, 106 f., 114, 116, 244, 246, 256, 262
Grabfeld 27, 34
Großostheim 25, 145

Hammelburg 26
Hegershausen 25
Heilbronn 223
Heraklea 197
Hludolvesthorp 166
Höchst 183, 185

Inden (Abtei Kornelimünster) 108, 133
Ingelheim 14 f.
Italien 14–16, 56, 84 f., 89, 97, 124, 188, 199, 202, 212 f., 217, 229 f., 251, 277, 280–282, 291

Jerusalem 49, 83, 88

Karthago 267 f.
Katalonien 159

Kleinauheim 25
Köln 158, 243
Konstantinopel (Byzanz) 55, 78, 83, 85–87, 155
Kornelimünster (Abtei) → *Inden*
Kroton 197 f.

Lanaeken 105
Laon 251
   Abtei Notre-Dame 228
Lérins 97
Lorsch 282
   Abtei St. Nazarius 23, 99, 131 f. 134, 143, 183, 299, 300, 304
Lyon 73, 124, 158, 168, 178, 207

Maastricht 243
   Stift St. Servatius 104 f., 135, 170, 218, 244, 246, 256, 262
Maingau 15, 25, 30, 36, 66, 99, 289, 292
Mainz 35, 49, 158, 178, 182, 207, 248, 262
   Stift St. Alban 159, 169
Mérida 223
Metz 56, 154, 262
Michelstadt 99, 131 f., 134–136, 142–145, 164, 213, 288, 299
Momart 132
Mömlingen 25
Montecassino (Abtei) 38, 50, 201
Monte Soratte (Abtei) 201
Mosbach 145, 247
Moselgau 251
Mühlheim → *Nieder-Mulinheim*
Mulinheim (Seligenstadt) 15–17, 23 f., 27, 100, 106, 143, 145 f., 163, 165–167, 169, 175 f., 181–183, 185–188, 194 f., 210, 213, 215–218, 224, 226, 228–231, 243–247, 256 f., 259, 262, 271, 277, 280, 282 f., 288, 291, 295, 298 f.

Nantes 154
Neuss 187
Nieder-Mulinheim (Mühlheim?) 100
Niedgau 183, 185
Nimwegen 121, 241
Noirmoutier (Abtei Saint-Philibert) 97, 251, 290 f.
Notre-Dame (Abtei) → Laon

Orléans 50, 95, 97, 155 f., 168, 212, 230, 247
Orville 256

Paderborn 76 f., 79, 241, 244 f., 291
Paris 97, 104, 178, 207 f., 210 f., 226, 253, 261, 266
Parma 37
Pavia 135, 140 f., 164, 281
Pflaumheim 25
Poitiers (Abtei Sainte-Croix) 97, 228
Porcien 251
Provence 251
Prüm (Abtei) 14

Radheim 25
Ravenna 56, 59
Regensburg 27, 56
Reichenau (Abtei) 24, 45, 108 f., 153, 156, 187
Reims 156, 158, 207, 242, 251
  Abtei Saint-Remi 59
Rennes 225
Rheinau 13
Rom 15 f., 33, 37, 50, 55, 59 f., 62, 74–79, 86–88, 123, 134–137, 139–144, 164, 167, 181, 201, 213 f., 243, 256, 264, 280 f., 283
Rouen 104, 158, 207, 262
Rumpheshausen 132

Saalegau 27
Sachsen 37, 63 f., 66, 76 f., 79, 151, 153, 169, 187, 199, 210, 241

Saint-Cloud (Abtei) 104
Sainte-Croix (Abtei) → Poitiers
Saint-Denis (Abtei) 207, 241, 261
Saint-Martin (Abtei) → Tours
Saint-Maurice (Abtei) 135, 141
Saint-Médard (Abtei) → Soissons
Saint-Omer (Abtei) 225
Saint-Philibert (Abtei) → Noirmoutier
Saint-Remi (Abtei) → Reims
Saint-Riquier (Abtei) 96
Saint-Sauve (Abtei) → Valenciennes
Saint-Wandrille (Abtei) 104, 114
Salz 159
Schaafheim 25
Sélestat (Schlettstadt) 13
Seligenstadt → Mulinheim
Senlis 277
Sens 158, 186, 207, 235, 262
Septimanien 251
Sinzig 175 f.
Soissons (Abtei Saint-Médard) 14, 136, 141, 164 f., 167, 252–255, 261
Solothurn 135
Spanische Mark 159 f., 167 f.
Speyer 282
St. Alban (Abtei) → Mainz
St. Bavo (Abtei) → Gent
St. Bonifatius (Abtei) → Fulda
St. Gallen (Abtei) 37, 108, 292
St. Nazarius (Abtei) → Lorsch
St. Peter (Abtei) → Fritzlar bzw. Gent
St. Servatius (Abtei) → Maastricht
Straßburg 89, 135, 290

Tarentaise 158
Taubergau 246
Thionville 14 f., 155, 261 f., 277
Thüringen 34, 151
Tortona 14
Toul 59
Toulouse 178, 207, 212

Tournai 257
Tours 158, 207, 225, 262
   Abtei Saint-Martin 50, 58, 64,
   66, 72–74
Trient 282
Trier 158, 251, 262, 292

Utrecht 227

Valenciennes 226 f.
   Abtei Saint-Sauve 170, 244
Venedig 170
Venetien 83

Verberie 228
Verdun 251, 295
Vich 159 f.
Vienne 158

Wetterau 34
Witla 281
Worms 13, 56, 178, 210–213, 215,
   242, 252, 282
Würzburg 26, 56, 246

York 37, 63

STAMMTAFEL DER KAROLINGER

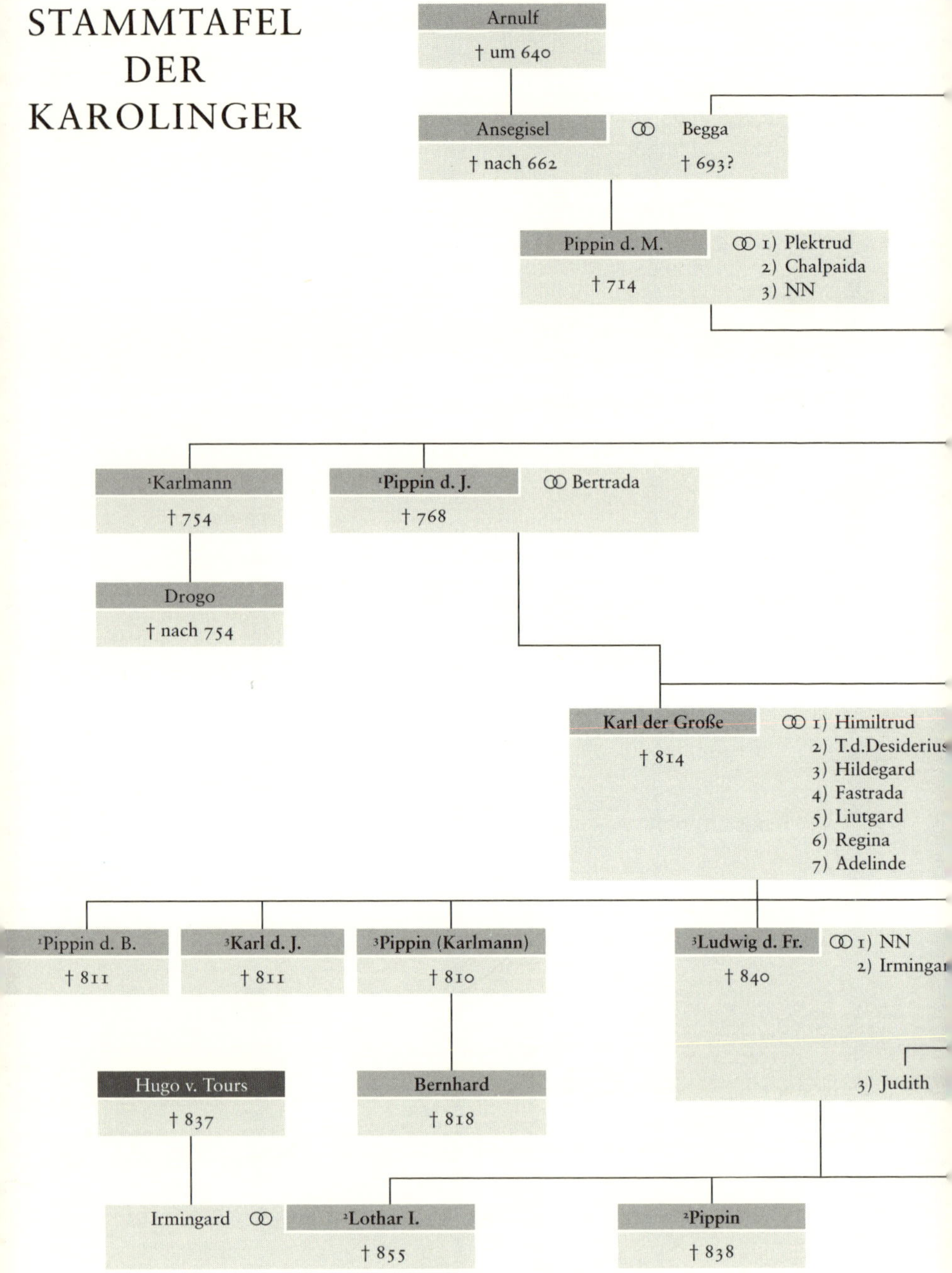

- Arnulf † um 640
  - Ansegisel † nach 662 ⚭ Begga † 693?
    - Pippin d. M. † 714 ⚭ 1) Plektrud 2) Chalpaida 3) NN
      - ¹Karlmann † 754
        - Drogo † nach 754
      - ¹Pippin d. J. † 768 ⚭ Bertrada
        - Karl der Große † 814 ⚭ 1) Himiltrud 2) T.d.Desiderius 3) Hildegard 4) Fastrada 5) Liutgard 6) Regina 7) Adelinde
          - ¹Pippin d. B. † 811
          - ³Karl d. J. † 811
          - ³Pippin (Karlmann) † 810
            - Bernhard † 818
          - ³Ludwig d. Fr. † 840 ⚭ 1) NN 2) Irmingar 3) Judith
            - ²Lothar I. † 855 ⚭ Irmingard (Tochter Hugos v. Tours † 837)
            - ²Pippin † 838